1950년대편 **2**권
한국현대사산책

1950년대편 **2권** 〔개정증보판〕

한국 현대사 산책
6·25 전쟁에서 4·19 혁명 전야까지

강준만 지음

인물과
사상사

차례

제1부   1953년: 전쟁의 잿더미 속에서

제1장 — 보릿고개와 인플레이션

초근목피의 고통 • 19 　절량농가의 입도선매 • 20 　인플레이션을 잡기 위한 통화개혁 • 21 　정부를 믿을 수 없는 '불신의 소용돌이' • 24

제2장 — '스탈린 사망'에서 '북진궐기대회'까지

'포로교환에 관한 협정' 체결 • 27 　핵무기 사용 검토, 관개용 댐 폭격 • 29 　선교사의 폭격 아이디어 제공 • 31 　이승만의 한미상호방위조약 요구 • 32 　"통일 없는 휴전은 3천만의 죽음" • 34 　"통일이 아니면 죽음을 달라" • 36

제3장 — 이승만의 '반공포로 석방'

'에버레디 작전'과 한미상호방위조약 • 40 　세계를 경악시킨 반공포로 석방 • 42 　휴전을 원한 북한과 중국 • 44 　38선 근처의 '땅따먹기 싸움' • 46 　조병옥이 당한 '기괴한 일' • 47 　이승만의 북진통일론 • 49

제4장 — 휴전: '반공이 아닌, 반한을 위한 전쟁'

7월 27일 정전협정 조인 • 51 　전 인구의 10분의 1을 죽인 전쟁 • 53 　미국의 놀라운 풍요가 낳은 재앙 • 55 　"지금은 한국인으로 태어날 때가 아니다" • 57 　미국과 세계 경제를 구원한 전쟁 • 59 　일본에겐 축복이 된 전쟁 • 62

역사 산책 1 왜 육사 필수과목에서 6·25 전쟁사가 빠졌는가? • 65

제5장 — 민간인 학살: 끝나지 않은 전쟁

골로 간 사람들 • 68   "어느 쪽으로 갈지 가르쳐주십시오" • 70   유족이 나타나지 않는 유골 • 72   "'100만 명 학살' 진상 왜 밝히지 않나" • 74

제6장 — 포로 송환: '광장'과 '밀실'의 와중에서

포로 송환 이후의 갈등과 진통 • 78   인도행 배를 탄 '76인의 포로들' • 80   최인훈의 「광장」 • 82   이명준의 남북한 비판 • 83   조창호와 전용일 • 85

제7장 — 김일성의 남로당파 숙청

남북한에 구축된 강력한 국가 • 86   북한의 '자기 정당화' 게임 • 87   스탈린식 정치재판극 • 88

제8장 — 한미상호방위조약과 '반공 선민주의'

한미상호방위조약 조인 • 92   리처드 닉슨의 방한 • 94   한미상호방위조약 발효 • 95   이승만은 '세계적인 반공 지도자' • 96

제9장 — 유엔 마담 · 꿀꿀이죽 · 비로도

상이군인 · 고아 · 미망인 • 98   '양공주'는 '독버섯'이었는가? • 100   미군부대 쓰레기장을 뒤지던 안정효의 추억 • 102   손창섭의 '자기 모독적 소설' • 104   '비로도'에 얽힌 박완서의 추억 • 106   매릴린 먼로와 오드리 헵번 • 108   '사랑방'에서 '다방'으로 • 111   〈굳세어라 금순아〉 • 113   전쟁 기간 중의 축구 • 115

제10장 — 샌프란시스코: 동경과 숭배 대상으로서 미국

이승만은 숭미주의의 선봉 • 118   '샌프란시스코'는 마력적인 상징 • 120   'PX 경제' 체제하의 삶 • 122   초콜릿 · 껌 · 우유가루 • 125   교회는 '샌프란시스코'의 관문 • 126

제11장 ── 기독교: 반공 · 친미 · 기복

기독교를 지키기 위한 전쟁 • 128   기독교는 '반공의 보증수표' • 131   공산주의자는 사탄 · 마귀 · 악마 • 132   자본주의 이데올로기로서 신앙 • 134

제12장 ── 만인에 대한 만인의 투쟁

전쟁이 삶의 철학과 처세술에 미친 영향 • 137   물질에 의한 과잉 보상 의지 • 139   신분제와 도덕 체계의 해체 • 141   파벌 사회에 중간은 없다 • 143   사람들의 눈빛이 달라졌다 • 145   "위험을 무릅쓰는 문화" • 147

제13장 ── 월남과 월북: 두 개의 생존방식

월남자들의 월남 동기 • 150   자기 입증을 위한 전투적 반공 • 152   월북자 가족들의 '숨죽이기' • 155   "세월이 원망스럽다" • 157   이문구와 이문열의 각기 다른 삶 • 158

제2부   1954년: 자유당 독재체제의 구축

제1장 ── 이승만의 족청계 제거

족청계의 자유당 장악 • 163   이기붕 체제로 개편된 자유당 • 165   '일민주의'를 외친 안호상의 시련 • 167   김성주 살해 사건 • 169

제2장 ── 제3대 총선: "개헌 조건부로 입후보케 하라"

대통령 중임 제한 철폐를 위하여 • 173   조봉암과 신익희의 시련 • 174   조병옥 · 김두한 · 김영삼의 당선 • 176   목포 무소속 후보 김대중의 낙선 • 178

제3장 — 이승만의 방미: 불행한 방문

한국 문제 해결을 위한 제네바 회의 • 180　이승만, 제3차 세계대전을 촉구하다 • 183　"미국은 한국을 공산 침략자에게 팔지 말라!" • 185　'반공=도의' 교육 강화 • 187

제4장 — 중임 제한 폐지를 위한 사사오입 개헌

국민 78.8%가 반대한 초대 대통령 연임 • 189　'뉴델리 밀담설' 매카시즘 바람 • 190　서울대 교수들이 제공한 '사사오입' 논리 • 193　민국당에 희망은 없었다 • 194　'불온문서 투입 사건' 공작 • 196

제5장 — '자유부인'과 '허벅다리 부인'

'자유부인' 사건 • 199　"불순 세력의 공작비를 받고 쓴 게 아닌가?" • 202　'자유부인' 사건의 진실 • 204　열녀·효부·절부 표창 운동 • 206

제6장 — 이승만이 일으킨 한글 간소화 파동

지당·낙루·병신 장관 • 208　북한의 한글 전용에 대한 반동 • 210　이승만은 1904년에 미국으로 갔다 • 211　'전문적인 과학자'와 '국가 권력자' 간의 싸움 • 213

제7장 — 『한국일보』 창간, 기독교방송 개국

신문은 이권을 챙길 수 있는 권력기관 • 215　불발로 끝난 신문 정비론 • 217　상업주의를 표방한 신문의 창간 • 219　영원히 사라질 뻔한 '조선일보'라는 제호 • 221　한국 최초의 민영방송 탄생 • 223　한국 영화 최초의 키스신 • 226

제8장 — 문학: 예술원·펜클립·실존주의

관제 예술원 창립 • 229　정치판 못지않은 '문단 정치' • 231　지식계를 휩쓴 실존주의 바람 • 233　청계천은 '한국의 쎄느강' • 235

제9장 ── 군복 강도·졸업식·카투사·월드컵

군복 착용 강도의 횡행 • 237　졸업식 꽃다발 유행 • 240　카투사는 '6·25 전쟁이 낳은 기형아'? • 242　꿀벌 150만 마리 보내온 '노아의 방주' • 245　스위스 월드컵의 감격과 충격 • 246

제3부　1955년: '우상 정치'와 '동원 정치'

제1장 ── 이승만은 '예수나 석가와 같은 성자'

3월 26일은 '어용곡필배들의 잔칫날' • 251　이승만은 '세기의 태양' • 252　이승만은 '현대의 성자' • 254　이승만은 '구국의 태양', '인류의 등대' • 255　자유당은 '내시 정당' • 257

제2장 ── 반둥회의: 평화공존은 친공인가?

평화공존·비동맹·반식민주의·민족자결주의 • 260　비동맹은 "남들의 운명에 대한 무관심"? • 262　이승만의 반둥회의 비난 • 263　나세르의 스웨즈운하 국유화 사건 • 265

제3장 ── 반일운동과 반공운동의 결합

이승만의 평화선 선포 • 267　미국이 주선한 한일회담 개최 • 269　5·20 총선을 앞둔 반일주의 • 271　북진통일 궐기대회 • 273　일본과 북한의 연대 남침 음모? • 275　반일과 반공의 상충 • 277

제4장 ── "학도를 정치 도구로 이용하지 말라"

"체코·폴란드 물러가라" 시위 운동 • 279　대구 매일신문사 테러 사건 • 282　『매일신문』이 1만 부를 돌파한 이유 • 283

제5장 —— 민국당 자유민주파가 만든 민주당

쟁점으로 불거진 조봉암 참여 문제 • 286   조병옥·장면·김준연의 반대 • 288   민주당 창당과 '진보당창당준비위원회' 구성 • 289

제6장 —— '괴뢰 이승만' 사건과 『사상계』의 활약

『동아일보』의 '오식 사건' • 292   '大統領'을 '大統領'으로 오식한 '견통령' 사건 • 294   청소년 대상 잡지 『학원』의 인기 • 295   '자유'와 '민권'을 내세운 장준하의 『사상계』 • 297   장준하의 지식인에 대한 비판과 옹호 • 299

제7장 —— 군: 부정부패의 창궐

리영희가 느꼈던 울분 • 301   사바사바·후생사업·송충이 • 302   1955년은 '군내 부정의 대표적인 해' • 305   정치자금 조달용 부정부패 • 307   상급자에게 선물을 보내는 폐습 • 309

제8장 —— 불교: 정화인가, 법난인가?

대처승 대 비구승 • 312   이승만, "대처승은 일제 식민지배의 유산" • 313   단식·시위·법원 난입·유혈난투극·할복자살 • 315   불교계의 정치적 예속성 심화 • 317   종교의 정치적 도구화 • 320

제9장 —— 박인수 사건: '숫처녀 논쟁'

"70여 명 중 처녀는 단 한 명밖에 없었다" • 322   2002년의 '박인수 재판 논쟁' • 324   "왜 여성의 정조만을 문제삼는가" • 326   "서울의 숫처녀는 불과 60%도 못 된다" • 327

제10장 ── "전쟁 미망인의 타락을 막아라"

전쟁 미망인을 둘러싼 사회적 논쟁 • 331　영화 〈미망인〉과 가요 〈단장의 미아리 고개〉 • 333　'미망인, 너 죽어라'? • 334　사회의 '겉 다르고 속 다른' 대응 • 337　강한 어머니, 약한 여성 • 338　'자궁 가족'이란 무엇인가? • 340

제11장 ── 〈피아골〉·〈아리조나 카우보이〉·국민 명랑화 운동

〈춘향전〉과 〈피아골〉 • 343　대중가요의 미국 지향성 • 345　"명랑한 도시를 만들게끔 노력하겠다" • 347　"향락에 탐닉하는 크리스마스" 비판 • 348

제12장 ── 박태선·문선명·나운몽, 신흥종교 번성

민중의 이상향 갈구 • 352　권력과 유착된 기독교 • 353　신흥종교의 성장 • 354　전도관 신도의 89%가 개신교인 • 357

제13장 ── 도시화·베이비붐·결혼식장·박인환·노동귀족

도시화와 서울 집중 • 359　'씨받이 면회'와 '베이비붐' • 361　깡통을 매달고 달린 결혼식 카퍼레이드 • 363　박인환의 「목마와 숙녀」 • 365　'노동귀족' 비판 • 368

주 • 370

1950년대편 1권

머리말　6·25는 아직 끝나지 않았다

제1부 1950

골육상쟁의 근본주의

제1장　'공갈 때리기'의 비극
제2장　이승만의 참패로 끝난 총선거
제3장　1950년 6월 25일 새벽 4시 40분
제4장　이승만과 정부의 갈팡질팡
제5장　서울에서 벌어진 '서바이벌 게임'
제6장　학살: 뿌리 뽑고 씨 말리기
제7장　노근리: "모든 피난민을 향해 사격하라"
제8장　두 얼굴: 학도병과 상류층
제9장　적반하장: 도강파와 잔류파
제10장　악순환: 피를 보면 피에 굶주린다
제11장　"평양 점령은 수치였다"
제12장　신천 학살, 중국 참전, 미국 원자탄
제13장　함평과 흥남: 두 개의 다른 지옥도
제14장　"전쟁의 최초 희생자는 진실이다"

제2부 1951

'톱질 전쟁'의 와중에서

제1장　1·4 후퇴: 서울에서 부산까지
제2장　맥아더와 리지웨이: 원자폭탄과 몰살 작전
제3장　국민방위군: 9만 명을 죽인 '해골의 행렬'
제4장　거창: 무엇을 지키기 위한 전쟁인가?

1950년대편 1권

제5장 해리 트루먼의 더글러스 맥아더 해임
제6장 휴전회담: 개성에서 판문점까지
제7장 지리산에서 '쥐잡기 작전'
제8장 이승만의 자유당 창당
제9장 전쟁 중의 뜨거운 교육열

제3부 1952	'군사 전쟁'과 '정치 전쟁'
	제1장 미국은 세균폭탄을 투하했는가?
	제2장 부산: 경계가 없는 전쟁과 정치
	제3장 거제도: 6·25 전쟁의 축소판
	제4장 대통령 선거: 이승만과 아이젠하워
	제5장 조선방직·삼성물산·기아산업
	제6장 전쟁 속의 언론과 대중문화

1950년대편 3권

제1부 1956

'동원 대중'과 '피해 대중'

- 제1장　김창룡을 알면 이승만과 1950년대가 보인다
- 제2장　이승만과 자유당: '우의마의 정치'
- 제3장　신익희와 민주당: '비 내리는 호남선'
- 제4장　조봉암과 진보당: '피해 대중'을 위하여
- 제5장　자유당의 '민주당 죽이기'
- 제6장　미국의 잉여농산물과 여촌야도
- 제7장　북한: '주체 이론'과 '8월 종파사건'
- 제8장　"한국의 기독교는 무엇을 하고 있는가"
- 제9장　22세 논객 이어령의 '우상의 파괴'
- 제10장　『동아일보』·HLKZ-TV·AFKN-TV
- 제11장　김시스터즈·〈자유부인〉·수세식 화장실

제2부 1957

'장길산'과 '홍길동'을 기다린 세상

- 제1장　국민반, 장충단공원 폭력 사태, 선거법 개정 논란
- 제2장　세상을 조롱한 가짜 이강석 사건
- 제3장　북진통일·병역 기피·맥아더·유엔군 사령부
- 제4장　1957년은 '소년소녀 사냥의 해'?
- 제5장　"그래도 남한은 이렇게 자유스럽지 않아요?"
- 제6장　관훈클럽·언론 부패·만화잡지·앰프촌

1950년대편 3권

제3부 1958	'생각하는 백성'과 '인의 장막'
제1장	'인의 장막'에 갇힌 이승만
제2장	이승만의 '세계 4대 강국론'
제3장	'진보당 죽이기'와 제4대 총선거
제4장	"생각하는 백성이라야 산다"
제5장	국가보안법과 내각제 개헌 파동

제4부 1959	파국을 향한 질주
제1장	대한반공청년단·반공예술인단·대한노총
제2장	재일교포 북송 반대 시위
제3장	조봉암 사형: 216만 표는 어디로 갔는가?
제4장	『경향신문』 폐간 사건
제5장	재벌의 형성: 정경유착의 게임
제6장	김동리·이어령 논쟁: 실존주의와 서구적 교양주의
제7장	라디오, 아나운서, 멜로영화 전성시대
제8장	조병옥 사망: 청천벽력·망연자실
제9장	"지식을 팔아 영달을 꿈꾸는 지식인들이여"
제10장	3·15 선거에서 4·19 전야까지

맺는말   '소용돌이 문화'의 명암

제1부 1953년 | 전쟁의 잿더미 속에서

- 보릿고개와 인플레이션
- '스탈린 사망'에서 '북진궐기대회'까지
- 이승만의 '반공포로 석방'
- 휴전: '반공이 아닌, 반한을 위한 전쟁'
- 민간인 학살: 끝나지 않은 전쟁
- 포로 송환: '광장'과 '밀실'의 와중에서
- 김일성의 남로당파 숙청
- 한미상호방위조약과 '반공 선민주의'
- 유엔 마담·꿀꿀이죽·비로도
- 샌프란시스코: 동경과 숭배 대상으로서 미국
- 기독교: 반공·친미·기복
- 만인에 대한 만인의 투쟁
- 월남과 월북: 두 개의 생존 방식

제1장

보릿고개와 인플레이션

초근목피의 고통

    1953년 새해 첫날 이승만은 북진통일을 휘호로 쓰면서 다시금 북진통일의 의지를 천명했다. 2월 부산에서 학생들은 북진통일을 절규하는 시위를 대대적으로 벌였다. 아니 1953년 내내, 적어도 휴전협정이 맺어지는 7월 27일까지 북진통일 시위는 전국을 휩쓸게 되는데, 이 모든 시위는 꼭 관제 시위만은 아니었다. '북진통일'은 점점 더 다가오는 휴전의 그림자를 벗어나려는 몸부림이었을까? 혹 지금 당장 남한 사람들을 괴롭히는 굶주림과 삶의 어려움에 대한 한탄의 절규는 아니었을까? 그런 물음을 던져도 될 만큼 당시 절대 다수의 삶은 절대적으로 어려웠다.

    '똥구멍 째지게' 가난했다는 말이 있다. 먹을 게 없어 소나무 속껍질이나 풀로 죽을 쒀먹었는데 소화가 안 돼 똥이 잘 나오지 않았기 때문에 생긴 말이었다.[1] 한자로 표현하자면 그게 바로 초근목피草根木皮다. 춘궁기春窮期에 절량농가絶糧農家가 속출하는 건 어제오늘의 일은 아니었지만, 1953년을 맞이하면서 절량농가의 규모는 과거 그 어느 때보다 더 커질 조짐을 보이고 있었다.

1953년 1월 정부는 절량농가 규모가 1월의 60만 호에서 5월에는 110만 호로 늘어날 것으로 추정했다. 이는 당시 남한 총 농가 호수 220만 호의 절반을 차지하는 규모였다. '보릿고개'라는 표현이 바로 이 무렵에 등장했다. 이는 가을에 추수한 식량이 다 떨어져 보리가 수확되기 직전까지 굶주려야 하는 춘궁기를 의미하는 것으로, 어떤 고개보다 넘기 힘들다고 해서 보릿고개라는 이름이 붙었다.[2]

절량농가의 입도선매

절량농가는 이른바 입도선매立稻先賣에 내몰려 고통이 가중되었다. 당시의 입도선매란 농사를 짓기도 전에 미리 돈이나 곡식을 얻어다 쓰고 나중에 수확한 걸 고스란히 넘겨주어야 하는 비극적인 게임이었다. 정부는 입도선매 행위가 농민을 더욱 파멸의 길로 몰아넣는다는 판단하에 이를 강력히 단속했다. 그러나 그런 단속에도 입도선매는 성행했고, 결국 입도선매를 한 농민들은 농촌을 떠나 도시의 빈민촌으로 들어갈 수밖에 없었다.[3]

1953년 봄의 상황에 대해 서중석은 "절량농가들은 초근목피로 살아간다지만, 1953년 5월 국회의원들의 조사에는 불에 볶은 왕겨가루와 나무를 썰어 만든 나무죽과 누르스름한 백토가루 등의 음식물이 나와 있었다. 쑥이나 나물로 만든 죽은 상등 음식이었다"며 다음과 같이 말했다.

"의원들은 부황병 든 얼굴을 차마 눈으로 볼 수 없었고, 그저 살게 해달라는 애소哀訴를 받고 돌아왔다고 전하였다. 전북 옥구에서는 미군 부대에서 흘러나오는 음식 찌꺼기를 도맡아다가 물을 부어 끓여 한 그릇에 30환씩 받았다. 이러한 목불인견의 정황인데도 충남도에서는 4만 5,000여 석의 양곡을 극빈자 긴급 구호로 가장해 극소수 특권층이 차지했고, 전남도에서는 1만 2,700석을 공문서에는 춘궁기 긴급 타개용이니 절대로 유용치 말라고 지시하여 놓고는 몰래 특배特配를 지시하여 양곡을 처분하였다. 전북에서도 비슷한 일이 발생하였다고 한다."[4]

이런 비참한 굶주림은 1950년대 후반까지 지속되었다.『조선일보』 1959년 5월 23일자는 경주시와 경북 월성군 관내 초등학교의 보릿고개 실상을 이렇게 보도했다. "3만 1,707명의 어린이 중 절반이 영양실조이고, 30%인 9,008명은 결식아동인데, 이들 중 학교에 나오지 못하는 아동이 913명이나 된다."[5]

인플레이션을 잡기 위한 통화개혁

도시민들은 걷잡을 수 없는 인플레이션에 시달리고 있었다. 인플레이션은 1952년에 절정에 달해 1947년 도매물가를 기준으로 55.7%를 기록했다.[6] 정부는 전쟁으로 인해 더욱 극심해진 인플레이션에 대한 대응책으로 2월 15일 오전 6시를 기해 대통령 긴급 명령 13호로 전국에 일제히 긴급통화조치령緊急通貨措置令을 발표했다. 그때까지 써오던 원圓 단위의 화폐 유통이 중지되고 환圜 단위의 새 화폐로 바뀌었다. 100대 1로 평

이승만 정부는 인플레이션에 대한 대응책으로 화폐 단위를 원 단위에서 환 단위로 바꾸는 '긴급통화 조치령'을 발표했다. (『조선일보』, 1953년 2월 17일)

가절하되어 구화舊貨 100원에 신화新貨 1환의 비율로 교환되었다. 개혁 직후 쌀 한 말 값이 1,280환이였는데, 이것은 개혁 전의 화폐로는 12만 8,000원이었던 것이다.[7]

재무부 장관 백두진과 한은총재 김유택의 공동 담화문에 따르면,

"전쟁 피해로 인한 생산력의 저하와 전비戰費 증대로 인한 통화의 팽창 때문에 물가 사정은 악화되고, 일정한 화폐 소득자의 실질소득은 다달이 저하되고, 부익부빈익빈 징후는 농후해가고, 원재료와 제품은 사장死藏되고, 생산 의욕은 떨어지고, 반면에 고리대금업자만 발호하며, 일면 돈의 가치를 제대로 한 장 한 장 세어보지도 않고 돈의 분량을 대충 달아서 주고받고 하는 따위의 천금賤金 사상이 만연되고, 지폐의 홍수 속에서 거래의 단위만 터무니없이 불어나 유통과 결제상에 많은 불편만 끼치는 형편"이었다.[8]

정부는 구권의 통용을 일체 금지시키고, 이들 구권과 수표 등을 모두 금융기관에 강제 예입시킨 다음 생활비조로 1인당 500환 한도 내에서 신권으로 교환해주도록 했다. 그러나 통화개혁에 후속하는 금융긴급조치로 예금자산의 일부를 강제 동결시킴으로써 시중의 유휴자금을 흡수해 그것을 생산자금으로 유도하고 부의 편재 현상을 시정하려던 당초 목적은 제대로 실현되지 못했다. 예금자산의 동결조치에 대한 국회 측의 반대로 당초부터 정부의 원안이 많이 완화되었기 때문이다. 또 전시하에서 부당하게 치부한 거액의 구권 소지자들이 되도록 많은 신권을 확보하고자 교묘한 방법으로 구권을 농촌 지역으로 밀반출해 불법 교환을 한 탓도 있었다.[9]

개혁 직전 전국 8대 도시 예금고가 전국 총예금의 80%를 차지했는데, 개혁 과정에서 이들 도시의 총예금 신고액은 전체의 35%에 지나지 않았다는 것이 그 점을 잘 말해준다. 정부는 동결조치의 대상을 총세대 수의 15%에 해당하는 60만 세대의 약 30억 환 이상으로 예상했지만, 실제 동결조치된 금액은 총세대 수의 1%에 불과한 4,000세대에 약 13억

환에 지나지 않았다.[10]

정부를 믿을 수 없는 '불신의 소용돌이'

일반 국민으로선 통화개혁이라는 걸 처음 겪어보는데다 하루아침에 100대 1로 절하된 화폐 가치가 피부에 와닿았을 리 없다. 게다가 구화와 신화의 교환 기간은 2월 25일까지 열흘간이었으니, 모든 게 어리둥절하고 불안했을 것이다. 『조선일보』(1953년 12월 14일)는 '빈부격차가 없었던 며칠'이라며 다음과 같이 말했다.

"그것은 마치 전쟁과도 같은 소동을 일으키고 불과 몇 시간 안에 전국 각지의 모든 거래를 정지시키고 상점 문을 닫게 하여 놓았다. 이 소동은 쓸 수 없게 된 원화를 새로운 환화로 바꿀 수 있는 17일부터 25일까지의 9일간에 이르러서는 은행과 금융조합 문 앞의 혼잡으로 변하여졌다. 새로운 돈을 바꾸지 않으면 그날부터 끼니를 굶어야 하는 세궁민에게는 정부 당국이 긴급조치로 쌀을 방출하였으나 좀체로 곤란은 줄어들지를 않았다. 이 때문에 새 돈은 날개가 돋치듯 물건을 싸게 팔게 하였다."[11]

가장 큰 문제는 정부에 대한 불신이었다. 이미 전쟁 초부터 당해왔는데, 정부를 어찌 믿을 것인가? 홍성원의 『남과 북』은 바로 그런 이유 때문에 통화개혁 조치는 한국의 모든 경제를 일대 혼란 속으로 몰아넣었으며 국민에게는 힘든 시련이요 고통이었다고 말한다.

"극심한 인플레를 경험해온 그들은 단순한 통화개혁만으로는 화폐 가치를 인정하려 하지 않는다. 화폐의 액면만 달라졌을 뿐 그들은 신화인 환화 역시 조만간 폭락할 것을 예측하고 있었다. 따라서 화폐개혁이 발표되자 국내에는 전에 볼 수 없던 큰 혼란만 찾아왔을 뿐이다. 화폐 가치를 신용할 수 없는 국민은 현금을 쥐고 있기보다는 다투어 물건을 사들였다. 구화를 신화로 바꾸기 위하여는 깊이 숨겨졌던 비상금까지도 모두 풀려나오게 마련이다. 가뜩이나 물자가 부족했던 시장에는 구화가 홍수처럼 쏟아져나와 물건값이 하루 사이에 4배에서 15배까지 미친 듯 치솟았다. 여기에 더 부채질을 한 것은 신화와 달러와의 환율이 60대 1로 절하된 것이다. 화폐의 홍수가 시장으로 밀어닥치자 상인들의 태도 역시 급속도로 달라졌다. 그들은 물건을 창고 속에 숨겨둔 채 어지간한 값으로는 물건을 팔려고 하지 않았다. 어차피 바꿔야 될 화폐이기 때문에 구화는 그들에게도 달갑지 않은 돈이었던 것이다."[12]

박완서의 『그 산이 정말 거기 있었을까』는 처음에는 한 가구당 교환해주는 액수에 한도가 있었지만, 여론이란 안 그런 척하면서도 가진 사람들에게 유리하게 조성되게 되어 있는지라, 경제를 위축시키면 안 된다는 명분으로 거의 다 바꿀 수 있게 되었고, 물가가 뛰기 시작했다고 말한다.

"특히 집값의 오름세가 심했다. 즉 천만 원 하던 집이 백 대 일이 됐다고 십만 환이 되는 게 아니었다. 또 휴전이 될 듯 될 듯 한 것도 집값을 부채질하는 요소였다. 휴전이 되면 당연히 정부가 환도하게 될 테고, 뒤따라 서울 인구가 급격히 팽창할 것은 삼척동자도 내다볼 수 있는 일이었다. 집값이 장마철의 채소값처럼 폭등하는 틈바구니에서 먼저 사고 늦게 팔게 됐으니, 앞을 내다보고 저지른 일 같았다. 엄마가 의기양양해할 만했다.……엄마는 정부가 마침 그때 화폐개혁을 한 걸 오래 살다 보니 이승만 박사 덕을 볼 적이 다 있다는 식으로 신기해하며 즐거워했다. 육이오 때 국민들은 내버려두고 혼자 도망갔다 와서 뭘 잘했다고, 사과를 하기는커녕 양민을 빨갱이로 몰아 가두고 죽이기 바빴다고 줄곧 욕하고 미워만 하던 늙은 대통령하고 엄마는 이렇게 일방적으로 화해를 했다."[13]

그러나 이승만과의 진정한 화해를 어렵게 만들 일은 앞으로 더 많이 남아 있었다.

'스탈린 사망'에서 '북진궐기대회'까지

'포로 교환에 관한 협정' 체결

1953년 1월 20일 미국에서는 아이젠하워 행정부가 출범했다. 드와이트 아이젠하워Dwight Eisenhower, 1890~1969는 2월 2일 연두교서에서 전쟁의 심각한 확대를 경고했다. 2월 11일 8군사령관인 대장 제임스 밴 플리트James Van Fleet, 1892~1992가 퇴역하고 그 후임으로 미육군 행정 및 작전참모부장인 중장 맥스웰 테일러Maxwell Taylor, 1901~1987가 부임했다(제임스 밴 플리트는 1951년 7월 11일 대장으로 진급했다). 테일러는 "사상자를 많이 낼 위험이 적은 인물"로 여겨졌지만,[14] 나중에 보면 그렇지만도 않았다.

3월 5일 스탈린이 사망했다. 스탈린이 사망한 다음 날 저녁 공산군들은 모든 전선에서 불꽃과 신호탄을 하늘에 올렸으며 각 병사는 죽은 독재자에 대한 고별 인사로 동시에 공중을 향해 조총 사격을 실시했다.[15]

스탈린의 사망은 "동서 해빙과 외부세계에 대한 소련 지도층의 새로운 접근 방식과 태도 변화를 초래했"다(이는 구체적으로 6·25 전쟁 휴전[1953년], 인도차이나 휴전[1954년], 제네바 회담[1955년] 등으로 나타났다).[16] 3월 19일 소련 각료회의는 "한국전을 계속 수행하는 것은 소련과 중국, 북한의 이익에 배치된다"며 이른 시일 내에 정전협상을 마무리지을 것을 결정했다. 이 소식을 접한 김일성은 "드디어 전쟁 종결과 평화 달성의 주도권을 잡을 시기가 왔다"며 좋아했다.[17]

정전회담은 새로운 국면을 맞게 되었다. 군사분계선 문제는 이미 1952년 1월 27일에 타결되었으며, 1952년 5월에 이르러선 포로 교환 문제를 제외하고 거의 모든 의제에 합의한 상태였다. 3월 19일 소련 내각은 6·25 전쟁을 정치적으로 마감한다는 결정을 중국과 북한에 통보하면서 부상 포로의 우선 교환에 동의하도록 지시(요청)했다.[18]

미국은 이미 1953년 2월 22일에 "우선 부상 포로부터 교환하자"는 제의를 한 바 있었는데, 이를 소련 측이 수용키로 한 것이다. 스탈린의 장례식에 참가하고 돌아온 중국 외상 저우언라이周恩來, 1898~1976는 3월 30일 미국의 제안을 수용한다고 발표했다. 그래서 4월 11일 그간 협상을 가로막아 왔던 '부상 포로 교환협정'이 판문점에서 조인되었다. 4월 20일과 5월 3일 사이에 유엔군은 북한군 포로 5,194명과 중국군 포로 1,030명을 북으로 송환했으며, 공산군 측은 국군 포로 471명과 유엔군 포로 149명을 송환했다.[19]

이제 남은 건 일반 포로 교환 문제였다. 부상 포로 교환 합의 후 미국 측은 공산군 측의 제의를 절충해 본국 송환을 거부하는 4만 7,000여 명의 포로를 인도·체코·폴란드·스웨덴·스위스 등 5개 중립위원국의 관리하에 둔다, 인도군이 이들 포로가 남한에서 중립국 관리하에 있을 동안 감시 임무를 맡는다, 약 190명의 공산 측 대표가 포로수용소를 방문해 4개월간 포로들에게 송환을 설득하도록 한다, 포로 문제의 타결이 불가능할 경우 정치적 망명처를 요구하는 포로들에게는 유엔총회가 자유 세계에 거처를 정하도록 주선해준다 등의 방안을 제시했다.[20]

이에 대해 저우언라이가 송환을 바라는 포로는 즉각 송환하고, 송환을 바라지 않는 포로는 일단 중립국인 인도 쪽에 넘겨 처리하도록 하자는 타협안을 내놓았는데, 이를 미국이 받아들인 것이다. 그래서 6월 8일에는 '포로 교환에 관한 협정'이 체결되었다.[21]

핵무기 사용 검토, 관개용 댐 폭격

그러나 미군은 정전회담을 하는 동안에도 북한에 대한 폭격을 멈추지 않았다. 『조국: 어느 북조선 인민의 수기』는 1953년 3~4월경 평양과 원산의 모습을 다음과 같이 묘사했다.

"평양 시내 건물이란 건물은 하나도 남아 있지 않고 모두 부서져서 허허벌판이 되어 있었다. 더구나 평양 시민들은 오갈 데가 없이 부서진 집 속에 토굴 비슷하게 파놓고 살아가는데 마치 원시인들 같았다. 도시 전체가 완전히 빈민 소굴이요 난민 소굴이었다. 식량도 동이 날 대로 나버렸고 비바람을 피할 천막이나 움집조차도 없었다. 굶주리고 병든 사람이 하나둘 비참한 최후를 맞이하고 있었다.……아니 살아 있는 사람도 반쯤은 죽어 있었다.……전쟁 후 원산에 들른 적이 있었는데 그곳도 평양과 다를 바 없었다. 아니 평양보다 더하면 더했지 덜하지는 않았다.……미군은 군사시설뿐만 아니라 민가라도 야간에 불빛만 비치면 굶주린 개가 고기를 본 듯이 공격을 했는데……."[22]

1953년 5월 13일 백악관에서 열린 제144회 국가안보회의에선 또다시 핵무기 사용이 검토되었다. 장군들이 한국엔 핵무기를 사용할 만한 전략적 목표물이 없다고 말하자, 아이젠하워는 비키니Bikini섬에서 한다던 침투용 핵무기 실험은 어찌되었느냐고 물었다. 침투용 핵무기란 일본에 떨어뜨린 원자탄과는 달리 특정 목표물에 정확히 접근하거나 벙커나 방호벽을 뚫고 들어가 터지는 전술 핵무기를 가리키는 것이었다. 다시 장군들이 부정적인 견해를 피력하자 아이젠하워는 핵무기를 사용하는 게 훨씬 경제적이라는 말을 덧붙이는 걸로 그 문제를 끝냈다고 한다.[23]

미국이 핵무기 사용까지 검토했다는 건 유리한 국면 조성을 위해선 그 어떤 수단과 방법도 가리지 않겠다는 걸 의미했다. 그런 호전적인 자세는 북한의 관개용 댐까지 폭격의 대상으로 삼는 것으로 나타났다. 5월 13일 첫 번째 공습은 평양 위의 독산댐이었고, 이어 관개시설의 물을 공급하는 모든 댐을 폭격했다. 범람한 물은 대동강으로 밀어닥쳐 평양의 많은 지역을 침수시켰다. 미국 정보국이 홍수가 서울까지 이를까 걱정했을 정도로 심대한 타격이었다. 그때는 모내기의 끝 무렵으로 모의 뿌리가 완전히 내리기 전이었다. 미 공군연구소는 바로 그 점을 염두에 두고 "5월 공격은 심리적으로 가장 효과적이었을 것"이라고 논평했다.[24]

미군 측의 또다른 보고서에 따르면, "댐 폭파는 유엔사령부에게 적의 통신선과 공급선을 파괴하는 것을 의미했다. 그러나 공산주의자들에게는 무엇보다도 자신의 제1차적 생존, 즉 쌀을 파괴하는 것을 의미했다. 서구인들은 식량을 잃는 것이 아시아인에게 갖는 소름 끼치는 의미,

즉 기아와 서서히 덮쳐오는 죽음을 거의 이해할 수 없었다".[25]

선교사의 폭격 아이디어 제공

그렇듯 미군의 댐 폭격은 다목적이었다. 북한 전역에서 일어난 홍수 사태로 군사시설은 물론 비축물자가 파괴되었고, 인명에 타격을 주는 한편 쌀을 파괴해 심리적 공황 상태까지 이르게 했으니 대단히 성공적인 작전이었다. 그러나 이런 파괴는 독일 뉘른베르크Nürnberg의 나치 전범 재판에서 전쟁범죄로 단죄된 것과 같은 종류의 행위였다.[26] 아무리 전쟁이라 하더라도 미군은 결코 해선 안 될 범죄 행위를 저질렀다는 것이다. 그런데 더욱 놀라운 일은 미국 선교사들이 1952년 가을 이런 가공할 파괴 행위의 아이디어를 제공했다는 것이다. 일본 도쿄 맥아더 사령부 정보처 특수계획과장으로서 대표적인 호전 강경파였던 필립 코르소Philip Corso, 1915~1998의 증언이다.

"한 번은 우리가 관찰하던 중공군의 흔적을 찾을 수 없었다. 옹진반도 전체에서 그런 보고가 들어왔다. 그래서 나는 선교사들 몇 명과 접촉해 중공군이 무얼 하고 있느냐고 물었더니 벼를 수확하고 있다는 대답이었다. 그러면서 선교사들은 '논에 물을 대주는 저수지를 왜 폭격하지 않느냐, 그러면 내년에 쌀이 떨어질 텐데'라고 말했다. 그 말을 듣고 해군에 전화를 걸어 어뢰나 미사일을 쏴줄 수 있는지 물었더니 거절했다. 그래서 저수지를 건설한 일본 기술자에게 전화를 걸었던 것이다. 어떻게 파괴할 수 있느냐고 물었더니 '지연신관遲延信管을 장착한 폭탄을 투하하고 비행기가 상승하면 폭탄이 지표면을 균열시킬 것이다. 나머지는 댐 속의 물이 다 해결해줄 것이다'라고 가르쳐주었다. 그렇게 해서 저수지들을 몽땅 다 파괴했더니 북한 방송들이 모두 미친 듯이 야단들이었다. 나중에 베트남전에서 그 방법을 쓰라고 공군에게 이야기했지만 또다시 정책이 가로막았다."27

이에 대해 브루스 커밍스Bruce Cumings는 『브루스 커밍스의 한국현대사』(1997)에서 곤혹과 더불어 분노를 감추지 않았다. "원자탄만은 삼갔지만, 미국은 또 다른 신무기인 네이팜탄을 공중에서 쏟아부어 불바다를 만들었으며, 나중에는 북한의 계곡들을 물바다로 만들기 위해 거대한 댐들을 파괴했다. 이는 한국전쟁의 가장 악랄한 측면으로, 이에 대해 쓰고 읽는 일 자체가 곤혹스럽다. 바로 이 때문에 200만 명 이상이라는 엄청난 민간인 사망자가 발생한 것이다."28

이승만의 한미상호방위조약 요구

이승만은 스탈린의 사망 이후 정전회담이 급물살을 타는 것을 초조한 눈길로 바라보고 있었다. 그는 이미 1952년 3월 21일 트루먼에게 보낸 친서에서 미국의 방안에 협조하는 대가로 한미방위협정의 체결을 요구했지만, 이 요구는 트루먼에 의해 묵살되었고 이제 아이젠하워도 묵살하고 있었다.

트루먼이나 아이젠하워가 한국과 상호방위조약을 체결하지 않으려는 이유는 한미상호방위조약을 체결할 경우 미국과 한국이 유엔을 비효율적인 기구로 간주한다는 인상을 준다, 미국이 한국 통일을 원하지 않는다는 인상을 주거나 한국의 일부분에 대한 공산 지배의 정당성을 부여할 인상을 줄 것이다, 미국 국민과 의회에 이 조약의 필요성을 설명하기 어렵다 등이었다(이는 1953년 5월 아이젠하워가 이승만에게 한국과 상호방위조약을 체결하지 못하는 이유를 열거한 것이다).[29]

그러나 이승만으로선 전 세계를 위해 반공反共이라는 성전聖戰을 치르고 있는 한국의 대통령으로서 그런 이유들이 매우 부당하다고 생각했을지도 모르겠다. 3월 30일 중국의 저우언라이가 부상 포로부터 교환하자는 미국의 제안을 수용한다고 발표하자, 이승만은 다음 날 휴전 반대 성명을 냈지만 미중美中 양측은 이승만의 의견엔 아랑곳하지 않았다. 4월 3일 외무부 장관 변영태는 미국 정부에 미국이 상호방위조약을 체결한다면 한국 정부도 휴전회담에 협조할 수 있다는 의향을 표시했고, 며칠 후 주미대사 양유찬도 그 같은 의향을 국무부 장관 존 포스터 덜레스John Foster Dulles, 1888~1959와의 대담에서 밝혔지만, 모두 다 외면당했다.[30]

4월 9일 이승만은 아이젠하워에게 보낸 서신에서 "공산주의자들을 압록강 이북으로 몰아내기를 원치 않는" 미국을 포함한 모든 국가에 그들의 병력을 한국에서 철수시킬 것을 요구하며, 남한은 통일을 위해 끝까지 싸울 것이라고 밝혔다. 훗날 아이젠하워는 이승만의 이 편지가 '거친 말씨와 극단적인 어투'를 담고 있었다고 회고했다.[31]

그러면서 또 이승만은 4월 15일 주한 미국 대사 엘리스 브리그스Ellis Briggs와의 대화에서는 미국의 정책을 방해할 의사가 없다는 자신의 '솔직한 마음'을 밝히면서 "한국민이 가장 원하는 것은 한마디로 한미상호방위조약이라는 사실을 아이젠하워 대통령에게 전해줄 것"을 부탁했다.[32]

4월 21일 양유찬은 현 상태에서 휴전이 이루어진다면 한국군은 유엔군 사령부에서 이탈할 것이라는 내용을 담은 비망록을 미국 정부에 전달했다. 그래놓고 또 이승만은 4월 24일 유엔군 사령관 마크 클라크 Mark Clark, 1896~1984와의 대화에서 자신은 한국군을 유엔군 사령부에서 철수시킬 것을 고려치 않고 있으며, 최후의 수단으로 그러한 조치를 취해야 할 경우에도 먼저 유엔군 사령관과 상의할 것이라고 말했다.[33]

"통일 없는 휴전은 3천만의 죽음"

휴전 반대는 이승만 혼자만의 생각은 아니었다. 4월 들어 각 정당·사회단체를 망라해 휴전 반대 투쟁위원회가 구성된 가운데 통일 없는 휴전은 반대하며 북진을 해야 한다는 북진통일 시위가 전국적으로 전개되었다. 국회도 4월 21일 북진통일을 만장일치로 결의했다. 며칠 후 이승만은 '통일 없는 휴전 반대는 불멸의 원칙'이라는 특별성명을 발표했다. 다음 날 중앙청 앞에서는 대규모 북진궐기대회가 열렸다. 홍성원의 『남과 북』은 이 궐기대회 장면을 다음과 같이 묘사했다.

"대단한 군중이다. 5만 명가량으로 예상했던 군중은 중앙청 앞 넓은 광장을 다 메우고 일부는 광장 밖의 전찻길에까지 끝없이 뻗어 있다. 대회를 진행하는 본부석은 중앙청 현관 앞에 설치된 높직한 가설 무대다. 군중은 남녀 학생과 공무원을 비롯하여 각 단체원과 부녀자·노동자 등 각계 계층이 골고루 동원되어 있다.

특히 이들 중에 눈에 띄는 것은 휠체어나 목발을 짚고 나온 앞줄에 늘어 앉은 무수한 상이군경傷痍軍警들이다. 제각기 이마에 흰 수건들을 질끈 동이고 이들은 앞줄에 늘어 앉아 열띤 함성과 박수를 보내고 있다. 드디어 단상의 주인공이 머리에 흰 수건을 동인 젊은 청년으로 교대된다. 청년이 마이크를 조정한 후 바른손 주먹을 위로 쳐들며 군중을 향해 찢어질 듯한 고함을 내지른다.

'통일 없는 정전을 결사 반대한다.' 청년의 선창에 따라 군중이 일제히 같은 구호를 반복한다.……'조국 통일은 북진 통일로!' 함성이 계속된다. '무찌르자 오랑캐 압록강까지!', '우리는 싸운다 최후의 일각까지!', '미국은 자유 한국을 공산 도당에게 팔지 마라!', '유엔은 한국민이 흘린 피를 헛되게 하지 말라!'

구호가 끝났다. 청년이 단상에서 내려가자 이번에는 남학생 한 명이 백지를 들고 단상으로 뛰어오른다.……단상의 학생이 팔소매를 걷더니 자기 왼손을 선뜻 입으로 가져간다. 입에서 번개처럼 손을 뗀 학생은 무

이승만은 '통일 없는 휴전 반대는 불멸의 원칙'이라는 특별성명을 발표했고, 서울을 비롯해 여러 지역에서 대규모 북진궐기대회가 열렸다. 휴전회담 반대 시위를 하고 있는 상이군인들.

언가를 툭 입에서 뱉어낸 후 백지 위에 손가락으로 차근차근 글씨를 쓰기 시작한다. 학생이 드디어 쓰기를 마치고 백지를 번쩍 쳐들어 군중들에게 보여준다. 다시 함성이다. 학생이 쳐든 백지에는 네 개의 붉은 글씨가 성급하게 휘갈겨져 있다."[34]

4월 20일에서 5월 12일까지 전국 각지에서 일어난 휴전 반대 궐기대회는 7,500회, 지방의회대회는 540회, 동원 인원은 800여 만 명, 결의문은 1,500통으로 발표되었다.[35] 북진궐기대회는 5월에도 계속되었다. 『동아일보』5월 25일자 기사에 따르면, "이 중 가장 적극적이고 격렬한 것은 이번 전쟁에서 부상을 입은 상이군인들의 집단시위였으며, 이들 상이군인들의 데모 행렬은 눈물겨운 장면이었다. '무엇을 위하여, 누구를 위하여, 우리는 팔과 다리 그리고 눈을 잃었나!', '우리의 눈과 다리와 팔을 돌려 달라!'고 그들은 목메어 부르짖었다. 플래카드에는 '통일 없는 휴전은 3천만의 죽음'이라고 혈서로 씌어져 있었다".[36]

"통일이 아니면 죽음을 달라"

이승만은 한미상호방위조약을 관철시키기 위해 '중립국'을 문제삼았다. 그는 5월 12일 경무대를 방문한 마크 클라크에게 "비송환 포로를 공산 치하의 국가로 보내는 것은 절대 반대하며 아울러 인도는 중립국으로 볼 수 없기 때문에 인도 군인은 한국 땅에 한 발짝도 못 들여 놓는다"고 말했다.[37] 1953년 5월 25일 유엔정전위원회 한국 측 대표 최덕신은 휴전회담의 참석을 거부했다. 5월 29일 국무총리 겸 외무부 장관 변영태는 휴전 후 5개 중립국의 한국 내 활동을 저지하기 위해서 필요하다

면 모든 한국군을 유엔군 산하에서 탈퇴시키겠다고 위협했다.[38]

이런 일련의 위협에도 미국이 신통한 반응을 보이지 않자 이승만은 5월 31일 해군사관학교 졸업식 연설에서 "한국 내에서의 평화는 우리들 자신의 문제이다. 이에 관한 어떠한 국제적 회담도 전혀 무효이다"고 주장했다. 최덕신이 휴전회담을 보이콧한 것에 대해선 최덕신을 "강철 같은 인간"이며 '애국자'라고 격찬했다.[39]

그런 일련의 공세에도 6월 8일 '포로 교환에 관한 협정'이 체결되자 북진궐기대회는 지칠 줄 모르고 6월에도 계속되었다. 서울대학교 『대학

이승만은 휴전회담에 대한 어떠한 국제적 회담도 무효라고 주장하면서 휴전회담을 보이콧한 최덕신을 '애국자'라고 격찬했다. 당시 공보처에서 제작한 북진통일 포스터. (부산광역시립박물관 소장)

신문』1953년 6월 15일자는 「우리에게 통일이 아니면 죽음을 달라!」는 기사에서 이렇게 말했다.

"조국의 영토를 양단하는 휴전회담에 결사 반항하고 피로써 북진통일 전취戰取를 절규하는 한국 백만 학도의 자발적인 데모는 전 세계의 이목이 총집중한 가운데 오늘도 저물도록 전 시가를 휩쓸고 충천하는 정의의 함성은 지축을 흔들고 있다. '조국의 통일이 아니면 죽음을 달라!' 피끓는 중고대학에 이르기까지 젊은 남녀 백만 학도들의 피눈물 어린 정의감의 애소는 판문점 휴전회담 진전에 반비례하여 어제도 오늘도 부산, 서울을 중심으로 한 전국 각지 방방곡에서 벌떼같이 일어나고 있어 청년 학도를 선두로 한 전 민족의 비애와 분노는 바야흐로 최절정에 달하고 있다. 즉 지난 8일 포로 교환의 조인이라는 흉보가 들리자마자 연희대학교 2천의 건아들은 영도교를 지나 시청을 거쳐 도청 국회의사당을 돌고 통일 없는 휴전 결사 반대를 절규하며 해를 보내고 9일에는 서면 범일동 일대를 중심으로 재부在釜 수 개 남녀 중고등학생들 역시 같은 플래카드를 드높이 들고 북진통일을 맹세하였다.……(서울에서는) 구진비(궂은비)도 무릅쓰고 50만 전 시민은 남녀 학생을 선두로 휴전 반대 데모가 진행되던 때에 마침 제5공군 사령부의 앞에 이르렀을 즈음 해산을 강요하는 UN 헌병대원들에게 진명여고생 21명이 구타를 당하고 중경상을 입었다고 한다."[40]

놀라운 역설이었다. 빨갱이 우두머리 스탈린의 사망은 이승만을 비롯한 남한의 반공 시민들이 경하해마지 않을 일이었건만, 오히려 그것이 그들의 비애와 분노와 절규를 낳게 하는 결과를 초래하고 말았으니 말이다.

그러나 이 시기의 민심이나 여론은 연구 대상이다. 분명한 사실은 이 시기에 휴전 반대의 자유는 절대적으로 보장되었을 뿐만 아니라 조직적으로 조장되었지만, 휴전 찬성의 자유는 전혀 없었다는 사실이다. 그런 분위기에선 이른바 '자발성'마저도 섬세한 사회과학적 분석의 대상이 될 수밖에 없는 것이다. 예컨대, 실향민인 이호철의 다음과 같은 속마음이 감히 밖으로 표출될 수 있었을까?

"그러나 나는 내심으로 휴전협정이 조인되기만을 열렬히 바랐다. 나뿐만 아니라 징집·소집 해당자들 태반이 그러했다. 물론 통일도 좋고, 그렇게 떠나온 고향 땅으로 돌아가게 된다면야 얼마나 좋을까만, 그 이전에 우선 살아남고 볼 일이었다.……통일이라는 것도, 그리고 고향으로 하루빨리 돌아간다는 것도 살아남고 난 다음의 이야기이지, 죽은 다음에야 무슨 소용이란 말인가. 그런데 그 당시의 전투는 피아간에 그야말로 소모전이어서 양측 다 '쫄자'들의 소모가 엄청났다."[41]

이승만의 '반공포로 석방'

'에버레디 작전'과 한미상호방위조약

이승만의 집요한 휴전 반대에 골머리를 앓던 미국의 정책 결정자들은 1952년 '부산 정치 파동' 당시 검토했던 이승만 제거 계획 문건을 다시 만지작거리기 시작했다. '에버레디 작전Operation Everready'으로 명명된 그 계획을 미8군 사령관 맥스웰 테일러Maxwell Taylor, 1901~1987가 심각하게 검토한 것은 1953년 5월 5일이었다. 아마도 이승만의 '4월 강공책'에 대한 반응이었을 것이다.

미국 워싱턴과 유엔군 사령부에서 수많은 비밀 회의가 열렸을 것이다. 그간 미국이 제3세계에 수많은 반공 정부를 세우고 지원하는 일을 해왔지만 이런 희한한 경우는 처음 본다고 고개를 설레설레 흔들기도 했을 것이다. 여러 고려 요소가 있었을 것이다. 5월 29일 존 포스터 덜레스가 주도한 백악관 회의에서 최종 결론이 내려졌다. 이 회의는 아이젠

하워에게 이승만이 원하는 한미상호방위조약 체결을 건의했다.⁴²

미국 측의 그런 움직임을 꿰뚫고 있기라도 한 듯, 이승만은 아이젠하워에게 보낸 5월 30일자 친서에서 다시 한미상호방위조약을 요구했다. 이에 대한 답신으로 나온 6월 6일자의 아이젠하워 친서는 "휴전협정이 체결되고 한국 정부가 이를 인정하는 즉시" 한미상호방위조약을 위한 협상을 시작할 것을 약속했다.

그러나 6월 8일 '포로 교환에 관한 협정'의 체결을 본 이승만이 그 정도로 만족할 리는 없었다. 6월 9일 미8군 사령관 맥스웰 테일러와의 회동에서 테일러가 방위조약 체결시 조약의 문안을 작성하고 미 상원의 인준을 받기 위한 시간이 필요하다고 말하자, 이승만은 "한국이 공격당할 경우 미국이 도와주러 올 것이라는 점을 명시한 간단한 문서 하나면 충분하다"고 말했다.⁴³

6월 11일 미 국무부 장관 덜레스는 이승만의 워싱턴 방문과 아이젠하워와의 회담을 제의했다. 그러나 이승만은 바쁘다고 사양하고 덜레스를 한국으로 초청했다. 덜레스도 바쁘다고 거절했다. 덜레스는 그 대신 극동 문제 담당 국무차관보 월터 로버트슨Walter Robertson, 1893~1970을 보내겠다고 통보했다. 이승만은 좋다고 응답했다. 이게 6월 16일까지 벌어진 일이었다.⁴⁴ 휴전협정은 이제 서명 절차만을 남겨 놓고 있었다. 유엔군 사령관 클라크는 6월 18일경이면 휴전협정이 정식으로 체결될 수 있을 것이며, 이에 따라 이승만의 허세도 사라지기 시작할 것이라고 기대하고 있었다.⁴⁵

세계를 경악시킨 반공포로 석방

그러나 이승만은 이미 섭수 일 또는 수일 전부터 헌병 총사령관인 소장 원용덕을 불러 은밀한 지시를 내리고 있었다. 신성모가 국방부 장관에서 물러난 이후, 이승만이 총애하는 왼팔과 오른팔은 원용덕과 특무대장 김창룡이었다. 이승만은 약 3개월 전인 1953년 3월 24일 국방부에 헌병총사령부를 창설해 초대 사령관에 원용덕을 앉힌 바 있었다.

그전에도 각 군의 헌병사령부를 각기 총사령부라고 부르기도 했지만 이번에는 구조 자체가 전혀 다른 것이었다. 이승만은 헌병사령부가 이미 3군에서 헌병을 각각 별도로 운영하고 있으므로 헌병총사령부를 설치하는 것이 옥상옥屋上屋이라는 군 내부의 반대에도 이를 강하게 밀어붙였다. 2개 중대 규모로 창설된 헌병총사령부는 형식상 국방부의 관할하에 있었으나 사실상은 대통령의 직접 명령에 따라 움직이는 특수부대였다.[46] (안용현은 이승만의 이런 조치가 유엔군의 작전지휘권에서 벗어나기 위한 것이었다고 말한다. 그렇다면, 이승만은 이미 3개월 전부터 반공포로 석방을 염두에 두고 있었단 말일까?)[47]

이승만이 원용덕에게 내린 명령은 반공포로를 석방하라는 것이었다. 원용덕은 헌병들을 각 수용소로 나누어 파견했다. 이들은 미군 보초를 영창에 가두어 버리고 반공포로들을 석방했는데, 그게 바로 6월 18일 새벽 5시에 이루어졌다. 포로 교환 심사 과정에서 북한으로 송환을 거부하는 반공포로들을 일방적으로 석방해버린 것이다.[48] 대구·영천·부산·마산·광주·논산·부평 등에 수용 중이던 반공포로 3만 4,000명 가운데 2만 7,000명이 탈출에 성공했다. 혼란도 만만치 않아 석방 와중에 19명

이승만이 전격적으로 단행한 반공포로 석방은 세계를 경악시켰으며 미국도 예상하지 못했다.

이 사망하고 16명이 부상을 입었다.[49]

이승만의 반공포로 석방은 세계를 경악시켰다. 아이젠하워는 "미국은 우방을 잃는 대신 적을 하나 더 얻었다"고 개탄했다. 그는 훗날 자신의 8년 대통령 재임 기간 중 자다가 일어난 건 그때가 유일했다고 썼다.[50] 그는 일본이 전략적으로 중요하지 않았다면 대부분의 동맹국이 한국에서 발을 뺐을 거라고 일기에 썼다.[51]

영국의 윈스턴 처칠Winston Churchill, 1871~1947은 이승만을 '배반자'라고 비난했다. 비밀리에 이승만을 즉각 구속하거나 대통령직에서 쫓아내라고 미국 정부에 요청하기까지 했다.[52] 처칠의 비난에 대해 이승만은 "그 늙은이는 아편전쟁이 끝났다는 걸 모르는 모양이군"이라고 대꾸했다고 한다. 이승만은 처칠을 '늙은이'라고 비아냥댔지만 처칠은 이승만

보다 겨우 4개월 연상이었다.[53]

미 국무부 장관 덜레스는 "등에 칼을 꽂는 짓"이라고 비난했다.[54] 유엔군 사령관 클라크는 "이승만 대통령의 명령에 따라 지옥문이 열렸다"고 말했다.[55] 미국의 『뉴욕타임스』는 '대재앙'이라고 비판했다.[56]

휴전을 원한 북한과 중국

세계 여론이 들끓자 이승만은 "이대로 휴전협정이 조인될 경우엔 한국군은 유엔군에서 이탈하여 독자적 행동을 취하지 않을 수 없다"고 맞섰다.[57] 이승만에게 항의하기 위해 바로 그날로 도쿄에서 날아온 클라크에게 이승만은 "내가 장군에게 미리 얘기해주었다면 장군의 입장이 더 곤란했을 것 아니겠소"라고 대답했다.[58]

이승만의 반공포로 석방은 북한과 중국의 휴전회담 거부를 유도해 휴전협정 체결을 지연 또는 파탄시키려는 계산으로 이해되었다.[59] 그러나 당시 미국 보수 언론을 대표하던 『로스앤젤레스타임스』는 이승만의 반공포로 석방에 대해 "영국을 구하기 위해서는 악마와도 손을 잡겠다"는 처칠의 말을 상기시키면서 "공산군 측이 정말 휴전을 원한다면 포로 석방이 문제되지는 않을 것"이라고 말했다.[60]

처칠의 말을 인용한 건 적절치 않았지만, 포로 석방이 휴전을 막을 수 없다는 건 맞아떨어졌다. 공산군 측은 정말 휴전을 절실히 원했던 것이다. 공교롭게도 이승만이 반공포로를 석방한 바로 그날에 열린 휴전회담에서 북한의 남일은 "휴전협정이 체결될 경우 유엔군이 한국군을 통제할 수 있는지"를 질문했다.[61]

또 6월 28일 중국의 『신화통신新華通訊』은 "이승만이 미친개처럼 꼬리를 흔들고 있으며 휴전협상을 궁지로 몰아넣고 있다"고 비난하면서도 "머리가 꼬리를 다스리건, 꼬리가 머리를 다스리건 결정하고 대답하는 것은 워싱턴 당국이 할 일"이라는 점을 강조했다. 이 성명은 공산군 측이 미국 측의 해명을 듣겠다는 뜻으로 해석되었고, 곧 미국 측의 해명은 받아들여졌다.[62]

그렇지만 훗날 중국군(인민지원군) 총사령관 펑더화이彭德懷, 1898~1974는 6·25 전쟁에 대해 '정신승리'에 가까운 주장을 내놓았다. "3년이라는 격전을 치른 후 세계 최대의 자본주의 산업 강국이 자랑하던 일류 군대는 그들이 원래 침략을 시작한 곳(38선)에서 발이 묶였다. 거기서 한 걸음도 넘지 못했을 뿐 아니라 도리어 갈수록 곤경에 빠져들었다. 이는 중대한 국제적 의의를 지닌 교훈이다. 수백 년에 걸쳐 서방의 침략자가 동방의 어느 해안에 대포 몇 문을 놓기만 하면 한 나라를 무력으로 점령할 수 있던 시대는 이제 더는 되풀이되지 않는다는 현실을 웅변으로 증명한 것이다."[63]

하긴 역사 왜곡이 그것뿐이랴. 한용섭에 따르면, "중국 초중고·대학 교과서에는 '6·25는 미 제국주의자와의 전쟁'이라고 적혀 있다. 초중고·대학의 정치·역사 교과서에는 '유엔군'이라는 명칭을 찾아볼 수 없다. 특히 중국은 6·25 때 유엔군과 싸웠다고 하면 그 후에 얻은 유엔 회원국과 유엔 안전보장이사회 상임이사국이라는 법적 지위와 모순되기 때문에 6·25에 참전한 중국 군대를 인민해방군 대신 항미원조지원군이라고 부르고 있다".[64]

38선 근처의 '땅따먹기 싸움'

이승만도 반공포로 석방을 통해 노렸던 건 한미상호방위조약을 확실하게 얻어내자는 것이었다. 반공포로 석방은 이승만이 그걸 위해 그간 외쳐온 '북진통일'의 연장선상에 놓여 있는 대大이벤트였던 것이다. 일주일 후에 열린 '6·25 북진통일의 날 국민대회'는 그런 의지와 결의를 다지는 대회였다. 이는 이승만, 국무총리 백두진, 대법원장 김병로 등 모든 거물이 참석한 대규모 대회였다.

바로 그 시간 38선 근처에선 치열한 '땅따먹기 싸움'이 벌어지고 있었다. 정전협정 체결이 다소 지연될 수는 있을망정 움직일 수 없는 대세라는 것이 확실해진 이상 땅을 조금이라도 더 빼앗겠다는 싸움이었다. 휴전을 절실히 원한 북한은 이승만의 휴전 동의를 끌어내기 위해서라도 국군을 강타하는 게 필요했다. 6월 25일에 최고조에 이른 6월 한 달 동안의 전쟁에 미군은 전쟁 기간을 통털어 가장 많은 포탄을 터뜨렸다. 6월 한 달 동안만 쌍방이 각각 자기 쪽 피해로 인정한 수가 3만여 명씩 모두 6만여 명이나 되었다.[65]

6월 25일 바로 그날 아이젠하워의 특사인 국무성 극동 담당 차관보 월터 로버트슨이 서울을 방문했다. 그는 7월 11일까지 이승만과 14회 회담을 가졌다. 서울에서 로버트슨이 가는 길목마다 휴전 반대 시위대가 진을 치고 있었으며, 시위 구호들은 영어로 쓰여 있었다. 미국은 드디어 7월 12일 한미상호방위조약을 체결하는 데 합의했다. 이승만과 로버트슨이 합의한 것은 휴전 성립 후 상호방위조약 체결, 경제원조, 한국군 20개 사단 증강 등이었다.[66]

훗날 로버트슨은 이승만에 대해 "교활하고 임기응변의 재주가 있는 장사꾼적 기질에 더하여 그의 나라를 국가적 자살 행위에 충분히 몰아넣을 수 있을 만큼 고도로 감정적이고 비합리적, 비논리적인 광신도"라고 말했다.[67] 그런가 하면 아이젠하워는 휴전조약이 맺어지기 며칠 전 그의 일기에 이렇게 썼다.

"공산주의자들과 남한 정부 둘 다 너무 많은 어려움을 가져다 주었다.……이승만이 너무나 비협조적이었거나 고집을 부린 사례들은 일일이 열거하기가 힘들 정도로 많다.……물론 공산주의자들이 적이라는 것은 엄연한 사실로 남아 있다. 그러나 이승만은 너무나 불만스러운 동맹자이며, 그를 아무리 심한 말로 비난해도 지나치지 않은 것이다."[68]

그러나 로버트슨과 아이젠하워는 한반도가 미소美蘇 대결의 희생물이 되었다는 점에 대해선 말하지 않았다. 김형수가 지적했듯이, "살상무기를 앞세워 공세와 응사를 교환하는 인간들은 똑같은 몽골반점의 종자였지만 밀어붙이는 탱크에는 USSR(소련제)이 새겨져 있었고 다급하게 뿜어대는 기관총에는 USA(미제)가 새겨져 있었는데, 그것은 단순히 무기에 새겨진 상표이기만 한 게 아니라 전쟁 그 자체에 새겨져 있어야 마땅한, 폭력의 본적지에 대한 표시였던 것이다. 전쟁의 의미는 바로 여기에 있었다".[69]

조병옥이 당한 '기괴한 일'

이승만의 반공포로 석방은 국내의 일부 우익 정치인들마저 동의하기 어려운 일이었다. 조병옥은 이승만이 유엔 정책에 반하는 지나친 행동을 했으며 외교상의 큰 손실을 가져올 것이라고 평가했다. 이 발언이 널리 알려지면서 조병옥을 규탄하는 벽보가 나붙었다. 조병옥은 급기야 심야에 테러까지 당했다. 그는 쇠뭉치로 머리를 맞아 실신했다. 조병옥은 응급 치료를 받은 뒤 수원으로 피신했으나 6월 25일에 연행되어 서대문 육군형무소에 수감되었다. 약 한 달 만인 7월 20일에 풀려나지만 치료를 제대로 받지 못함으로써 기억력을 거의 상실해 한때 폐인이 될 위기마저 겪었다.[70]

당국은 조병옥을 육군형무소에 수감시켜놓고 조사를 하면서 대통령 암살 음모 사건과 연계시키려고 들었다. 조병옥의 표현을 빌리면 '가장 기괴한 일'까지 만들어내려고 했던 것이다.[71] 사실 이게 바로 이승만식 반공주의의 가장 이상한 점이었다. 이승만식 반공주의는 순수한 의미에서 반공이 아니었다. 지나치게 정략적이었다. 반공에 관한 한 조병옥은 극우라 해도 좋을 정도의 인물이었는데, 그런 인물도 이승만 정권에선 이승만에게 대들면 하루아침에 빨갱이나 용공 세력으로 몰릴 수 있었다. 반공의 잣대가 오직 이승만이었던 것이다.

빨갱이를 잡는 사상 검사로 이승만의 총애를 받던 선우종원도 장면의 비서실장을 지낸 것이 죄가 되어 부산 정치 파동시 완전히 날조된 혐의로 빨갱이로 몰렸다. 그는 억울하게 죽기 싫어 일본으로 밀항해 8년간 그곳에서 지내야 했다.[72] 부산 정치 파동시 국제공산당 사건으로 구속된 의원들에 대한 수사가 끝나지도 않은 상황에서 그들을 국회에 등원시켜 개헌안 표결에 참여케 한 것이나, 그 일이 끝나자 그들을 전원 불기소 처분했다는 건 무얼 의미하는 것이었을까? 소기의 목적을 달성했으니 '쇼'는 중단되어야 한다는 것이었을까?

이승만의 북진통일론

이승만의 이런 '이승만을 위한 반공주의'는 바로 이때에 미국에서 이승만 못지않은 반공 투쟁을 벌이며 온 미국을 '빨갱이 사냥'의 사냥터로 몰아가고 있던 조지프 매카시Joseph McCarthy, 1908~1957의 행태를 연상케 하는 것이었다. 그러나 매카시가 늘 부르짖었던 '미국을 위한 투쟁 fight for America'은 사실상 '자기 자신을 위한 투쟁fight for Joe McCarthy'에 지나지 않았다.[73]

이 시절 미국 FBI의 방첩 활동 책임자였던 로버트 람페레가 남긴 다음과 같은 평가는 과연 '이승만을 위한 반공주의'와는 무관한 것이었을까? "매카시의 접근 방법은 반공의 명분에 해를 입혔으며, 많은 자유주의자들로 하여금 공산주의 활동을 위축시키려고 하는 정당한 노력에 대해 등을 돌리게 만들었다."[74]

이승만의 북진통일론도 정략에서 자유롭지 않았다. 이승만은 전쟁에 대한 대비도 하지 않았고 무책임한 도피를 일삼으면서 많은 국민에게 큰 고통을 안겨주었다. 그 이후에도 매카시즘을 동원한 정치파동을 일으켰다. 그런데 북진통일론은 그런 책임 문제를 흐리고 오히려 적반하장賊反荷杖의 역전을 가능케 하는 효과를 가져왔다. 서중석은 "이승만의 북진통일에의 군중 동원은 이승만을 통일의 사도 또는 영웅으로 부각시키는 면이 있었다"며 다음과 같이 말했다.

"진보적 민족주의자들은 그렇게 생각하지 않았지만, 이승만은 북진통일운동을 통해서 민족적 정체성을 지닐 수 있는 면이 있었다. 그리고 대중의 거대한 동원 속에서 군중심리가 나타나고 그것은 위기의식과 결합되는바, 이러한 군중심리와 위기의식은 반공정신의 강화, 반공이데올로기의 확립을 지향하며, 그것은 반공의 권화權化인 이승만 대통령에 대한 지지로 반향되었다. 끊임없이 전시체제가 요구되는 속에서 동원체제가 가동될 때, 극우반공체제와 이승만 권력은 위력을 가질 수 있었다. 그것은 전쟁시의 처참한 동족상잔이 가져다준 공포감과 암담함 속의 침묵 또는 굴종 위에 버티고 있었다."[75]

반면 김명섭은 2024년 9월 한국정치외교사학회·한국정치학회 공동 학술회의 '이승만 외교의 재조명'에서 발표문 '6·25 전쟁과 이승만의 한미동맹 외교'를 통해 이전과는 다른 분석을 제시했다. 그간 학계는 이승만의 북진통일론에 대해 정권 연장, 더 많은 미국의 원조, 한미상호방위조약 체결을 위한 협상 수단으로 보았지만, 그는 북진통일론이 다른 것을 위한 수단에 그치는 것이 아니라 그 자체가 목적이었다고 평가했다.

북진통일론은 그 어떤 문제에도 1948년 제정된 대한민국 헌법에서 영토를 '한반도와 그 부속 도서'로 규정한 조항에 합치되는 주장이었기 때문에 자의적 판단으로 휴전선 이북의 영토를 포기하는 것은 직무유기일 뿐 아니라 헌법을 위배하는 것으로서 탄핵 사유가 될 수도 있었다는 것이다. 이 점에선 국회도 마찬가지였는데, 1951년 6월 5일 국회부의장 조봉암이 사회를 보는 가운데 채택된 결의에서부터 1953년 4월 21일 결의에 이르기까지 국회는 만장일치로 북진통일을 결의했다.[76]

휴전:
'반공이 아닌, 반한을 위한 전쟁'

7월 27일 정전협정 조인

1953년 7월 27일 오전 10시 9분에 정전협정이 미 해군 중장 윌리엄 해리슨William Harrison, 1895~1987과 북한 인민군 대장 남일의 서명으로 조인되었다. 소련이 정전회담을 제의한 지 25개월 만에, 모두 765차례의 회담 끝에 이루어진 결과였다(1952년 5월 22일 판문점의 대표 단장은 터너 조이Turner Joy에서 윌리엄 해리슨으로 교체되었다. 휴전선의 총 길이는 248km, 남방한계선과 북방한계선 사이의 비무장지대의 거리는 4km였으며, 이렇게 해서 조성된 비무장지대의 면적은 약 992제곱킬로미터[3억 평]로 여의도의 약 120배 규모였다. 휴전을 감시할 중립국 감시위원회 참가국은 스위스, 스웨덴, 체코, 폴란드, 인도 등 5개국이었다).

마크 클라크는 유엔군 사령관의 자격으로 정전협정에 최종적으로 서명하고 난 뒤 "나의 군 경력을 통해 이처럼 수치스럽고 하기 싫은 서명을 해본 적이 없다"고 개탄했다. 미국 역사상 최초로 전쟁을 승리로 끝맺지 못하고 정전협정에 조인한 불명예스러운 군인이 되었다며 집에 돌아와 부인을 부여잡고 펑펑 울었다고 한다.[77]

휴전에 가장 기뻐한 사람은 김일성이었다. 이 무슨 역설인가? 이는 김일성의 개전開戰 자체가 큰 판단 착오나 무모한 모험주의에 근거했다는 걸 말해준다. 전쟁은 이념이나 가치의 문제를 떠나 일국의 지도자의 '책임윤리 부재'가 얼마나 큰 비극을 낳을 수 있는가 하는 걸 여실히 보여준 대재앙이었다.

이날 『뉴욕타임스』는 "양쪽은 마치 휴전이 아니라 전쟁 선포에 합의하는 것처럼 보인다"고 보도했다.[78] 휴전협정의 조인 직전인 7월 중순 한 주 동안에만 양쪽이 '땅따먹기 싸움'을 벌이는 바람에 양쪽을 합쳐

마크 클라크는 자신의 군 경력에서 정전협정 서명은 가장 수치스럽고 하기 싫은 서명이라고 말했다. 1953년 7월 휴전협정에 서명하고 있는 마크 클라크 유엔군 사령관.

거의 10만여 명이 죽었으니,[79] 그럴 만도 했다. 아니 휴전협정 서명 이후에도 전쟁은 계속되었다. 전투 행위는 서명 시점에서 12시간 이후부터 중지하게끔 되어 있었기 때문이다.

강정구에 따르면, "군사적 좌절감에 빠진 미국은 정전협정 서명 후 발효까지의 12시간 동안에 이러한 패배감과 분노를 타락하고 야만스런 보복 행위로 표출시켰다. 정전 발표 30분 직전에 중폭격기 편대가 평양시를 마지막으로 강타한 일이다. 또 정전 서명 1시간 20분 직후 미국 세이버 제트기 4대가 중국 영토 100km 내에 있는 민간 비행장에 침투해 소련 민간 항공기를 폭격해 15명의 승객과 6명의 승무원을 살상했다".[80]

전 인구의 10분의 1을 죽인 전쟁

8월 15일 광복절을 맞아 정부도 서울로 돌아왔지만, 전쟁이 남기고 간 상처는 너무도 처참했다. 이 전쟁은 "20세기의 그 어떤 전쟁보다도 민간인 희생 비율이 높은 '더러운 전쟁'이었다".[81] 이 전쟁은 "그 잔인성에 있어서는 20세기의 국제전이나 내전 과정에서 발생한 다른 어떤 학살을 능가"했으며, "인간이 인간에게 얼마나 잔인해질 수 있는지를 보여준 전쟁 백화점이었으며, 인간의 존엄성이 얼마나 무참하게 파괴될 수 있는지를 보여준 살아 있는 인권 박물관이자 교과서였다".[82]

어느 전쟁이건 전쟁에서 인명 피해를 정확히 집계한다는 건 매우 어려운 일이다. 6·25전쟁은 더욱 그랬다. 그래서 각 자료마다, 연구자마다 통계 수치가 다 다르다. 윌리엄 스툭William Stueck은 이 전쟁에서 사망자, 부상자, 실종자를 포함한 인명 손실은 300만 명으로 전체 인구의 10분

의 1이나 되었으며, 1,000만 명이 가족과 헤어졌고 500만 명은 난민이 되었다고 말한다.[83]

김동춘에 따르면, "북한에서는 250만의 군인과 민간인이 죽었다. 전쟁 과정에서의 월남자가 65만 정도라는 연구 결과를 토대로 하면, 남한에서는 전쟁 과정에서 195만여 명의 군인과 민간인이 목숨을 잃었을 것으로 추산된다".[84]

브루스 커밍스Bruce Cumings와 존 할리데이Jon Halliday는 총 사망자 수가 300만 명 이상이 거의 확실하며 아마 그것도 넘어 400만 명에 이를 것으로 추산한다. 이들은 전쟁이 시작될 즈음 총인구 3,000만 명이었던 나라에서 이 숫자가 너무 많지 않은가 의심스럽기도 하겠지만 거의 믿을 수 없을 정도로 심한 폭격, 의료 시설의 태부족, 식량 부족, 혹한, 초토화 전술에 대비한 피난처의 부족 등을 고려한다면 그 숫자는 의심할 바가 못 된다고 했다. 이어 그들은 다음과 같이 말했다.

"분명히 많은 수의 사람들이 북한에서 죽었다. 그러나 북한도, 중공도 얼마나 죽었는지 밝히지 않을 것이다(그들도 정확한 숫자는 모를 것이다). 우리가 추정컨대 200만 이상의 북한 민간인과 약 50만 명의 북한 병사들이 죽었을 것이다. 그리고 약 100만 중공군이 죽었다(중공의 한 1차 자료는 그 숫자를 300만으로 기록하고 있지만 말이다). 약 100만의 남한 민간인들이 죽었고 전투와 관련되어서는 약 4만 7,000명이 죽었다. 전투와 무관한 사망은 아마 더 많을 것이다. 미군은 5만 4,246명이 죽었는데 그중 3만 3,629명이 '전투 중 사망'이다. 기타 나라의 사망자 총수는 3,194명에 이르는데 그중 686명이 영국인이다. UN군 중 사망률과 부상률이 높은 나라는 터키(튀르키예), 그리스, 프랑스이다."[85](그러나 중국군 사망자는 과장된 것으로 보인다. 중국군 사망자는 13만 명, 미군 사망자는 3만 7,423명이라는 통계도 있다.[86] 2022년 9월 16일 인천공항에서 열린 6·25 전쟁 당시 숨진 중국군 유해 반환 행사에서 주한 중국 대사 싱하이밍邢海明은 자국 기자에게 "72년 전 평화를 수호하고 가정과 국가를 지키기 위해 240만 명의 중국 인민 지원군이 전선으로 나아가 20만여 명의 영웅 열사가 생명을 희생했다"고 했다.[87] 2022년 7월 미국 워싱턴 D.C. 한국전 참전 기념 공원엔 6·25 전쟁에서 전사한 미군 3만 6,634명, 카투사 7,174명 등 4만 3,808명의 이름을 새긴 '미 한국전 전사자 추모의 벽'이 만들어졌다.)[88]

미국의 놀라운 풍요가 낳은 재앙

역설이지만, 6·25 전쟁의 최대 비극 중 하나는 미국의 놀라운 풍요였다. 한국은 미국의 그 놀라운 풍요 덕을 크게 보았다. 그러나 동시에 그 풍요가 전 한반도를 대량학살의 무대이자 폐허로 만드는 데에 결정적인 기여를 했다. 전쟁 중 미 해군 수병들은 함포탄 1발의 가격이 최고급 승용차 캐딜락 1대의 값과 맞먹는 1만 달러라는 뜻에서 함포사격 구령에 맞춰 "캐딜락 1대가 날아간다"고 복창했다.[89]

자국의 패권 유지를 위해 다른 나라에서 벌어진 전쟁에 수백만 대의 캐딜락을 쏟아부을 수 있는 나라는 지구상에 미국밖엔 없었다. 미국의 6·25 전쟁 전비戰費를 국방부는 180억 달러, 상무부는 675억 달러, 미 의회도서관은 340~790억 달러로 추산했다.[90] 그 엄청난 돈의 상당 부분은 폭탄 값이었다. 전후 6·25 전쟁사가들은 한반도 전체 파괴의 90%는 직접적으로 미군의 물량 작전, 융단 폭격에 의한 것으로 보고 있다.

"애당초 해방군이 아닌 점령군으로 한반도에 진주했던 미군에게 있어서 한반도와 한국민은 단지 전투 수행을 위한 작전 대상물에 불과했다.……미군은 매일 500대에서 1,500대의 폭격기와 전투기를 출격시켰고, 개전 후 1953년 4월까지 26만 발의 대·중형 폭탄, 2억여 발의 탄환, 약 40만 발의 로켓탄, 약 150만 발의 네이팜탄을 사용하였다. 이는 제2차 세계대전 당시 미군이 태평양전쟁 중에 사용한 폭탄량을 상회하는 정도라고 한다."[91]

네이팜탄의 효과는 어떠했던가? 『뉴욕타임스』의 기자 조지 배럿 George Barrett의 목격담에 따르면, "마을과 들판에 있던 주민들이 폭탄 세례를 맞고 죽어 있었는데, 네이팜탄이 공격했을 때 그들이 취하고 있던 자세 그대로였다. 예컨대 막 자전거를 타려는 남자, 고아원에서 놀이를 하고 있는 50명의 소년소녀들, 이상하게도 상처 하나 없이 한 손에 시어즈-로벅Sears-Roebuck 카탈로그에서 찢어낸……종이 한 장을 쥐고 있는 주부가 그러했다".[92]

존 포드John Ford, 1894~1973 감독의 1951년의 영화 〈이것이 한국이다This is Korea!〉는 공포 없이는 볼 수 없는 네이팜탄의 끔찍한 모습을 담았다. 불타오르는 한 장면에서 해설자는 짧게 말한다. "태워라! 구워라! 튀겨라!"[93] 북한의 모든 도시가 그렇게 태우고 굽고 튀기는 폭탄 세례를 받았지만, '원산 폭격'은 세계 전사戰史에 신기록을 세우는 악명惡名을 떨쳤다. 미 해군 소장 올리버 스미스Oliver Smith, 1893~1977의 증언에 따르면, "미 함정은 원산을 밤낮없이 폭격했다.……그것은 아마도 한 도시에 이루어진 함포 공격이나 공중 폭격으로는 역사상 최장 시간일 것이다.……원산에서는 길거리를 걸어다닐 수 없다. 24시간 내내 어느 곳에서도 잠

존 포드의 영화 〈이것이 한국이다〉에는 네이팜탄의 끔찍한 모습을 담겨 있다. "태워라! 구워라! 튀겨라!"

을 잘 수 없다. 잠은 죽음을 의미했다".⁹⁴

미국 해군사에 따르면, 원산 폭격은 "현대 미 해군 역사상 최장의 것"이었다. 그 공격은 861일간이나 계속되었고, 종전 시간인 1953년 7월 27일 오후 10시, 휴전 1분 전에야 끝이 났다. 이 기록에 의하면 원산은 그때 "완전 폐허가 되었으며 멀쩡한 건물은 한 채도 없었고, 공장들도 땅에 파묻혀 버렸다".⁹⁵

"지금은 한국인으로 태어날 때가 아니다"

너무 많은 돈을 쏟아부은 탓에 북한의 78개 도시를 "지도 위에서 완

제1부 1953년

전히 없애버린다"는 미국의 계획은 목표를 초과 달성하고 말았다.[96] 전쟁 동안 북한에는 1제곱킬로미터당 18개의 폭탄이 퍼부어졌다.[97] 톤수로는 63만 5,000톤의 폭탄과 3만 2,557톤의 네이팜탄이었다.

미국 측 분석에 의하면, 미 공군의 폭격으로 북한의 공업·주거시설의 3분의 2 혹은 4분의 3이 파괴되었으며, 나머지도 주변시설의 부족으로 사용할 수 없는 상태였다. 북한 주민들은 '정신적인 공황 상태'에 빠졌으며 '미제의 잔인함'을 뼈저리게 체험했다. 미군의 폭격으로 모든 게 파괴되고 전 인구의 약 3분의 1이 죽거나 다친 나라의 사람들이 한恨에 사무친 반미의식을 갖지 않는다면 오히려 그게 더 이상한 일일 것이다.[98]

당시 미국 태평양 지역 사령관 커티스 르메이Curtis LeMay, 1906~1990의 선언에 따르면, 3년 1개월 동안의 6·25 전쟁 중, 미국 공군의 융단폭격으로 북한 땅에는 "서 있었던 것은 남김없이 쓰러졌다. 탈 수 있는 것은 남김없이 타버렸다. 남은 것은 바위와 돌뿐이다. 초가집 한 채 남지 않았다. 북한은 이제 석기시대로 돌아갔다".[99]

미국이 "북한은 100년이 걸려도 두 번 다시 일어나지 못한다"고 공언할 만도 했다.[100] 사정이 그와 같으니, 존 할리데이Jon Holliday가 6·25 전쟁은 "반공反共을 위한 전쟁이 아니라 반한反韓을 위한 전쟁"이었다고 말한 것도 무리는 아니다.[101]

미군의 풍요와 더불어, 미군의 인종차별주의도 문제였다. 미 존슨 행정부 시절 법무부 장관을 지낸 반전·평화주의자 램지 클라크Ramsey Clark, 1927~2021는 6·25 전쟁의 본질이 '인종말살정책'에 있다고 주장했다.

"유대인에 대한 독일 나치의 '홀로코스트'와 같은 맥락입니다. 우월한 백인 병사들이 열등한 유색인종 전체를 작전·전투 대상으로 설정하고, 남과 북, 전방과 후방, 군인과 민간인을 가리지 않고 모두 살육했던 거죠. 그들의 목적은 한민족의 독립과 자유가 아니라, 미국이 아시아에서 가질 정치·경제적 이익을 찾는 것이었으니까요."[102]

클라크의 이런 견해는 좀 지나친 점이 있지만, 노근리 사건에서 잘 나타났듯이, 당시 미군들에게 널리 만연되어 있던 "국gook(미군들이 한국인을 경멸해 부르는 속어) 신드롬"이 6·25 전쟁의 비극을 배가시키는 데에 기여한 건 분명한 사실이었다. 미국 특파원 케이스 비치Case Beach는 "지금은 한국인으로 태어날 때가 아니다. 양키들이 한국인들을 눈에 띄는 대로 쏘아죽이고 있기 때문이다. 신경질적인 미군은 어떤 한국인이든 쏴죽일 태세였다"고 쓰고 있다.[103] 그랬다. 1950~1953년은 한국인으로 태어날 때가 정녕 아니었다.

미국과 세계 경제를 구원한 전쟁

6·25 전쟁에 대해 윈스턴 처칠은 한국은 고려의 대상이 아니라며 "내가 74세가 먹도록 그렇게 유혈적인 참극이 일어난 곳은 보지 못하였다. 그것의 중요성은 미국의 재무장을 가져온다는 사실에 있다"고 말했다.[104] 그러나 재무장을 가져온 정도가 아니었다. 미국은 전쟁을 계기로 세계 초강대 군사국으로서 위치를 확고하게 굳힐 수 있게 되었다. 전쟁 동안 미군은 150만 명에서 350만 명으로 늘어났고 연간 군사 예산은 1950년 150억 달러에서 1953년엔 500억 달러로 팽창했다.[105]

6·25 전쟁 이전에 군비 증강이 어려워 고민에 빠져 있던 미국에 국무부 장관이었던 딘 애치슨Dean G. Acheson, 1893~1971이 1953년 7월 9일

에 개최된 프린스턴 세미나에서 쓴 표현에 따르면, "6·25 전쟁이 나타났으며 그리하여 미국을 살려주었다".[106] 1954년 한 세미나에서 더글러스 맥아더Douglas MacArthur, 1880~1964도 "한국이 우리를 구해주었다"고 말했다.[107] 딘 애치슨의 그런 표현에 대해 신복룡은 다음과 같이 말했다.

"본디 애치슨은 영리한 사람이었으니 실언이라고만 볼 수도 없다. 이 발언은 마치 '한국전쟁이 일어남으로써 미국이 되살아났다'는 뜻으로 들렸소, 브루스 커밍스의 음모설의 집요한 표적으로 인용되었다. 미국의 입장에서 볼 때 한국전쟁은 고맙고도 기다리던 전쟁이었다는 것이 수정주의의 핵심이 되었다."[108]

미 군부와 군수산업의 입장에선 그렇게 볼 수 있을지 몰라도 그러한 '구원'은 전 세계는 물론 미국에도 불행한 결과를 초래했다. 6·25 전쟁 때문에 대규모로 증가된 미국의 군비는 그걸로 먹고살고 번영을 누리는 사람과 집단의 이해관계로 인해 이후 '후퇴 없는 전진'으로 계속 늘어나면서 전 세계를 '전쟁 경제'의 소용돌이로 몰아간다. 6·25 전쟁은 미국의 재무장만 가져온 게 아니었다. 6·25 전쟁을 계기로 서방 주요국가의 군사 예산도 막대한 규모로 팽창했다. '서방동맹'이라는 이름 아래 일본과 서독의 재무장도 이루어지고 강화되기 시작했다.

인간 세계는 묘한 곳이었다. 서로 죽이는 전쟁을 치른 후엔 경제부흥이 일어나니 그것에 맛을 들인 인간들이 전쟁을 포기할 리 없지 않은가? 6·25 전쟁도 예외는 아니어서 전 세계에 경제부흥의 기회를 제공했다. 브루스 커밍스Bruce Cumings는 뉴딜New Deal이 금세기 미국의 제1차 국가부흥의 계기였다면 6·25 전쟁은 제2차 국가부흥의 계기였다고 지적했다.[109]

어디 그뿐인가? 캐나다 맥매스터대학의 역사학자 송재윤은 "어떤 이는 대중 강연에서 한국전쟁의 의미를 애써 폄훼하면서 남·북한의 독재정권만 강화했다는 1차원적 주장을 늘어놓지만, 국제 정세의 큰 흐름을 전혀 모르는 백면서생의 궤변일 뿐이다"며 "한국전쟁은 최소 일곱 가지 점에서 세계사의 흐름을 바꾸는 결정적 사건이었다"고 했다. 그가 지적한 7가지 영향은 다음과 같다.

첫째, 6·25 전쟁은 제2차 세계대전 이후 '미국 주도의 규칙 기반 자유주의 국제질서U.S. led rules-based liberal international order'를 확립하는 가장 중요한 전쟁이었다.……둘째, 치열했던 6·25 전쟁의 결과로 대한민국과 대만은 동시에 냉전기 자유 진영의 최전선으로서 미국이 주도하는 규칙 기반rules-based의 국제질서에 편입되게 되었다.……셋째, 6·25 전쟁 덕분에 공산화를 막은 대한민국과 대만은 급속한 경제성장의 기적을 이루면서 건실한 중진국으로 발돋움했고, 1980년대 말 거의 동시에 민주화를 이루면서 선거를 통해서 평화적으로 정권을 교체하는 명실공히 자유민주주의라는 헌정적 이상을 실현했다.……넷째, 6·25 전쟁 과정에서 미국과의 전쟁을 치른 중국은 전쟁 종결 후에도 무려 25년의 긴 세월을 세계 경제와 절연한 채 공산주의적 집산화集産化, Communist collectivization와 계급 투쟁의 광열에 휩싸인 채 대기근과 문화혁명을 겪어야만 했다.……다섯째, 6·25 전쟁의 계기로 소련도 역시 미국과의 첨예한 이데올로기적 갈등과 군사적 대립 상태에 놓이게 되었다.……여섯째, 6·25 전쟁은 "북한 문제The NK problem"라는 세계사적 골칫거리를 남겼다.……일곱째, 6·25 전쟁이 지금도 세계사에 드리운 가장 큰 그늘은 바로 오늘날 한국과 대만이 전 세계에서 가장 위험한 플래시포인트

flashpoint(대규모 세계대전 발발 가능성이 매우 높은 일촉즉발의 화약고)가 되어버린 현실에서 새삼 확인된다.[110]

일본엔 축복이 된 전쟁

6·25 전쟁이 일으켜준 세계적인 경제부흥의 가장 큰 수혜자는 단연 일본이었다. 일본 총리 요시다 시게루吉田茂, 1878~1967는 6·25 전쟁을 "신이 내린 선물"로 평가했다.[111] 스탈린이 사망한 1953년 3월 5일 도쿄 증권시장은 폭락했다. 이른바 '스탈린 폭락'이었다.[112] 바로 이 '스탈린 폭락'이야말로 왜 6·25 전쟁이 일본에 "신이 내린 선물"이었는지 그 이유를 잘 말해주는 것이었다.

일본은 6·25 전쟁의 비극의 주요 원인 제공자였지만, 그 비극 덕분에 역사상 최대의 호황을 누리게 되었는데, "그것은 단지 지정학적 이점에서 비롯된 것이 아니라 구체적으로 개입하여 전쟁의 피를 먹고 자란 것이었다".[113] 전쟁은 일본 경제에 '가미카제神風'라고 불릴 정도의 호경기를 가져왔다. 일본은행 총재 이치마다 히사토一万田尚登, 1893~1984는 "우리 재계는 구원받은 것이다"고 회상했다.[114]

미군은 모든 물자를 일본에서 조달했다. 주일 미국 대사 로버트 머피Robert Murphy는 "일본인들은 놀라운 속도로 그들의 영토를 거대한 공급기지로 전환하였으며 그 결과 일본 없이는 한국전쟁이 치러지지 못할 정도였다"고 말했다.[115] 심지어 얼음까지도 일본에서 샀다 썼으며,[116] 수백만 장의 빨치산 토벌 투항 권유 전단까지 일본에서 인쇄했다.[117] 캘럼 맥도널드Callum A. MacDonald는 "일본 경제를 재건시키는 첫 번째 원동력이 새롭게 해방된 한국의 마을과 산업시설을(이들 가운데 다수는 일본인들이 건설한) 파괴시키기 위해 사용된 네이팜 폭탄을 생산하는 데서 비롯된다는 사실은 역설이 아닐 수 없다"고 말했다.[118]

일본이 그렇게 해서 벌어들인 특수 수입은 24억 달러에 이르렀다. 그 덕분에 일본의 국제수지는 적자에서 흑자로 반전했다. 1950년 경제성장률은 10.9%, 1951년엔 13%를 기록했다. 1951년 외화 보유고는 9억 4,000만 달러에 이르러 미국이 대일 원조를 종료할 정도였다.[119] 휴전 후에도 일본은 미군의 지속적인 군수품 일본 발주發注 등을 통해 1960년에 이르기까지 연간 5~6억 달러 수준의 수입을 거두었다.[120]

6·25 전쟁은 일본에 단지 호경기만을 가져다준 게 아니라 일본의 정체성 형성에도 큰 전환점이 되었다. 와다 하루키和田春樹의 『한국전쟁』(1995)에 따르면, "일본은 한반도의 비극을 통해 이익을 얻어 전전戰前의 경제 수준으로 부활할 수 있었고, 1955년부터의 고도 경제성장의 기초를 만들었다고 할 수 있다. 한국전쟁이 가져온 이 경제붐은 일본 국민의 의식을 경제 제일주의의 방향으로 이끌었다".[121]

경제 제일주의와 더불어 일본 사회의 우경화도 전쟁의 영향이었다. 반공 전쟁을 틈타 전범들이 대거 사회에 복귀해 목소리를 높이기 시작했다. 이들의 영향력 강화는 결국 1955년 자유민주당 결성으로 나타났으며, 이 보수 우익 정당은 향후 끝이 없는 장기집권을 하게 된다.[122] 일본 사회의 우경화는 군국주의적 성향마저 부활시켰다. 전쟁 직후인 1950년 7월 경찰예비대가 7만 5,000명 규모로 만들어졌고, 곧이어 해상경비대가 발족했다. 1952년 2월에는 경찰예비대를 토대로 방위대를 발족시켰고, 이는 1954년 7월에 일본 방위청 자위대로 확대되었다.

앞서 보았듯이, 미국이 패전국 일본에 매우 관대한 샌프란시스코 평화조약 및 안보조약을 체결(1951년 9월 8일)한 것도 전쟁의 산물이었다.[123] 그리하여 일본은 1952년 4월 28일 공식적인 주권 독립국으로 새롭게 출발했으며, 1956년 12월 18일에 유엔에 가입하게 된다. 이로써 "일본은 유엔에 거대한 '은신처'이자 사활적 배후지가 되었고 정치적으로는 태평양전쟁의 수많은 기억을 쉽게 몰아내고 서방세계에 훨씬 안전하게 묶여졌다".[124]

6·25 전쟁 발발은 한국의 자생력을 36년간 압살했던 일본에도 큰 책임이 있는 것이었고, 일본은 전범국가로서 그에 합당한 응징을 받아야 했지만, 이처럼 6·25 전쟁은 일본엔 큰 축복을 안겨주었다. 그런 의미에서도 6·25 전쟁은 '반공反共이 아닌, 반한反韓을 위한 전쟁'이었다.(역사산책 1: 왜 육사 필수과목에서 6·25 전쟁사가 빠졌는가? 참고)

| 역사 산책 1 |

왜 육사 필수과목에서
6·25 전쟁사가 빠졌는가?

　육군사관학교는 2019년, 육군3사관학교는 2021년부터 6·25 전쟁사와 북한학, 군사전략 등 일부 교과목을 '필수' 수강과목에서 '선택' 수강과목으로 바꾸었다. 문재인 정부의 지시에 따른 것이었다. 윤석열 정부가 들어선 지 5개월 후인 2022년 10월 육사 37기 출신의 국민의힘 의원 신원식은 "6·25 전쟁사, 군사전략, 북한학은 생도들의 국가관·안보관·전략적 사고 형성의 기초과목"이라면서 "국군 지휘관, 대한민국 안보의 중추로 성장할 사관생도들이 장차 어떤 병과·특기를 갖더라도 공통으로 갖춰야 할 가치관과 직결되는 교과과정을 선택과목으로 바꾼 조치를 즉시 시정할 것을 강력히 촉구한다"고 밝혔다.[125] (육군사관학교는 2023년 '6·25 전쟁사' 등 3과목을 필수과목으로 4년 만에 복원했다.)[126]

　또한 육군사관학교는 육사 회보에서 '남침南侵', '적화통일 기도' 같은 단어도 쓰지 못하도록 했다. 왜 그랬을까? 『조선일보』 기자 노석조는

제1부 1953년

2023년 7월 7일자 칼럼에서 "실마리는 문재인 전 대통령이 6·25 73주년에 맞춰 올린 트위터 메시지에 있다"고 했다. 문재인은 『1950 미중전쟁』이란 책을 소개하면서 "한국전쟁이 국제전이었음을 보여준다"며 "한국전쟁에 작용한 국제적인 힘이 바로 대한민국의 숙명 같은 지정학적 조건"이라고 했다. 6·25 전쟁이 김일성의 적화통일 야욕이 아닌 강대국 대리전에서 벌어졌다는 것이다. 노석조는 이를 거론하면서 다음과 같이 말했다.

"그는 그날 국군과 유엔군 전사자에 대한 추모나 감사 메시지는 한 글자도 적지 않았다. 문 전 대통령 일가는 6·25 때 흥남에서 미군 도움으로 부산으로 내려왔는데도 말이다. 민주당도 6·25 메시지에서 북한 남침은 언급하지 않았다.……문 전 대통령은 지난 3일 '아직도 냉전적 사고에서 벗어나지 못한 사람들이 많다'고도 했다. 한반도에서 가장 냉전적 사고에 빠진 건 김정은 아닌가. 6·25 전쟁은 끝나지 않았다. 북한의 핵 미사일 위협과 함께 전쟁의 역사와 한반도 정세를 왜곡·오도하려는 공세가 계속되고 있다."[127]

『1950 미중전쟁』은 6·25 전쟁 70주년이던 2020년 7월 KBS-1TV가 방송한 다큐멘터리 '1950 미중전쟁' 내용을 바탕으로 엮은 책인데, 이 책과 더불어 문재인의 책 추천이 논란이 되었다. 국가보훈부 장관 박민식은 6월 26일 페이스북을 통해 "6·25 전쟁 73주년 행사가 열린 날 문 전 대통령이 (페이스북에) 올린 글이 자칫 오해와 갈등을 유발하지 않을까 걱정"이라며 "6·25 전쟁을 '국제선'으로 무각하며 전쟁 책임을 모호하게 한 메시지에 참전유공자들이 분노하고 있다"고 밝혔다.

그는 "6·25 전쟁은 남한을 적화통일하려는 김일성의 야욕이 일으킨 동족상잔의 비극"이라며 "전쟁의 본질을 명확히 하고 그 책임을 묻는 게 사회지도층의 본분"이라고 강조했다. 그는 특히 "6·25에 대한 일부 지도층의 '왜곡된 인식'은 전쟁을 경험하지 못한 세대에게 잘못된 가치관을 형성하게 하고, 참전유공자에 대한 비하로까지 이어질 수 있다는 점에서 참으로 우려스럽다"고 말했다.[128]

반면 연세대학교 교수 박명림은 "한국전쟁은 내전도 국제전도 아니었다. 그것은 둘 중의 어느 하나가 아니라 둘과는 또 다른 세계내전이었다"고 주장했다. 그는 "한국전쟁이 세계내전이란 말은 무슨 뜻인가. 그것은 두 한국과 두 세계 진영의 체제 대결과 이념 대결이 한국전쟁에서 하나로 결정結晶되고 응축되었다는 뜻이다"며 다음과 같이 말했다.

"한국전쟁을 내전으로 보면 전후 정전체제와 한반도 문제 해결의 기축을 남북관계와 민족주의 중심으로 보게 된다. 반대로 국제전으로 보면 한·미 동맹과 미·중 관계에 매몰된다. 그러나 한반도 문제 해법에서 이 둘은 서로 충돌하고 모순되는 지평이 아니다. 한반도 문제는 한국전쟁처럼 언제나 한·조(남북) 대 국제 두 축을 내장한다. 바로 거기에 연결과 단절의 경계 지점이 존재한다. 그 둘을 함께 보는 겹눈을 갖지 못한다면 우리의 적극적 평화와 안온은 계속 미뤄질 것이다."[129]

제5장

민간인 학살:
끝나지 않은 전쟁

골로 간 사람들

    6·25 전쟁 때 생긴 말 가운데 '골로 간다'는 말이 있다. 산골짜기로 간다는 뜻인데 죽는다는 말이다. 좌우익을 막론하고 학살을 할 때엔 사람을 주로 산골짜기로 데리고 가서 총살 또는 생매장을 했기 때문에 생긴 말이다.[130]

    '골로 간다'는 말이 시사하듯이, 6·25 전쟁은 '이원二元 전쟁'이었다. 군인들끼리 싸운 전쟁이 그 하나라면 또 하나의 전쟁은 민간인들을 대상으로 한 것이었다. 민간인을 대상으로 한 학살은 군과 경찰에 의해 저질러졌을 뿐만 아니라 민간인들 사이에서도 저질러졌기 때문에 더욱 비극적이었다. 김동춘은 전쟁 당시 상호 폭력은 국가의 폭력만으로는 설명할 수 없는 역사적·문화적 기반을 갖고 있었다며 다음과 같이 말한다.

    "한국의 농촌공동체는 씨족집단, 동족집단으로 구성되어 있는데, 이 경우 한 개인의 타인에 대한 폭력은 개인의 차원에서 끝나는 것이 아니라 가족과 씨족 간의 대립으로 비화된다. 이 경우 이데올로기보다는 혈육의 정에 기초한 증오감이 폭력의 기반이 된다. 따라서 상대방에 대한 폭력과 보복의 행사는 대단히 감정 개입적이고 잔인한 양상을 띤다."[131]

민간인 학살은 한국의 일그러지고 뒤틀린 근·현대사의 역사적 모순과 질곡의 표현이자 결과이기도 했다. 김동춘은 학살의 배경을 일제 식민지 지배까지 거슬러 올라간다. 6·25 전쟁이 발생한 배경은 조선 왕조가 식민지로 전락한 과정과 다르지 않으며, 이 점에서 20세기 한국사는 바로 스스로 국가를 세울 수 없었고, 외세의 힘에 의해 자신의 운명이 좌지우지되었던 식민지화의 역사라고 집약해볼 수 있다는 것이다.

"남북한 정치권력과 국가의 성격이 일본 제국주의가 심어놓은 폭력국가의 유산을 그대로 이어받고 있었으며, 그러한 폭력국가에서 길들여진 대중들의 복종적인 의식과 행동이 별로 극복되지 않은 시점에서 전쟁 발발과 더불어 학살이 발생했다고 볼 수 있다."[132]

그런 역사적 유산을 달리 표현하자면 어떤 정점을 향해 줄을 서는 걸 생존의 법칙으로 삼게끔 강요당해온 '소용돌이 구조'라고 말할 수 있을 것이다. 이 구조에선 '중간 영역'은 존재할 수 없었다. 어느 한 지점을 향해 모두 빨려 들어가야만 했다. 그 구조는 강력한 지도자가 나타나 빨려 들어갈 지점을 통일시켜주면 무서운 괴력을 발휘할 수 있는 장점을 갖고 있지만, 그 경우에도 빨려 들어가기를 거부하긴 어렵다. 흡입 지점이 두 개면 그러한 거부는 더욱 어려워진다. 어느 쪽으로건 '올인'을 해야만 하는 구조라는 점에서 그건 파시즘 구조의 진수眞髓를 보여주는 것이었다.

이런 구조의 단세포적 광기狂氣를 앞서 살펴보았던 나주 부대의 학살만큼 극명하게 보여주는 사건도 없을 것이다. 인민군 복장을 한 자가 농부에게 총을 겨누면서 "공산당을 좋아하느냐"고 물으면 살기 위해 "좋아한다"고 답해야지 어떡하겠는가. 그러나 그렇게 답하면 그 즉시 사살을 당했다. 죽음을 무릅쓰고서라도 "공산당을 싫어한다"고 답하지 않은 죄 때문이었다.

각기 상황과 정도의 차이는 있었을망정 대부분의 민간인 학살이 그런 논리에 의해 자행되었다. 목숨을 걸고 그 어느 한쪽을 지지하지 않았다는 이유만으로 이쪽에 의해 죽고 저쪽에 의해 죽는 비극이 한반도에서 연출되었던 것이다.

"어느 쪽으로 갈지 가르쳐주십시오"

황석영의 소설 『흐르지 않는 강』은 총구를 마주 대하고 있는 농민이 총을 겨눈 자에게 어느 쪽 편을 들어야 할지 가르쳐 달라고 말하는, 기가 막힌 우문현답愚問賢答을 제시하고 있다. 비록 그런 우문현답은 학살의 현장에서 통하지 않았지만, 이는 학살의 단세포적 광기, 아니 그 '비극의 희극성'을 고발하는 게 아니고 무엇이겠는가.

이 소설은 "일개 부대의 병사들이었어. 그들이 어느 편인가는 어두워서 도무지 알 수 없었거든. 총부리만 보였어. 아마도 남이나 북의 경찰대였을 거야. 그들은 수로 안에서 기어 나온 피난민들을 밭고랑에다 일렬로 세워놓고 물었다. 이승만 대통령을 지지하는 사람은 나와. 아무도 안 나갔지. 김일성 장군을 지지하는 사람 나와. 그래도 아무도 나가는 사람이 없어. 허, 이것들 봐라. 좋아 그러면 이쪽은 이승만 대통령, 저쪽은 김일성 장군이다. 빨리빨리 움직여"라면서 다음과 같이 말한다.

"제자리에 남아 있는 놈들은 더 악질이니까 모두 쏴 죽인다. 노리쇠를 후진시켰다가 놓는 철거덕하는 소리. 사람들은 저마다의 판단을 하면서 노름을 거는 심정으로 슬슬 움직였어. 수는 아버지에게 업혀 있었는데 그의 등판에 귀를 대고 있으려니까 아버지의 숨소리가 깊숙한 동굴의 밑바닥에서 새어나오는 것 같았다. 아버지는 움직이지 않았지. 그는 굳게 밭고랑을 딛고 있었거든. 너희들은 왜 안 나오나. 모두들 바위 같은 침묵. 이 새끼들, 모두 쏴 죽여 버려. 몇 사람이 움직이고, 아버지가 나즉하게 말하기 시작했다. 우리는 무식해서 정치는 잘 모르지만 세금은 꼬박꼬박 냅니다. 그저 난리를 피해서 집에서 나온 것뿐입니다. 어느 쪽으로 갈지 가르쳐주십시오."[133]

민간인 학살의 배경에 깔린 '뿌리 뽑고 씨 말리기' 원칙은 지식인들의 담론으로까지 역설될 만큼 늘 소용돌이치는 한국인의 뜨거운 피와 친화성을 갖는 것이었다. 양주동은 수복 직후 빨갱이는 "겉은 한인이나 속은 완전히 슬라브화된 사이비 한인"이라는 생물학적 진단을 내리면서 이들에 대한 무조건적인 토벌이 필요하다고 주장했다.[134]

'빨갱이'라는 말은 단순한 별명 이상의 것이었다. 그건 '무조건적인 토벌'을 자행하면서도 인간적인 양심의 문제에서 자유롭기 위한 장치의 하나였다. 토벌 대상을 비인간화하는 효과를 내기 위한 의식적인 동시에 무의식적인 호칭이었다. 단일 혈통주의에 대한 강박은 그런 비인간화에 상승 작용을 초래했을 것이다. 바로 이런 단일 혈통주의가 6·25 때보다는 더욱 개화되고 민주화가 된 뒤에도 정점을 향해 단일 대오를 지을 걸 요구하는 '소용돌이 구조'를 지속시키게 될 것이었다.

유족이 나타나지 않는 유골

램지 클라크Ramsey Clark, 1927~2021는 "미국에서 한국전쟁은 '잃어버린 전쟁'으로 불린다"며 "당시 3천만 인구 가운데 10%가 넘는 민간인이 몰살당한 전쟁을 국제사회가 잊어버리고 있다는 사실 자체가 비극"이라고 말했다.

"지난 반세기 동안 왜 미국의 민간인 학살이 주목받지 못했는지 아십니까? 한국전쟁 때 죄 없는 민간인을 조직적·의도적으로 살육한 그들이 역사를 쓰고, 교육을 하고, 미디어를 장악했기 때문입니다. 이제 세계 양심세력들의 힘으로 '잊혀진 전쟁'을 '기억해야 할 전쟁'으로 되살릴 때입니다."[135]

한홍구도 『대한민국사』(2003)에서 "미국을 비롯한 서구에서 한국전쟁은 흔히 잊혀진 전쟁Forgotten War이라 불리는데, 그중에서도 학살은 잊혀진 전쟁 중에서도 가장 깊숙이 묻혀버린 사건이었다"고 했다. 그는 "민간인 학살만큼이나 끔찍스러운 일은 전국 방방곡곡에서 100만 명가량의 희생자가 발생한 이 학살에 대해 우리 사회가 모르는 척하거나 정말로 모른 채 반세기를 보냈다는 점이다"며 다음과 같이 말한다.

"같은 하늘 아래 이런 엄청난 일들이 묻혀 있음을 애써 외면한 채, 또는 전혀 알지 못한 채 우리는 먹고, 마시고, 잠자는 일상의 삶을 살아왔다. 수십만 명의 죽음을 50년간 외면해온 우리 사회의 구성원 모두는 학살 그 자체는 아닐지라도 학살 은폐의 방조자가 됨으로써 사람된 도

6·25 전쟁 당시 3,000만 인구 가운데 10%가 넘는 민간인이 몰살당했는데, 특히 민간인은 100만 명가량이 학살당했다. 1950년 대전 산내 골령골 민간인 학살 현장.

리를 다하지 못한 것이다. 광범한 학살이 휩쓸고 지나간 이 땅에서 피해자도, 가해자도, 유가족은 물론이고, 우리 사회의 전체 구성원은 모두 사람일 수 없었다. 학살이란 바로 이런 것이며, 우리가 다시는 이 땅에 학살이 일어나지 않도록 노력해야 하는 이유도 여기에 있다."[136]

그런 의미에서 6·25 전쟁은 '잊혀진 전쟁'일 뿐만 아니라 '끝나지 않은 전쟁'이기도 하다. 1999년 9월 AP통신에 미군에 의한 노근리 학살 사건이 대대적으로 보도된 이후 전쟁 중 민간인 학살에 대한 진상규명을 요구하는 목소리가 높아지면서 국방부는 1999년 10월 20일부터 2000년 12월까지 모두 64건의 민원을 접수했는데, 이 중 미군 관련 사건이 52건으로 가장 많았고, 국군과 경찰 관련이 11건, 캐나다군 관련이 1건이었다.

이 결과의 의미에 대해 한홍구는 "한국전쟁 중 미군에 의한 학살은 무차별 폭격으로 인한 학살을 포함하면 그 규모가 상당하지만, 대면對面 학살에 국한한다면 전체에서 차지하는 비율이 높다고 할 수 없다. 그런데도 미군에 의한 학살 신고가 압도적으로 많은 것은 아직도 국군 및 경찰, 그리고 우익 무장대에 의한 학살의 피해자들이 신고를 꺼리기 때문으로밖에는 볼 수 없다"며 다음과 같이 말했다.

"1천 명 가까운 인명이 희생된 것으로 추정되는 외공리 사건의 경우, 유골은 있되 유족은 나타나지 않는 기이한 현상을 보이고 있다. 이 기막힌 현실은 아직도 이 땅의 유족들이 겪는 공포와 체념의 벽이 얼마나 높으며, 많은 사람들이 자기 피붙이들이 언제 어디서 어떻게 죽었는지 모른 채 살아 있는 것이 아닌 삶을 살아야 했던 뒤틀린 역사를 상징적으로 보여준다. 연좌제와 국가보안법의 그늘 아래 빨갱이 자식으로 모진 목숨을 이어가야 했던 유가족들의 이야기야 어찌 무딘 필치로 제한된 지면에 담을 수 있으랴. 이 땅에 살기 위해 부모를 처형한 우익반공단체의 열성 간부가 된 아들의 심경을 누가 헤아릴 수 있으랴."[137]

"'100만 명 학살' 진상 왜 밝히지 않나"

있었던 사실을 있었던 그대로 밝히는 것도 목숨을 내걸어야 하는 또 하나의 전쟁이었다. 그 전쟁은 6·25 전쟁 이후 온갖 우여곡절을 겪으면서 수행되어왔다. 북진통일 궐기대회가 판치는 이승만 정권하에선 오직 빨갱이에 의해 죽었을 때에만 그 진상규명이 허용되고 장려되었다. 그렇지 않은 경우의 진상규명은 반역이었다. 서중석은 "신문사를 습격하건, 법원에 난입하건, 공공집회를 무법천지로 만들건, 정치인을 백주에 테러하건, '반공용사'들이 했다고 하면 붙잡지 않았어요. 어떤 사람이건, 어떤 행위건 '나는 반공을 하는 사람이다'라는 말만 하면 그것에 저항하기가 어려웠습니다"며 이렇게 말했다.

"그 반면에 극우반공 이데올로기의 주창자들이나 권력의 정점에 서 있는 자들을 비판하고, 그자들을 분석하고 '그자들이 친일파요 반민족세력으로 민주주의를 하지 않는다'고 얘기하는 사람에 대해서 '저놈은 반공을 반대하는 놈, 국시를 위반하는 놈'이라는 말 한마디만 떨어지면, 그 사람은 정치권에서 매장되고 감옥으로 끌려가거나 경우에 따라서는 사형대에까지 올라가야 하는 어려운 사회환경이 조성되는 겁니다. 양민학살도 무척 많았습니다만, 빨갱이라는 이유를 붙여 얼마나 많은 사람들이 무고하게 희생당하고 갖은 피해를 입으며 숨죽이고 살아왔습니까."[138]

4·19 직후 6·25 전쟁을 전후로 발생한 민간인 학살 사건 진상규명에 나선 '전국 피학살자 유족회'는 유족들의 신고를 바탕으로 114만 명이 국군의 손에 의해 학살당했다는 보고서를 냈는데, 이들은 빨갱이로 몰려야 했다.[139] 이후 이들은 입을 닫았다. 40년을 기다려야 했다. 2001년 초 두 의원이 각각 '한국전쟁 전후 민간인 희생 진상규명과 명예회복 법안'과 '6·25 전쟁 전후 민간인 희생 진상규명과 명예회복 법안'을 제출했다. 2001년 9월 김원웅 등 국회의원 47명의 발의로 '한국전쟁 전후 민간인 학살 진상규명 및 명예회복 등에 관한 법률안'이 제출되었다.

2002년 7월 4일 '한국전쟁 전후 민간인 학살 진상규명과 명예회복을 위한 범국민위원회'는 서울 정동 프란치스코 교육회관 성당에서

'2002 한국전쟁 전후 피학살자 유족 증언대회'를 열었다. 범국민위원회가 펴낸 『2002년 민간인 학살총서』에서 범국민위원회 사무처장이자 성공회대 교수 김동춘은 "한국의 국가는 피학살자들을 세 번 죽인 셈이 된다"고 말했다. 전쟁을 전후해 저질러진 학살이 첫 번째라면, 1960년대 당시 진상규명 요구를 탄압한 것이 두 번째였고, 유가족들과 자식들을 모두 '빨갱이'로 취급해 1980년까지 연좌제로 묶어 탄압한 것이 세 번째였다는 것이다.

"이런 사실을 들춰내는 것 자체가 반국가적 행동으로 탄압받아왔기 때문에, 사실을 알고 있는 당사자는 '생존'을 위해 침묵했으며, 좌익 혐의를 받지 않으려고 계속 여당만을 지지해왔고, 그들의 자녀들은 오히려 '연좌제' 등의 불이익을 당하면서 지금까지 살아왔다. 그리하여 생존자나 유족들은 자식들에게도 이 사실을 알리지 않는다. 봉건시대의 천형이 이와 같았을까?"[140]

2002년 대선 당시 민주당 대통령 후보 노무현은 "학살의 억울함을 풀어주겠다"고 공약했으며, '범국민위원회'는 2003년 2월 27일부터 민간인 학살 진상규명 통합특별법 제정을 촉구하며 국가인권위원회에서 무기한 농성을 벌였다. 2003년 5월 '민간인 학살 진상규명 통합특별법 쟁취 투쟁본부'는 6·25 전쟁 때 억울하게 학살당한 민간인들의 넋을 위로하는 '해원굿'을 국회 앞에서 열었다. 투쟁본부에 따르면, 전주·강화·거창·고양·구미·나주·단양·문경·사천·산청·순천·여수·연동·제주·진도·포항·함평 등에서 집단학살의 증언이 이어졌으며 6·25 전쟁을 앞뒤로 학살당한 민간인은 100만 명으로 추산되었다.

『한겨레』 2003년 5월 5일자 사설 「'100만 명 학살' 진상 왜 밝히지 않나」는 "국회 앞에서 67일째 노숙 농성을 벌이고 있는 유족들의 호소에 여야와 정부가 귀기울이길 촉구"했다. 매년 8월 유엔 인권위원회 소위원회는 각국의 비정부기구 회원들이 제기하는 인권 문제를 심사하는데, 2003년 8월 스위스 제네바에서 열린 이 행사에서 다루어진 한국 문제는 '6·25 전쟁 중 미군에 의해 자행된 민간인 학살' 문제였다. '한국전쟁 민간인 학살 전민특위 유엔 제소단' 남쪽 대표단은 8월 3일 제네바에 도착해 전 세계 비정부기구 대표들을 만나 민간인 학살 해결에 동참해줄 것을 호소했다.[141] 2004년 3월 국회는 '한국전쟁 휴전 이전 학살 진상규명에 관한 통합특별법안'을 부결시켰다. 아직 '끝나지 않은 전쟁'인 것이다.

포로 송환: '광장'과 '밀실'의 와중에서

포로 송환 이후의 갈등과 진통

정전협정 체결 다음 날인 1953년 7월 28일 판문점에서 개최된 첫 군사정전위원회 회의에서 양측은 8월 5일부터 포로 송환을 시작하기로 합의했다. 그러나 그 이전에 '자유송환'이냐 '자동송환'이냐를 둘러싸고 벌어진 심리전의 결과는 양측을 모두 놀라게 만들었다. 한홍구에 따르면, "유엔군 쪽은 상당한 물리적 강압을 수반하기는 했지만, 13만 2천여 명의 포로 가운데 송환 거부자를 6만여 명이나 만들어내어 공산군 쪽을 놀라게 했다. 반면 공산군 쪽은 개전 초기 6만 5천여 명에 달하던 유엔군 포로의 명단을 1만 1,559명만 제시하여 유엔군 쪽을 놀라게 했다. 대부분 유엔군의 폭격으로 죽거나 도주하거나 아니면 석방되었다는 것이다. 여기서 '석방'이란 국군 포로들이 인민군에 편입된 것을 뜻한다".142

최종적으로, 유엔군 측은 송환을 희망한 공산군 포로 7만 5,823명

(북한군 7만 183명, 중공군 5,640명)을 돌려보냈고, 공산군 측은 1만 2,773명 (한국군 7,862명, 유엔군 4,911명)을 송환했다. 포로들이 겪은 고통과 비극은 송환으로 끝난 것이 아니었다. 미국에서는 많은 포로가 어떤 방식으로든 적에게 협력했다는 혐의 때문에 내부 갈등과 진통이 계속되었다. 어떤 통계에 의하면 70% 정도가 적에게 협력한 것으로 밝혀졌는데, 이를 둘러싸고 미국 내에선 공산주의자의 극악무도함 때문이냐 미국인들이 나약해졌기 때문이냐는 논쟁이 일었고 많은 연구 보고서가 작성되었다.[143]

6·25 전쟁 중에 체결된 포로 교환 협정에 따라 공산군에게 포로로 잡혔던 국군 부상병들이 1953년 4월 22일 판문점을 통해 귀환하고 있다.

선전전도 계속 수행해야 했다. 미국은 1953년 10월, 이전에 세균전을 폭로했던 전쟁 포로 10명을 내세워 유엔에서 이전의 주장을 공식적으로 부인하게 만들었다. 그러나 그들이 언론과 접촉하는 것은 통제했다. 또 미국 정부는 용공주의자 75명을 밝혀냈다고 발표했으며, 수많은 전쟁 포로에게 정치적 책임은 물론 살인죄(동료 미군 살인)에서 경미한 범죄에 이르기까지 사법적인 책임을 물어 기소했다. 한 귀환 포로는 병든 동료 2명을 움막 밖으로 내몰아 추위에 죽게 했다는 이유로 사형을 언도받기도 했다.[144]

인도행 배를 탄 '76인의 포로들'

1953년 9월 인도군 1개 여단이 송환을 원치 않는 포로들의 관리를 맡기 위해 인천항을 통해 입국했으나 이승만의 명령을 받은 헌병총사령관 원용덕은 철길을 가로막는 등 이들의 판문점행을 방해했다.[145] 그래서 인도군은 인천에서 판문점까지 헬리콥터로 이송되었다.

중국 귀환을 거부하는 중국군 포로 2만 명은 대만으로 귀환했으며, 한국 내 잔류를 희망한 공산 포로 2만 2,000명은 남았다. 공산군 측이 억류하고 있던 포로 중에서도 미군 포로 21명, 영국인 포로 1명, 한국인 포로 325명은 잔류를 희망해 송환 대상에 포함되지 않았다. 미군 포로 21명과 영국 포로 1명은 중국으로 갈 것을 선택했다.[146]

1954년 2월 21일 오전 10시 30분 전쟁 포로 88명이 인도행 배 아스토리아호에 승선했다. 이들은 인천을 떠나 12일 만에 인도에 도착했다. 이들은 북한군 포로 74명, 남한군 포로 2명, 중국군 포로 12명 등이었다. 북한군과 남한군 포로 출신 76명은 남과 북 어디로도 가기를 바라지 않았고, 중국군 포로 12명 또한 중국이나 대만으로 가기를 원하지 않았다. 이렇게 '제3의 선택'을 한 포로들은 뚜렷한 사상적 지향보다는 전쟁이 없는 곳으로 가고 싶어 제3국을 택했다. 처음부터 인도를 선택한 사람은 15명이었고 대부분은 미국으로 가기를 원했다. 그러나 미국은 중립국이 아니라는 이유로 그들을 받아들이지 않았다. 그러자 인도에 간 포로들 가운데 과반수가 멕시코(29명) 등 남미행을 원했다. 멕시코도 받아주질 않아 1956년 2월 북한군 포로 출신 50명과 중국군 포로 6명이 브라질로 떠났다. 이들은 인도·브라질·아르헨티나 등의 '이민 1세대'가 되었다.[147]

이때 브라질로 떠나 목사가 된 문명철은 2003년 정전 50주년을 맞아 브라질에서 어머니에게 보낸 편지에서 "(1953년) 8월 27일 그때 중립지대인 판문점으로 가서 유엔군과 남북한 대표 앞에서 각기 자기의 길을 선택해야 했습니다. 그때 어머니께서 '네 외삼촌처럼 훌륭한 목사가 되는 게 내 꿈이다'라고 늘 말씀하셨던 게 기억나더군요. 비록 부모님이 살아 계신다 하더라도, 목사의 길을 가려는 저는 북으로 갈 수는 없었습니다"라면서 다음과 같이 말했다.

"그렇다면 남으로? 만날 수도 없는 어머니가 그리워, 더 못 견딜 것 같았고, 결국 남한도 북한도 아닌 중립국을 선택해 인도로 가게 되었어요.……어머님, 아버님. 돌아가셨을 연세이지만 두 분은 언제나 제 가슴에 살아계십니다. 한반도가 속히 평화통일이 되어야, 제가 살아 있을 때 무덤이라도 찾아갈 수 있을 텐데, 무덤에 찾아가 가슴을 묻고 엉엉 울고 싶습니다. 어머님, 아버님! 효도 한 번 못 해드린 이 자식을 용서하소서!"[148]

최인훈의 「광장」

월간 『새벽』 1960년 11월호에 발표된 최인훈의 소설 「광장」은 중립국을 선택한 포로를 다루었다. 이승만 정권 치하에선 발표될 수 없는 소설이었다. 4·19 덕분에 가능했다.

「광장」의 주인공 이명준은 남북한 체제를 동시에 겪어본 인물이다. 그는 '남한의 나태와 방종, 북한의 부자연스러운 이념적 구속'에 환멸을 느껴 '중립국'을 선택해 인도행 배에 오르지만 행선지에 도착하기 전에 바다에 몸을 던져 죽는다. 1961년 단행본으로 나온 『광장』의 서문에서 최인훈은 인간은 광장에 나서지 않고는 살지 못하는 동시에 밀실로 물러서지 않고는 살지 못하는 동물이라는 걸 전제하면서 이렇게 말했다.

"광장은 대중의 밀실이며 밀실은 개인의 광장이다. 인간을 이 두 가지 공간의 어느 한쪽에 가두어버릴 때, 그는 살 수 없다. 그럴 때 광장에 폭동의 피가 흐르고 밀실에서 광란의 부르짖음이 새어 나온다. 우리는 분수가 터지고 밝은 햇빛 아래 뭇 꽃이 피고 영웅과 신들의 동산으로 치장이 된 광장에서 바다처럼 우람한 합창에 한몫 끼기를 원하며 그와 똑같은 진실로 개인의 일기장과 저녁에 벗어놓은 채 새벽에 잊고 간 애인의 장갑이 얹힌 침대에 걸터앉아서 광장을 잊어버릴 수 있는 시간을 원한다."[149]

장석주의 해설에 따르면, "「광장」은 자본주의도 사회주의도 인간의 참된 삶을 충족시키기 어렵다는 비극적 세계관을 함축하고 있는데, 이는 작가 자신이 월남 실향민으로서 어디에도 뿌리내리지 못한 전기적 체험과 깊은 연관이 있다. 최인훈은 이 작품에서 폐쇄성과 집단의 강제성에

짓눌려 '광장만 있고 밀실이 없는' 북한 체제와, 사회 경제의 불균형 때문에 방만한 개인주의만 팽배한 채 '밀실만 있고 광장이 없는' 남한 체제 모두를 비판한다".[150]

이명준의 남북한 비판

이명준의 입을 빌려 쏟아내는 그 비판은 매섭다. 독한 날이 서 있다. 남한은 어떤 곳인가? "서양에 가서 소위 민주주의를 배웠다는 놈들이 돌아와서는, 자기 몇 대조가 무슨 판서 무슨 참판을 지냈다는 자랑을 늘어놓으면서, 인민의 등에 올라앉아 외국에서 맞춘 아른거리는 구둣발로 그들의 배를 걷어차고 있었습니다. 도시 어떻게 된 영문인지, 일본놈들 밑에서 벼슬을 지내고 아버지 같은 애국자를 잡아죽이던 놈들이 무슨 국장, 무슨 처장, 무슨 청장 자리에 앉아서 인민들을 호령하고 있습니다."[151]

이명준은 정치의 광장에는 똥오줌에 쓰레기만 더미로 쌓여 있다고 말한다. "모두의 것이어야 할 꽃을 꺾어다 저희 집 꽃병에 꽂구, 분수 꼭지를 뽑아다 저희 집 변소에 차려놓구, 페이브먼트를 파 날라다가는 저희 집 부엌 바닥을 깔구. 한국의 정치가들이 정치의 광장에 나올 땐 자루와 도끼와 삽을 들고, 눈에는 마스크를 가리고 도둑질하러 나오는 것이지요. 그러다가 착한 길 가던 사람이 그걸 말릴라치면 멀리서 망을 보던 갱이 광장에서 빠지는 골목에서 불쑥 튀어나오면서 한칼에 그를 해치우는 거예요. 그러면 그는 도둑놈한테서 몫을 타는 것이지요.……선량한 시민은 오히려 문에 자물쇠를 잠그고 창을 닫고 있어요. 굶주림을 면하기 위해서 시장으로 가는 때만 할 수 없이 그는 자기 방문을 엽니다. 한

줌 쌀과 한 포기 시래기를 사기 위해서."[152]

　이어 그는 경제의 광장에는 도둑 물건이 넘치고 있으며 사기의 안개 속에 협박의 꽃불이 터지고 허영의 애드벌룬이 떠돈다고 말한다. 바늘 끝만 한 양심을 지키면서 탐욕과 조절을 꾀하자는 자본주의의 교활한 윤리조차도 없다는 것이다. 결론을 내리자면 남한은 이런 곳이다. "개인만 있고 국민은 없습니다. 밀실만 푸짐하고 광장은 죽었습니다.……아무도 광장에서 머물지 않아요. 필요한 약탈과 사기만 끝나면 광장은 텅 빕니다. 광장이 죽은 곳."[153]

　반면 이명준이 남한에서 지내다가 월북한 후에 겪은 북한은 어떤 곳이었는가? "어느 모임에서나, 판에 박은 말과 앞뒤가 있을 뿐이었다. 신명이 아니고 신명난 흉내였다. 혁명이 아니고 혁명의 흉내였다. 흥이 아니고 흥이 난 흉내였다. 믿음이 아니고 믿음의 소문뿐이었다."[154]

　이명준이 『노동신문』 본사 편집부에서 일하면서 편집장에게서 듣는 말은 "개인주의적인 정신을 버리시오"였다. "아하, 당은 저더러는 생활하지 말라는 겁니다. 일이면 일마다 저는 느꼈습니다. 제가 주인공이 아니고 '당'이 주인공이란 걸. '당'만이 흥분하고 도취합니다. 우리는 복창만 하라는 겁니다. '당'이 생각하고 판단하고 느끼고 한숨지을 테니, 너희들은 복창만 하라는 겁니다. 우리는 기껏해야 '일찍이 위대한 레닌 동무는 말하기를……', '일찍이 위대한 스탈린 동무는 말하기를……' 그렇습니다. 모든 것은, 위대한 동무들에 의하여, 일찍이 말해져버린 것입니다. 이제는 아무 말도 할 말이 없습니다. 우리는 인세 아무도 위내해실 수 없습니다.……인민이란 그들에겐 양떼들입니다."[155]

조창호와 전용일

많은 국군 포로가 돌아오지 못했다. 이승만의 반공포로 석방에 대한 북한의 보복 조치로 일부나마 국군 포로가 계속 억류되었을 가능성은 없을까? 북한을 탈출해 1994년 10월 23일 극적으로 귀환한 국군 포로 조창호(당시 64세)의 『돌아온 사자死者: 조창호의 북한 생활 사십삼년』(1995)엔 포로 억류의 다른 이유를 대긴 했지만 그런 불안감을 토로한 대목이 나온다.

"나중에 교화소에서 남쪽의 이승만 정권이 반공포로들을 미군이 말리는데도 풀어주었다는 소식을 들었다. 나는 이 일이 잘못된 처사라고는 생각되지 않는다. 그러나 이 일이 한편으로는 북한 공산 정권을 자극했을지도 모르겠다는 생각을 하기는 했었다. 그러나 이것 때문에 내가 북한의 교화소에서 잡혀 있었다고 해도 나는 조금도 원망을 갖지는 않았다. 그때는 미처 몰랐지만 북한의 공산당 정권은 애시당초 북한에서 태어난 나와 같은 포로들을 남쪽에 건네줄 의사가 없었다. 내가 뒤에 교화소에서 만난 포로들은 거의 북한 출신이거나 남한 출신이라 해도 보내줄 수 없을 만큼 중요한 사람들이었다."[156]

공식적인 포로 송환 이후 2003년 12월 24일 탈북 국군 포로 전용일(당시 72세)의 극적인 귀환까지 한국으로 돌아온 포로는 34명에 지나지 않았다. 아직도 국군 포로가 500여 명 정도 살아 있는 것으로 추정되었다.[157]

제7장

김일성의 남로당파 숙청

남북한에 구축된 강력한 국가

"한국전쟁은 이승만이 예상했던 대로 위기의 이승만 정권을 반석 위에 올려놓았다. 전쟁을 통해 아직 꼴을 갖추지 못했던 국가는 이제 미군의 주둔과 미국의 경제지원으로 군사적·경제적 토대를 구축할 수 있었고, 전쟁 이전에 이미 마련되었던 반공주의를 더욱 확고한 국가 이념으로 정립할 수 있었다. 전쟁 과정에서 그리고 전쟁 이후에 북한의 김일성은 자신의 정적을 효과적으로 제거할 수 있게 됨으로써 '김일성 유일체제'의 기반을 닦았다. 그리고 사회주의적 공업화를 더욱 급속하게 추진할 수 있는 계기를 얻었다."[158]

심농춘의 평가다. 그 비극적인 전쟁의 결말이 남북 양쪽에 확고한 국가의 터전을 닦았다는 건 6·25 전쟁으로 인해 세계가 경제부흥의 계기를 맞았다는 것만큼 인간세계의 작동 원리에 대해 우울한 의문을 갖게 하기에 족하다. 그러나 가치 판단을 잠시 유보하자면 그 이치는 그리 복잡한 건 아니다. 강력한 국가 건설에만 국한시켜 말하자면, 전쟁은 강력한 일원적 리더십을 필요로 한다는 상식 하나만 음미하면 족할 것이다. 그런 강력한 일원적 리더십은 전쟁 중 남북 양쪽에서 왕성하게 구축되고 있었다. 이승만의 경우는 이미 살펴본 바와 같다.

북한의 '자기 정당화' 게임

북한에서 김일성은 1952년부터 '수령'으로 호칭되었고, 1952년 12월에 원수의 칭호가 제정되었다. 1953년 2월 8일 인민군 창건 5주년에 김일성은 공화국 최초의 원수가 되어 '김일성 장군'에서 '김일성 원수'로 바꿔 불리게 되었다. 1953년 5월부터 『김일성 선집』이 간행되기 시작했으며, 휴전협정이 맺어진 그다음 날인 7월 28일 김일성은 공화국 영웅 칭호와 국기훈장 제일급을 수여받았다.[159]

김일성은 7월 28일 라디오 방송 연설에서 전쟁이 "조선 인민의 승리"로 끝났다고 주장했다. 그의 해석에 따르자면, "미 제국주의자들이 이승만 괴뢰 도당을 부추겨 일으킨 전쟁에서 조선 인민과 인민군은 영용하게 싸워 승리했다"는 것이다.[160] 이런 주장은 '자기 정당화'의 게임이었다. 이 게임을 둘러싼 내부 권력투쟁은 전쟁 중에도 치열하게 이루어졌으며, 이는 이미 김일성과 박헌영의 갈등을 통해 표출된 바 있다. 남침을 하면 20만 당원이 봉기한다는 박헌영의 장담은 당을 기만한 것이라는 비판은 이미 김일성의 입을 통해서 여러 차례 제기되었고, 박헌영은 애가 탔는지 평양방송에 자주 나와 남조선 인민들의 봉기를 선동하

기도 했다.[161]

김일성은 1952년 12월 15일에 열린 조선노동당 중앙위원회 제5차 합동전원회의에서 박헌영파를 통렬하게 비판했다. 김일성은 그들이 당의 통일과 단합을 파괴했다고 주장했다. 김일성은 박헌영 일행을 겨냥해 당내의 자유주의적 경향과 종파주의적 경향, 개인 영웅주의를 비판하면서 "이들 종파쟁이들이 우리 당에서 한 발짝도 움직이지 못하도록 감시해야 한다"고 역설했다.[162]

이 갈등 또는 투쟁엔 여러 설이 나오고 있다. 김일성이 강력히 경고했지만 이를 박헌영·리승엽 등 남로당 출신 간부들이 외면했다는 설, 박헌영이 이끄는 남로당파가 군사쿠데타를 계획했다는 설, 나중에 제기되는 것처럼 박헌영 일파가 미국의 간첩이었으며 그 연장선상에서 많은 문제를 드러냈다는 설, 진상이야 어떠하건 전쟁 속죄양이 필요한 상황에서 남로당원 봉기를 장담했던 박헌영 일파가 당하게끔 되어 있었다는 설 등이다. 그런가 하면 이미 1952년 말에 박헌영과 주변 인물들이 체포되어 연금되었다는 설도 있고 그 시점이 1953년 1월이라는 설도 있다. 여기선 1월설을 따르기로 하자(4가지 설은 상호 중복되기도 하고 사건 발생 선후의 문제가 있는 것이기도 하다는 걸 염두에 둘 필요가 있겠다).[163]

스탈린식 정치 재판극

1953년 1월 남로당파에 대한 '당성 검토'가 진행되는 사이 박헌영·리승엽을 중심으로 조일명(조두원)·임화·박승원·리강국·윤순달·배철·리원조·백형복·조용복·맹종호·설정식 등이 체포되었다. 3월 21일,

김일성은 박헌영의 종파주의적 경향과 개인 영웅주의를 비판했고, 허가이에게는 '징벌주의자'라고 비판했다. 1948년 여름 묘향산에서 당정 고위간부들과 김일성(앞줄 왼쪽 두 번째), 박헌영(세 번째), 허가이(네 번째).

김일성은 평양 주재 소련 대사에게 박헌영의 범죄혐의 사실에 대해 설명했다. 이 대담에서 김일성은 해방 직후부터 그 시점까지 박헌영과 그 추종자들이 당내에서 종파를 조직했고, 당 기밀을 미국에 누설했으며, 6·25 전쟁 패배의 원인을 만들었다고 주장했다.[164]

1953년 7월 2일엔 소련파 공산주의자의 대표인 부총리 허가이가 박헌영에 동조했다는 혐의로 압력을 받아오던 중 자살했다. 허가이는 이미 1951년 11월 1일 당중앙위원회 제4차 전원회의에서 김일성에게서 '징벌주의자'라는 비판을 받은 바 있었다. 그는 그때 이미 실권을 잃었다. 북한 당국은 "조국의 어려운 시기에 자살한 허가이의 행위는 당과 조국과 인민을 배반한 변절적 행위"라고 비난했다(허가이는 노동당 창립 때부터 '당 박사'로 불리며 조직 부문을 장악해 당 건설 과정에서 절대적인 영향력을 행사했던 인물이다. 김일성의 비판에 따르면, 유엔군 점령 기간 중 대부분의 당원들이 신분을 숨기기 위해 당원증을 버리거나 없앴는데, 허가이가 60만 당원 중 45만 명을 징벌에 처했다는 것이다. 김일성은 허가이가 여러 가지 부당한 이유를 붙여 사실상 당의 문호를 닫고 있다고 비난하면서 그에게 '관문주의자'라는 딱지도 붙였다. 이는 김일성은 계급 성분보다 폭넓은 대중적 기반을 중시한 반면, 허가이는 소련식 엘리트 중심의 전위정당을 추구했다는 비난이다).[165]

정전협정 직후인 7월 30일엔 박헌영을 제외한 리승엽 등 12명은 "조선민주주의인민공화국 정부 전복 음모와 반국가적 무장폭동 및 선전 선동에 관한 건"으로 최고재판소에 기소되었다. 이어 8월 5일에서 9일까지 열린 노동당 중앙위원회 제6차 전원회의에선 박헌영 등 7명이 반역자로 몰려 제명 처분을 당했다. 리승엽 등은 8월 6일 스파이 활동 혐의로 유죄판결을 받았다. 10명에게 사형, 2명에게 10년 징역이 선고되었다.[166]

서동만은 「한국전쟁과 김일성」(2000)이라는 논문에서 "남로당과 숙청은 북한 최초의 스탈린식 정치 재판극이었다"며 다음과 같이 말했다.

"북한의 경우 동유럽과 달리 한국전쟁 이전 냉전이 본격화한 시기에도 정치적 숙청은 피할 수 있었다. 정파간 연대의 끈이 유지되어 있었고 어느 하나의 파벌을 배제할 수 있을 정도의 강력한 정치적 중심도 아직 형성되지 않았다. 그러나 각 정파의 단결의 끈을 끊어버린 것은 한국전쟁의 실패였다. 막대한 희생을 치른 전쟁에 대한 책임 문제는 공산주의자로서의 '동지적 관계'를 초월하는 정치적 사활의 문제였다.……김일성이 책임을 진다면 내외적으로 파급될 범위가 너무 넓었다. 결과적으로 남로당파가 희생양이 된 것은 소련과 중국을 전쟁 실패의 책임으로부터 분리하는 형태로 전쟁 책임 문제를 처리하기 쉬웠기 때문이다."[167]

숙청은 이걸로 끝난 게 아니었다. 1956년의 이른바 '8월 종파사건'은 '개인 숭배' 문제에 대한 논란을 불러일으키면서 또 한 번의 숙청 바람을 몰고 온다.

한미상호방위조약과 '반공 선민주의'

한미상호방위조약 조인

이승만이 세계를 경악시키며 반공포로를 석방하고, 그 수많은 북진통일 궐기대회 후원을 해가면서까지 갈구했던 '한미상호방위조약' 체결이 마침내 1953년 8월 3일부터 협상에 들어가 8월 8일 그 최종안을 서울에서 가조인하게 되었다. 가조인이 끝난 후 미 국무부 장관 덜레스는 이승만에게 낚싯대 한 벌을 선사했다. 이승만은 한국말로 "이 친구들이 이제 낚싯대를 주면서 고기는 우리더러 잡으라는 말이로군"이라고 혼잣말처럼 중얼거렸다.[168] 그러나 이승만은 크게 만족해 이런 성명서를 발표했다.

"한미상호방위조약이 성립됨으로써 우리는 앞으로 여러 세대에 걸쳐 많은 혜택을 받게 될 것이다. 이 조약이 있기 때문에 우리는 앞으로 번영을 누릴 것이다. 한국과 미국의 이번 공동조치는 외부 침략으로부터

이승만은 한미상호방위조약이 '무한정'으로 유효하다는 것을 요구했지만, 미국 측은 반대했다. 한미상호방위조약에 서명하고 있는 변영태 외무부 장관(왼쪽)과 덜레스 국무부 장관.

우리를 보호함으로써 우리의 안보를 확보해줄 것이다."

한미상호방위조약은 10월 1일 워싱턴에서 양국 외무부 장관의 서명을 거쳤지만, 이후 비준서 교환은 여의치 않았다. 전문과 6개조로 이루어진 상호방위조약 가운데 제6조가 문제였다. 제6조는 "본 조약은 무기한으로 유효하다. 어느 당사국이든지 타 당사국에 통고한 후 1년 후에 본 조약을 종지시킬 수 있다"고 되어 있었다. 이승만은 이 조항이 불만이었다. 이승만은 '무한정'을 요구했고, 미국 측은 미국·필리핀상호방위조약에 유효기간을 정한 규정이 있음을 들어 반대 의견을 표시했다. 그래서 비준이 지체되고 있었다.[169]

리처드 닉슨의 방한

휴전을 반대하기 위해 이승만이 벌인 일련의 대형 이벤트들 때문에 세계는 아직 이승만을 믿지 못하고 있었다. 1953년 10월 인도 수상 자와할랄 네루Jawaharlal Nehru, 1889~1964가 "한국이 휴전 조항을 무효화하려고 기도하고 있다"면서 "유엔군 사령부는 한국 정부가 취하는 행동에서 관계를 완전히 끊을 것을 바란다"고 말하자, 공보처장 갈홍기는 네루를 '소련의 앞잡이'라고 비난했다.[170]

이승만은 1953년 11월 대만을 방문해 장제스蔣介石, 1887~1975를 만나 공동성명을 발표했다. 아시아에서 반공 전선을 구축하겠다며 다른 나라들의 참여를 호소하는 내용이었다. 하긴 이승만은 이미 1949년부터 아시아 지역의 집단안보를 역설해왔다. 그러나 워싱턴은 이승만을 불신의 눈초리로 지켜보고 있었다. 이승만이 언제 어떤 돌출 행동을 저지를지 모른다고 경계의 시선을 멈추지 않았다. 부통령 리처드 닉슨Richard Nixon, 1913~1994이 1953년 11월 13일 한국을 방문해 아이젠하워의 친서를 전달했다. "한국의 독자적인 행동으로 한국에서 전쟁이 재발할 경우에는 유엔군은 한국군을 돕지 않을 것이며, 모든 경제원조가 중단되고, 유엔군은 모든 필요한 조치를 취한다"는 내용이었다.[171]

이승만은 닉슨이 알아듣게끔 걱정하지 말라는 답을 주었다. 닉슨은 후일 자서전에서 이승만이 엄포와 극단적인 정책이라는 점에서 공화당원들한테 교훈을 가르쳐주었다고 썼다.[172] 닉슨은 공산주의자들을 다루는 데 '예측 불가능성'을 보여주는 것이 얼마나 중요한지를 절감하면서 이승만이 얼마나 현명했는지를 깨닫게 된다는 말도 했다.[173]

닉슨이 구사한 외교적 언사와는 달리, 덜레스는 적나라한 언어로 이승만을 '동양의 흥정꾼', '회피의 명수'였다고 평가했다.[174] 브루스 커밍스Bruce Cumings는 "이승만은 미국이 의지할 데는 자기밖에 없음을 알고는, 냉전으로 인해 주어진 대한민국의 엄청난 지정학적인 영향력과 판돈 모두를 싹쓸이하려는 강인한 포커꾼으로서의 타고난 기술을 이용"했다고 평가했다.[175]

한미상호방위조약 발효

결국 한미상호방위조약 제6조는 이승만이 수긍하는 식으로 비준 절차가 진행되었다. 한미상호방위조약은 1954년 1월 15일 한국 국회 인준, 1월 26일 미국 상원 인준을 거쳐 1954년 11월 17일에 정식 발효되었다. 제4조는 "상호 합의에 의하여 미합중국의 육군, 해군과 공군을 대한민국의 영토 내와 그 부근에 배치하는 권리를 대한민국은 (미합중국에) 허여許與하고 미합중국은 이를 수락한다"였다. 이 조약으로 미국은 한국에 대한 안보 공약과 더불어 미국이 유엔군의 일원으로 군대를 한국에 주둔시킬 수 있는 법적 근거를 마련했다.

이승만이 한미상호방위조약 체결을 요구하기 위한 목적에서 정전협정 조인을 거부하는 바람에 이후 북한이 미국만 상대하려 들고 남한을 소외시키려는 데 좋은 구실을 제공했다. 그런 문제에도 한미상호방위조약이, 휴전이라는 카드로 미국의 양보를 얻어내 만든 이승만의 작품이라는 게 지금까지의 일반적 주장이었다.

그러나 김창수는 이런 견해는 미국의 봉쇄정책이 군사화되는 추세를 소홀히 다룬 문제점이 있다고 말한다. 이승만의 요구가 매우 강경했던 것은 사실이지만, 한미상호방위조약은 미국의 아시아 전략 차원에서 체결되었다는 점을 무시할 수 없다는 것이다. 김창수는 "미국은 일본열도의 안전을 확보하기 위해 한미상호방위조약을 이용하여 북한, 중국과 같은 사회주의 진영과 일본 사이에 완충지대를 형성한 것"으로 보고 있다.[176]

이승만은 '세계적인 반공 지도자'

1954년 2월 이승만은 한국군을 인도차이나의 반공 전쟁에 파견할 것을 제의했다. 또 그는 그해 6월 한국에서 '제1회 아시아민족반공대회'를 개최했다. 6월 15일 진해에서 열린 아시아민족반공대회엔 대만, 태국, 필리핀, 홍콩, 마카오, 베트남, 류큐琉球 열도, 한국 등 8개국 대표가 참여했다. 이 회의는 공식적으로 각 정부를 대표한 게 아니라 그 나라의 국민을 대표하는 형식으로 이루어졌다. 이승만은 개회사에서 공산주의자들의 세계 정복 야욕을 분쇄하자고 역설했다. 3일간의 회의 끝에 '아시아민족반공연맹'이 결성되었다. 이승만은 미국의 참여를 요청했으나 미국은 일본이 주요 역할을 하지 않으면 참여하지 않겠다고 했다.[177]

이승만으로선 일본을 참여시킨다는 건 상상할 수조차 없는 일이었으니, 미국이 빠진 가운데 '아시아민족반공연맹'이 무슨 힘을 쓸 리는 만무했고 곧 사라지게 될 것이 분명했다. 실제로 그랬다. 여기서 주목할 건 이승만의 '반공 선민주의다'다. 이승만은 세계적인 반공 지도자 노릇을 하고 싶었다. 이승만의 지지자들이 이승만을 예찬할 때에 빠지지 않고 등장했던 것이 바로 이 '세계적인 반공 지도자'라는 말이었다. 그런데 때를 쓰다시피 해서 한미상호방위조약을 얻어낸 나라가 아시아를 넘어 전 세계의 반공 지도자 국가 노릇을 한다는 게 가당키나 한 일이었을까? 그러나 이승만의 논리로 그건 가능했을 뿐만 아니라 너무도 당연한 일이었다.

이승만은 외국의 원조도 당당하게 받아야 한다고 역설했다. 한국인의 목숨을 희생으로 세계를 구원하는 반공의 선두에 한국이 있기 때문에 한국인들은 외국 원조를 요청하는 걸 부끄럽게 생각할 필요가 없다는 것이다.[178] 이승만의 그런 논리는 그의 지지자들에 의해 자주 설파되었다. 휴전 직후 공보처장 갈홍기도 한국이 세계의 중심으로 부상했다고 주장했다. 한국은 전쟁으로 인해 멸공투쟁 혹은 멸공위업의 '선봉선구국'이 되었다는 주장이다.[179]

이승만의 지지자만 그런 논리를 편 게 아니었다. 이승만의 반대파들도 반공에 몰두하다가 본의 아니게 사실상 이승만의 주장을 돕는 주장을 펴기도 했다. 예컨대, 장면은 "이 전쟁은 민주주의를 시련하는 새로운 전쟁이며, 한국은 무한히 자비하신 천주께로부터 전 세계가 민주주의 세력에 대한 신뢰를 새롭게 하는 데 도구로써 선택"받았다고 주장했다.[180]

이승만의 정적政敵까지 이런 주장을 해댔으니 이승만의 '반공 선민주의'와 이후에 나타나는 이승만의 '세계 4대 강국론(한국은 세계 4대 강국 중의 하나라는 것)' 담론이 허무맹랑한 것만은 아니었다고 보아야 할까? 한미상호방위조약의 이면에 얽힌 사연과 '반공 선민주의'는 너무도 대조적인 것이어서 이승만이 만신창이가 된 남한 국민들의 자존심을 살려주기 위한 배려에서 내놓은 게 아닐까 하는 생각마저 하게 만든다.

제9장

유엔 마담·꿀꿀이죽·비로도

상이군인·고아·미망인

 죽은 사람은 죽었다지만 산 사람은 살아야 했다. 전후의 잿더미에서 모두가 다 힘들고 괴로운 삶이었겠지만, 가장 고통스러운 건 스스로 삶을 꾸려갈 능력이 없는 상이군인들과 고아들이었을 것이다. 상이군인은 1953년 8월 현재 6만 4,322명이었다.[181] 전쟁 직후 무슨 제대로 된 통계를 작성할 여유도 없었을 것이다. 1959년 현재 당국에 의해 파악된 군경 원호대상자 수는 163만 명이었으나 그때까지도 원호를 받는 사람은 전체의 35%에 불과한 57만여 명이었다.[182] 전쟁 고아는 5만 9,000명으로 집계되었고, 영아시설·육아시설·모자보호시설 등의 후생시설에 수용된 인원은 4만 9,169명이었다.[183]

 전쟁은 남자들의 목숨을 더 많이 앗아간다. 전후 "군경전사자 혹은 행방불명자의 부인, 민간인 폭사자 혹은 납북자의 부인, 전쟁 후유증으

6·25 전쟁 당시 상이군인은 6만 4,322명, 전쟁 고아는 5만 9,000명, 후생시설에 수용된 인원은 4만 9,169명이었다.

로 사망한 자의 부인" 등을 모두 '전쟁 미망인未亡人'으로 불렀다. '미망인'이라는 말은 그 이전부터 사용되어온 것이지만, "남편과 함께 죽어야 하는데 아직 죽지 아니한 아내"라는 뜻이 시사하듯이, 이들은 가혹한 고통과 시련이 기다리고 있는 생활전선으로 내몰리면서도 주변의 따가운 시선을 감수해야만 했다.[184]

보건사회부 통계에 따르면, 1957년 10월 말 현재 전국의 미망인 수는 55만 5,000여 명이었다. 이 중 3만 4,800여 명의 독신자를 제외한 나머지 미망인들이 생계를 책임져야 하는 부양가족의 수는 91만 6,000여 명이었다(1955년에 전체 미망인의 수는 100만 여 명에 이르렀다는 조사도 있다).[185] 동아일보사가 출간한 『동아연감』은 다음과 같이 말했다.

"전쟁 중 가족이 흩어져 두 아내를 갖게 된 남성도 생기는가 하면 남편을 전쟁에 보낸 아내는 피난지에서 다방에 취직하면서 사람이 천양지판으로 변한다.……유엔군에 몸을 팔고 생활을 의탁하는 '유엔 마담' 내지 '유엔 사모님'도 독버섯처럼 번창했다."[186]

이렇듯 목숨을 부지하기 위한 발버둥친 행위도 '독버섯'으로만 간주되었다. 여기에 혼혈아들에 대한 인종차별주의까지 가세해 "흑인의 피는 천지개벽의 변화가 있더라도 한국 사람의 피 속에 소화될 리 없을 것이다"는 주장까지 버젓이 월간지에 실리는 판국이었다.[187]

양공주는 '독버섯'이었는가?

그러나 그렇게 말할 수 있는 것이었을까? 훗날, 『현대문학』 1963년 4월호에 발표된 오영수의 「안나의 유서」는 이렇게 항변했다.

"몸뚱아리를 가릴 옷이 없고 벽돌 조각이 고깃덩이로 보일만치 배가 고픈 젊은 계집에게 숙녀가 되고 정숙을 바랄 수 있을까? 전쟁으로 해서 나는 고아가 됐다./배가 고팠다. 철든 계집애가 살을 가릴 옷이 없었다. 이것이 내 죄가 될까?/그래서 나는 '안나'라는 갈보가 됐다./한끼 밥을 먹기 위해서 피를 뽑아 팔 듯 나는 내 몸뚱아리를 파먹고 스물여덟을 살아왔다./주어진 한 생명을 성실히 살아온 죄가 갈보라는 직업에 있다면 그건 결코 내가 져야 할 죄가 아니다."[188]

그랬다. 설시 '유엔 마담' 또는 '양공주'가 독버섯에 비유되는 것이 타당하다고 하더라도 그건 결코 그들의 책임은 아니었다. 현길언의 소설 「헬로우, 아이 러브 유」에 나오는 말처럼 모든 게 전쟁 때문이었고 게다가 미국이 너무 부자 나라였기 때문에 빚어진 일이 아니었을까?

"통역병에 주어진 근무 외에도 한국 사정에 서툰 미군들의 친절한 안내자가 되어야 하였다. 그런 일에는 부끄럽고 고통스러운 일들이 많았는데, 그중에 뚜쟁이 노릇을 하는 일이 더없이 치욕스러웠다. 그러나 나는 그 일을 거부할 수 없었다. 통역병 일이 우리 집안 식구들을 먹여살리는 데 큰 도움이 되었기 때문이다. 미군이 있는 곳에 여자와 고아들이 들끓었다. 여자들은 미군이 지나가면, '헬로우, 아이 러브 유' 하며 자기 몸을 사달라고 소리 지르며 애원을 하였다. 어느 날 나는 외출병들과 함께 군용 버스를 타고 마을을 지나게 되었다. 길가에 늘어섰던 아이들과 젊은 여인들이 '헬로우, 아이 러브 유', '유 넘버 원. 기브 미 쵸콜렛'을 외치며 떠들었다. 미군 병사들은 열려진 차창으로 고개를 내밀고는 손을 흔들고 휘파람을 불면서 즐거워하는데, 『타임』지를 읽으며 내 옆에 앉아 있던 중위가 나를 보며 지껄였다. '한국 사람들은 달러라면 제 에미나 딸도 기꺼이 팔아먹을 것 같군.' 혼자 지껄이는 소리지만 내가 들으라고 한 말이었다. 나는 심한 모욕감 때문에 몸이 떨렸다. 나중에는 어떻게 되는 간에 한 대 후려치고 싶었다. 그래서 두 주먹을 불끈 쥐고 그 중위를 쏘아 봤다. '그건 전쟁 때문이고, 당신네 나라가 너무 부자이기 때문이오.'"[189]

다음과 같은 장면도 당시 상황에선 결코 놀랄 일은 아니었다.

"'아줌마, 잠깐 이리 나와봐. 저기 아주 재미난 거 있어.' '재미난 게 뭔데?' '저기 어떤 미국 아저씨가 있는데 거지 아이들한테 막 과자를 나눠주구 있어. 자 봐, 나두 얻었어. 사진만 찍으면 아무한테나 과자를 막 줘.'……밖에는 과연 진숙의 말처럼 건장한 미국인 한 명과 많은 동네 꼬마들이 한뭉치가 되어 몰려 서 있다. 그런데 소영이 기막힌 표정으로 바라본 것은, 그 미국인과 꼬마들 사이에 벌어진 상식을 벗어난 이상한 게임 때문이다. 미국인은 군복을 입고 있었으나 커다란 보도용 사진기를 든 것으로 보아 군인이 아니라 통신원이나 기자인 듯하다. 그리고 미국인은 무슨 까닭인지 10세 미만의 어린 꼬마들을 향해 흡사 병아리에 모이라도 주듯 연거푸 과자와 캔디 따위를 훌훌 땅으로 뿌려주고 있다. 한편 꼬마들은 그 미국인의 손길에 따라 더 많은 과자를 줍기 위해 서로 다투듯이 땅바닥을 기고 있다. 그들은 때로 무릎으로 기다가 머리를 부딪히기도 하고 서로의 손등을 밟기도 한다. 그러나 어린 꼬마들은 캔디를 줍기 위해 열심히 땅바닥을 기었고, 미국인은 또 소년들이 땅을 기는 것을 카메라를 들이대고 분주하게 찍어대고 있다."[190]

미군부대 쓰레기장을 뒤지던 안정효의 추억

미국인이라고 해서 다 그렇게 못된 건 아니었다. 브루스 커밍스 Bruce Cumings는 애처로운 눈길로 당시 한국인들이 겪고 있던 처참한 가난을 이렇게 묘사하고 있다.

"1950년대의 남한은 누구도 극도의 궁핍과 오욕을 피할 수 없는 끔찍이 암울한 곳이었다. 고아의 무리가 거리를 뛰어다니며 서로 보호하고 함께 약탈하는 10명, 15명의 작은 패거리를 형성하고 있었고, 갖가지 질병을 앓고 있거나 전쟁에서 부상당한 거지들이 지갑을 가진 사람한테 달려붙어 구걸하며, 사지가 절단되거나 굶주린 어른들이 어린아이나 젖먹이를 안은 채 떼지어 다니는 경우도 종종 있었다. 돈이 되면 무슨 짓이든 하려는 애처로운 여인네들을 가득 실은 0.5톤 트럭이 주말이면 군기지로 질주했다."[191]

　브루스 커밍스는 왜 한국의 어린아이들과 여인들이 그럴 수밖에 없었는지 그걸 설명해보겠다는 듯 그들보다 훨씬 나은 처지에 있었던 소설가 안정효의 실화를 소개한다. 안정효는 전쟁 직후 인천에 살았던 자기 가족에 관해 썼다. 그는 "아버지는 미군 기지에서 목수로 일하셨고……어머니는 부근의 삼거리 교차로에서 작은 가게를 운영하셨다. 날마다 나는 집에서 좀 떨어진 쓰레기장으로 가곤 했다. 내 발은 쓰다버린 면도날이나 동강난 톱날의 날카로운 이빨이나 혹은 들쭉날쭉한 깡통 뚜껑에 베었으나 이런 상처는 감수할 가치가 있었다. 왜냐하면 행여나 내가 쓰레기더미 속에서 고기 조각을 발견하는 날이면 전 가족이 저녁식사 때 돼지고기 국을 포식할 수 있었기 때문이다"며 다음과 같이 말했다.

　"가끔 운이 좋으면 오렌지나 매끄러운 갈색 종이로 포장된 허쉬Hershey 초콜릿이나 혹은 셀로판 포장지 속에서 보석처럼 빛나는 다섯 가지 색깔의 브래치Brach 젤리 캔디를 건져올릴 수 있었다. 어느 날 미군들이 아직도 고기가 많이 붙어 있는 닭다리 한 무더기를 버렸다.……어머니는 닭뼈와 닭고기와 보리를 넣고 심지어 귀한 쌀도 약간 보태어 맛있는 국을 끓이셨다. 이렇게 많은 닭다리를 어디서 발견했느냐고 아버지가 물으셨다. 나는 사실대로 대답했다. 그날 밤 아버지는 부엌에서 녹이 쓴 양동이를 꺼내오더니, 내게 쓰레기장 가는 길을 가르쳐 달라고 하셨다."[193]

　미군부대 음식 쓰레기로 끓인 죽을 '꿀꿀이죽'이라고 했다. 간혹 미군이 버린 담배꽁초가 섞여 나와서 그렇지 '꿀꿀이죽'은 전국 곳곳에서 팔리는 인기 메뉴였다.

손창섭의 '자기 모독적 소설'

전쟁 중과 전후의 비참한 삶을 가장 비참하게 묘사한 문인으로 손창섭을 결코 빼놓을 수 없을 것이다. 손창섭은 1952년 「공휴일」이라는 단편소설로 문단에 데뷔한 이래 "전쟁으로 망가지고 뒤틀린 한국 사회의 현실과 이런 현실 속에 함부로 내팽개쳐진 인간의 무가치성·모멸감·허무"를 압축해 보여주는 '자기 모독적 소설'을 쓴 작가였다.[193]

주로 집도 가족도 없는 무연고의 전쟁 난민이 겪는 최저 계층의 삶을 다룬 손창섭의 소설은 자기 모멸, 허무주의, 극단적인 무력증으로 점철되었다. 장석주는 "손창섭은 현대 한국 소설사에서 가장 어둡고 을씨년스러운 공간을 창조해낸 작가로 기억될 것"이라고 말한다.

"손창섭의 소설에는 바깥과 소통이 막힌 동굴이나 감옥, 또는 여기저기 파리똥과 거미줄이 얽혀 있는 창 하나 없는 방, 아니면 대문은 물론 안방과 건넌방, 문짝과 마루에 이르기까지, 몸을 조금만 움직여도 삐걱거리는 밀폐된 공간이 자주 나온다. 더구나 그의 소설에서는 걸핏하면 비가 내리곤 한다. 이로 말미암아 일게 되는 눅눅한 느낌은 그의 소설을 한결 음습하고 무기력한 분위기로 밀어넣는다. 게다가 이런 음습한 공간에서 서식하는 인간들은 한결같이 팔이나 다리가 없거나 폐병 환자, 간질 환자, 백치, 정신병자, 벙어리 등의 형태로 성치가 않다. 실제로 이와 같은 불구나 온갖 병자는 전쟁이 휩쓸고 지나간 1950년대 한국 사회에서 흔히 눈에 띄던 인간 군상이기는 하다. 그럼에도 손창섭의 소설이 다른 전후 작가들의 소설보다 더욱 절망적이고 참담하게, 때로는 기괴하게까지 느껴지는 것은 무엇 때문일까. 이는 무엇보다 그의 작중 인물들이 좀처럼 눈앞의 상황에 맞서거나, 상황에서 벗어나려는 움직임을 보이지 않는 까닭이다."[194]

손창섭은 1958년 『사상계』에 발표한 「잉여 인간」으로 1959년 제4회 동인문학상을 수상했다. 장석주에 따르면, "'잉여 인간'이라는 것은 말 그대로 수요에 비해 공급이 많이 남아도는 인간 무리를 말한다. 왜 잉여 인간일까? 손창섭의 눈에는 전후 한국 사회에서 떠도는 숱한 인간이 생존의 이유가 영점零點인, 없어도 그만인, 무無에 가까운 사람들로 비친 것이다".(장석주는 「잉여 인간」은 손창섭의 다른 작품들에서 볼 수 없던 여러 '모색'과 '시작'을 머금고 있다고 말하는데, 이는 그만큼 시간이 흐른 탓일 게다.)[195]

장석주의 평론에서 가장 가슴에 와닿는 것은 손창섭의 소설이 다른 전후 작가들의 소설보다 더욱 절망적이고 참담하게 느껴지는 것은 무엇보다 그의 작중 인물들이 좀처럼 눈앞의 상황에 맞서거나, 상황에서 벗어나려는 움직임을 보이지 않는 데 있다는 대목이다. 이 진술은 6·25 전쟁과 1950년대의 한국 사회를 평가할 때 틀림없이 그 어떤 귀중한 시사점을 던져준다. 대부분 한국인들은 손창섭 소설의 작중 인물들과는 달랐다. 달라도 크게 달랐다. 오히려 지나쳐서 문제라면 문제였다. 아니 실제로 과잉이었다. 많은 한국인은 자신들이 처해 있는 비참한 상황에서 벗어나기 위해 과잉 대응을 했으며, 이는 다음과 같은 종류의 비판적 관찰을 통해서도 확인할 수 있다.

"전쟁이 길어지자 민중은 전쟁의 허무, 생활 터전을 잃은 절망과 불안 속에서 사회윤리는 급속하게 퇴폐의 경향을 나타냈으며 사치 풍조가 늘어갔다. 환락가는 부어라 마셔라 먹자판에 돌아버렸다. 시민들 옷차림은 화려해져갔다. 군인 생활이 바보스럽게만 생각되어 젊은이는 너도나도 연령 위조 등 병역 기피 행위를 택했다. 시장에는 군수물자가 범람하고 구두닦이, 고아, 거지가 우글거렸다. 이런 속에서 공무원의 기강은 흐려지고 '국물'을 찾으며 부정부패는 일상사가 되고 '사바사바'를 모르면 오히려 바보스러워졌다. '빽'과 '돈'은 관이든 군이든 승진과 '좋은 자리'로 가는 열쇠였다."[196]

'비로도'에 얽힌 박완서의 추억

그런 관점에서 보자면 박완서가 재미있게 묘사한 전쟁 중의 '비로도 열풍'도 비참의 수렁에 빠져 있는 사람들이 자신이 인간임을 확인하고자 하는 발버둥이거나 왜곡된 형식으로서 저항이었는지도 모를 일이었다('비로도'는 벨벳velvet 또는 우단羽緞으로 거죽에 고운 털이 돋게 짠 비단을 말한다). 비로도로 뽐을 내더라도 일단 '양공주'와의 구별짓기는 필요했을 것이다. "외국 군인들이 많이 주둔해 있던 전후라 양공주라 불리는 특수한 직업여성들의 수효도 만만치 않았다. 그들은 직업상 거의 양장을 했기 때문에 양장에 입술만 좀 빨갛게 칠해도 양공주로 보는 경우가 많았다. 그래서 한복은 일단 여염집 여자라는 표시도 되었다."[197]

박완서는 "그때나 이때나 우리는 옷사치를 밝히는 민족인 듯 아직 피해 복구가 안 되어 여기저기 폐허가 널려 있는 서울에서 오히려 한복 사치는 그 어느 때보다도 극성맞았던 것으로 기억된다"고 말한다.

"그 처참했던 한국전쟁이 일본 경제에 얼마나 큰 공헌을 했을까는 당시의 한복지만 생각해도 쉽사리 짐작이 된다. 한복 유행을 거의 광적으로 휩쓴 '비로도'만 해도 모조리 일제였으니 말이다. '비로도' 치마에 양단 저고리면 최고의 사치요 정장이었다. 양단 역시 일제였다. 유행 때문에 밀리긴 했지만 한복의 우아함을 살리는 데나 실용성에서나 양단이나 '비로도'보다 훨씬 나아 일제시대부터 꾸준히 한복감으로 사랑받아 온 뉴똥도 역시 일제였다."[198]

박완서는 "이 나이까지 살아오면서 숱한 유행의 변천을 목격하기도 하고 따라하기도 했지만 '비로도' 치마처럼 무분별하고 광적인 유행은 처음 보았고, 또 추악하고 우스꽝스럽기로도 전무후무한 유행이 아니었을까 싶다"고 했다. 그는 "'비로도'는 당시의 피륙값으로는 가장 비싼 거였지만 도무지 옷감으로는 실용성이 없는 것이었다. 옷감으로 볼 때 '비로도' 특유의 깊은 색상은 확실히 매혹적이었지만 한 번 자리에 앉았다 일어서면 엉덩이가 단박 번들번들해졌다. 접었던 자리도 일단 주름이 지면 잘 펴지지 않았고 다림질을 잘못했다간 아주 못 입게 되기 십상이었다"며 다음과 같이 말했다.

"그래 놓으니 벼르고 별러 장만한 단벌 '비로도' 치마로 호사하고 어디 가서 앉을 때마다 신경이 쓰이는 건 당연했다. 장판방에서 엉덩이 까고 앉는 것은 그닥잖았지만 전차간에서 자리가 나면 우선 엉덩이부터 까고 앉는 장면은 정말 꼴불견이었다. 다행히 깨끗한 인조 속치마가 드러나면 좀 나았지만 치마가 통치마인 경우는 날씬해 보이라고 속치마를 안 입는 경우도 많았다. 내복이 변변치 않을 때였다. 기껏 잘 입어봤댔자 미군부대에서 흘러나온 헌 군용 내복을 여자나 남자나 홋두루 입을 때였다. '비로도' 치마를 보호하기 위해 구멍이 나거나 심지어는 누덕누덕 깁기도 한 남자 내복을 거침없이 드러내면서 엉덩이를 깠으니 유행이 뭔지."[199]

매릴린 먼로와 오드리 헵번

혹 비로도는 웬만큼 먹고사는 사람들의 사치는 아니었을까? 그것도 아니었다. 가난한 사람들도 그 유행에 가담했다. 아니 오히려 가난하기 때문에 더욱 비로도로 자신을 위로해야 했던 건지도 모르겠다. 1953년부터 1956년 봄까지 부산에서 소년 시절을 보낸 권정생의 증언이다.

"당시의 부산은 온갖 잡동사니가 쌓인 난지도 쓰레기장 같았다. 물통 속에서 살았다는 그리스의 괴상한 철인 디오게네스처럼, 모두 한 뼘만 한 틈바구니만 있으면 드럼통 속에도 가마니떼기 속에서도 사람이 살았다. 넘치는 것이 사람이었다. 거지, 깡패, 양아치, 석탄장사, 부두노동자, 양공주, 암달러장사, 밀수꾼, 어쨌든 살기 위해서는 인간이 할 수 있는 일은 다했다. 그걸 크게 나누면 거지와 도둑이란 직업으로 부르는 쪽이 쉽다. 비굴하지 않으면 속이거나 공갈을 쳐야 된다.……병원마다 환자들이 넘쳐나 교통사고로 죽은 사람을 병원 뜰에서 톱으로 잘라 사망 원인을 알아냈다. 그런 끔찍한 구경거리는 얼마든지 있었다. 영주동 양공주 골목길에 가면 대낮에도 별것 다 볼 수 있고 거기서 조금 내려가면 암달러시장이 있다. 처음 보면 눈이 뱅뱅 돌아 어지럽지만 익숙해지면 그냥 그렇다. 석탄가루를 시커멓게 묻히고 석탄자루를 이고 다니며 팔던 아주머니도 나들이를 할 때는 양단저고리에 '비로도' 치마를 입고 나간다. 마릴린 먼로가 나오는 〈나이아가라〉 영화 간판이 걸린 극장 앞은 백 미터가 넘게 줄을 서 있다. 아무것도 감춰진 것이 없어 차라리 전쟁은 인간의 가장 정직한 행동을 그대로 보여주는 살아 있는 연극일지 모른다."[200]

여성들이 '비로도'를 탐했던 것처럼 남성들은 매릴린 먼로의 '먼로 워크'에서 그 어떤 본능적인 욕구를 느끼지 않았을까?

매릴린 먼로Marilyn Monroe, 1926~1962는 〈나이아가라Niagara〉에서 전 세계 남성의 가슴을 설레게 만들었던 이른바 '먼로 워크'를 선보였다(〈나이아가라〉는 미국에서 1953년에 개봉된 영화다). 한동안 그녀의 남편이었던 아서 밀러Arthur A. Miller, 1915~2005는 그녀의 걸음걸이를 다음과 같이 묘사한 바 있다.

"매릴린이 자연스럽게 걸으면 정말 몸이 그렇게 흔들렸다. 바닷가에서 그녀가 걷는 것을 보면 발자국은 정확하게 일직선을 그려냈다. 방금 찍은 발자국 바로 앞에 발꿈치를 놓아 다음 발자국을 찍을 때면 그녀의 하체가 흔들렸다."[201]

전후 비참한 가난을 겪고 있는 나라의 남성이라고 해서 '먼로 워크'에서 그 어떤 본능적인 욕구를 느끼지 말란 법은 없었다. 아니 비참한 사회 상황이었기에 여성이 '비로도'를 탐하는 것처럼 더욱 '먼로 워크'의 마력에 푹 빠져 들어가고 싶었을 것이다. 그러나 비로도는 곧 새로운 유행에 밀려났다. 비로도를 누른 게 바로 나일론이었다. 나일론은 선풍적인 인기를 누렸다. 나중엔 참외도 종자를 개량한 참외를 '나일론 참외'라고 부를 만큼 그 인기가 대단했다.[202]

나일론의 인기는 전쟁과 전후 사회가 요구했던 '실용성' 때문이었을 것이다. 질기고 가볍고 오래 입을 수 있다는 것만큼 큰 장점이 어디에 있었겠는가? 그래서 나일론은 여성들의 블라우스는 물론 속옷에도 두루 사용되었으며, 특히 낙하산 제작에 사용된 '나일론 66'이라는 천으로 만든 블라우스는 큰 인기를 얻었다.[203]

이즈음엔 미국에서 들어온 영화와 잡지가 유행을 선도해 〈로마의 휴일〉의 여주인공 오드리 헵번Audrey Hepburn, 1929~1993의 머리 모양을 딴 이른바 '헵번 스타일'이 유행하기도 했지만,[204] 가장 강하고 질긴 유행은 '미국' 그 자체였다(〈로마의 휴일〉은 1952년에 제작되어 1953년에 개봉된 영화다). 어느 한쪽에선 미군의 인종차별주의에 대해 분노와 반감을 느끼기도 했겠지만, 그건 대세는 아니었다. 미국은 많은 사람의 동경과 숭배의 대상이 되었다.

'사랑방'에서 '다방'으로

한국에 다이얼 전화가 처음 등장한 건 1952년 12월 8일이었다. 대단히 신기하고 기특한 일인지라 언론의 취재 속에 이승만이 처음으로 다이얼을 돌리는 기념식까지 가졌다. 그러나 전화는 1960년까지도 보급대수가 겨우 12만 7,000대에 이를 정도로 귀한 것이었기에 대중적인 대인對人 커뮤니케이션 채널로는 한계가 있었다.

1950년대에 그런 커뮤니케이션의 주요 마당으로 인기를 얻은 게 바로 다방茶房이었다. 물론 아직은 서민들이 드나들 수 있는 곳은 아니었다. 가난하더라도 사람들을 만나서 세상 돌아가는 이야기를 해야 하는 식자층에 속하는 직업을 가진 사람들의 주요 활동 무대이자 연락 거점이었다. 과거의 '사랑방'을 '다방'이 대신한 셈이었다.

다방을 중심으로 정치, 경제, 문화, 교육, 종교 등 다양한 주제가 논의되었다. 전쟁 중은 말할 것도 없고 전후 삶의 부동성浮動性, 즉 언제 어떻게 될지 모르는 변화의 정도가 극심해짐에 따라 연락 거점으로서 다방의 가치가 높아졌다. 임시수도 부산에선 길거리 집을 수리하면 다방이 꼭 생길 만큼 그 수가 급증했다.[205]

"문인·화가 중 예술가들은 광복동이나 남포동 다방을 연락처로 삼고 여기 모여서 각자의 세계를 개척할 계획을 세우면서 서울 수복의 날만 기다리고 있었다. 비단 예술가들뿐만 아니라 모든 사업가, 교수, 공무원, 일반인들이 나갈 만한 사무실이 마땅치 않을 때에는 으레 다방으로 모였다."[206]

온갖 부정부패가 극성을 부리던 시절이었던 만큼 다방은 그런 모의

와 거래를 위한 공간이기도 했다. 부산 피난 시절 총리를 지낸 장택상의 회고에 따르면, 공무원들이 11시쯤 되어 점심을 한다고 나가서는 2~3시까지 지체하고, 그것도 모자라 다방에서 1~2시간 지내다가 3~4시에 돌아왔고, 또 밤이 되면 고급 요정에 드나들면서 협잡을 일삼았다.[207] 그래서 당시 정부는 공무원의 다방 출입을 금하고 암행감찰까지 실시했다. 당시엔 방송국 기자와 PD들도 공무원 신분이었던 만큼 암행감찰에 걸리면 징계를 받아야 했다.

노정팔에 따르면, "방송국으로서는 납득이 가지 않는 일이었다. 방송국 일이 다방을 빼고는 이루어질 수가 없었다. 출연자의 교섭, 연락은 물론 취재, 원고청탁이나 원고 받아오는 일, 이 모두가 다방으로 가지 않으면 이루어지지 않았다. 이런 실정도 모르고 일률적으로 단속하는 당국이 불만스러웠다. 그리하여 생각해낸 것이 다방 출입 단속령을 내린 장택상 국무총리를 인터뷰하는 일이었다. 마침 섭외가 잘 진행되어 인터뷰를 마치고 방송국의 실정을 있는 그대로 이야기했다. 그제서야 총리는 수긍이 가는지 방송국에는 '다방 출입증'을 내주도록 하는 한편 징계도 취소하기로 했다."[208]

서울로 환도한 후와 1950년대 내내 다방은 특히 문인들의 아지트였다.

"그 당시 명동은 문인들의 거래처요 친교의 장이었다. 당시 문인들이 많이 모이던 다방은 문예싸롱·대성·갈채·동방싸롱 등이었다.…… 그때 문인들 생리는 한 다방에 죽치고 앉아 있는 것이 아니었다. 바람 쐴 겸 아는 친구를 찾아 몇 다방을 순례하기도 했다."[209]

영화인들도 마찬가지였다. 당시 영화사들은 사무실을 차릴 형편이 못 되었고, 배우와 감독 등 영화인들도 집에 전화를 가설할 형편이 못 되었기 때문에 단골 다방을 사무실이나 연락처로 삼지 않을 수 없었다. 다방의 이런 용도가 충무로를 한국 영화의 중심지로 만든 이유가 되었다.

김화는 "자연히 다방을 중심으로 영화인들이 모였고 다방에서 기획을 하고 지방 흥행사를 만나고 스텝진을 짜고 배우를 캐스팅했다. 그래서 명동의 다방들은 영화인들로 붐볐다. 그러나 차츰 명동에 사람들이 몰리고 명동이 번성해지자 영화인들은 하루에 차 한 잔 마시고 하루 종일 앉아 있기 민망스러웠다. 다방 영업에도 지장을 주었고 마담과 레지들의 눈초리도 전만큼 따뜻하지 않았다"며 다음과 같이 말했다.

"이럴 때 마침 충무로에 태극다방이 문을 열었다. 영화인들은 명동에서 진고개를 넘어 충무로로 발길을 돌렸다. 그 무렵 충무로는 명동보다 한가했다. 태극다방이 영화인들로 넘치자 이어 스타다방이 문을 열었고 이어서 몇 개의 다방이 더 생겼다. 영화인들은 명동에서 완전히 충무로로 근거지를 옮겼다. 충무로를 영화인들이 점령하자 스카라극장 뒤쪽에서 중부경찰서 앞쪽 일대는 영화사들이 들어서고 영화인들의 밤샘 작업과 시나리오 작가들의 집필을 위한 여관, 양복점까지 들어와 1950년대 말에는 영화 타운이 형성되어 '한국의 할리우드'로 불렸다."[210]

〈굳세어라 금순아〉

1953년에 나온 3대 히트 가요는 〈굳세어라 금순아〉, 〈꿈에 본 내 고향〉, 〈이별의 부산 정거장〉 등이었다. 호동아 작사, 박시춘 작곡, 남인수 노래의 〈이별의 부산 정거장〉은 서울로 환도하면서 부산을 떠나는 마음을 그린 노래였다.

"보슬비가 소리도 없이 이별 슬픈 부산 정거장/잘 가세요 잘 있어요 눈물의 기적이 운다/한많은 피난살이 설움도 많아/그래도 잊지 못할 판자집이여/경상도 사투리에 아가씨가 슬피 우네/이별의 부산 정거장."

1953년 8월 이후 마지막 귀경자들의 마음을 담았다고나 할까? 정부가 부산에 있고 육군본부가 대구에 있던 1952년 말 서울의 인구는 71만 명이었지만, 1953년 8월 15일을 기해 정부가 서울로 돌아오면서 1953년 말 서울 인구는 100만 명을 넘게 되었다.[211] 〈이별의 부산 정거장〉이 그래도 서울로 돌아가는 희망을 담고 있다면, 박두환 작사·김기태 작곡·한정무 노래의 〈꿈에 본 내 고향〉은 꿈에서밖에 갈 수 없는 고향에 대한 향수를 담고 있다.

"고향이 그리워도 못가는 신세/저 하늘 저 산 아래 아득한 천 리/언제나 외로워라 타향에서 우는 몸/꿈에 본 내 고향이 마냥 그리워."[212]

강사랑 작사, 박시춘 작곡, 현인 노래의 〈굳세어라 금순아〉는 6·25 전쟁의 전개 과정을 묘사하면서 '북진통일'을 염원했다. 1절은 1·4 후퇴의 가장 처절한 장면이라 할 '흥남 철수'에서부터 시작한다. 금순이가 애인인지 누이동생인지는 확실치 않다. "눈보라가 휘날리는 바람찬 흥남부두에/목을 놓아 불러 봤다 찾아를 봤다/금순아 어디를 가고 길을 잃고 헤매었던가/피눈물을 흘리면서 일사 이후 나 홀로 왔다."

2절의 배경은 피난지인 부산이다. 북에서 피난 내려오는 사람들은 혹시라도 헤어지면 부산 영도다리 앞에서 만나자고 약속했다고 한다. "일가친척 없는 몸이 지금은 무엇을 하나/이 내 몸은 국제시장 장사치기다/금순아 보고 싶구나 고향 꿈도 그리워진다/영도다리 난간 위에 초생

달만 외로이 떴다."

3절은 금순이를 포기한 채 북에 남은 걸로 간주하고 노래한다. 금순이를 만날 수 있는 길은 이제 북진통일밖에 없다. "철의 장막 모진 설움 받고서 살아들간들/천지간에 너와 난데 변함 있으랴/금순아 굳세어다오 북진통일 그날이 되면/손을 잡고 울어 보자 얼싸안고 춤도 춰보자."(먼 훗날 '북진통일'은 '남북통일'로 바뀌었다)[213]

전쟁 기간 중의 축구

1950년 6월 25일 서울운동장에선 학도호국단 체전 고교결승전이 열리고 있었다. 1949년 제30회 전국대회에서 우승을 차지한 강릉농고가 이 대회에서도 우승을 차지했다. 대학부 결승전(고려대와 동국대)이 시작될 무렵 "북괴군의 남침으로 이번 대회는 모든 종목을 현 시간의 결과로 끝마친다"는 장내 방송이 나왔다. 강릉농고팀은 우승의 기쁨을 즐길 시간도 없이 서울에 갇힌 채로 여관 지하실에서 일주일가량을 숨어 지내다가 식량이 떨어지자 죽을 각오를 하고 험한 산길을 타고 강을 건너 강릉으로 향했다. 도중에 3차례나 빨치산을 만났지만 그때마다 내보인 우승컵 덕분에 10일 만에 강릉에 도착할 수 있었다.[214]

1951년 9월 국제축구연맹FIFA이 김화집을 비롯해 7명을 국제심판으로 인정했으며, 제1호 국제심판 영예의 주인공은 김화집에게 돌아갔다. 전쟁이 한창이던 중에도 축구대회는 열렸다. 아니 전쟁을 잘하기 위해서라도 축구는 꼭 해야만 했다. 전쟁 때문에 43세의 나이에 육군 중위가 된 김화집은 부산에서 사기 진작을 위해 각 외국부대를 찾아다니며

1951년 10월 전남 광주에서 제32회 전국체육대회가 열렸고, 12월에는 유엔군 사령부와 대한체육회가 전재 동포를 위한 국제친선경기대회를 개최했다. 제32회 전국체육대회 출전 기념 사진. (광주광역시시립민속박물관 소장)

영국8호주를 한 팀으로 만들고, 노르웨이·덴마크·스웨덴·튀르키예 등 모두 5개 팀을 만들어 유엔군 축구대회를 성사시키기도 했다. 이 대회는 각국 군인들의 열렬한 응원으로 대성황을 이루었으며, 피난민들도 고단한 피난살이 속에서도 때아닌 국제축구를 즐길 수 있었다.[215]

1951년 10월 27일부터 전남 광주에서 제32회 전국체육대회가 열렸고 같은 해 12월 11일부터 3일간 유엔군 사령부와 대한체육회가 공동으로 전재戰災 동포를 위한 국제친선경기대회(축구·농구)를 개최했다. 한국 3개팀과 영국군팀 등 4개팀이 출전한 이 대회에서 대구방직팀이 우승했다.[216]

1952년 3월 15일 서울운동장에서 헬싱키 올림픽 대표선수 선발을 겸한 3·1절 경축축구대회를 열어 14명의 선수를 선발했다. 그러나 한국은 1952년 헬싱키 올림픽대회엔 축구팀을 보내지 않았는데, 이는 씨가 마르다시피 한 외화 사정 때문이었다.[217]

    1953년 4월 7일 대표팀은 동남아 원정 출국을 하기로 했는데, 이때도 외화가 문제였다. 출국을 며칠 앞두고 이승만 대통령이 외화 사용 허가서에 결제를 해주지 않았다. 선수단이 홍콩과 싱가포르에 다녀오는 경비는 1만 4,060달러였지만, 당시엔 외화가 워낙 귀해 일일이 대통령이 직접 결재하던 시절이었다. 이승만은 국비론 안 되며 꼭 가겠다면 친선경기에서 번 돈으로 귀국 즉시 갚으라는 조건을 달아 허가했다.

    선수단은 홍콩과 싱가포르에서 13차례 경기를 갖고 6승2무5패를 기록했지만 약속했던 1만 4,060달러는 벌어오지 못했다. 이승만은 진노했다. 이것이 그 유명한 '1만 4,060달러' 사건이다. 선수단은 그 돈을 나중에 스위스 월드컵 출전으로 벌어온 9,000달러와 15대 대한축구협회장으로 취임한 김명학 박사와 함창희 부회장(사업가)의 도움으로 갚게 되었다.[218] (장원재는 '1만 4,600달러'라고 했다.)[219]

샌프란시스코:
동경과 숭배 대상으로서 미국

이승만은 숭미주의의 선봉

 '친미親美'라는 말은 전쟁 중과 전쟁 후 한국인들이 미국을 동경하고 숭배했던 마음을 담아내지 못한다. '숭미崇美'라는 표현이 적절할 것이다. 숭미주의의 선봉엔 물론 이승만이 있었다. 이승만의 숭미 발언은 그것이 이승만식으로나마 한국의 이익을 꾀하기 위한 전략적인 것이었을까? 그렇게 생각하고 싶은데, 1950년대를 다룬 많은 자료를 읽다보면 그게 바로 이승만의 진심이자 믿음이었을지도 모른다는 생각을 갖게 한다. 예컨대, 이승만의 다음과 같은 발언을 보자.

 "미국은 식민주의를 가진 적이 없는 것입니다. 미국이 필리핀이나 한국에 올 적에 해방과 원소를 복석한 것이지 침략을 뜻하지 않았던 것입니다.……필리핀에 들어간 것은 필리핀 사람을 교육시켜 도와주어서 독립권 얻기를 목적한 것을 잊어버릴 사람은 없을 것입니다."220

이런 주장이 이승만의 진심이었건 아니었건, 1950년대의 공식 담론은 이승만이 천명한 숭미주의 노선에서 벗어날 수 없었다는 건 분명했다. 1950년대를 통틀어 일반 민중의 숭미주의를 가장 잘 표현한 건 1952년 손로원 작사, 박시춘 작곡, 장세정 노래로 나온 〈샌프란시스코〉가 아닐까 싶다.

"뷔너스 동상을 얼싸안고 소근대는 별 그림자/금문교 푸른 물에 찰랑대며 춤춘다/불러라 샌프란시스코야 태평양 로맨스야/나는야 꿈을 꾸는 나는야 꿈을 꾸는 아메리칸 아가씨."

이 노래에 대한 이영미의 해설이 재미있다.

"이 노래를 직접 들려드리지 못해서 정말 유감이다. 아마 여러분들은 듣자마자 웃음을 참지 못했을 것이다. 왜냐하면 가사에서는 샌프란시스코 어쩌구 하면서 잔뜩 미국 이야기를 하고 있는데, 음악은 꼭 〈홍콩 아가씨〉나 〈아메리카 차이나타운〉 같은 떵까떵까 중국 분위기이기 때문이다. 게다가 샌프란시스코에 난데없이 웬 뷔너스(원래 표기는 '비너스'가 맞지만 당시 가사에는 '뷔너스'로 표기되었다) 동상? 뉴욕에 자유의 여신상이 있으니까 뭔가 동상이 있을 거라고 생각한 것인지 알 수가 없다. 노래가 경쾌하기는 하지만 그렇다고 일부러 장난치고 있는 것은 아니다. 오히려 이 노래에서는 강박관념 같은 게 느껴진다. 미국과 관련 있는 말이나 영어 단어를 몇 구절에 한 번씩 넣어야 한다는 강박관념 말이다. 비너스, 금문교, 샌프란시스코, 태평양, 로맨스, 아메리칸 등등. 마음으로는 버터 냄새를 풍기고 싶어 죽겠는데, 몸과 입은 아무리 해도 자장면이나 야끼만두(중국식 만주에 일본어 '야끼'란 말이 붙은 이 말이 꼭 이 노래들과 어울린다) 냄새밖에 못 풍기고 그 속에서 김치 냄새가 풀풀 새어 나온다."[221]

'샌프란시스코'는 마력적인 상징

〈샌프란시스코〉라는 노래 가사의 의미를 제대로 음미하기 위해선 1952년의 전후 상황을 이해하는 것이 필요하다. 감히 반미反美 시위를 서울시청 앞에서 대대적으로 펼치는 2000년대의 '배은망덕'한 자세론 이해가 불가능하다는 걸 염두에 둘 필요가 있겠다.

'샌프란시스코'는 마력적인 상징이다. 우선 영어 단어가 갖는 매력을 이해할 필요가 있겠다. '샌프란시스코'라는 단어를 입에 올린다는 것 자체가 대단히 선진적이요 진보적인 냄새를 피울 수 있었다. 김원일은 『불의 제전』에서 1950년대 초의 서울 풍경을 잘 묘사했다. 그는 "흔히 쓰는 말에도 영어를 섞어 썼다. '오케이'니 '노'로 긍정과 부정을 표시하고, 아침에 만나 인사할 때도 '잘 잤니?', '안녕' 하는 우리말로도 충분한데, '굿모닝' 하며 잘 돌지 않는 혀를 놀렸다. 또 '샤또 마우스', '기브미', '갓 뎀'이니 하는 말을 예사로 입에 올렸다"며 다음과 같이 말했다.

"포장된 큰길로 나가면 '오케이 사진관', '모던 악기점' 따위의 영어 간판이 흔하고 라디오 가게에서 흘러나오는 노래도 영어 노래가 많다. 신문 광고란을 보면 가루 치약조차 '라이온 치마齒磨', 술 이름은 '비너스 뿌란듸'라 하여 칫솔질하거나 술잔 든 여자의 얼굴 그림과 함께 실린다. 여자 그림 또한 멋쟁이 도시 처녀라기보다 서양 여자와 닮은 모습이다. 뿐만 아니라 약 이름도 배탈났을 때 '트리카볼', 기침 심할 때 '코푸시럽', 허약 체질에는 '네오돈'이 식효로 듣는다고 선전한다. 그렇게 이름 붙인 영어 뜻을 서민이 제대로 알기나 하는지 모르지만 영어 이름은 최신 과학 기술로 만든 고급품이란 그럴듯한 암시로 구매자를 호린다. 시

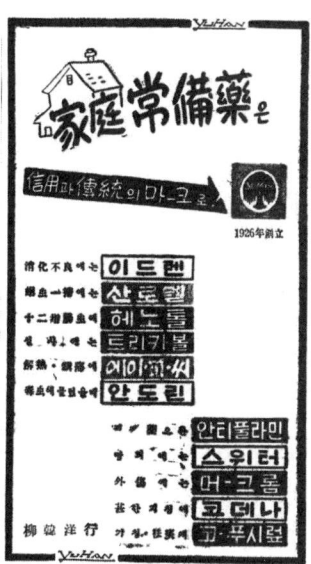

당시 영어 단어는 대단히 선진적이고 진보적인 냄새가 난다고 여길 정도였다. 대부분의 제품들도 영어 단어로 되어 있었다. 영어 이름을 붙인 제품들의 신문 광고들.

장에 나가면 먹는 것 입는 것은 물론 가위·칼·병따개, 심지어 단추까지 미국 물건이 판을 친다. 홍기중 씨네 고물상 바깥마당에 키 넘게 재인 그 많은 헌 깡통과 빈 병도 대부분 미국 제품이거나, 그쪽 나라 것이 아니라도 한 군데에는 영어 글자가 찍혔다. 서울에서 거들먹거리며 산다는 층은 술과 청량음료도 미국 제품을 먹고 마시는 셈이다. 동구형의 말로는, 밀가루·고무·나무·종이·철판, 갖가지 군수품은 물론 초콜릿·껌·성냥까지 온통 미국 물건에 목줄 뽑고 산다 해도 별 틀린 말이 아니다."[222]

통일문제연구소장 백기완은 「내가 겪은 50년대의 서울」이라는 글에서 "1953년 피난살이에서 다시 올라온 서울은 서울역에서부터 동대문까지 신문을 보면서 걸어가도 어깨 한 번 부딪치는 사람이 없을 정도로 썰렁한 잿더미였다"며 눈에 부딪치는 '서울뉴욕'이니 '부산뉴욕'이 니 하는 이상한 간판에 주목했다. 그는 "자못 알 도리가 없었지만 그때 내 형편으로는 그런 양떡집엔 들락거릴 푼수가 못되었으므로 꾹 누르고 살다가 하루는 배알이 꼴려왔다"며 다음과 같이 썼다.

"그래서 내 찾아들어가 주인한테 그 까닭을 물으리라고 마음먹고 들어가 따졌더니 주인의 눈짓과 함께 와르르 왈패들이 몰려와 나를 감히 윽박지르는 것이었다. '야 임마, 너 빨갱이 아니가. 임마, 이제는 우리도 살려고 하면 미국말을 우리말처럼 써야 한단 걸 몰라, 이 새끼야' 하고 디리 패는데 내 그때만 해도 함부로 주어터질 사람이 아니라 한사코 대들었다. '야, 이놈들아 그냥 빵집이면 빵집이었지 서울뉴욕은 무어고 부산뉴욕은 또 무어냐 이 말인대 그게 어째서 잘못됐단 말인가'라고 쫓아가면서 따졌더니 말이 몰린 녀석들은 슬슬 뒷걸음질을 치는 것이었지만 '서울뉴욕', '부산뉴욕'이란 간판은 여전히 번쩍번쩍 그렇게 빛나던 것이 이른바 50년대의 서울이다."[223]

'PX 경제' 체제하의 삶

1950년대 경제를 가리켜 'PX 경제'라는 말이 나올 정도로 미군 PX에서 흘러나오는 제품들은 모든 사람을 사로잡았기에 그걸 내다 파는 건 가장 수지맞는 장사였다. 미제 물건에 대한 경외감은 그 장사가 불법이었기에 더욱 강해졌던 건 아니었을까? 박완서는 『그 산이 정말 거기 있었을까』(2003)에서 "생존의 마지막 발악 속에서도 눈에 띄게 초연하고 고상하고 알토란 같은 장사가 있었으니 바로 미제 장수였다. 미제 장

수는 언제 단속반이 들이닥칠지 모른다는 위험 부담 때문에 거의 노점이었고 좌판의 크기도 잘해야 밥상 넓이밖에 안 됐지만 물건만은 금값처럼 에누리 한 푼 없는 현금 장사였다"며 다음과 같이 말했다.

"피엑스 물건 하면 곧 고급의 사치품을 의미했다. 럭키 스트라이크와 카멜 담배, 밀키 웨이 초콜릿, 럭스 비누, 나비스코 비스킷, 참스 캔디, 폰즈 크림, 콜게이트 치약. 그런 미제 물건들이 좌판에 빤짝빤짝하고 알록달록하게 모여 있는 것만 봐도 즐거운 눈요기가 되었고, 미국이란 나라에 대한 무조건적인 동경을 불러일으켰다. 구질구질한 시장 속의 난데없는 꽃밭 같은 이 작은 좌판들이 곧 미국의 부와 문화의 상징이었던 것이다. 여북해야 점잖은 척하는 신사도 어쩌다 럭키 스트라이크를 한 갑 사서 피우고 나서는, 그 맛보다는 그것으로 인하여 과시할 수 있는 품위를 잊지 못하여 그 갑에다 국산 담배를 넣어 가지고 다니겠는가. 이렇게 껍질조차 아까워서 못 버리는 미제를 통틀어 피엑스 물건이라 칭하지 않던가."[224]

미제 물건에 대한 인기가 어찌나 높았던 이런 사기 사건도 있었다. 최현식의 소설「샐비어」의 한 대목이다. "(어머니는) 동대문시장에 쌀가게(노점)를 놓고 돈을 조금 쥐게 되었다.……골목길에서 깨끗한 옷차림의 젊은 여자가 나타나 불러세우더라고. 나이는 스물댓쯤으로 보였고, 이쁘장하게 생긴 얼굴이 나쁜 인상은 아니었다. '아주머니, 피엑스에서 나온 고급 화장분인데 헐값으로 나누어드릴 테니 살 생각이 없느냐?'고 방긋 웃어대며, 피엑스는 미군부대를 말하는 것이고, 분은 틀림없는 고급 미제, 도매가격도 안 되는 헐값이니……이런 말들을 늘어놓고는 앞가슴 품속에서 분통을 꺼내 살짝 열어서 냄새를 맡아보라고 내미는데, 그

미군 PX에서 흘러나오는 제품들은 시중가보다 평균 30~40% 저렴했기 때문에 가장 수지맞는 장사였다. 6·25 당시 미군 PX로 활용되던 미쓰코시백화점.

향기가 그렇게 좋아 보일 수 없더라는 것이다. '가봅시다' 물건이 있다는 곳으로 따라나섰다. 지니고 있던 돈을 몽땅 털어넣고 한 아름의 화장분을 보자기에 쌌다. 집에 와서 보니 통속의 것은 밀가루였다."[225]

PX에서 팔리는 물건들은 모두 세금이 면제되었으므로 상품 가격이 시중가보다 평균 30~40% 정도 저렴했기 때문에 PX에서 거래되는 물선 중 70%가 암시장으로 흘러나왔다. 파주의 '양키시장'이 시울의 사치품 시세를 결정할 정도였다. 이하나에 따르면, "특히 한국의 군부대에 있는 피엑스는 전 세계에서 가장 호화로운 것으로 꼽혔다. 피엑스는 미군은 물론, 중국인을 제외한 주한 외국인 전원과 이와 결연관계에 있는 모든 사람들이 이용할 수 있었기 때문에 미군 주변에 모여든 사람들 모두에게 개방되어 있는 것이나 마찬가지였다".[226]

초콜릿·껌·우유가루

어린아이들은 미군이 던져주는 초콜릿과 껌만으로도 미국을 동경하고 숭배하지 않을 수 없었을 것이다. 진덕규에 따르면, "전쟁 때문에 학교도 정상적으로 다닐 수 없었던, 그러나 미군 지프차가 뽀얗게 먼지를 일으키면서 달려간 그 신작로를 신나게 뛰어갔던 우리들에게는 미군이 던져준 초콜릿이며 추잉껌이 더할 수 없는 고마움의 선물이었다".[227] 어떤 아이들은 미군들이 던져주는 것만 기다리진 않았다. 미군이 나타나면 '할로'와 '기브 미'를 외치며 따라다니기도 했다.

"'나 주이소!'/'나 주이소!'/'할로 할로. 나 주이소예.'/손을 내밀며 떠들어댔다./작자는 빙글빙글 웃으면서 깡통을 휘! 아이들 머리 위로 날렸다. 하늘로 솟아오른 깡통이 포물선을 그으며 날아가자 아이들은 와아 소리를 지르며 앞을 다투어 몰려갔다. 깡통이 땅에 떨어지자 아이들은 사정없이 그 위로 덮치는 것이었다./'으앗앗핫하……'/작자는 재미가 나서 못 견디겠다는 모양이었다."[228]

미국의 강냉이 가루와 우유 가루도 어린아이들이 떨쳐버리기 어려운 유혹이었다. 권정생에 따르면, "시골 아이들도 영어 나부랭이 몇 마디씩은 배워서 지껄였고 초콜릿 맛이 어떤 것인지 그때 처음 알았다.…… 강냉이 가루와 우유 가루 같은 구제품은 이 땅에 기독교 교회가 불어나는 데도 한몫을 했다. 내가 살고 있는 이곳 교회당도 1951년에 창립되었다. 주일날 양재기나 빈 도시락을 들고 가면 달콤한 우유 가루를 얻는 재미로 아이들은 기를 쓰고 모여들었다. '목사 붕알 땡기면 우유 가루 나오고/장로 붕알 땡기면 강낭 가루 나오고/기쁘다 구제품 나왔네/만백성 맞으라!'"229

교회는 '샌프란시스코'의 관문

성인들도 다르진 않았다. 교회는 미국의 은혜와 풍요가 배급되는 주요 채널이었다. 그래서 교회에서 무료로 주는 미국 밀가루를 얻기 위해 교회에 다니는 이른바 '밀가루 신자'도 많이 나오게 되었다. 물론 밀가루뿐만이 아니었다. 미국 교회의 수많은 원조가 한국 교회를 향해 밀려들었다. 예컨대, 1950년부터 1954년까지 미국 장로교 해외 선교부는 약 180만 달러, 미국 연합감리교회는 160만 달러를 각각 모금해 한국 교회에 제공했다. 이진구에 따르면, "이러한 상황이 당시 한국 기독교인들에게는 바이블에 나오는 '선한 사마리아' 사람의 이야기로 받아들여졌다. 예루살렘에서 여리고로 가다가 '강도 만난 사람'이 한국 교회라면, 그를 도와준 '선한 사마리아 사람'은 미국 교회였던 것이다".230

김흥수는 전쟁 기간에 교회로 쏟아져 들어온 구제품, 특히 의복·식량·약품·학용품 등은 교인들에게 전에 없던 신앙관의 변화를 가져다 주었는데, 가장 두드러진 현상은 물질을 중시하는 신앙의 형성이었다고 말한다. 교인들은 품질 좋은 다양한 종류의 구제품을 보면서 미국이 그렇게 부유하고 잘 사는 이유는, 하나님이 그들을 축복해서 그런 것으로 생

각했다는 것이다.[231]

그렇듯, 교회는 샌프란시스코라는 이상향을 구경이라도 해볼 수 있는 관문이었다. 교회는 그 이상향의 언어인 영어를 배우고 실제로 그 이상향에 유학을 갈 수 있는 주요 통로이기도 했다. 각 교회는 말할 것도 없고 YMCA만 하더라도 "YMCA란 영어·수학 강습회를 하는 곳이다"는 말이 널리 퍼질 정도로 영어 강습에 주력했는데, 1950년대 말까지 약 20만 명이 YMCA의 영어 강습회를 수강했다. 그렇게 영어를 익히면서 선교사나 미션계 학교를 배경으로 하면 미국 유학 가기도 쉽고 미국에 가서도 큰 도움을 받을 수 있었다.[232] 그래서 나중엔 "근자에는 미국 가기 위하여 교회를 이용하려는 사람이 많다"는 말까지 나올 정도였다.[233]

한국의 개신교 교회는 미국과 맺은 특수한 '인연'으로 인해 이미 해방을 맞을 당시 "한국 사회 안에서 가장 '미국화'된 부분"이었지만, 6·25 전쟁과 전후의 곤궁을 겪으면서 더욱 미국화되었다. 강인철이 지적했듯이, "혼란스럽고 악화된 남한 경제 상황에서 제공된 미국 교회의 막대한 물자 및 현금 원조는 한국 개신교회의 재건과 발전에 결정적인 역할을 했고, 이는 다시 한국인 신자들의 친미주의를 극적으로 증폭시켰"던 것이다.[234]

김흥수는 한국 교회에 미국 정부의 원조 물자와 미국 교회, 클럽, 가정에서 보내주는 도움이 교회에 유입됨으로써 나타나기 시작한 물질 중시의 신앙 형성은 '한국 교회의 최종적이며 치명적인 시련'이었다고 말한다.[235] 한국인들의 미국 동경이나 숭배도 '물질'에서 비롯된 것인 만큼 숭미주의는 사실상 물질주의로서 향후 한국 사회의 진로에 큰 영향을 미치게 된다.

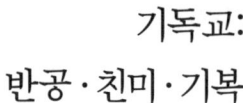

기독교:
반공·친미·기복

기독교를 지키기 위한 전쟁

　한국 기독교의 강한 친미주의는 단지 원조 물자만으로 형성된 건 아니었다. 원조 물자가 큰 영향을 미치긴 했지만, 그것보다 더 중요한 것은 한국 사회 전체가 6·25 전쟁을 거치면서 더욱 강하게 갖게 된 반공反共·친미親美·기복祈福이라고 하는 삼위일체적 삶의 원리를 수용하고 실천하는 데에 기독교가 가장 유리한 위치에 놓여 있었다고 하는 점일 것이다.
　전상인은 『고개 숙인 수정주의: 한국현대사의 역사사회학』(2001)에서 6·25 전쟁은 전반적으로 종교 지형의 준독점적 혹은 과두제적 성격을 강화했다며 이렇게 말한다. "전쟁의 피해는 모든 종교단체에 대해 공통적인 것이었지만, '밀가루 신자'라는 표현에서 나타나는 것처럼 전쟁 잉여물자의 배분, 외국 종교 조직으로부터의 원조, 사회복지 활동 등의 측면에서 각종 특혜를 누릴 수 있었던 서구 종교가 크게 약진할 수 있었다. 곧, 한국전쟁은 국가에 대한 접근 능력의 차이에 따라 종교 간의 불평등을 제도화시킨 것이다. 나아가 이는 필연적으로 개별 종교 내부에서의 권력 갈등을 심화시켰다."[236]

그러나 기독교가 전쟁 잉여물자의 배분, 외국 종교 조직의 원조, 사회복지 활동 등의 측면에서 누리게 된 그 무엇은 '특혜'라기보다는 6·25 전쟁의 성격 자체에서 오는 당연한 귀결이었다고 보는 게 옳을 것이다. 미국의 참전 이후 미국 대사 존 조지프 무초John Joseph Muccio, 1900~1989가 이승만에게 했다는 말, 즉 "이제부터 전쟁은 미국의 전쟁"이라고 하는 말은 한국에 미국적 가치가 우선적으로 적용되리라는 걸 뜻하는 것이기도 했다. 미국적 가치는 기독교가 아니던가. 앞서 지적했듯이, 더글러스 맥아더Douglas MacArthur, 1880~1964부터 늘 주기도문을 올리면서 전쟁을 치르지 않았던가?

강원용의 다음과 같은 증언은 미국의 6·25 전쟁 주도가 6·25 전쟁이 기독교를 지키기 위한 전쟁이기도 했다는 걸 시사해준다. "집에 도착해 정신을 차린 나는 곧바로 피난갈 준비부터 서둘렀다. 이번에는 멍청하게 뒤처질 수 없다는 생각이었다. 그러나 차편도 없고 돈도 없어 전전긍긍하고 있는데, 마침 미 선교부가 목사들의 피난길을 주선해준다는 반가운 소식을 듣게 되었다. 미군 사령부에서 군목을 하던 윌리엄 쇼William Shaw라는 사람이 앞장을 서서 각 교단의 목사와 가족들을 부산까지 피난시킬 기차편을 마련해주고 한 가족당 5만 원씩 돈도 제공해주게 된 것이었다."[237]

그러나 그런 종류의 편의 제공보다 더욱 근본적이었고 광범위했던 대對기독교 '특혜'는 기독교 신앙 또는 신자 행세가 반공反共의 보증수표

한국은 6·25 전쟁을 거치면서 반공·친미·기복이라고 하는 삼위일체적 삶의 원리를 강하게 갖게 되었다. 6·25 전쟁 당시 군목이 미군 병사들에게 설교하고 있다.

로서 가치를 갖는다는 점에서 비롯되었다. 비단 전쟁 기간뿐만 아니라 전후에도 계속된 '빨갱이 사냥'을 생각한다면, 그 보증수표의 가치는 결코 가볍게 넘길 수 있는 것이 아니었다. 그건 목숨을 건지기도 하는 위력을 발휘했다. 다시 강원용의 증언을 들어보자.

"원래 평양은 일제 때부터 한국의 예루살렘이라고 불릴 정도로 기독교 세력이 전국에서 가장 융성했던 곳이었다. 따라서 국군이 입성한 평양은 그동안의 박해에서 벗어나 해방을 만끽하는 듯한 분위기였다. 그때까지만 해도 공산당이 기독교를 박해하기는 해도 교회를 없애지는 않은 상태여서 모든 교회들이 매일 종을 쳐 사람들을 모으며 해방된 세상을 축하했다. 게다가 길거리에는 십자가가 그려진 완장을 차고 다니는 사람들이 수두룩했다. 특히 청년들이 많았는데 그것은 국군이 기독교 신자라면 무조건 관대히 봐주었기 때문이었다. 따라서 평양 시내는 온통 기독교 신자로 꽉 찬 것처럼 보였다."[238]

전쟁 당시 포로수용소에서 좌익분자가 우익수용소에 침투하기 위해 가장 자주 이용했던 방법도 독실한 기독교 신자로 행세하는 것이었다.[239]

기독교는 '반공의 보증수표'

기독교 지도자들은 실제로 기독교 신앙이라는 '반공의 보증수표'가 부도날 염려가 없을 정도로 반공의 전선에 앞장섰다. 예컨대, 전쟁이 발발한 다음 날인 6월 26일 서울에서는 교파를 초월한 개신교 단체인 '대한기독교구제회'가 조직되었고 7월 3일 대전에서 목사 한경직이 앞장서서 '대한기독교구국회' 조직(회장 한경직 목사)을 만들었다. 이들은 남한 지역 30개 도시에 지부를 설치하고 국방부·사회부와 협력해 선무와 구호, 방송, 의용대 모집 등 반공과 관련된 다양한 활동을 펼쳤다. 이들은 '선무공작대'를 조직해 남한 전역에서 활동했으며 '기독교 의용대'라는 단기 군사훈련을 거쳐 전선에 배치되기도 했다.[240]

특히 한경직은 인천상륙작전 당시에도 대한기독교구국회 회장으로서 군복을 입고 참여하는 등 맹활약을 했다. 그는 전차상륙함Landing Ship Tank,LST을 타고 함정들과 함께 인천에 도착했는데, 아마도 한국인으로서는 인천상륙작전 때 맨 처음 인천에 도착한 사람이었을 것이다.[241] 이 북신도대표회는 1952년 4월 "피난민에게 위로를 주고 전시하의 반공의식을 새롭게 하며 북한 공산군과 싸우는 신앙 무장의 강화를 위하여"

전국총회를 개최했는데,²⁴² 이런 종류의 행사는 전쟁 기간 중 일상적인 것이었다.

1945년에 월남해 남한 기독교계의 대표적인 지도자가 된 한경직을 포함해 월남 기독교인들은 남한 교회의 반공주의를 전투적인 것으로 만드는 데에 크게 기여했다. 이진구에 따르면, "일제하 개신교는 서북 지방에 교세가 편중되어 있었는데 한국전쟁을 전후하여 개신교인의 1/3 정도가 월남한 것으로 알려져 있다. 이들은 공산당의 탄압을 직접 체험하였다고 확신하고 있기 때문에 반공의식이 어느 사회집단보다 강렬했다. 그리고 이들이 남한 교회의 권력 구조에서 공고한 기반을 구축함으로써 남한 교회의 반공주의는 더욱 강화되었다".²⁴³

기독교 지도자와 신자들은 단순한 참전만으론 만족하지 않았다. 그들은 전쟁을 합리화하며 정당성을 부여했다. 물론 그 논리는 종교적인 것이었다. 앞서도 소개했던, 독실한 천주교 신자인 장면이 "이 전쟁은 민주주의를 시련하는 새로운 전쟁이며, 한국은 무한히 자비하신 천주께로부터 전 세계가 민주주의 세력에 대한 신뢰를 새롭게 하는 데 도구로써 선택"받았다고 주장했던 걸 상기해보라.²⁴⁴

공산주의자는 사탄·마귀·악마

김흥수는 기독교 지도자와 신자들이 시도한 전쟁의 정당화 방식은 이교도들을 개종시기라는 요청, 전투에서 사망하는 병사들을 위한 내세의 약속, 전쟁을 선과 악의 투쟁으로 묘사하는 윤리적 이원론 등으로 나타났다고 말한다.

"이원론에 의해서 적의 타자성이 철저히 강조되며 적의 희생이 허용되고 합법화된다. 이원론은 적을 비인간화시킬 뿐만 아니라 아군의 병사에게는 살인행위에 대한 죄의식·공포·동정 같은 인간적 경향들을 제거해준다.……한국전쟁은 이데올로기의 대립을 특징으로 하는 전쟁이었으며, 따라서 이 전쟁에서는 어느 전쟁보다도 선과 악의 이원론을 통해 병사들로 하여금 자신들의 생명을 걸도록 할 뿐만 아니라 적의 생명을 빼앗도록 설득하는 종교의 역할을 필요로 하였다."[245]

북한 교회들도 남한 정부와 미군을 '악마'로 표현하면서 하나님의 저주가 내리기를 기원했다지만, 북한의 기독교 세력이란 상징적인 것이었거나 보잘것없었다는 점을 감안할 때에 '악마' 담론의 가공할 위력은 남한 교회들에 의해 전파되었다고 보는 것이 옳을 것이다. 남한 교회들은 북한 공산주의자들을 '사탄'과 '마귀'와 '악마'로 표현했다. 이는 반드시 제거하고 절멸시켜야 할 대상이었다. 예컨대, 한경직은 '기독교와 공산주의'라는 설교에서 공산주의 사상이야말로 '묵시록에 있는 붉은 용'이라면서 '이 용을 멸할 자 누구냐?'고 물었다.[246]

김흥수는 그런 이분법의 효과에 대해 이렇게 말한다.

"특히 남한 교회에서 볼 때, 기독교 신앙은 공산주의와는 근본적으로 '적대관계'에 있는 것으로 이해되었을 뿐만 아니라 이 싸움은 신 대 악마의 투쟁으로 인정되기 때문에 언제나 '자신만만한 싸움'을 전개할 수 있었다. 이 같이 종교적으로 전쟁을 정당화하는 것은 신도들에게 전쟁에서 목숨을 무릅쓰고 싸우도록 그리고 그 전쟁에서 승리하도록 용기를 주는 기능을 했지만, 전쟁의 참상에 상처받고 지친 사람들에게 그것의 원인과 책임을 설명해주는 일종의 이론이기도 했다."[247]

교계 지도자들의 뜻은 아니었겠지만, 바로 그런 이원론이 민간인에 의한 민간인 학살의 논리로 이용되었다. 선악善惡 이분법은 학살을 저지르고 나서 양심의 가책은커녕 마음의 평안을 얻는 신통력까지 발휘했을 법하다. 사정이 그와 같았던 만큼, 전후에도 여전히 기승을 떨친 '빨갱이 사냥'에서 완전히 자유로우려면 교회에 다니는 게 최상책이었다. 개신교는 물론 천주교도 그런 위력을 발휘했다.

경기도 이천군 오두리에서는 전쟁 전에 불과 3~4호에 불과했던 천주교 집안이 전쟁 후에는 몇 년 사이에 20호를 넘어섰으며, 빨갱이 집안으로 낙인찍힌 후, 오로지 살아남기 위해 천주교에 재산을 헌납하는 사람들도 있었다.[248] 자신을 따라다녔던 빨갱이 딱지를 떼기 위해 천주교 신자가 된 김철환은 "경찰하고는 사이가 가까우니까 동네 사람들이 천주교 신자라면 겁을 냈"다고 말한다.[249] 다른 주민 김병찬은 이렇게 말한다.

"세력이 컸지. 다른 사람은 여기 6·25 나고서 좌익으로 몰리고 힘을 못 쓰고. 그 천주교 두 집 있으니, 그 사람은 관에서 다 믿어주는 사람이었잖아. 다른 사람은 밤낮 안 믿어주고. 그러니 세력이 있고 동네 구장 보고.······전쟁 끝나고 몇 년 동안 꼼짝 못했지. 그 바람에 천주교 많이 들어갔지."[250]

자본주의 이데올로기로서 신앙

반공은 곧 친미를 의미하고 친미는 곧 친기독교親基督敎를 의미하는 것이지만, 미국이 주도하는 6·25 전쟁에선 더욱 그랬다. 김용옥의 말마따나, "2차 대전 이후의 세계 냉전 체제에 있어서 반공이란 곧 친미"를

의미했으며 "친미의 종교적 표현이란 곧 기독교"였던 것이다.[251]

그렇다면 기복祈福은 이에 어떻게 연결되는 것인가? 전쟁 중 목숨을 부지할 수 있었던 것도 복福이었겠지만, 죽을 염려는 피한 전후의 잿더미에서는 좀더 현실적인, 즉 물질적인 복을 구하게 되는 건 당연한 일이었다. 그러나 그 수단은 여의치 않았다. 김의환은 "6·25 동란 이후 가난에 찌든, 그리고 농촌 고향을 버리고 빈손 들고 도시로 모여든 외로운 심령들에게 예수 믿으면 복 받는다는 기복의 메시지는 메마른 가뭄에 단비와 같았다"고 말한다.[252]

기복 신앙은 전후의 잿더미와 비교되어 엄청난 풍요를 상징하는 것으로 보이는 미국을 닮고 자본주의 정신에 투철해지려는 노력이기도 했다. 미국에 대한 동경과 숭배, 물질에 대한 한恨의 종교적 표현이 바로 기복 신앙이었다는 뜻이다. 그런 점에서 기복 신앙은 자본주의 이데올로기로서의 성격마저 갖게 되었다. 세계에서 그 유례를 찾기 어려울 정도로 특별한 한국의 기복 신앙은 마찬가지로 세계에서 그 유례를 찾기 어려울 정도로 특별했던 한국의 역사적 상황이 낳은 산물이었던 것이다.

영국의 역사학자 에드워드 톰슨Edward Thompson, 1924~1993은 영국에서 종교 부흥운동을 관찰하면서 "종교적 부활운동이 일어난 것은 정치적 또는 세속적 열망이 좌절되었던 바로 그 시점에서였다"고 말했다.[253] '세속적 열망의 좌절'은 사치스럽게 여겨질 만큼 우선 당장 눈앞의 생존에 급급해야 했던 한국인들에게 종교는 '부활'이 아니라 새롭게 만들어져야만 했을 것이다.

그 종교는 반드시 복을 주는 것이어야만 했다. 전쟁으로 인해 기아에 허덕이면서 육신은 물론 영혼까지 엄청난 상처를 받은 사람들에게 당장 필요한 건 영생이 아니라 현세에서 복이었기 때문이다. 기독교는 그런 수요에 부응했다. 김흥수는 이렇게 말한다.

"전후 한국 사회의 시련과 고통에서 벗어나려는 민중들의 강한 열망은 결국 전통적 기독교의 신앙체계를 현세적 복락 추구에 알맞는 형태로 변형시켜왔으며, 한국 사회의 급속한 자본주의적 산업화와 성장 이데올로기의 영향을 강하게 받으면서 그런 현상은 더욱 가속화되어왔다."[254]

현실이 각박한 만큼 복을 구하는 신앙의 발현도 전투적이었다. 김흥수는 1951년 부산에서만 100여 개의 교회가 신축되었으며 그밖에도 교인들은 천막이나 창고 건물, 심지어는 언덕 풀밭 위에서 모이고 있었다고 말한다.

"주일날 예배 이외에 성서 연구반이며 상호협조 프로그램을 조직하였다. 피난민들은 성서를 두고 오거나 잃어버린 경우가 많았기 때문에 미국에서 보내온 성서가 분배될 때는 '군중의 잡답雜沓'을 이루었고 성서를 얻지 못한 사람들은 '화가 나서 거의 폭동 상태까지 이른 듯하였다'. 이 시기에 부산에 피난 와 있던 신도들의 기독교는 '참으로 복음주의적'인 것으로 보였으며, 가족과 재산을 잃은 대중들의 정신적, 물질적 요구의 뿌리까지 들어가고 있었다."[255]

전쟁 중 천막을 전전하던 한국 교회는 기복의 메시지로 한국의 경제성장 속도와 발맞춰 나가거나 그걸 견인해가면서 40년 후엔 세계 50대 교회 중 한국이 23개를 차지하는 놀라운 '기적'을 이루어내게 된다.

만인에 대한 만인의 투쟁

전쟁이 삶의 철학과 처세술에 미친 영향

6·25 전쟁은 이 세상에 믿을 건 나와 내 가족밖에 없다고 하는 극단적인 가족주의를 강화시켰다. 국민을 버리고 달아났으면서도 나중엔 '부역자'를 처단하기에 바빴던 이승만 정부는 기만과 폭력의 주체로 각인되었다. 6·25 전쟁이 국가의 중요성을 절감하게 함으로써 공동체 의식의 고양에 기여한 점이 전혀 없지는 않았지만, 그건 허울에 가까운 것이었다. 이에 대해 전상인은 이렇게 말한다.

"생존의 단위가 개인과 가족의 경계를 결코 넘어서기 어려웠던 상황이라, 한국전쟁은 불신사회, 사익私益사회, 그리고 야만사회를 잉태하는 데 결정적으로 기여했다. 기회주의와 행동의 무작위화無作爲化, randomization가 이른바 '생존의 법칙'으로 자리 잡게 된 만큼 공동체 의식에는 허구이고도 가상적인 측면이 많았다."256

아직도 남아 있는 공동체 의식이 있었다면 그건 생존 문제가 해결된 이후의 잉여적인 것이었을 뿐 늘 중요한 건 생존 그 자체였다. 당연히 생존을 위한 최후의 수단들이 일상적인 처세의 수단으로서 지위를 부여받게 되었다.

6·25 전쟁이 한국인의 삶의 철학과 처세술에 미친 영향은 매우 컸다. 최봉영은 『한국 문화의 성격』(1997)에서 6·25 전쟁은 한국인의 욕구에 커다란 변화를 초래했다고 말한다. 삶과 죽음이라는 위기적 상황에 처해 지금껏 부정되었던 극단적 이기성이 나름으로 정당성을 확보하게 되었으며, 따라서 삶의 방법에서 권모와 술수가 정당화될 수 있었다고 말한다.

그는 "이전까지만 하여도 편법주의, 즉 권술은 강한 비난의 대상이 되었다. 권술은 언제나 권도로 위장되어 음성적으로 행해져야 했다. 그러나 전쟁을 겪게 되자 생존을 위한 최후의 수단으로 '얌체', '사바사바', '적당주의', '요령주의', '모리배' 등과 같은 권술이 일반화되었다. 이제 사람들은 예의염치란 불필요한 것일 뿐만 아니라 삶을 구속하는 방해물이라고 생각하게 되었다"며 다음과 같이 말했다.

"6·25 전쟁이 끝나자 사람들은 배고픔과 이산에 대한 한이 맺히면서 어떠한 수단을 동원해서라도 살아남겠다고 발버둥치게 되었다. 이제 출세를 위해서는 무슨 방법이든 가능하게 되었고, 돈을 벌기 위해서는 어떠한 수단이든 가능하게 되었다. '바가지'가 난무하게 된 것은 이때부디었다. 사람들은 무엇이든지 원할 수 있었기 때문에 지금까지 그들을 묶고 있던 규범의 사슬이 하나둘 풀려나갔다. 출세와 돈을 위해서라면 몸을 팔 수도, 밀수를 할 수도, 다른 사람의 등을 칠 수도 있었다. 따라서 극소수의 규범주의자와 대다수의 탈규범주의자가 윤리와 비윤리의 극단을 이루는 윤리적 극단주의가 지배하게 되었다."[257]

한원영은 『한국현대 신문연재소설연구』(1999)에서 6·25 전쟁은 이기주의란 자기 보호 본능을 초래해 공무원과 회사원 할 것 없이 부정이 보편화되고 권력이 남용되고 민중 사이에는 사기와 절도가 성행하고 악덕 상인들은 소비자를 속이는 등 서로를 믿지 못하는 불신 풍조를 만연하게 했다고 말한다.

"이러한 사회현상과 풍조는 자조自嘲 의식을 가져왔고 자기 비하 의식에서 오는 '조선놈은 별 수 없다'는 엽전이란 유행어가 생겼다. 이러한 민족의 엽전 의식은 우리의 학문과 예술의 가치관에도 영향을 주었다. 학문과 예술은 어용화, 상품화로 변질되고 배금주의가 사회 곳곳에 깊이 파고들어……."[258]

물질에 의한 과잉 보상 의지

그러나 진실을 말하자면, '조선놈'만 별 수 없었던 건 아니었다. 한국은 전쟁의 처참함이 더했기에 그 후유증이 심했다는 정도의 차이는 있을지언정 그건 전쟁을 겪은 나라가 공통적으로 겪는 경험이었다. '일본놈'들도 그랬다. 일본의 비교문화 정신의학자인 노다 마사아키野田正彰는 『전쟁과 인간: 군국주의 일본의 정신분석』(2000)에서 일본의 패전敗戰 후 일본인에게는 '바꿔치기'에 의한 물질주의가 범람했다고 말한다. 일본인들은 전쟁에 의한 마음의 상처를 유물론적 가치관으로 덮어씌우고, 물량에서 미국에 진 것이니까 경제부흥, 공업의 재건, 미국의 경제력을 따라잡는 것으로 다시 일어설 수 있다는 자세를 보였다는 것이다.

"거기에는 스스로의 정신적 퇴폐도, 중국 문명에 대한 패배도 인정하지 않는 편협함이 숨어 있었다. 전쟁 중의 극단적인 정신주의에 대한 반동으로 물질주의, 경제주의가 들어섰다고도 볼 수 있다. 이것은 부국강병의 군국주의 이데올로기를 경제성장 중심의 자본주의 이데올로기로 바꾼 데 지나지 않으며, 물질의 풍요로움이 모두라고 생각해버리려는 것이다. 이런 경향은 한국전쟁 특수, 고도 경제성장, 토목·건설업을 축으로 하는 지방의 보조금 경제, 도쿄 집중, 산업구조 전환의 과정에서 더욱 강화되어, 일본인의 심성의 본류가 되고 말았다. 이와 같이 패전의 충격을 물질적으로 과잉 보상하려고 하는 자세야말로, 마음의 상처를 부인하는 오늘날의 일본 문화를 만든 원천이라고 생각한다."[259]

노다 마사아키는 "전쟁은 지금도 계속되고 있다"고 말한다.

"제2차 대전이라는 문명이 도달한 잔학의 극한에서 살아남은 자가 무엇을 체험했는지, 조사하지도 분석하지도 반성하지도 않은 채 우리는 살아왔다. 또한 생존이 모두이고 물질적 풍요야말로 행복이며 경제학이야말로 사회과학이라고 믿으며 우리들은 살고 있다.……패전 이후 일본 사회는 전쟁에서 무엇을 했는지, 전쟁에서 얼마나 정신적으로 왜곡되었는지, 되돌아보는 일 없이 약자를 배제하면서 경제활동에 매진해왔다. 과거의 짐이라는 유산은 회사 인간, 장·노년층에서 자주 보게 되는 억울증, 아이들이 자폐화하는 현상으로 나타나고 있다. 어떻게 하면 감정을 풍요롭게 할 수 있을까. 커뮤니케이션에서 기쁨을 느낄 수 있게 될까. 그것은 비참한 대전을 체험한 국민이 함께 직면하는 중요한 문제이다."[260]

한국은 승전勝戰을 해본 적도 없고 다른 나라를 침략하거나 지배한 적도 없는데도 참혹한 전쟁을 감내해야 했다는 점에서 그 비극성이 더하다 하겠다. 브루스 커밍스Bruce Cumings와 존 할리데이Jon Halliday의 다음과 같은 위로의 말도 사실상 그 점을 말해주는 걸로 볼 수 있을 것이다.

"한국은 비극적인 역사적 부정의 희생자였다. 2차 대전이 끝났을 때 한국은 공격의 책임이 없으면서도 분단된 유일한 나라였다. 한국을 점령·병합하고, 이웃 국가들을 공격한 일본은 분단되지 않았다. 오스트리아조차도 유럽에서 냉전이 수그러들면서 다시 통일되었다. 가장 잔혹한 것은 한국이 '일본을 겨냥하고 있는 칼'이라는 취지의 수사구들이다. 그것은 진실과 정반대이다. 한국은 어떠한 나라도 결코 공격하지 않았다. 오히려 공격과 간섭에 계속 희생당해왔다. 이제 홀로, 평화롭게, 하나의 민족으로 살아남을 권리가 있는 것이다."[261]

신분제와 도덕 체계의 해체

6·25 전쟁으로 인한 기존 공동체의 해체가 재앙만 가져온 건 아니었다. 그건 무엇보다도 기존 신분제의 해체를 의미하는 것이었고, 그에 따라 계급상승 혹은 사회이동의 기회가 개방되었기 때문이다. 그러나 너무도 갑작스레 찾아온 그러한 기회의 활용이 정상적으로 이루어지긴 어려웠다. 브루스 커밍스Bruce Cumings가 잘 지적했듯이, "혈연과 지연이 그토록 견고한 나라에 이제 아노미와 근대성의 전조랄 수 있는 토머스 홉스의 '주인 없는 인간들'의 시대가 도래한 것이다. 전쟁이란 대단한 평등화 장치라는 교훈의 깊은 의미가 여기에 있다. 귀족층 대신에 들어선 사람들은 전쟁물자의 보조 공급을 통해 부를 쌓아올린 기업가들, 상업에

종사하거나 엄청난 수의 외국인들과 그들의 수많은 조직에 들러붙어 사는 아직은 소수이지만 늘어나는 중산층 사람들, 그리고 고리대금이나 부패, 혹은 전시에 귀한 서비스(의료·식품·거처·술·섹스)를 공급함으로써 인간적 절망의 연쇄 속에서 번창하는 거친 사람들이 생겨났다".[262]

전쟁으로 인한 신분제 해체는 사람들에게 각기 다른 의미로 다가왔다. 특히 북한군 점령 지역에선 최하층 사람들이 치안대원으로 활동하는 등의 방식으로 힘을 쓰게 되면서 기존 지배관계의 역전을 체험했다. 권력 구조의 재역전이 일어난 후에도 한 번 그 맛을 본 이상 과거처럼 양반 신분의 지배하에 있을 수는 없었다. 도시로 이주를 택하든가 하는 방식으로 새로운 질서를 찾아나섰다.[263]

그러나 기존 신분제의 중상층에 있었던 사람들에게 신분의 역전은 지옥과 같은 경험으로 다가왔다. 물론 그 모든 책임은 '빨갱이'들에게 돌려졌다. 신분제의 역전만 일어난 게 아니었다. 신분제에 곁가지로 붙어 존재했던 기존 도덕 체계의 상당 부분도 무너져야 했다. 그걸 드라마틱하게 상징해주는 것이 바로 '동무'라는 호칭이었다. 인민군 점령하의 서울에서 벌어졌던 일을 상기해보자.

"바깥세상에서는 '동무'란 새로운 말이 거침없이 나돌았다. 해방 직후까지도 널리 쓰던 말이었으나 어느 때부터인가 동무란 말을 쓰면 빨갱이로 몰려 치도곤을 당했는데, 이제 그 말이 응달에서 양달로 나와 그동안의 한풀이라도 하듯 말끝마다 입에 올려졌다. 어린이 동무, 청년 동무, 노인 동무, 김 동무, 리 동무, 이렇게 사람을 부를 때마다 무조건 동무란 말을 붙였다. '계급 없는 사회의 한 형제자매이므로 우리는 모두 동무 사이오.' 이런 정의가 내려지고부터 시민들도 남 듣는 자리에서는 어눌

하게나마 그 말을 따라 썼다."²⁶⁴

김성칠의 1950년 10월 17일자 일기에도 '동무' 이야기가 나온다.

"현철 군이 그저께 아리랑고개에서 불심검문을 만나 '어디 갔다 오느냐' 하기에 '동무 집에 놀러갔다 온다' 하였더니 '동무란 말을 쓰는 걸 보니 너 빨갱이 아니냐' 하더라고. 우리 연배면 '친구'라는 좋은 말이 있지만 현철이 나이 또래에는 '동무'라야 격에 맞을 터인데 무슨 알맞은 대응어라도 찾아내야겠다."²⁶⁵

'동무'라는 호칭이 마르크스 이론에 따른 것인지는 알 수 없으나, 그것이 기존 '도덕' 개념에 대한 정면 도전임은 분명한 일이었다. 스티븐 룩스Steven Lukes는 『마르크스주의와 도덕』(1985)에서 마르크스 이론에서 '도덕' 개념의 부재는 이후 마르크스주의 실천에 엄청난 짐을 안겨주었을 뿐만 아니라 그 입지를 좁혔다고 지적한 바 있다.²⁶⁶ 이에 대해 김동춘은 "전통적으로 유교적 도덕률이 사회적 힘을 갖는 한국에서처럼 이것이 잘 적용된 예도 드물 것"이라고 말한다.²⁶⁷

파벌 사회에 중간은 없다

묘한 아이러니였다. 전쟁이라는 수단으로 '계급 없는 사회'를 이루고자 했던 공산주의자들의 실패한 시도는 기존 도덕 체계를 붕괴시키면서 새로운 삶의 전쟁을 낳았으니 말이다. 전쟁이 제공한 계급상승 혹은 사회이동의 기회 개방은 도덕 없는 '만인에 대한 만인의 투쟁'을 낳았으며, 이는 궁극적으로 남한 사회의 자본주의 발전을 가져오는 이른바 '전쟁의 역설'로 나타났던 것이다.

'만인에 대한 만인의 투쟁'은 혼자 하는 것보다는 잇속으로 결속된 파벌을 만들 때에 더욱 잘할 수 있는 일이었다. 이는 이미 군대 조직에서부터 벌어진 일이었다. 그레고리 헨더슨Gregory Henderson, 1922~1988은 『소용돌이의 한국정치』(1968)에서 6·25 전쟁은 파벌 조직을 크게 키우는 동시에 악화시켰다며 이렇게 말한다.

"파벌 사회에서는 주로 충성스런 부하를 돌보아주는 능력에 가치를 둔다. 많이 가지면 가질수록 자파 사람들을 더 많이 돌볼 수 있다.……파벌주의는 전쟁과 부패로 더욱 만연했다. 전쟁은 경험이 부족한 장교들의 오류를 확대시켰으며 이를 호도하기 위한 파벌 보스의 보호막이 끊임없이 필요해 부패가 더욱 확산됐다. 죄상이 중하면 중할수록 일단 보호를 받게 되면 충성의 요구가 더 커졌다. 죄를 저지른 자는 파벌의 주요 모집 대상이다."[268]

전쟁 직후인 1953~1955년경부터 혈연, 지연, 학연으로 구성된 조직들이 급속히 활성화되기 시작한 것도 결코 우연이 아니었다.[269] 각자 생존하고 더 나아가 번영을 꾀하기 위한 줄이 필요했기 때문이다. '만인에 대한 만인의 투쟁'이 파벌 중심으로 이루어질 때에 '중간'이란 입지는 더욱 존재하기 어려운 것이었다. 중간을 선택하는 자들은 경쟁에서 밀려날 수밖에 없었다. 이는 이미 전쟁의 와중에서도 적나라하게 입증된 생존을 위한 철칙이기도 했다. 최정호는『우리가 살아온 20세기』(1999)에서 다음과 같이 말했다.

"좁은 한반도를 전쟁이라는 '롤리'가 북쪽에서 남쪽으로, 남쪽에서 북쪽으로 굴러 내려오고 굴러 올라가고 할 때마다 지옥은 연출되었다.……이른바 온건파라 남들이 일컫고 스스로도 자처한 사람들의 희생이 특히 컸다는 것은 지옥의 지옥다움을 시위해주는 것이었다. 6·25 전쟁의 와중에 떠돌던 말마따나 전쟁이라고 하는 눈먼 대형 트럭이 폭주해오고 있는 앞에서는 길의 '극좌'와 '극우'에 자리한 사람만 안전하고 그 중간에 서 있는 사람들은 희생될 위험에 노정될 수밖에 없었는지도 모른다."270

사람들의 눈빛이 달라졌다

그런 정치적 극단주의는 민중의 일상적 삶에까지 파고들었다. 어느샌가 사람들이 눈빛이 달라졌다. 고은이「타인의 눈」에서 말한 것처럼, 전쟁은 "모르는 사람과도 주고받던 인사말을 앗아갔"고 "느린 말씨도", "순하디순한 말씨도 앗아갔다". 또 "말들이 빨라졌"고 "말들이 날섰다". 그러더니 이윽고 "사람뿐 아니라 소와 말의 눈도 자갈밭 머리에서 충혈되어 사나"워졌다."271

권정생은 3개월 동안의 피난을 끝마치고 돌아왔을 때, 마을 모습은 별로 변하지 않았는데 사람들이 모두 변해 있었다고 말한다. "서로 믿고 얘기를 나눌 이웃이 없어진 것이다. 형제끼리도 사촌끼리도 사돈간에도 입을 다물고 지냈다. 마을 남자들 중엔 모병으로 국군이 되기도 하고 인민군 의용군으로도 갔다. 토벌대로 가기도 하고 공비가 되기도 했다. 그 어느 쪽도 본인의 의사와는 다르게 서로가 적이 되어버린 것이다. 그렇게 살벌한 분위기는 여자들과 아이들한테도 미치게 되었고 가치관의 혼란은 그 당시 우리들의 정신 성장에 커다란 장애가 되었다. 흰색도 검다고 가르치면 그냥 검은색으로 따라 배워야 했고 고양이가 개로 둔갑하

전쟁으로 인해 이편 아니면 저편을 선택해야 하는 진퇴양난의 삶을 살아야 했기 때문에 사람들의 눈빛은 달라질 수밖에 없었다.

는 세상이었다."[272]

전쟁은 평범한 농부에게도 극단적인 선택을 강요했고, 그렇게 강요당한 선택은 큰 후유증을 낳기 마련이었다. 권정생은 6·25 전쟁은 모든 인간을 인간으로 살도록 내버려두지 않았다고 말한다. "다니던 학교 선생님들도 국군으로 전장에 나간 분이 있고 행방불명이 되신 분, 좌익 부역자로 학살당한 분도 있었다. 무찌르자 오랑캐! 공비 토벌가, 어디서 부르든지 노래는 온통 군가뿐이었다. 영수네 아버지는 공비로 붙잡혀가 소식이 없었는데, 아들 영수는 학교에서 공비 토벌가를 목이 터지도록 불렀다. 그 영수는 나중에 양잿물을 마시고 자살을 했다. 경찰서에 끌려가 고문을 받고 풀려나온 김씨 아저씨가 목을 매달아 죽자 식구들은 밤중에 어디론가 떠나버렸다. 바위산 골짜기에서 학살당한 남편을 밤중에 몰래 업어와서 뒷산에 묻어준 용감한 아주머니도 있었다. 자식 둘을 자수시켰다가 오히려 변을 당한 원통한 어머니도 있었다. 월북한 남편을 찾아 산을 헤매다가 미쳐버린 아주머니도 있었다."273

그렇듯 전쟁이 남기고 간 선물은 기만과 증오였다. 고은은 『만인보』에 이렇게 썼다. "한반도는 싸움터였다 어디나/전선은/한반도를 쭉 훑어 남으로 내려왔다/또 전선은/한반도를 쭉 훑어 북으로 올라갔다/전선은/어느 한구석 남겨두지 않고/샅샅이 후비고 뒤지고/샅샅이 훑어갔다/또한 전선은 전선에만 있지 않았다/후방에서는/사람과 사람 사이에 증오/사람과 사람 사이에 기만/사람과 사람 사이 약탈/차라리 저 식민지 시대는 못난 놈끼리 동무였다/그러나 이 전선에서는/못난 놈끼리도 서로 적이 되었다/……/허위건 말건/간첩신고 하면 보상금 탔다/모든 미운 놈들 간첩이었다."274

이편 아니면 저편이었다. 중간은 존재할 수 없었다. '중간을 허용하지 않는 문화'는 1950년대 내내 왕성하게 위에서부터 조장되었으며 삶의 전 영역으로 확산되었다. 이 또한 '만인에 대한 만인의 투쟁' 문화에 부응하는 것이었다.

"위험을 무릅쓰는 문화"

극단주의 문화는 전쟁이 강요한 극한 상황에서 반복 경험이 낳은 것이기도 했다. 이는 '위험을 무릅쓰는 문화'를 창출했다. 목숨을 내걸고 사는 것도 하루이틀이지 그런 체험이 계속 반복되다 보면 위험에 둔감해지는 건 불가피한 일이었을 것이다. 권정생은 3개월 동안의 피난 생활에서 30년을 살아도 겪지 못할 일들을 겪었다고 말한다.

"희한하게도 인간은 극한 상황에 부딪치면 거의 무감각해지는지 도무지 곁에 총알이 날아오고 바로 건너편에 폭격을 해도 아무렇지 않았다. 가장 힘든 건 잠을 못 자고 먹지 못해 배고픈 것이었다. 밤낮 쉬지 않고 걸을 땐 폭격 따위야 조금도 두렵다는 느낌이 없고 그냥 졸음이 와서 흐느적거렸다."[275]

수많은 사람이 죽어간 전쟁에서 살아남은 자로서 갖게 되는 미묘한 죄책감도 '위험을 무릅쓰는 문화'를 낳게 한 주요 이유였을 것이다. 김홍수는 『한국전쟁과 기복신앙확산 연구』(1999)에서 1976년 문교부가 펴낸, 전쟁을 겪은 사람들의 증언집 『6·25 실증자료』에는 공포와 적개심은 강하게 나타나고 있으나 죄의식은 아주 미미하게 나타난다는 걸 지적했다.

이어 그는 "신 앞에 선 인간은 이미 죄인이기 때문에 죄를 짓는다는 서양적 사고와는 달리, 동양적 사고는 소외와 타락보다는 조화와 복을 중시하는 사유이며 선한 본성을 지닌 인간의 존재론적 상태를 중시하기 때문에 유교의 인간관에는 본래 죄 사상이 결여되어 있다는 주장도 있다. 이러한 유교적 전통 때문에 한국인들에게는 죄의식이 미약할 수도 있겠으나 아마 이것의 한 원인은……심각한 이데올로기적 대립이 죄의식을 약화시켜준 때문으로 볼 수 있을 것이다"며 다음과 같이 말했다.

"그러나 페이Lucian W. Pye는 북한군의 침략과 그에 뒤따르는 인명의 손상과 광범한 파괴의 결과 한국인들은 망연자실 그리고 남들은 죽었으나 자신은 살아남은 것에 대한 죄의식 같은 '재난 증후군'의 초기 현상을 겪었을 것이며, 이 같은 죄의식을 극복하기 위해서 생존자들은 자신들을 예외적이고 특별한 일을 위해 남겨진 자들로 보기 시작했을 것이라고 한다. 이 과정에서 한국인들은 기꺼이 위험한 일을 자진해서 하는 대담한 태도를 갖게 되었을 것이며 이러한 태도가 한국인들의 행동의 여러 측면에서 명백하게 드러난다고 주장한다. 일례로, 한국인들은 가능한 결과들에 대해 별다른 걱정 없이 의사결정에 과감히 뛰어든다는 것이다. 페이는 이것을 한국인들의 '위험을 무릅쓰는 문화a risk-taking culture'로 보는데, 이런 태도는 다시 격려와 위로를 필요로 하는 심리를 창출할 수밖에 없을 것이다."[276]

그런 심리를 수요로 삼아 융성하게 되는 기복祈福 신앙은 삶의 전투성을 더욱 강화시켰으며, 또 그렇게 해서 심리적 정당성을 얻게 되는 '위험을 무릅쓰는 문화'는 훗날 한국의 초고속 경제성장에 기여하게 된다.

월남과 월북:
두 개의 생존 방식

월남자들의 월남 동기

전쟁 중 수많은 북한 주민이 남한으로 넘어왔다. 그 수를 정확히 헤아리긴 불가능하지만, 남한 정부는 월남 피난민을 대략 100만 명으로 보았으며, 일부 학자들은 55~65만 명으로 추산했다. 1955년 센서스 자료에 따르면, 당시 전체 월남 실향민은 73만 5,500명이었고 전전戰前 대 전시戰時 월남인은 28만 3,313명(38.5%) 대 45만 2,188명(61.5%)이었다는 통계도 있다. 이북5도청에서는 514만 명으로 전전 대 전시 월남인의 규모가 350여 만 명 대 164만여 명이라고 하지만, 이는 근거가 희박한 주장에 가깝다는 게 학계의 대체적인 평가다.[277]

1950년 12월 조부터 연말까지 한 달도 되지 않는 짧은 기간에 수십만 명에 이르는 이북 사람들이 남쪽으로 내려왔을 때, 이승만 정부는 "공산당들의 전통적인 억압정책, 학살정책에 5년간 시달리던 북한 피난민들이 이번 중공군의 불법 침공으로 말미암아 또다시 학살을 면키 위해서 이북에서 갖은 고난을 겪고 남하했다"고 발표했다.[278] 그러나 김귀옥은 전쟁 전 기간에 걸친 월남자들의 월남 동기로 볼 때 반공·반소·반북적 동기로 월남하지 않은 사람이 훨씬 많다고 말한다. 김귀옥이 보는 월남자의 유형은 이렇다.

"원자탄 투하 소문에 목숨을 보전하기 위해 피난한 사람들, 원산 이남으로 도망가면 살 수 있다고 내려온 사람들, 국군이나 미군·경찰·대한청년단의 후퇴 수송에 동원되어 월남하는지도 모른 채 내려온 사람들, 군경에 의한 집단 소개령에 따라 방향도 모른 채 내려온 사람들, 한밤중 유격대원들의 위협에 신발도 못 신은 채 고향을 떠난 사람들, 원인을 알 수 없는 전염병으로 피난하게 된 사람들."[279]

강정구는 미군이 "자유를 택해 남한으로 북한 주민이 월남한 것은 자본주의 자유세계의 승리"라는 선전전을 수행하기 위해 인위적인 비자발적 월남인을 양산했다고 말한다.[280] 특히 1·4 후퇴시 원자탄 투하 소문으로 월남한 사람도 많았는데, 이에 대해 안용현은 이렇게 말한다.

"북한에서의 총피난민은 300만 명으로 당시 북한 인구의 3분의 1에 해당됨을 감안할 때 민족의 대이동이 아닐 수 없었다. 이를 두고 일부 외국의 군사평론가들은 '트루먼 미 대통령이 원자탄을 투하한다는 바람에 영향을 받은 탓도 있다'고 쓰고 있으나 그들은 원자탄보다 더 무서운 북한 공산 패거리들의 행태를 모르고 한 말이었다."[281]

그러나 '300만 명'이라는 통계도 믿기 어렵지만, 안용현도 당시 북한 주민들이 "국군보다 앞서 내려가야 산다"는 일념만으로 대거 남하했다고 쓰고 있는데,[282] 바로 이런 일념을 '원자탄 투하설'에 자극받은 남하의 증거로 볼 수 있지 않을까?

자기 입증을 위한 전투적 반공

남하 후 월남민들의 삶은 자신을 입증해야만 하는, 고단하기 짝이 없는 것이었다. 6·25 전쟁 당시 정부는 불순분자에 대해 주의를 요하는 대국민 담화문을 자주 발표했다. 이로 인해 월남한 피난민들은 어느 지역을 가든지 경찰이나 우익 청년단원들에게 '빨갱이 색출' 심사를 받아야 했다.[283]

김귀옥은『월남인의 생활 경험과 정체성』(1999)에서 당시 월남인들을 대표하는 이미지는 '빨갱이'였으며, 월남인들은 그 이미지 딱지를 벗어나기 위해 몸부림을 쳐야 했다고 말한다. 그는 "편견은 개인적 퍼스낼러티personality의 문제지만 사회적으로는 이데올로기의 반영으로 볼 수 있다. 특히 '빨갱이'와 같은 반공 담론은 일제시대부터 만들어진 편견이었다. 그러므로 월남한 이상 자신이 빨갱이라고 인식이 될 경우 일차적인 과제는 정상적인 일상생활이 쉽지 않게 된다. 월남인들에게 놓인 일차적인 과제는 빨갱이 편견을 어떻게 제거하느냐의 문제였다"며 다음과 같이 말했다.

"자신이 빨갱이가 아니라는 증거를 갖고 있지 못한 사람은 심문 과정에서도 곤욕을 겪어야 했다. 빨갱이 혐의와 편견에서 벗어나려면 이북에서 빈공 활동을 했다는 획실힌 증명시를 갖고 있이야 했다. 그렇지 못할 경우에는……반공 전선에서 활동하는 사람이 강력한 배경이 되어주던가……정규군에서 복무했던가, 그런 경험이 없다면……'이남에 빨갱

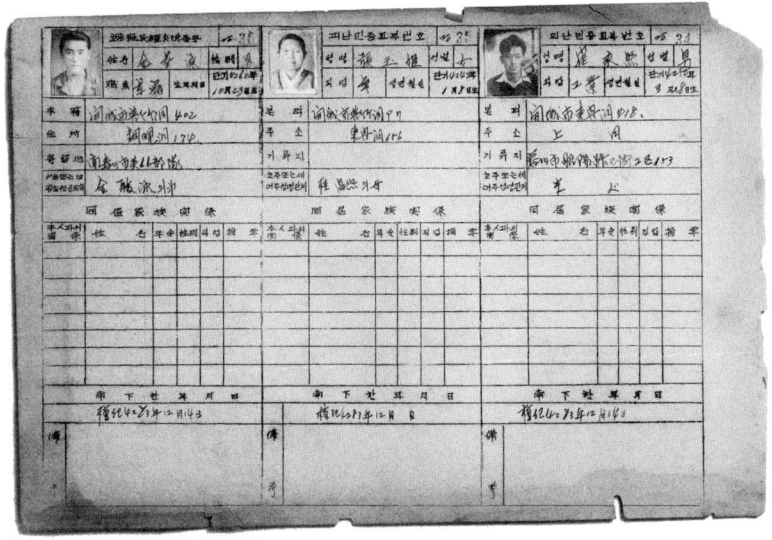

월남민들은 어느 지역에서든 경찰이나 우익 청년단원들에게 '빨갱이 색출' 심사를 받아야 했다.
6·25 전쟁 중에 피난민임을 증명하는 피난민증. (국립민속박물관 소장)

이가 더 많다'라고 말하는 것과 같이 다른 빨갱이를 욕함으로써 자신에 대한 빨갱이의 혐의를 벗길 수 있어야 했다. 그 결과 월남인들은 '반공이데올로기'를 적극적으로 수용하여 과거의 자신으로부터 현재의 자신을 분리시키고 과거의 자신을 타자화시킴으로써 이북 주민들을 '그들'로, 이남 주민들을 '우리'로 바꾸어 나가게 되었다."284

살기 위해 남하한 월남인들이 당장 당면했던 문제는 '빨갱이 색출' 심사를 통과하는 동시에 전쟁터에 끌려나가 개죽음을 당하지 않는 것이었다. 특히 국민방위군 사건을 목격한 그들은 징병에 대한 두려움을 갖게 되었다. 그래서 벌어진 것이 이른바 '고무줄 나이' 소동이었다.

월남인들은 '피난민증'이나 '거류민증'을 만들 때 나이를 조작했다.

김귀옥이 조사한 바에 따르면, 월남인 55명 중 38명이 나이 조작을 했다고 한다. 또 배급물자의 지급도 그들의 생사여탈을 쥐락펴락하는 문제였을 것이다. 이런 상황에서 오직 '반공'만이 살 길이었다는 게 김귀옥의 진단이다.

"그들의 생사를 건 모험은 남한에서 살아남기 위해서는 '반공'이야말로 '지옥을 피하는 길'로 인식되었다. 또한 자신이 반공한 경력이 없을 경우에는 다른 '빨갱이'를 욕함으로써 자신에 대한 '빨갱이'의 혐의를 벗겨내야 했다. 또한 살기 위해 '고무줄 나이'를 만들었을 경우, 무사안일만이 자신의 안위를 구하는 일이 되었다. 그 결과 반공이데올로기를 수용하고 내면화함으로써 국가가 제공하는 '국민'이라는 안전장치 속으로 편입될 수 있었고 자신의 행위에 정당성을 부여받을 수 있게 된다."[285]

결국 월남인들은 '빨갱이'라는 이미지의 굴레에서 완전히 벗어나기 위해 매사에 조심하고 긴장된 생활을 할 수밖에 없었다. 아니 반공反共을 소리 높여 외치는 반공 전사가 되어야만 했을 것이다. 김귀옥은 월남인들이 고향을 자유로운 상상과 기억의 공간으로 접근하기에는 현실적·제도적 벽이 너무 두터웠다고 말한다.

"'다른 사람을 빨갱이로 찍지 않으면 자신이 빨갱이가 되는 상황'은 난민 시절에서 끝난 것이 아니다. 이는 그 후로도 40년 이상 지난 오늘에서 은유로의 고향을 불온하게 바라보도록 만들었다. 또한 과거 북한 주민으로 살았던 자신을 긍정한다던가 객관화시키는 것은 거의 불가능한 일처럼 보인다. 정부의 허락 없이 헤어진 부모·형제나 친척을 만나는 일조차 '간첩' 행위로 간주될 수 있는 남북의 대치 상황에서 그들이 상상으로나마 고향 땅에 서 있다는 것은 불온스러운 일로 여겨질 수밖에

없다."²⁸⁶

그런 상황에서 월남인들이 남한 사람들에 비해 생존을 위해 훨씬 더 전투적인 자세를 취하는 건 당연한 일이었을 것이다. 그들은 악착같이 열심히 일했고, 앞서 지적했듯이 남한 사람들의 자녀 교육열을 견인할 정도로 뜨거운 자녀 교육열을 보였다.

월북자 가족들의 '숨죽이기'

자기 입증을 위해 전투적인 반공 전사가 되어야 했다는 점에선 월남인들의 삶은 비극적이었지만, 이들보다 훨씬 더 비극적인 삶을 살아야 했던 사람들은 월북자들의 가족이었다. 이승만 정부는 부역자뿐만 아니라 그 친족들까지 신원조회를 통해 공직 취임, 해외여행, 사회활동 등에 제한을 두는 '연좌제'를 실시했는데, 연좌제의 1순위 피해자는 단연 월북자들의 가족이었다.

월북자 가족들은 연좌제를 넘어서 국가권력의 일상적 감시와 시달림마저 받아야 했다. 양근수의 증언이다. "(기관에) 불려가서 아버지한테 온 편지 없느냐, 연락 없느냐. 1년에 한두 번씩은 꼭 그래. 전쟁 끝나고 나서 2~3년 뒤부터, 아무튼 안재홍 씨 사건 이후야. 그래서 서대문경찰서에서 나와서 밤새도록 잠도 안 재우고 조사를 하고. 편지 내놔라, 뭐 내놔라. 그러나 암만 조사해도 없거든. 그리고 우리집을 들쑤셔 놨잖아. (아버지한테 온 편지가 없는지) 찾으려고 그래서 휴지조각도 다 찾아가서 읽어보고 그러지만 찾아도 없지.……내가 월북 작가의 아들, 월북인의 가족, 이러한 누명 때문에 말이지 버젓한 직업 하나 못 하고 남의 집 머

슴살이, 뭐 점방의 점원하고 있는 사람을 붙들어다 놓고 이렇게 며칠씩 있으면 나는 어떻게 먹고 살라는 거냐. 거 점방 주인이 나를 알고 그러면 월북인 유가족이라 해서 난 이렇게 내려가면 대번에 잘릴지도 모른단 말이야.……그것은 으레 매년 행사야."[287]

국가권력뿐만 아니라 일반 민중에 의한 사회적 차별도 무서운 것이어서 월북자 가족들은 숨을 죽이며 살아가야 했다. 아무리 숨을 죽이고 살아도 어린 초등학생들마저 반공 전사로 만들어버린 전후 반공 광기狂氣의 공격에서 자유로울 수는 없었다. 현길언의 「우리들의 어머님」의 한 대목이다.

"6·25 이후 그 어수선한 시기에, 공산당이나 괴뢰군에 대한 이야기가 나오면 아이들은 슬금슬금 그의 얼굴을 훔쳐보았다. 학예회 때면, 꼭꼭 '용감한 국군의 무용담'이 극으로 꾸며졌었는데, 그는 늘 배역에서 제외되었다. 3학년 가을 학예회 때였다. 어쩌다 그에게 괴뢰군 대장 역이 맡겨졌다. 그는 거절하였다. 2학기 때에 새로 부임해온 담임은 이상한 눈으로 그를 보았다. '왜 안 맡겠다고 그 고집이니?' 달래듯 물었으나, 그는 부루퉁한 얼굴로 고개를 숙인 채 대답을 하지 않았다. '원두식, 왜 싫지. 이건 극인데 어떠니?'……그때였다. '개 아버지가 폭도라서 그럽니다. 폭도 아들이 괴뢰군 대장 노릇하면 두식이는 진짜 공산당이 되는 것 아닙니까?'……교실 한가운데서 치고받는 싸움이 벌어졌다. 그런데, '이 폭도 새끼가 진짜 폭도답게 노는구나!' 담임도 손쓸 사이가 없이 학급 애들이 우루루 몰려들어 그를 덮쳤다."[288]

이 일 이후, 그 아이의 어머니는 아들이 초등학교를 졸업한 후, 읍내 중학교로 진학시켰다. 그뿐만 아니라 그의 어머니는 아들이 서울에서 대학을 나와 서울에 직장을 마련한 후에도 고향에 내려오지 못하도록 했고 대신 아들이 보고 싶으면 자기가 서울로 올라갔다. 혹 아들이 집에 내려올 경우에도 다른 사람들의 눈에 띄지 않도록 밤에 왔다가 다음 날 새벽에 올라가도록 했다.

"세월이 원망스럽다"

월북자 가족들은 나름으로 방책을 찾아냈는데, 그 가운데 하나가 사망신고를 통해 월북인의 사망을 공식화하는 것이었다. 이에 대해 김귀옥은 이렇게 말한다.

"사망신고를 낸 후에는 '제사祭祀'를 통해 정기적으로 월북한 가족의 죽음을 확인하는 행사를 가졌다. 대부분 명절 때나 가족원의 생일날 이런 제사를 많이 드렸다. 즉 월북인 유가족들은 제사를 통해 죽음을 확인하는 의례를 함으로써 심리적 안정감을 추구했다. 월북인 유가족들은 월북 사실에 대해 침묵하기 위해 사망신고나 제사 같은 적극적인 방법을 취하였으며, 침묵함으로써 국가의 억압에 덜 노출되거나 사회적 관계에서 덜 차별당하는 기제를 만들어냈다."[289]

김귀옥은 월북인 유가족들이 대체로 자신들에게 고통을 주는 국가권력에 대해 원망하지 않는다고 말한다. 그들은 대부분 월북으로 인한 가족들의 피해 경험을 개인적 상처라고 언급했으며, "세월이 원망스럽다"는 표현을 자주 사용했다는 것이다.

"그러나 개인적 상처와 원망 속에는 개인적으로 환원될 수 없는 문제가 존재한다. 즉 월북의 경우 전쟁 중에 어쩔 수 없이 일어난 일로 여길 수 있다 해도, 월북인 유가족 문제는 월북 이후 국가와 사회 각 차원에서 행사된 차별과 억압의 문제이기 때문이다. 그럼에도 불구하고 이들이 국가권력과 사회에 대한 원망이 아니라 세월에 대한 원망으로 자신들의 한을 토로하는 것은 월북인 유가족으로서의 피해 경험이 그만큼 개별화되었다고 볼 수 있다. 실제로 이들의 경험은 정보과 요원들의 감시가 있었던 것을 제외하고도 매우 일상적으로 진행되었다. 대부분의 사람들은 법을 어겼을 때 국가권력의 존재를 실감하지만, 이들은 취업과 진학, 유학과 결혼 등의 일상 활동에서 사회체계를 통해 간접적으로 자신들을 배제하는 국가권력을 경험했다. 경찰서나 법원 같은 공공적 성격의 공간이 아니라 회사, 학교 등 일상적인 공간에서 경험했기 때문에 사적인 경험으로 우회하여 인식되거나 표현하는 경우가 많다. 이런 점에서 유가족들이 누구도 비난할 수 없는 세월에다 피해 경험의 원인을 전가하는 것은 어쩌면 자연스러운 현상이라고 할 수 있다."[290]

이문구와 이문열의 각기 다른 삶

좌익이나 월북자 가족들의 처세술은 한결같지는 않았다. 대부분 주눅 들어 살았지만, 월남자들처럼 전투적인 반공 전사로 나선 사람들도 있었다. 이런 극명한 대조를 잘 보여주는 인물이 소설가 이문구와 이문열이었다. 이문구는 남로당 간부였던 아버지와 둘째 형이 좌익 혐의로 살해당하고, 셋째 형도 아버지와 연루되어 6·25 전쟁이 발발하던 1950년 초여름 대천해수욕장 바닷물에 산 채로 수장당하는 비극을 경험했다. 게다가 이 사건에 충격을 받아 그의 할아버지도 곧 세상을 버렸고 1956년에는 어머니마저 이승의 끈을 놓음으로써 그의 집안은 그야말로 풍비박산이 나고 말았다.

이문구는 오로지 생존을 위해 문학을 업으로 삼았다. 빨갱이 자식이라는 천형에 눌려 "언제 또 그때와 같은 개죽음 당할지 모른다"는 공포와 두려움에 휩싸였던 이문구는 사상 문제가 얽힌 필화 사건에 휘말렸던 한 시인이 동료 문인들의 구명운동으로 별다른 피해 없이 풀려나는 것을 보고, 문학을 업으로 삼게 되면 개죽음보다 못한 죽음은 면할 수 있겠다는 생각을 하기 시작했다는 것이다.[291] 아버지와 형들의 죽음을 보고 12세의 나이에 "'소설가가 돼야 살아남을 수 있다'고 생각하여 반공을 소리 높여 외치는 김동리의 추천을 받아 등단해야겠다"고 마음을 굳혔다.[292] (실제로 이문구는 1967년 소설가 김동리의 주선으로 『월간문학』에 직장을 구하게 된다.)

한수영은 문인으로서 이문구에 대해 "그는 아버지 시대의 삶과 역사에 대해 '쓰다달다'는 분명한 발언을 하지 않는다. 어떤 의미에서는 이러한 그의 창작 기조가 당대의 가장 민감한 사안이자 작가적 과제의 핵심을 슬쩍 비켜가는 비겁한 태도로 비칠 수도 있다"며 다음과 같이 말했다.

"그러한 기조는 어쩌면 그가 자전적 글에서 밝혔듯이 '사사로운 일로 남과 언성을 높여 다투는 것을 생래적으로 싫어하고, 가장 꺼리는 일은 내 이론을 내세워 남과 토론하는 것. 그래서 무슨 일에나 중립이기를 희망하는' 그의 기질 탓이기도 하고, 어릴 때 경험한 집안의 몰락을 통해 선명한 이데올로기를 표방하는 것은 그만큼 험하고 비극적인 삶을 예감하는 일임을 일찍부터 운명적으로 감지한 탓일는지도 모른다."[293]

이문구의 반대편엔 이문열이 있었다. 월북한 아버지를 둔 이문열과 그의 가족 곁에는 항상 전담 대공 형사가 그림자처럼 따라붙어서 그들의 동향을 감시했으며, 이문열의 근무지는 물론이고 심지어는 가정교사로 기숙하는 집에까지 찾아와 이것저것 캐물었다. 많이 물어볼 것도 없었다. "요즘 별다른 짓 하지 않더냐?"는 질문 하나만 던져도 모든 고용관계는 그것으로 끝나고 말았다.[294]

이문열이 그런 고통에서 벗어나기 위해, 강한 이데올로기 혐오증을 갖게 된 건 너무도 당연한 일이었다. 그러나 이문열의 강한 이데올로기 혐오증은 훗날 역으로 그를 또 다른 이데올로기의 굴레에 가두는 결과를 초래하고 말았다. 한수영에 따르면, "이문열의 보수반동적 태도나 이데올로기 혐오는 그의 내면에 깊은 상처로 웅크리고 있는 '월북자 자식'으로서 감당해야 했던 고통과 절망의 발로라고 이해할 수 있다. 그러나, 문제는 개인 이문열이 감당해야 했던 피해든 그 시대를 살았던 사람들이 겪어야 했던 고통이든, 그는 그 모든 원인을 '이데올로기 일반'으로 해소해버린다는 것이다. 그것으로 인해 『영웅시대』를 포함한 그의 모든 작품의 근저에는 도저한 역사 허무주의와 이데올로기 혐오증이 도사리고 있는데, 이것은 그가 인간의 삶과 역사를 지나치게 이데올로기 중심으로 해석하고 있음을 거꾸로 반증하고 있다".[295]

훗날 이문열이 보여준 행태는 '차별과 박해 논리의 내면화'라 부를 수 있는 것이었다. 즉, 그건 자신을 위협하는 가공할 정도로 거대한 폭력의 벽 앞에서 되지도 않을 저항의 제스처를 취하거나 자포자기하기보다는 그 폭력의 논리를 스스로 내면화해 실천함으로써 그 벽을 타고 오르는 '삶의 지혜'였을 가능성도 있다는 것이다.

제2부 1954년 — 자유당 독재체제의 구축

- 이승만의 족청계 제거
- 제3대 총선: "개헌 조건부로 입후보케 하라"
- 이승만의 방미: 불행한 방문
- 중임 제한 폐지를 위한 사사오입 개헌
- '자유부인'과 '허벅다리 부인'
- 이승만이 일으킨 한글 간소화 파동
- 『한국일보』 창간, 기독교방송 개국
- 문학: 예술원·펜클럽·실존주의
- 군복 강도·졸업식·카투사·월드컵

이승만의 족청계 제거

족청계의 자유당 장악

파벌과 부패는 상호 분리되기 어렵다. 파벌은 부하들을 돌봐주는 능력에 그 성패가 달린 것이기 때문에 그 후견의 비용 조달을 위해 필연적으로 부정부패를 불러오기 마련이다. 1953년부터 이루어지기 시작해 1954년에 완결된 이승만의 족청(조선민족청년단)계 제거가 본격적인 자유당 독재체제의 구축으로 이어지면서 부패의 나락으로 굴러떨어지게 된 것도 바로 그런 이치와 무관치 않았다.

자신의 권력 안전과 강화를 위한 이승만의 용인술은 결코 이승만 개인에게만 머무르지 않았다. 그건 밑으로까지 파급되었으며 전 사회적으로 확산되었다. 각자의 파벌을 조성하며 굳건한 부패 동맹으로 민중을 탄압하며 이권을 쟁취하는 경쟁의 열기가 뜨거워지면서 급기야 이는 이승만의 통제 범위까지 넘어서게 되었다.

이미 살펴보았듯이, 이승만은 1952년 8월 5일 정·부통령 선거에서 개헌의 1등 공신인 부통령 후보이자 족청계의 지도자인 이범석을 떨어뜨리고 함태영을 당선시키는 데에 앞장섰다. 무명 인사 함태영의 부통령 당선은 천하의 족청도 경찰과 관료 조직 앞에선 속수무책이라는 걸 여실히 보여주었다.

분노한 이범석은 감히 이승만을 비판할 수는 없었기 때문에 선거에 경찰이 깊이 개입한 사실을 규탄하면서 장택상과 김태선을 고소했다. 아직까지는 자유당의 실세로 군림하고 있던 족청계는 1952년 8월 29일 김태선, 9월 30일엔 장택상을 물러나게 하는 데에 성공했다. 또한 족청계는 반反족청계의 숙청을 단행해 중앙당에서 지방당에 이르기까지 자

족청은 이승만에 적극 협력하며 자유당 창당에 지대한 공헌을 하지만 족청계의 세력이 커지는 것을 우려한 이승만에 의해 결국 몰락의 길을 걷는다. 1947년 열린 족청 지방조직의 결성식 모습.

파自派 인사를 심어 자유당을 장악했다.[1]

그러나 이를 내버려둘 이승만은 아니었다. 이승만이 이범석의 부통령 당선을 원치 않았던 이유 중의 하나도 야심만만한 이범석의 패기가 아니었던가? 이범석의 족청 파워가 워낙 세 이범석이 군사쿠데타를 일으킬 것이라는 풍설까지 나돌았는데, 그런 이범석을 부통령 자리에 앉힌다는 건 연로한 이승만으로선 권력 누수는 말할 것도 없고 장기 집권도 기약할 수 없는 일이었다.[2]

이범석과 더불어 족청계를 이끌었던 안호상은 이승만이 이범석을 경계하게 된 데에는 이승만 측근의 모략도 작용했다고 말한다.

"하나의 예로 정·부통령 선거 때 대통령 후보였던 이승만 박사의 포스터보다 부통령 후보였던 이범석 장군의 포스터 하나가 약간 컸다고 해서 이를 '대통령을 무시하는 행위'라 보고하는 지경이었다. 그 한 장의 포스터는 붙이는 과정에서 우연히 부통령 것이 약간 크게 붙었던 것이다."[3]

이기붕 체제로 개편된 자유당

어떤 이유에서든 이범석이 부통령이 되는 걸 방해했던 이승만이 족청계의 자유당 장악을 내버려둘 리는 만무했다. 1953년 3월 전당대회를 전후해서 원내와 원외가 완전 통합되었고, 4월 14일 통합한 자유당이란 명칭으로 다시 등록했는데, 족청계의 자유당 장악은 이승만으로선 더욱 묵과하기 어려운 일이었다.

이승만은 우선 자유당의 부당수였던 이범석 제거를 위해 당수제를 폐지하고 중앙위원회를 자유당 산하 5개 기간단체에서 각 3명씩으로 구성하게 하는 등의 변화를 시도했다. 그러나 1953년 8월 20일 전당대회에서 족청계는 당 조직을 족청계 일색으로 개편하고 중앙위원들도 족청의 영향권에서 벗어나지 못하게끔 했다.

그러나 이승만의 권력은 그런 정당 조직에서 나오는 건 아니었다. 아직은 그의 '우상 정치'·'동원 정치'의 힘이 펄펄 살아 있을 때였다. 이승만은 1953년 9월 21일 자유당에서 족청파를 축출하고 당을 정화·재건하라는 요지의 특별선언문을 발표했다. 물론 그게 전부는 아니었다. 이승만은 족청계 제거를 위해 김창룡의 특무부대까지 투입했다.[4]

이제 모든 건 이승만의 뜻대로 가게 되어 있었다. 11월 2일 이승만은 새로운 9인 부장의 당 간부를 임명하고 그들에게 중앙에서 지방의 세포조직에 이르기까지 족청계를 축출하고 당내 조직을 정비하도록 지시했다. 이승만은 각 부장을 자신이 직접 임명했으며, 이기붕을 총무부장으로 기용했다. 새로 구성된 부장단은 1954년 1월 30일 이범석을 비롯해 족청계의 지도급 인사 16명을 제명 처분하는 것을 시작으로 당내의 족청계를 완전히 일소하고 당 조직을 재건하는 작업에 착수했다.[5]

그렇게 함으로써 이기붕 중심의 당 체제가 서게 되었는데, 1954년 3월에 열린 자유당 제5차 전당대회가 족청계 제거를 공식적으로 알린 행사였다. 이기붕은 이 전당대회에서 자신의 반대파인 배은희와 이갑성을 축출하고 당 조직을 장악했다. 이기붕을 중심으로 한 전직 관료 출신이 당 조직의 실권자로 등장함에 따라 자유당은 과거에 비해 더욱 관료조직과 경찰 조직에 의존케 되었다. 김경순에 따르면, "사실 족청계까지도 제거된 자유당은 전혀 조직 기반을 갖추고 있지 못했고 따라서 내무부 장관 지시하에 움직이는 경찰과 지방의 각 행정조직에 의존할 수밖에 없었다. 그리고 선거에서 그들의 역할은 보다 중요해졌다. 좌우익의 대립, 1950년의 전쟁, 1953년 이후의 공비 토벌에서 억압적이고 전투적인 역할을 담당했던 관료·경찰 조직은 이승만 정권의 유지를 위해 각종 국가정책을 권장하는 억압적 권력부대가 되었다".[6]

'일민주의'를 외친 안호상의 시련

관료·경찰 조직을 거느린 자유당의 억압적 성격은 이미 제거한 족청계에 대한 대응에서도 잘 나타났다. 이는 1954년 6월 안호상의 국가보안법 위반 혐의로 구속된 사건을 통해 적나라하게 나타났다. 안호상이 누군가? 그는 이승만이 부르짖었던 '일민주의'라는 극우 민족주의의 이데올로그였을 뿐만 아니라 이범석과 더불어 원외 자유당 창당의 1등 공신이었다. 이승만은 내켜하지 않는 안호상을 불러 "대한청년단을 이끄는 당신밖에 정당 만들 사람이 또 어디 있느냐"며 부추겨서 원외 자유당을 만들게 했다.[7]

그러나 이승만 정권 치하에선 극우 이념의 소유자라도 이승만의 눈 밖에 나면 언제든지 '빨갱이'로 몰릴 수 있었으며, 이 점에선 안호상도 예외는 아니었다. 안호상은 1954년 5월 20일 선거(제3대 국회의원 선거)에서 족청 동지였던 무소속 후보 김동욱을 위한 후원 연설을 해주었는데, 김동욱이 자유당 후보를 물리치고 당선된 게 화근이었다. 자유당이 안호상을 잔뜩 벼르고 있었으리라는 건 짐작하기 어렵지 않다.

안호상은 1954년 6월 10일 부산 충무로 광장에서 5,000여 명의 민병대가 참석한 민병대 훈련 강조 기간 기념대회에서 10여 분 동안 격

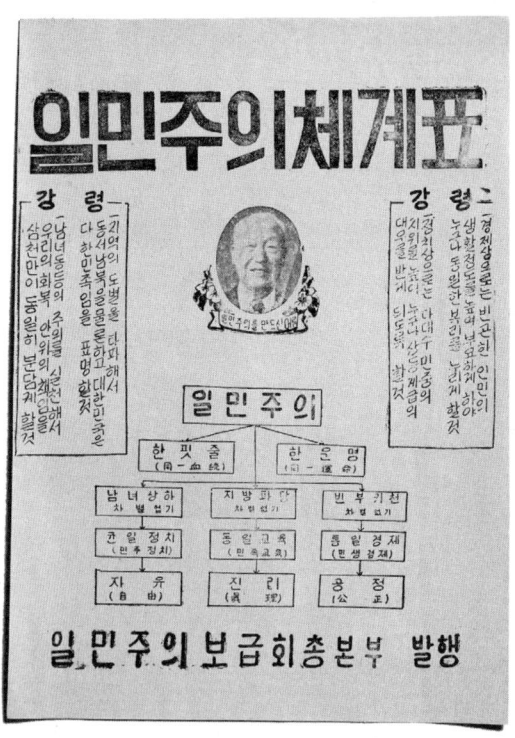

안호상은 '일민주의'라는 극우 민족주의의 이데올로그였을 뿐만 아니라 원외 자유당 창당의 1등 공신이었다. 그러나 이승만에 의해 시련을 겪게 된다. 일민주의 체계표. (대한민국역사박물관 소장)

려사를 했다. 이런 내용이었다.

"우리나라의 정치와 경제와 문화 등 각 방면은 썩을 대로 썩었다. 만일 공산군이 다시 남침한다면 모리배와 정치가들은 배를 타고 일본으로 도망갈 것이다. 그러나 최후까지 피를 흘리면서 조국에 남아서 조국을 지킬 이는 오직 민병대원 청년 동지 여러분뿐이다. 여러분은 자본제국주의와 공산제국주의를 막아내어 외적의 침략을 물리치는 동시에 또 조국의 운명을 망치고 민족 정치를 파괴하는 악질 정치가들을 물리치는 것이 책임이며 의무이기도 하다."[8]

이튿날 안호상에게 구속영장이 떨어졌다. 죄목은 내란선동죄, 국가보안법과 선거법 위반, 북한 괴뢰정권 자진해 돕기 등이었다. 경찰의 심문은 김동욱 후원 연설 내용과 충무로 광장 연설에 집중되었다. 안호상은 경남경찰국 유치장에 갇혔다. 안호상은 그때의 심경을 이렇게 회고했다.

"어둑한 창살 밖에는 간수가 앉았고 방안 서쪽에는 코를 찌를 듯한 냄새 풍기는 똥오줌터가 있는데, 놀란 파리떼는 요란히 시끄러울 뿐이었다. 이제부터 이곳에 정을 붙이지 않으면 안 될 팔자가 되었다. 일제시대에도 이런 끔찍한 유치장 생활은 해본 적이 없다. 해방된 조국에서 내가 해온 일이 이런 생활을 해야만 할 정도의 죄를 지은 것도 아니다. 유치장에서 가장 어려웠던 것은 그 파리떼였다. 밤새 달려드는 파리를 쫓으며 잔 듯 만 듯 하룻밤을 보내고 나니 새벽이었다. 이웃 감방에서는 울며 흐느끼는 소리, 걱정하는 소리, 한숨짓는 소리들이 들려왔다. 흡사 슬픈 생지옥 같은 느낌이 들었다."[9]

안호상은 얼마 후 병보석으로 나오게 되었고 결국 무죄판결을 받기는 했지만, 이후 3년간 재판에 시달려야 했다. 해방된 조국에서 안호상이 해온 일이 이승만 정권에서 그런 대접을 받아야 할 정도의 죄를 지은 건 아니었지만, 이는 비단 안호상만 겪은 비운은 아니었다.

김성주 살해 사건

1954년 4월에 일어난 김성주 살해 사건은 왕년의 반공투사일지라도 이승만의 눈 밖에 나면 목숨을 부지하기 어려울 수도 있다는 걸 여실히 보여주었다. 김성주는 평북 강계 출신으로 월남 청년들로 구성된 평양청년회의 부위원장을 지냈고 서북청년회 등 반공 청년단체의 최선봉에서 활약한 인물이었다. 그는 6·25 전쟁 당시 켈로부대를 이끌고 대북 공작에 공을 세웠고, 이 때문에 유엔군 북진시 유엔군의 임명에 의해 잠시 평남지사를 맡기도 했다. 그러나 그는 이때에 이승만이 직접 파견한 인물들과 갈등을 빚어 이승만의 눈 밖에 나게 되었다.

김성주는 이때의 갈등으로 이승만 지지 노선에서 이탈했다. 그는 장면을 대통령으로 추대하는 운동에 참여했는가 하면 1952년 선거 때엔 조봉암의 선거 사무차장으로 뛰기도 했다. 게다가 그는 이승만의 북진통일론과 반공포로 석방을 비판하기까지 했으니 이승만이 싫어할 일만을 골라서 한 셈이었다. 김성주의 그런 행동은 헌병총사령관 원용덕, 서북청년회 시절의 동지이자 경쟁자이며 이후 치안국장을 지낸 문봉제와의 관계를 악화시켰다. 그뿐만 아니라 이승만도 김성주를 배신자로 간주하게 되었다.[10]

김성주는 1953년 6월 25일 '국가 변란 및 이승만 대통령 암살 음모 혐의'로 구속되었다. 수사는 헌병총사령부가 맡았다. 처음 심문의 초점은 주로 반공포로 석방을 비난한 조병옥과의 연계였다. 그러나 조병옥은 김성주가 한창 심문을 받고 있던 중인 7월 20일에 석방되었기 때문에 심문의 초점은 조봉암과의 연계로 달라졌다.[11]

김성주의 구속은 김지웅이라는 사람의 거짓 정보 제공에 원용덕이 넘어갔기 때문에 일어난 일이라는 설도 있다. 원용덕은 나중에 그 정보가 날조되었다는 걸 알고서도 일단 이승만에게 자랑스럽게 보고한 일이라 사건을 조작하는 쪽으로 밀어붙였다는 것이다. 그렇다면 김지웅은 왜 그런 일을 저질렀을까? 이경남에 따르면, "헌병총사령부에서 정보 제공자 김지웅에 대해 추궁을 해보니 그의 배후에 안두희가 있음이 떠올랐다. 백범 김구 선생 암살범 안두희가 무기징역수에서 특사되어 육군 소령으로 '거들먹거리고' 있을 때 그 사실을 떠들어대어 여론화시킨 장본인이 바로 김성주였으며, 따라서 안두희는 김성주에 대한 원한 보복으로 김지웅과 쑥덕거렸다는 것이다".[12] (원용덕은 안두희 재판 당시 안두희에게 무기징역을 선고한 군법회의 재판장이었다.)

정부는 김성주에 대한 사형을 기대했으나 군법회의에서 7년을 구형하자 이승만은 재판장인 원용덕에게 영문 메모를 보냈다고 한다. "원장군, 김성주는 반드시 극형에 처해야 한다General Won, Kim Sung Ju must be sentenced to capital punishment." 그리고 메모 마지막엔 "아주 신속하게, 아주 조용하게Without delay, without noise"라는 말이 덧붙여 있었다는 것이다.[13] 이경남에 따르면, "원용덕으로서는 고민이 아닐 수 없었다. 7년이 구형된 자를 어떻게 죽일 수 있는가. 당시 원용덕은 라이벌인 김창룡의 특무대가 뒤를 밟는 등 자리가 다소 불안했다. 국방부 장관 손원일과도 매끄럽지 못한 데다 과거 박마리아를 놓고 이기붕과 각축을 벌인 일이 있어 누구 하나 편들어주는 사람이 없었다. 믿는 것은 오로지 대통령뿐이니 그의 말을 거역할 수도 없었다. 김성주 처형 건은 원의 부하인 김진호가 맡았다. 그는 헌병총사령관이 더 수사할 게 있다며 육군형무소에 수감돼 있는 김성주를 끄집어낸다(법적으로는 불가능한 일이다). 그러고는 그날 사령관 숙소에서 사살해버린다".[14]

그게 4월 16일에 벌어진 일이었다. 그러나 이건 비밀로 파묻혀졌다. 군법회의는 1954년 5월 6일에 김성주에 대해 사형을 선고했고, 5월

29일에 그의 사형이 집행된 것으로 발표했다. 시체에 대해 사형선고를 내린 셈이었다. 김성주를 죽인 것은 그가 고문을 너무 많이 당해 실명 상태에 이르는 등 너무도 처참한 상황이었기 때문에 그걸 은폐하기 위해 저지른 것이라는 설도 있다.[15]

김성주의 시신은 약 2개월 동안 원용덕의 집 방공호에 묻혀 있다가 6월 10일경 화장되었다. 이 사건으로 원용덕은 1960년 7월 29일 헌병총사령관직에서 해임당하고 8월 3일 구속되어 15년형을 선고받았으나 중간에 특사로 풀려났으며, 1968년 2월 24일에 60세의 나이로 세상을 떠났다.[16]

제3대 총선:
"개헌 조건부로 입후보케 하라"

대통령 중임 제한 철폐를 위하여

이승만은 1954년 5월 20일로 예정된 제3대 총선에 지대한 관심을 갖고 있었다(제3대 총선을 '민의원 선거'라고 부르는데, 헌법상으로는 민의원·참의원의 양원제였지만 참의원은 성립되지 않았다). 그는 3월 11일에서 5월 17일까지 11차례에 걸쳐 선거 관련 담화를 발표했다. 왜 그랬을까? 그는 1952년 발췌개헌 때 2차에 한해서 중임할 수 있다는 조항을 삭제하고 싶었지만 당시 여건이나 분위기상 그것까진 못한 터라 그 일을 해내야만 할 3대 국회에 큰 기대를 걸었기 때문이다.[17]

5월 20일 총선에선 최초로 정당이 각 선거구마다 1인의 후보를 공천하는 공천제를 실시했는데, 이승만은 바로 이 점을 이용했다. 4월 6일 이승만은 "개헌 조건부로 입후보케 하라"는 담화를 발표했다. 그래서 자유당에선 개헌 지지는 공천의 전제 조건이 되었다.[18]

5월 20일 선거는 경찰의 곤봉이 당락을 결정했다고 하여 '곤봉선거'로 불렸다.[19] 지서 주임만 되어도 시골에서는 '산골 대통령'으로 군림하던 시절이었다. 경찰은 마을 반장회의 등을 열어 야당은 반정부당으로 공산당보다 더 나쁘며, 공산당보다 더 나쁜 야당 후보에게 투표하면 너희 마을은 공산당 소굴로 본다, 너희 마을 표가 120인데 야당 표가 1표 나오면 너희 부락에 공산당이 하나가 있고, 열이 나오면 열이 있다는 것을 증명한다는 식의 협박을 일삼았다.[20]

조봉암과 신익희의 시련

도시에서는 후보 등록 방해 수법이 사용되었다. 그래서 대통령 후보로까지 나섰던 조봉암조차 후보 등록을 하지 못하는 해괴한 일까지 벌어졌다. 조봉암은 5·20 총선을 염두에 두고 1954년 3월 정치 활동에 대한 자신의 기본노선을 밝힌 '우리의 당면 과업'을 발표하는 등 총선에 큰 기대를 걸고 있었다. 그러나 희한한 일이 벌어졌다. 선거일 공고 후 10일간의 후보 등록 기간을 통해 조봉암은 도무지 등록을 할 수가 없었다. 조봉암은 처음엔 인천 을구에 낼 입후보 등록 서류를 갖추었으나 도중에 탈취당했고, 그래서 서울 서대문구와 부산에서 양면 작전으로 등록을 시도했지만, 부산에서도 실패하고, 이어 서대문 을구에서도 실패했다.[21]

서대문 을구는 자유당의 실력자 이기붕이 출마한 지역이었다. 자유당은 어떤 식으로 등록을 방해했던가? 당시의 독특한 선거 등록 제도도 문제였지만, 문제의 핵심은 노골적인 힘의 행사였다. 조용중은 "100여 명을 필요로 하는 유권자의 추천장을 받는 것을 힘으로 훼방하거나 요행히 받았다 하면 등록 직전에 추천을 취소한다는 연락을 선거위원회에 하는 식이었다. 거의 마감 시간이 다 돼서 조봉암은 참다 못해 직접 서대문 을구 선거위원회를 찾아갔다. 추천장에 도장을 찍은 유권자가 실재 인물이냐, 정말로 조봉암을 추천했느냐 하는 것을 선거위원회의 말단 서기가 심사를 한다고 등록 서류를 주물럭거리기 시작했다"며 다음과 같이 말했다.

"그때까지 조봉암은 국회 부의장이었다. 그 면전에서 서대문 을구 선거위원회의 서기는 한 사람의 유권자를 심사하는 데 심한 경우는 한 시간 이상을 끌었다. 조봉암은 기가 막혔지만 할 수 있는 일이란 없었다. 마침내 등록 마감 시간인 하오 5시, 서대문 을구 선거위원회는 마감 이전에 등록이 끝나지 않았다는 이유로 조봉암의 실격을 선언해버리고 말았다. 국회 부의장을 두 번이나 역임하고 대통령 선거에도 입후보했던 조봉암을 앉혀 놓고, 국회 진출이 막혀버린 것이다. 치가 떨리고 몸 둘 바를 모를 정도의 횡포였지만 조봉암은 그 자리에서 소리도 지르지 않았다. 말단 서기에게 무슨 죄가 있겠느냐고 차라리 체념을 해버린 것일까."[22]

자유당은 어떤 후보에겐 유세 방해 공작을 펼쳤다. 경기도 광주에 후보 등록을 마친 신익희는 경찰의 방해로 도무지 선거운동을 할 수가 없었다. 선거운동원들에 대해 산림령山林令 위반, 밀주, 가축 밀도살, 병역 기피 등으로 엮어 넣거나 위협해 발을 묶었다. 그래서 서울 시민들이 낮에 트럭을 타고 광주로 가서 선거운동을 하고 밤에 귀가하는 희한한 일까지 벌어졌다.[23]

자유당은 수단과 방법을 가리지 않은 '곤봉선거'의 효과를 보았다. 전국 203개 선거구 중 자유당이 114석(56%)의 당선자를 낸 것이다. 그

1954년 5월 20일 제3대 총선에서 자유당 114석, 민국당 15석, 대한국민당 3석, 국민회 3석, 무소속 67석, 제헌국회의원동지회 1석 등을 차지했다.

밖에 민국당 15석, 대한국민당 3석, 국민회 3석, 무소속 67석, 제헌국회의원동지회 1석 등이었다. 이 선거에선 자유당은 36.8%의 득표로 114석을 확보하고, 무소속은 47.9%의 득표로 67석을 차지하는 '소선거구 다수대표제의 과다대표, 과소대표 현상'이 나타났다. 국회의장엔 이기붕(자유당), 부의장에 최순주(자유당)와 곽상훈(무소속)이 선출되었다. 이기붕은 국회 개원 이래 최초의 여당 출신 의장이었다.[24]

조병옥·김두한·김영삼의 당선

5·20 총선의 이색적인 당선자는 조병옥, 김두한, 김영삼 등이었

다. 조병옥은 이승만 정권에 의해 빨갱이로 몰리는 등 한심한 정치 현실에 환멸을 느껴 정계 은퇴를 결심하고 자신의 선거구인 성북에 서범석을 출마토록 했다. 그러자 대구에서 민국당 간부들이 올라와 대구 출마를 간곡히 종용했다. 6·25 전쟁 때 내무부 장관으로서 미8군 사령관 월턴 워커Walton H. Walker, 1912~1950와 담판을 해 대구를 사수한 공을 대구사람들이 잘 알고 있다는 것이었다. 결국 조병옥은 대구 을구에서 민국당 후보로 출마해 당선되었다.[25](2004년 4·15 총선에서 조병옥의 아들 조순형이 그 전통을 이어받아 대구에 출마했으나 낙선하고 말았다.)

김두한은 36세의 젊은 나이로 종로 을구에 무소속 후보로 출마해 당선되었다. 그의 경쟁자들이 "김두한은 소학교 2학년밖에 못 다닌 무식쟁이요, 주먹대장이다"고 공격하자, 김두한은 이렇게 되받았다. "이분들은 유식만을 내세웁니다. 그렇다면 한국의 국회의원 전원을 대학총장으로 갖다놓아야 하지 않겠습니까? 이들이 대학에서 배운 교과서를 쌓아놓아도 얼마 되지 않습니다. 이것이 이분들의 유일한 밑천이지만 고대광실 높은 집에서 계집, 자식과 따뜻한 생활을 하고 자동차만 타고 다니는 이 자들이 어떻게 서민 감정을 알 수 있다는 말입니까?"[26]

5·20 총선의 최연소 당선자는 경남 거제군에서 자유당 소속으로 출마한 26세 청년 김영삼이었다. 중학생 때부터 대통령이 되겠다는 꿈을 책상 앞에 써붙여 놓고 대통령 꿈을 키워온 김영삼 학생이 그 꿈을 이루기 위해 가장 심혈을 기울인 건 웅변 연습이었다.

"정치를 꿈꾸던 나는 웅변을 잘해야 한다고 생각했다. 학기 중에는 학생 몇 명이 모여서 웅변 연습을 했고, 방학 때는 귀향하여 바닷가나 뒷산에서 큰소리를 질러 보곤 했다. 연습으로 자신을 갖게 된 나는 서울 명동 시공관에서 열린 정부 수립 기념 웅변대회에 참가, 2등을 차지했다."[27]

김영삼이 잘 깨닫고 있었듯이, 당시의 주요 공공 커뮤니케이션 수단은 대중연설이었다. 대중연설은 삶의 피곤에 찌들은 민중에게 좋은 엔터테인먼트이기도 했다. 예컨대, 중간파 정치인이었던 원세훈은 1950년 5·30 선거에서 서울 중구 갑구에 입후보해 서울시장을 지낸 바 있는 윤치영을 압도적으로 누르고 당선되었는데, "대중연설 솜씨가 뛰어난 그가 사자후를 토할 때 청중들은 박수도 모자라 발을 굴렀다고 한다".[28]

김영삼이 정부 수립 기념 웅변대회에서 받은 2등상은 외무부 장관상이었는데, 당시 장관은 장택상이었다. 그 인연으로 김영삼은 서울대학교 3학년 재학 중이던 1950년 4월 초순에 장택상의 요청을 받아 장택상의 지역구인 경북 칠곡에서 웅변으로 장택상 선거운동을 도와주었다. 또 이게 인연이 되어 김영삼은 얼마 후 장택상의 비서로 일하게 되었다.

1952년 5월 24일 이승만이 국무총리를 장면에서 장택상으로 바꾸었을 때 장택상은 자신이 이끌고 있던 신라회 회원 21명을 대통령 직선제 개헌을 지지하는 쪽으로 돌려놓은 바 있었다. 신라회는 영남과 대한청년단 출신들로 구성되어 있었는데, 이 신라회의 운영을 도맡다시피 한 사람이 바로 장택상의 비서인 김영삼이었다.[29]

목포 무소속 후보 김대중의 낙선

먼 훗날 김영삼의 정치적 라이벌이 된 김대중도 5·20 총선에서 무소속으로 목포에 출마했지만 낙선했다. 김대중은 승리를 자신했다는데, 믿을 수 없는 일이 일어났다고 한다. 그는 "막강한 힘을 지닌 노동조합이

나를 지지하고 있었기 때문에, 그들의 힘을 등에 업고 선거를 치른다면 땅 짚고 헤엄치기나 마찬가지였다. 그러므로 나는 안심했다. 그런데 이때 목포에서 믿을 수 없는 일이 일어났다"며 다음과 같이 말했다.

"본래 노동조합은 여당인 자유당을 지지하는 기간단체 중의 하나였다. 그 점을 들어 자유당은 경찰력을 동원하여 '노동조합이 기간단체인 주제에 왜 자유당에서 공천한 후보가 아닌 무소속 후보에 대한 지지를 조직의 입장을 결정했는가?'라고 하면서 노동조합 간부 전원을 체포한 것이다. 이런 터무니없는 일이 당시에는 흔했다. 경찰은 체포한 노조 간부 전원을 구치소에 가둔 채 한 사람씩 불러냈다. 그리고 김대중 지지를 중단하고 자유당 후보를 지지한다는 각서를 모두에게서 받아낸 다음 그들을 석방했다."[30]

김대중은 1961년 강원 인제의 보궐선거에서 비로소 국회의원에 당선되지만, 당선 3일 만에 5·16 군사쿠데타가 일어나 국회가 해산되는 바람에 의원 선서도 하지 못한 채 최단명 국회의원 기록을 세우게 된다.

이승만의 방미:
불행한 방문

한국 문제 해결을 위한 제네바 회의

정전협정 제4조 제60항은 모든 외국군의 철수와 한국 문제의 평화적 해결 등을 협의하기 위해, 쌍방 대표들이 참석하는 고위 정치회담을 '정전협정' 발표 후 3개월 안에 개최할 것을 명기했다. 이에 따라 '정치회담' 개최를 위한 예비회담이 1953년 10월 26일부터 판문점에서 개최되었다. 남한 정부는 당초 이 회담 참가를 거부했으나, 10월 23일 태도를 바꿔 외무부 장관 변영태를 정부 대표로, 외무부 차관 조정환을 옵서버로 참석시켰다. 이 회담은 12월 12일 성과 없이 무기 휴회로 들어갔다.

1954년 초 독일과 오스트리아 통일 문제를 논의하기 위해 베를린에서 회담 중이던 미·영·프·소 4대국 외상들은 2월 18일 '한국 문제의 평화적 해결을 위한 정치회담'을 4월 26일부터 스위스 제네바에서 개최하기로 합의했다. 남한 정부는 이 정치회담 참석을 거부하다가 4월 19일 특별성명을 발표해 90일의 기한부로 회담에 참석한다고 태도를 바꾸었다.[31]

4월 26일에 개막된 제네바 회의에 유엔 측에서는 남아연방(현재 남아프리카공화국)만이 빠진 15개 참전국, 공산 측에서는 북한·중공·소련 등 3개국이 참석했다. 남한 정부는 외무부 장관 변영태를 단장으로 하는 대표단을 파견했다. 변영태는 4월 27일 첫 발언에서 "유엔 감시 아래 북한만의 인구 비례 원칙에 따른 자유 총선거 실시와 선거 전 중공군 철수"

1954년 4월 26일 스위스 제네바 회의는 전후 한국의 평화와 통일 문제를 다루기 위해 6·25 전쟁 참전국과 관련국들이 참가해 개최되었다.

를 강력히 주장하고, 존 포스터 덜레스John Foster Dulles, 1888~1959는 4월 28일 연설에서 변영태의 주장을 지지했다. 물론 이는 공산 측의 강력 반대에 부딪혔다.[32]

5월 11일 소련 외상 뱌체슬라프 미하일로비치 몰로토프Vyacheslav Mihailovich Molotov, 1890~1986는 "한국에서의 유엔 간섭은 오로지 미국의 침략을 은폐하기 위해 취해진 일련의 불법적 행동"이라며 유엔을 비난했다. 5월 22일 중국 외상 저우언라이周恩來, 1898~1976는 "전국에서 선거를 감시할 중립국 감시위원회 설치"를 제안했다. 물론 이는 한국이 수용할 수 없는 것이었다.[33]

제네바 회의에서 호주 외상 리처드 케이시Richard Casey, 1890~1976가 한국 문제가 평화롭게 해결되어야 한다고 말하자, 공보처장 갈홍기는 '위험천만'한 것이라고 비판했다. 그는 "우리들이 희생을 당해가면서까지 한국 문제의 평화적 해결책을 수락할 수는 없는 것"이라고 말했다. 필요하다면 남북을 통해 선거를 실시해야 한다는 케이시의 발언에 대해선 갈홍기는 이렇게 비판했다.

"케이시의 성명과 같이 그 의도하는 바가 아무리 선량한 것이라 할지라도 그것이 우리들의 적에게 원조와 위안을 주며 또한 몇 개월 내지 1~2년간의 평화를 위하여 공산분자에게 항복하려는 회유분자들을 격려하는 결과로 되기가 십중팔구일 것이다."[34]

제네바 회의는 6월 15일 아무런 성과 없이 종결되었으며, '한국 문제'는 1959년 제14차 총회 때까지 매년 연례적으로 유엔에서 마지못해 토의되는 일종의 의식儀式이 되었다.

이승만, 제3차 세계대전을 촉구하다

1954년 7월 하순 이승만은 미국 방문길에 올랐다. 공항에서 세계통신 기자 지갑종이 이승만의 텁수룩한 머리 모습을 보고 "각하 이발 좀 하고 가시지요"라고 말하자, 이승만은 "여보게 돈(원조) 얻으러 가는데 말끔하게 차리면 누가 주겠나. 허름하게 보이도록 해야지"라고 답변했다.[35] 그게 이승만의 진심이었는지는 모르겠으나, 돈을 얻기 위한 이승만의 방법은 너무 과격해 역효과를 초래하고 말았다. 이승만은 7월 28일 미국 상하 양원 합동회의에서 사실상 제3차 세계대전을 촉구하는 초강경 연설을 했다.

"앞으로 시간적 여유는 특히 적습니다. 불과 수년 이내에 소련은 미국을 파괴할 여러 전쟁 수단을 가지게 될 것입니다. 우리들은 당장 행동을 개시하여야 하겠습니다. 그러면 우리는 어데서 행동을 개시할 수 있겠습니까? 극동이야말로 바로 우리들이 행동할 수 있는 곳입니다.…… 대한민국은 제반 무장을 갖춘 20개 사단을 여러분에게 제공하였고 또 앞으로도 새로운 20개 사단을 구성할 수 있는 인원을 제공할 것입니다.……중공 정권에 대한 반격전에 있어서 성공을 기하기 위하여서는 미국의 공군 및 해군의 힘이 필요한 것이지만, 미국의 보병은 단 1명도 필요치 아니하다는 것을 다시 한번 여러분에게 거듭 말씀……(소련의 참전은) 그것이야말로 자유진영을 위하여 대단히 좋은 기회……왜냐하면 소련이 수소탄을 대량으로 생산하기 전에 미국 공군으로 하여금 소련의 생산 중심지를 파괴하는 것을 합리화시키기 때문입니다."[36]

이승만은 구체적인 방법까지 제시했다.

1954년 7월, 이승만은 미국 의회 연설에서 공산주의자들을 향해 초강경 발언을 했다. 이승만(중절모 쓴 이)이 워싱턴 D.C. 백악관에 도착해 아이젠하워의 영접을 받고 있다.

"중공 정권은 극히 취약한 발을 가진 괴물입니다. 미국이 중공 화물의 60%를 운반하는 해안을 봉쇄한다면 중공의 교통망은 일대 혼란을 일으킬 것입니다. 미국은 지상군을 투입 않고 해·공군만으로 그렇게 할 수 있습니다. 중국 본토가 자유진영으로 환원하게 되면 한국과 인도지나(인도차이나) 전쟁은 자동적인 승리로 귀결될 것입니다."37

이승만이 역점을 두고자 했던 것은 "미국의 보병은 단 1명도 필요치 아니하다"는 점이었을 것이다. 한국을 이용해 달라는 것이었는데, 이는 이미 수개월 전부터 이승만이 역설해온 것이었다. 이승만은 1954년 5월 9일 『뉴욕타임스』 기고를 통해 한국이 인도차이나에 2개 사단을 파견할 뜻이 있다는 제안을 했다는 걸 상기시키면서 그 제안은 제스처가 아니라고 말했다. 그는 공산주의의 위협에 대처하지 않으면 아시아엔 미국과 자유라고 하는 대의를 도울 나라는 남게 되지 않을 것이라고 주장했던 것이다.[38]

이승만은 시카고에서도 중국과의 즉시 결전을 다시 강조하고 북진을 열원熱願한다는 성명을 발표했다. 그러나 미국의 반응은 싸늘했다. 미 의회 연설 당시엔 서른 몇 번의 박수를 받았다지만, 그게 곧 이승만의 주장에 호응한다는 뜻은 아니었다. 미국 대통령 드와이트 아이젠하워 Dwight Eisenhower, 1890~1969는 이승만이 주장하는 그런 행동을 지지하는 사람을 알지 못한다고 코웃음쳤다.[39]

『뉴욕타임스』는 이승만의 연설을 '불행한 연설'로 평가하면서 이승만의 시나리오대로 했다간 미국이 고립되는 건 말할 것도 없고 세계는 핵전쟁으로 잿더미가 되고 말 것이라고 말했다.[40]

"미국은 한국을 공산 침략자에게 팔지 말라!"

이승만의 입장에서 보더라도 그의 방미는 '불행한 방문'이 되고 말았다. 이승만의 귀국 직후 미국은 이승만의 호전성에 불안감을 느껴 주한미군을 2개 사단만 남겨놓고 나머지 4개 사단을 수개월 내에 철수시키겠다고 발표했기 때문이다. 국회는 8월 18일 야간에 국회를 소집해 유엔군 일부 철수에 대한 반대 결의안을 만장일치로 통과시켰다.[41] 이승만 정권하에서 일상적 행사가 된 관제 시위가 빠질 리 없었다. 일부 시위대는 북진통일과 미군 철수 반대를 외치면서 미국 대사관을 포위하기도 했다.[42]

이승만은 자신의 제안을 미국이 받아들일 수 있다고 생각했던 걸까? 그렇진 않았을 것 같다. 그의 과격한 발언은 대통령 중임 제한 철폐를 위한 개헌과 무관치 않은 행보였을 것이다. 서중석은 이승만의 이런 강경 발언이 세계적으로 극우 반공투사로서의 면모를 과시하려 했던 것으로 볼 수도 있지만 한편으로는 국내 정국을 겨냥한 것이었다고 말한다. 이승만 자신이 세계적인 반공투사로서 북진통일에 대해서 얼마나 결연한 자세를 가지고 있는지를 과시함과 동시에, 그것을 통해서 개헌안 통과의 분위기를 형성하려고 했다는 것이다.[43]

이승만이 세계적인 반공투사이자 지도자로서의 이미지를 국내에 부각시키는 것도 늘 세계 열강들에 동네북처럼 당하고만 살아온 한국 민중의 가슴 한구석에 어필하는 것도 없지 않았을 것이다. 8월 하순, 이승만은 전국애국단체연합회가 주최한 방미 귀국환영대회에서 수만 군중을 앞에 두고 원자폭탄을 쓰는 것만이 "공산주의자들을 굴복시킬 수 있는 유일한 방도"임을 다시금 역설했다.[44]

그러나 우선 당장은 미군 철수를 막는 것이 급선무였을 게다. 이것은 전 국민적 호응을 얻을 수 있는 일이니, 이승만의 방미가 '불행한 방문'은 아니었는지도 모르겠다. 서울대학교 『대학신문』 1954년 9월 29일자에 실린 「한국을 침략자에 팔지 말라: 철군 반대 본격화, 전 학도의 비장한 시위 계속」이라는 기사는 이렇게 절규했다.

"'미국은 한국을 공산 침략자에게 팔지 말라!' 비장한 플래카드를 신두로 23일 조주早朝부터 서울 시내 수만의 젊은 학도들은 저물도록 전 시가를 시위하며 목이 아프도록 미군 철수 반대를 외쳤다. 누구보나도 공산 침략의 잔인성을 체험하고 누구보다도 미군을 신뢰하며 자유진영

최첨단에서 10년간 시종일관 과감하게 투쟁해온 젊은 한국의 백만학도들은 하등의 대책 없이 미군을 한국에서 철수시키는 미국의 일방적 처사에 눈물을 머금고 교실에서 거리로 '미군 철수는 6·25 다시 온다'는 구호를 목메인 소리로 외치며 나섰다."[45]

'반공=도의' 교육 강화

그렇듯 공산 침략을 막아내기 위한 전선에 나서느라 1950년대 대학생들에겐 공부할 시간이 많지 않았다. 중고등학교 학생도 마찬가지였다. 수복이 된 후 학교에서는 중고등학생은 물론이고 초등학생에게도 "전우의 시체를 넘고 넘어"를 가르쳤으며, 시골에서는 마을 단위로 멸공통학단이 조직되기도 했는데, 이 멸공통학단에 대해 한승원은 이렇게 묘사하고 있다.

"'역적에 공산당을 쳐들어가자. 대한민국 만세를 부르며 가자.' 재 너머에서 아이들의 노랫소리가 들려왔다.……덕산리 아이들이 어깨에다가 '멸공'이라고 쓴 흰 완장을 두른 채 줄지어 올라오고 있었다.……줄지어 가는 아이들을 이끌어가는 키 큰 아이가 '역적에 김일성!' 하고 소리치자 아이들이 기세 좋게 가사를 바꾸어 노래를 불렀다. '역적에 김일성을 때려죽이자. 역적에 김일성을 때려죽이자. 대한민국 만세를 부르며 가자.' 키 큰 아이가 또 '역적에 스탈린!' 하고 소리쳤다. 아이들이 가사를 바꾸어 노래를 부르면서 재를 넘어갔다."[46]

그런 반공교육은 1954년부터 체계화되고 강화되었다. 반공교육을 '도의道義 교육'에 넣어 초중고교에서 연 35시간 이상 가르치는 것이 의

무화되었다.⁴⁷ 그러나 도의 교육만이 반공을 가르친 건 아니었다. 미술 교육도 반공정신에 투철해야 했다.

홍세화의 증언에 따르면, "나는 끝내 미술에 전혀 소질이 없다는 것을 인정해야 했는데, 그 못하는 솜씨에도 6·25날이 오면 '무찌르자 공산군'의 그림을 신나게 그렸다. 용감하게 생기고 수류탄을 멋지게 던지며 철모를 쓴 국군들 옆에 탱크도 있었다. 한편 그 반대편에는 전투모를 쓴 인민군들이 있었는데 전투모 사이엔 뿔도 불거져 나왔고 온몸에는 검은 털이 숭숭 나와 있었으며 손톱은 붉게 칠해졌다. 내 손놀림에 인민군들은 여지없이 '으악!' 하고 쓰러졌다. 나는 나중에 김지하 시인의 글에서 그가 어릴 때 생각했던 '공산주의자'의 모습이 내가 어렸을 때 그렸던 인민군의 모습과 하도 비슷하여 놀란 적이 있었다. 그런데 조금 생각해보니 당연한 결과였다. 어릴 때의 나는 그렇게 그렸고 신나게 죽였다".⁴⁸

반공 교육엔 학교와 사회의 구분이 없었다. 굳이 누가 말하지 않아도 아는 가장 중요한 원칙은 우선 '붉음'을 피하는 것이었다. 고은이 지적했듯이, "이 나라에서는/붉은 꽃을 노래하지 못한다/붉은 낙조를 그리지 못한다/결코 나의 피는 붉지 않다/붉은 구호물자 치마는/검정색으로 물들여 입어라".⁴⁹

중임 제한 폐지를 위한 사사오입 개헌

국민 78.8%가 반대한 초대 대통령 연임

현 대통령에 대한 중임 제한 폐지를 위한 헌법 개정엔 전체 의석의 3분의 2인 136석이 필요했다. 그러나 자유당이 5·20 총선에서 얻은 의석은 114석으로 22석이 모자랐다. 자유당은 막대한 정치자금을 동원해 무소속 의원 매수 작전이 돌입했다. 그래서 무소속 의원이 많으면 대가가 싸고 그 수가 적으면 값이 올라간다는 말이 나돌았다.[50] 매수와 더불어 부정선거 고발 위협도 동원되었다. 이렇게 해서 자유당은 무소속 당선자 23명을 자유당에 입당시키는 데에 성공했다.[51]

자유당은 1954년 9월 7일 선거 공약을 실현한다는 명분을 앞세워 국회에 개헌안을 제출했다. 대통령 중심제, 국무총리제 폐지, 대통령 궐위시 부통령의 자동 승계제, 중대 사항 국민투표제 관련 내용이 들어갔지만, 그 핵심은 초대 대통령의 중임 제한 철폐였다. 이승만은 개헌안을 제출하면서 "개헌에 반대하는 자는 국가 시책에 대한 파괴행위자 내지 반역행위자로 간주할 수밖에 없다. 정부에 반대하는 어떠한 정당이나 단체라도 개헌안의 국민투표 조항에 이의를 제기할 수 없다"는 내용의 성명을 발표했다.[52]

그러나 개헌안의 국회 본회의 상정이 여의치 않았다. 여론이 워낙 나빴기 때문이다. 『한국일보』 10월 11일자가 보도한 여론조사 결과에 따르면, 개헌안 가운데 국가 안위에 관한 중대 사항을 국민투표로 한다는 것에 대해서는 찬성 28.5% 반대 65.7%, 국무총리제 폐지는 찬성 28.8% 반대 63.7%, 초대 대통령 연임은 찬성 16.9% 반대 78.8%였다.[53]

개헌안 처리가 지지부진해지자 이승만은 10월 19일 특별 담화를 발표했다. 이승만은 "국가의 위급한 문제는 소련과 중공이 침략하려고 하고 일본이 다시 병합하려고 하는 것인데, 이런 때에 또다시 2년 전의 소위 정치파동과 같은 난국이 전개되어서는 안 된다"고 말했다. 이어 그는 이번 "개헌 중에서 가장 중요한 것은 국민투표제라는 점"을 강조하면서 "이에 반대하는 사람은 나라의 국권을 회복코저 하는 생각은 없고 외국의 재정이나 세력을 빌어서 국권을 동요시키는 반역사상을 가진 것으로 인정하지 않을 수 없다"고 주장했다.[54]

'뉴델리 밀담설' 매카시즘 바람

그래도 개헌안은 10월 말까지 끝내 상정되지 못했는데, 이때 터진 것이 바로 '뉴델리 밀회 사건'이었다. 『국도신문』 1954년 10월 12일자 보도에 의해 터지기 시작한 이 사건의 내용인즉슨, 1953년 6월 2일 당시 국회의장 신익희가 영국의 엘리자베스 여왕 대관식에 참여한 후 귀국하던 중 인도의 뉴델리 공항에서 6·25 전쟁 때 납북된 조소앙과 만나 밀담을 나눈 한편, 제3세력을 규합해 남북협상을 추진해 한국의 중립화를 도모하기로 밀담을 나누었다는 것이다.

이 설의 발설자는 한민당 선전부장을 오랫동안 지냈던 민국당 선전부장 함상훈이었다. 함상훈은 '전 민국당우에게 고함'이란 성명서를 발표해 신문에 보도된 자신의 발설을 뒷받침했다. 민국당이 허위 사실을 조작해서 신문에 제보한 것을 이유로 함상훈을 당에서 제명하자, 함상훈은 다시 성명서를 발표해 확실한 증거가 있다고 주장했다. 10월 29일

함상훈은 신익희가 인도의 뉴델리 공항에서 조소앙과 밀담을 나누고 한국의 중립화를 도모했다고 했지만, 이는 사실이 아니었다. 국회에서 뉴델리 밀담설을 증언하고 있는 함상훈.

자유당 의원 김종신은 국회 본회의에서 뉴델리 밀담설의 진상을 규명하자는 긴급동의를 제의했다. 이는 즉각 '국시에 관한 중대사'로 인정되어 10월 29일 국회에서는 '함씨 성명'을 긴급 상정해 진상규명 활동을 시작했다. 연시중은 이 파문을 지켜본 자유당은 회심의 미소를 지었다고 말한다.

"마침 개헌안을 추진 중이었는데 뉴델리 밀담설이 호재로 작용해서 함상훈의 행각에 흐뭇해했다. 자유당은 제3세력의 침투설과 개헌안을 결부시켜서 국가 안위에 관한 중대한 사항은 국민투표로 결정한다는 국민투표제 개헌의 필요성을 역설했다. 개헌에 대한 명분을 국민투표제로 호도하던 자유당으로서는 아주 훌륭한 기회를 선취하게 된 셈이다."[55]

『한국일보』와 『경향신문』 11월 3일자는 함상훈의 성명이 야당의 전열을 흐트러뜨리면서, 자유당 내분을 잠재우고, 태도가 모호하던 의원들을 붙잡아두며, 국민투표제가 필요하다는 여론 곧 공산당의 흉모(凶謀)를 막기 위해 개헌이 필요하다는 여론을 만들 것이라고 지적했다.[56]

실제로 국회에 매카시즘 바람이 불기 시작했다. 국회는 11월 4일 긴급동의로 들어온 '남북협상 중립 배격 결의안'을 통과시킨 데 이어, 11월 6일과 11일에도 계속 반공 결의문을 채택했다. 국회 밖에서는 이른바 '민의(民意)'가 동원되었다. 지방의회 의원들이 부산 정치 파동 때처럼 다시 들고 일어나 "국민 전체가 갈망하는 개헌안을 조속히 통과하라"는 결의문을 전달했다. 또 백주에 자동차로 수십만 장의 전단이 뿌려지고 벽보가 나붙었다. 11월 하순 들어 헌병총사령관 원용덕은 "휴전감시위원단 중 적성국 대표들은 일주일 이내에 철수하라, 불응하면 단호한 조치를 취하겠다"는 성명서를 발표했다. 11월 24일에는 서울운동장에

170개 학교 10만여 중고등학생들이 모여 주권 수호 학생총궐기대회를 열었다.[57]

서울대 교수들이 제공한 '사사오입' 논리

그 살벌한 바람의 와중인 11월 20일 개헌안이 상정되었다. 11월 27일 토요일에 열린 제90차 국회 본회의는 표결에 들어갔다. 표결에 앞선 토론에서 무소속 의원 송방용은 자유당 지도부가 소속 의원들에게 표의 이탈을 막기 위해 암호 투표 방법을 사용하게 해서 심리적인 압박을 가하고 있다고 폭로했다. 가부可否의 표시가 있는 투표용지에 각 도 단위로 부否자를 지우는 방식을 달리해 개헌안이 부결되었을 경우 이탈자를 색출해내겠다는 것이었다. 논란 끝에 비밀 보장을 약속받고 표결에 들어갔다.[58]

개표 결과, 출석 의원 203명 중 찬성은 헌법 개정에 필요한 136표에 1표가 모자라는 135표였다. 203의 3분의 2는 135.333명이기 때문에 이건 분명 부결된 것이었다. 그래서 사회자인 국회 부의장 최순주도 부결을 선포했다. 그런데 일요일을 보내고 나서 월요일에 이상한 일이 벌어졌다. 29일에 열린 국회 제91차 본회의에서 최순주는 27일의 본회의에서 개헌안의 부결을 선포한 것은 계산 착오에 의한 것이므로 이를 취소하고, 개헌안은 사사오입(반올림)의 수학 원리에 따라 가결되었다고 선포한 것이다. 자유당은 135.333명을 사사오입하면 135가 된다는 해괴한 논리를 내세웠다. 그래서 이 개헌에 '사사오입 개헌'이라는 별명이 붙게 된 것이다.

국회 부의장 최순주는 135.333을 사사오입하면 135가 된다는 해괴한 논리를 내세워 가결을 선포했다. 자신의 영구집권 토대를 다지기 위해 사사오입 개헌에 서명하고 있는 이승만.

자유당 원내총무 이재학은 135가 3분의 2라는 담화를 발표하면서 "최윤식, 이원철 박사 등 수학계의 최고 권위자도 같은 의견을 가지고 있다"고 주장했다. 김삼웅에 따르면, "자유당이 본회의장에서 개헌안의 부결을 선포한 후 패배와 실의에 빠져 있을 때 서울대학의 최, 이 교수가 경무대로 이승만 대통령을 은밀히 방문, 이 같은 수학적인 원리를 곡언하여 이미 부결 선포된 개헌안이 전격적으로 번복되기에 이른 것이다".[59]

민국당에 희망은 없었다

박태순과 김동춘은 '뉴델리 밀회설'은 이기붕의 두 번째 정적 제거

작업이며 그 이전에 저지른 게 '제3세력 사건'이라고 말한다. 1954년 5·20 총선 직후 신익희가 "자유당만으로는 정국을 이끌어갈 수 없으니 거국내각으로 보수연합정치를 펴야 한다"는 건의를 은밀히 이승만에게 하면서 서울시장 김태선을 통해 비밀리에 거국내각 후보 명단을 이승만에게 전달했다는 것이다.

"(이에 위협을 느낀) 이기붕은 이정재에게 그 명단을 돌려 과거 송진우, 장덕수, 여운형, 김구에게 가했던 것과 마찬가지의 방식을 강구토록 하였는데, 하수인들이 암살 테러를 결행하기 직전에 내분을 일으켜 오히려 그 사건이 폭로되고 말았다(후일 4월 혁명 재판 당시 이정재에 대한 기소장에서, 그가 자유당 감찰부 차장으로 있을 때엔 1954년 11월 신익희, 조병옥 등 42명의 이름이 포함된 '제3세력' 도표를 만들어 심복부하인 김동진에게 제시하면서 암살을 교사했다는 '제3세력 제거 음모 사건'이 기소 이유의 하나로 밝혀진 바 있다)."[60]

그러나 사사오입 개헌을 부른 '뉴델리 밀회설'에 관한 한 이승만과 자유당만을 탓할 일도 아니었다. '뉴델리 밀회설'은 민국당의 뿌리 깊은 내분을 시사해주는 사건이었다. 뉴델리 밀회설은 사실무근으로 밝혀졌지만, 이미 모든 게 끝난 뒤였다. 나중에 민국당 내분으로 인해 김준연이 탈당할 때 조병옥과 김준연 사이의 설전에선 상호 뉴델리 밀회설 사건을 조작하는 데 가담했다는 비난전이 오고 갔다.[61]

서중석은 '뉴델리 밀회설'은 "민국당의 극우세력이 유화파인 신익희를 공격하고 제거하기 위하여, 조병옥·김준연 등이 작용하여" 벌어진 사건이라고 말한다.[62] 서중석에 따르면, "더욱이 정치감각이 뛰어난 조병옥 같은 사람이 그 과정에서 일역을 맡은 것은 국민에 대한 일종의 배신행위였다".[63]

민국당에 희망은 없었다. 5·20 총선의 결과 원내 15석의 군소정당으로 전락해 있던 처지에서 그런 어이 없는 자해自害까지 저지른 정당에 미래가 있을 리 만무했다. 이제 반反이승만 세력은 민국당의 발전적 해체를 통한 신당 결성을 위해 범야권 대동단결을 촉진하지 않을 수 없는 처지에 놓이게 되었다.

사사오입 개헌시 반대표를 던진 자유당 의원들도 그런 대동단결의 대상이었다. 개헌 찬성엔 공개적 찬성을 표명한 무소속 윤재근을 비롯해 박재홍·임홍순 등 10명이 가표를 던진 것으로 알려졌다. 개헌 파동 후 자유당 의원들 가운데 현석호, 민관식, 김영삼, 황남팔, 이태용, 김홍식 등 12명이 자유당을 탈당해 범야권 신당 창당에 참여한 것으로 보아 이들 12명이 부결표를 던졌을 것이다.[64]

'불온문서 투입 사건' 공작

범야권 신당 창당 움직임을 그대로 내버려둘 이승만 정권이 아니었다. 이승만의 정치공작 기구인 헌병총사령부는 이른바 '불온문서 투입 사건'으로 그 움직임에 타격을 가하고자 했다. 12월 18일 국회의원 신익희, 곽상훈, 김상돈, 김준연, 정일형, 소선규 등 야당 중진 의원들 집에 『동아일보』 석간과 함께 남북 평화협상을 촉구하는 북한 최고인민위원회 명의의 '평화통일 호소문'이 인쇄된 불온문서가 일간지 속에 넣어져 투입되었다. 이는 곧 당국에 신고되었고, 당국은 북한의 공작 대인이니 좌익 계열에 의해 투입된 것으로 공식 발표했다. 12월 20일 국회 본회의에서 김준연은 이 투입 사건이 북한의 소행이 아니라 내부의 소행이라며 진상규명을 촉구했다.

그로부터 20여 일이 지난 1955년 1월 13일 국방부 장관 손원일은 헌병총사령부 제5부가 중심이 되어 실행한 행위라고 발표했다. 헌병총사령부 중령 김진호가 "야당 의원들의 충성심을 시험하고 제3세력(중립화통일방안)의 실체를 파악하기 위하여" 조직적으로 계획한 정치공작이었다는 것이다. 원용덕은 2월 11일 국방부 차관실에서 국회 진상 조사단에 자신의 지시하에 이루어진 일임을 시인하면서 이렇게 말했다.

"불온문서 투입 사건은 현하 미묘한 국제 정세에 편승한 북한 괴뢰집단의 상투적인 선전인 평화협상론을 지지하여 이를 달성 내지 이에 동조하는 제3세력이 국내에 침투한 사실과 그 증거품인 동 불온문서를 입수하였음을 계기로 국내 저명 인사, 특히 그들의 적극적인 포섭 대상이 될 가능성과 영향력이 큰 야당 의원들의 대한민국에 대한 충성의 정도를 파악하여야 할 필요성을 느끼게 되었으므로 본인이 직접 부하인 헌총 제5부장 김진호 중령에게 지시한 것이며……."[65]

손원일의 돌연한 진상 발표는 "원용덕의 지나친 독주와 헌병총사령부의 정치 개입이 야권은 물론 여권과 군부 내에서도 질시의 대상이 되고 있었다는 것을 단적으로 보여준" 것이었다.[66] 혹 '질시'가 아니라 "이건 해도 너무 한다"는 문제의식이 이승만 정부 일각에 존재했던 건지도 모를 일이었다.

장성급 이상의 재판에 대해서는 대통령의 재가가 필요했으므로, 원용덕을 처벌하기 위해선 대통령의 결단이 필요했다. 그러나 이승만은 정반대로 나아갔다. 그는 3월 23일 "헌병총사령부는 그러한 것을 아는 것이 그 직책이며 또 헌병총사령관이 직접 시켜서 행한 것이 알려진 뒤에는 문제될 것이 없으므로 이 일로 갇힌 사람들을 석방하여야 한다"는 성명을 발표했다.[67] 그래서 원용덕이 처벌받지 않은 건 물론이고 군법회의에 회부 중이던 범인들도 모두 석방되었다. '불온문서 투입'을 신고하지 않고 그냥 넘어갔더라면 또 무슨 피바람이 불었을지도 모를 일이었으니, 당하지 않고 무사히 넘어간 것만으로 감지덕지하라는 뜻이었을까?

'자유부인'과 '허벅다리 부인'

'자유부인' 사건

전후 한국 사회는 서구 문물과 외래 사조思潮가 도입되면서 문화적 정체성에 혼란이 일고 있었다. 1954년 1월 1일부터 『서울신문』에 작가 정비석이 연재한 소설 「자유부인」은 그런 세태를 잘 반영해준 작품이었다. 그런데 이 작품은 정비석과 황산덕 사이의 논쟁으로 인해 더욱 유명해졌다. 대학 교수 부인의 불륜을 그린 이 작품에 대해 서울대학교 법대 교수 황산덕은 『대학신문』(1954년 3월 1일)을 통해 「자유부인」이 대학교수를 모독했다고 비난했다. 그러나 2월 말까지의 내용은 매우 싱거운 수준의 것이었다.

임헌영에 따르면, "「자유부인」의 장태연 교수가 아내를 찾아온 이웃집의 미군 부대 타이피스트(황 교수는 그녀를 양공주라 했다) 박은미 양을 맞아 '감색 스커트 밑으로 드러나 보이는 은미의 하얀 종아리'에 '별안

간 가슴이 설레었다'는 유명한 장면이 나오고(이 소설 중 가장 에로틱한 장면인데 그 싱거움이라니!), 그녀의 전화를 받고 아내가 사준 약혼 기념 회중시계를 전당포에 맡기곤 돈 3,000원을 갖고 나갔으나 그녀가 낸 돈으로 영화를 한 편 보았으며, 아내가 돌아오지 않은 밤 10시 넘은 시각에 자신도 모르게 백지에다 박은미란 이름을 낙서하는 이야기가 2월 28일경까지의 내용이다. 장 교수의 아내 오선영은 옆집 대학생 신춘호의 방에서 춤을 배우던 중 '입술을 고요히 스쳐'가자 '그의 미지근한 태도에 오히려 불만'을 느끼는가 하면 두 번째엔 짙은 포옹과 탱고 스텝으로 발전하며, 화장품 상점 파리양행 관리인으로 취직해 사기꾼 백광진과 사장 한태석을 번갈아가며 만나는 게 2월 말일까지의 줄거리다".[68]

황산덕의 비판에 대해 정비석이 『서울신문』에 「탈선적 시비를 박駁함!: '자유부인' 비난문을 읽고, 황산덕 교수에게」란 글을 실어 "전혀 소설에 대한 몰이해에서 나온 것"이라고 대응하자, 황산덕은 『서울신문』 3월 14일자에 쓴 「다시 '자유부인' 작가에게: 항의에 대한 답변」이라는 재반론을 통해 다음과 같이 주장했다.

"귀하의 「자유부인」은 단연코 문학 작품이 아닙니다. 이러한 내용의 '자유부인'이 전쟁하는 한국의 신문지상에 연재됨으로써 철없는 청소년의 정신을 마비시키고 더구나 근거 없이 대학의 위신과 그 대학에 의하여 건설될 민족문화의 권위를 모욕한다는 것은 국가와 민족을 위하여 용서할 수 없는 죄악이 되는 것입니다. 이렇게 함으로써 한국의 진정한 문학을 좀먹고 문학에 대한 일반 인식을 악화시키는 귀하야말로 문학을 전혀 이해하지도 못하고 야비한 인기욕에만 사로잡혀 저속 유치한 에로 작문作文을 희롱하는 문학의 적賊이요 문학의 파괴자요, 중공군 50

1954년부터 『서울신문』에 연재되기 시작한 정비석의 소설 「자유부인」은 갖가지 화제와 논란을 일으키며 전 국민적인 관심을 모았다.

만 명에 해당하는 적敵이 아닐 수 없습니다."69

그러자 변호사 홍순엽이 「'자유부인' 작가를 옹호함」이라는 소감을 발표해 황산덕의 주장에 문제가 있다고 지적하고, 그 뒤를 이어 문학평론가 백철이 「문학과 사회와의 관계」라는 글을 발표하는 등 논쟁의 재미를 더해 주었다.

"중공군 50만 명에 해당하는 적敵"이라는 무모한 과장법이 웃음을 자아내게 하지만, 이 논쟁이 정비석에게 가한 위축 효과는 있었다. 임헌영은 "논쟁 이후의 소설 전개에서 장 교수는 박은미를 처음 보았을 때의 에로티시즘에서 오히려 후퇴해버렸는데, '교수'의 위신 세우기에 작가가 협조한 흔적이 역력하다"고 말한다.

"오선영은 신춘호와 세 번, 한태석과 한 번, 도합 네 번이나 육체관계 직전까지의 분위기를 조성했지만 아이들이 부르러 오거나 오빠나 남편이 불쑥 나타나는가 하면 본처가 미행하다가 현장을 덮치는 등 번번

이 방해 당하고 만다. 결국 '자유부인'은 '자유를 꿈꾸는 부인'으로 자유의 미수에 그치고 말았는데도 세인들은 이 소설의 윤리적인 측면만을 주시해왔다. 그러나 작가는 신춘호의 뺨을 쏠어주는 오선영을 '젊은 대학생이 제멋대로 씨부리는 말을 그대로 믿고' 황홀해하는 어리석음을 꼬집으며 결국은 가정의 소중함을 깨닫는 귀가형 결말로 대미를 장식하지 않았는가."[70]

"불순 세력의 공작비를 받고 쓴 게 아닌가?"

만우절에 정비석과 황산덕이 난투극을 벌였다는 신문 기사가 등장했다고 하니, 당시 이 논쟁이 세간의 이목을 집중시켰음이 틀림없다. 한원영에 따르면, "1954년 4월 1일 '자유부인' 논쟁이 한창 장안의 화제로 들끓던 그때 뜻하지 않은 희극 한 토막이 펼쳐졌다. 『산업경제신문』의 사회면 톱기사에 황산덕 교수와 작가 정비석 씨가 다방에서 만나 일대 격투를 벌였다는 내용의 기사가 실린 것이다. 격투 끝에 정씨가 부상을 입고 세브란스병원에 입원했다는 내용에다가 문인을 비롯한 목격자의 담화도 곁들여져 있었다. 이로 인해 『서울신문』과 세브란스병원에는 전화가 쉴새없이 걸려왔으며 병원까지 뛰어간 정씨의 친구들도 많았다. 『산업경제신문』은 톱기사, 제목 위에 작은 활자로 '만우절 특집'이라고 표시했지만 장난치고 너무나 심했던 어처구니없는 허위 보도였던 셈이다."[71] (이임자는 이 만우절 기사를 실은 신문은 『제일신보』였다고 말한다.)[72]

그만큼 그 논쟁이 큰 화제가 되었다는 걸 말해주는 해프닝으로 볼 수 있을 것이다. 아닌 게 아니라 그 덕분에 『서울신문』이 큰 재미를 보았다. 『서울신문』은 애초에 150회 연재하고자 했던 예정을 바꿔 작가에게 쓸 수 있는 데까지 써달라고 요청을 했으며, 그래서 1954년 8월 6일까지 215회에 걸쳐 연재되었다(많은 연구서와 논문이 8월 9일까지 151회라고 하나 8월 6일까지 215회가 맞다).[73] 소설이 끝을 맺자 이 신문의 가판 부수가 5만여 부나 줄었다고 한다.[74]

단행본으로 나온 소설은 1954년 최고의 베스트셀러가 되었는데, 14만 부가 팔려 한국 출판사상 최초로 판매량 10만 부 선을 돌파한 책으로 기록되었다.[75] 이때는 3,000부만 나가도 베스트셀러 축에 끼던 시절이었으니, 10만 부 돌파는 놀라운 기록이었다.[76]

훗날 황산덕은 『신동아』(1965년 8월호)에 쓴 글에서 "그간 우리 사회는 정비석 씨가 예측했던 것보다 빨리 부패하고 말았으므로, 닭 쫓던 개 모양으로 정씨와 나는 아연실색하지 않을 수 없다"고 술회했다.[77] 또 논쟁 30년 후인 1984년 11월 22일 『서울신문』은 논쟁의 두 주인공이었던 정비석과 황산덕의 대담 「세태 30년을 말한다」를 게재했는데, 이 자리에서 황산덕은 이렇게 말했다. "지금 생각하면 춤바람 정도는 아무것도 아닌데 그때는 왜 그렇게 흥분했던가 싶어요."[78]

그러나 그때 흥분한 건 황산덕만은 아니었던 것 같다. 황산덕이 자극을 준 탓이었는지는 모르겠으나, 치안기관은 정비석을 불러 "이북과 관련이 없는가?", "불순 세력의 공작비를 받고 쓴 게 아닌가?"라고 추궁했다.[79]

정비석의 회고에 따르면, "「자유부인」을 쓰면서 치안국, 서울시경 특무대 등 수사기관에 안 붙들려 간 곳이 없었어요. 일부 독자들은 이적행위라고 몰아붙였고 여성단체들은 여성 모독이라고 고발했고, 그런가 하면 이북에서는 또 「자유부인」을 남조선의 부패상을 그린 교양 자료로 사용했다나. 그걸 모르고 동네 사람들은 금테 두른 모자를 쓴 경찰관이 차로 나를 연행해가는 것을 '저 양반이 언제 저렇게 출세했나' 그랬대요".[80]

'자유부인' 사건의 진실

그간 「자유부인」 사건은 전후 사회의 '성도덕' 차원에서만 다루어졌지만, 임헌영은 알려지지 않은, 진짜 압력은 공무원에 대한 대목이었다고 말한다. 이게 바로 정작 사회적 논쟁을 불러일으켰어야 했을 「자유부인」 사건의 진실은 아니었을까? 「자유부인」의 6월 21일자 게재분은 오선영이 이혼한 친구 최윤주의 집에 들렀을 때 주인의 화장품을 몰래 바르다가 들킨 계집아이를 묘사한 장면이었다.

"국록을 먹는 공무원이 도장 하나 찍어주고도 수천만 금의 뇌물을 예사로 받아먹는 이 세상에서, 주인 아주머니의 화장품을 잠깐 도용하다가 불시에 나타난 손님에게 겁을 집어먹는 아이라면 그처럼 양심적인 아이가 어디 있겠는가 말이다. 우리나라의 공무원들이 이 계집아이만큼만 양심적이었다면, 오늘의 현실은 훨씬 명랑해졌을런지도 모를 일이다."

바로 이 대목 때문에 「자유부인」은 연재 중단 압력을 받았다. 그래서 6월 25일자엔 「자유부인」이 실리지 않았고, 6월 24일자 광고란에 작가 명의의 석명서釋明書가 실렸다.

"석명서. 본인은 지금 『서울신문』 지상에 장편소설 「자유부인」을 연재 중이온데 해該 소설 6월 21일부 제171회분 중에 '국록을 먹는 공무원이 도장 하나 찍어주고도 수천만 금의 뇌물을……' 운운은, 실상은 일부 부정 공무원들의 양심적 반성을 촉구하자는 의도에서 쓴 것이었으나, 일단 발표해놓고 보니 표현이 조홀粗忽했던 관계로 전체 공무원들의 위신을 손상케 하는 의외의 결과를 초래케 되었사와 심히 죄송스럽기에 자에 지상을 통하여 깊이 석명하는 바입니다."

이에 대해 임헌영은 이렇게 말했다. "이 신속 정확한 문학의 굴종. 이래서 위의 대목은 『자유부인』 단행본 초판 때부터 빠졌고 그 뒤엔 의례히 초판본을 텍스트로 삼았기에 당연히 사라지고 말았다. 그 목청 높던 문인들과 권익을 옹호한다는 각종 단체들은 이런 구절 하나를 제대로 지켜주지 못했다."

이어 임헌영은 「자유부인」에는 국회의원에 대한 비하나 인격모독이 필요 이상으로 심하고 빈번하게 언급되어 있다는 것에 비추어볼 때에 이 사건을 통해 한국 정치사의 기형적인 한 단면을 간파할 수 있다고 했다. 그는 "오선영의 오빠 오병헌이 M읍 출신 국회의원인데, 그녀의 시선에조차도 올케언니는 '국회의원 마누라'로 권세욕과 물욕을 겸한 속물의 전형으로 비친다. 한 번도 올케언니로 나오지 않고 언급될 때마다 '국회의원 마누라'다"라면서 다음과 같이 말했다.

"사업가이자 오병헌 의원의 돈줄인 한태석은 오선영에게 '정치 말입니까? 가만히 앉아서도 정치가들을 얼마든지 움직일 수 있는데, 무엇 때문에 그런 어릿광대 노릇을 한단 말입니까. 내가 국회의원이 된다면 한 사람 몫의 국회의원 구실밖에 할 수 없지만, 뒤에 가만히 앉아서는 국회의원을 열 사람이고 스무 사람이고 마음대로 움직일 수 있다는 비밀을 아셔야 합니다'라고 말한다. 이 말대로 오병헌은 중학교 건립 같은 사회사업조차도 오로지 표 때문에 한 것으로 드러나고 만다. 「자유부인」에서 가장 나쁘게 그려진 직업이라면 국회의원일 텐데 이로 말미암은 규제 조처는 전혀 없었는데, 간접적으로 딱 한마디 '도장' 운운한 공무원 비난 대목은 신문의 잉크가 마르기 전에 문제가 되어 아예 삭제 당해버렸다. 역시 그 '도장'의 위력을 보여준 예라 하겠다."[81]

열녀·효부·절부 표창 운동

"노세 노세 젊어서 놀아 늙어지면 못 노나니/화무는 십일홍이요 달도 차면 기우나니라/얼씨구 절씨구 차차차 지화자 좋구나 차차차/화란춘성 만화방창 아니 노지는 못하리라 차차차." 1954년에 히트를 친 김영일 작사, 김성근 작곡, 황정자 노래의 〈노래가락 차차차〉다.

이 노래는 한국형 관광문화의 이념이 되었다. 정열은 뜨거웠지만, 관광 인프라는 형편없는 수준이었다. 1950년대 중반까지도 관광은 버스로 가까운 곳을 돌아보는 정도였다. 당시 신문들이 관광버스 운행을 시시콜콜한 것까지 기사로 다루어준 걸 보더라도 그게 매우 '선진적인' 관광 행위였음을 미루어 짐작할 수 있다.

『조선일보』 1954년 5월 26일자는 "경기도에서는 오는 25일부터 서울 남한산성 관광 버스를 1왕복 늘린다고 하는데 운행 시간은 경기도청 앞 아침 9시 출발이며 31일까지는 운임을 2할 할인해줄 것이라 한다"고 했다.[82]

1950년대의 대중문화는 전후 사회 현실이 너무 비참했던 탓에 메시지의 표면적 내용을 반대로 해석하면 맞는 경우가 더 많았는데, 이 노래도 예외는 아니었다. 이영미의 해설에 따르면, "세상이 너무 좋아서 늙기가 아까운 것일까? 아닌 듯하다. 힘 있고 젊었을 때 실컷 즐기자는 생각은, 초라하게 늙은 것이 억울하다는 생각이고, 또 그것은 늙고 가난한 게 비참한 반면 돈 많고 젊은 사람들은 이와는 전혀 다른 별천지에서 놀고 있는, 그렇게 불공평한 세상에서 생겨나는 생각이다. 정말 세상이 좋다면, 그래서 미래의 희망이 보인다면 사람들은 이런 생각을 하지 않는다. 그래서 이 노래(의) 향락에서는 절망의 냄새가 난다".[83]

'자유부인' 사건도 그런 관점에서 볼 수 있지 않을까? 일반 대중이 이 사건에 지극한 관심을 보였다지만 먹고살기 바쁜 대부분의 사람들에겐 좀 다른 의미로 다가갔던 건 아니었을까? '자유부인' 사건이 선정적으로 널리 알려져서 그렇지, 다른 한편에선 비교적 조용히 그러나 훨씬 더 광범위하게 전개되는 반反자유부인 운동이 있었다. 그건 바로 국가와 사회단체들이 앞다투어 열녀烈女, 효부孝婦, 절부節婦(절개를 지키는 부인)를 뽑아 모범과 찬양의 대상으로 표창하는 것이었다. 『동아일보』 1954년 12월 24일자 기사에 따르면, 심지어 이런 일도 있었다.

"장성군 서삼면 장산리 신기부락에 거주하는 김(47세)은 2년 동안 신병으로 고생하는 남편을 완치시키기 위해 갖은 노력을 다했으나 신통치 않아 사람고기가 제일 좋다는 말을 듣고 허벅다리를 도려내어 복약케 하여 회복시킨 사실이 있다 한다. 면민들의 칭송이 자자하고 본도本道 송 경찰국장은 감동하여 표창장을 수여했다."[84]

이처럼 1954년의 한국은 '자유부인'과 '허벅다리 부인'이 공존하는 사회였다.

이승만이 일으킨 한글 간소화 파동

지당·낙루·병신 장관

1953년에서 1954년까지 세상, 적어도 식자층의 세계를 떠들썩하게 만들었던 '한글 간소화 파동'은 한글과 관련된 문제인 동시에 이승만의 리더십 행태에 대해서도 많은 것을 말해주는 사건이었다. 이승만은 1949년 10월 9일 한글날 담화에서 한글의 개정을 피력한 바 있었다. 그러나 그때 국민들의 반응은 냉담했다. 이승만은 1950년 2월 3일 "우선 정부만이라도" 한글 맞춤법 개정을 시행하겠다고 말했지만, 곧이어 터진 6·25 전쟁으로 인해 실행은 하지 못했다.[85]

휴전협정이 진행 중이던 1953년 4월 11일 이승만은 국무회의에서 정부 문서와 교과서에서는 옛 철자법을 사용할 것을 결의하고 4월 27일 국무총리 훈령을 내렸다. 이는 구한말의 성경 맞춤법으로 돌아가, 예컨대, '앉았다'를 '안잣다'로, '좋지 않다'를 '조치 안다'로 표기하는 등 소리 나는 대로 표기하자는 것이었다.

이에 대해 문화계와 언론계 등에서 집단 반발을 하고 나섰다. 그러자 정부는 7월 7일 문교부령으로 50명으로 구성된 국어심의회를 구성했지만, 이들은 정부의 방안에 동의하지 않았다. 정부는 국어심의위원회의 결론을 무시하고 이승만의 뜻대로 개정을 추진했다. 이에 항의해 12월 문교부 편수국장 최현배가 사임하고, 1954년 2월 문교부 장관 김법린도 사임했다. 문교부 장관과 담당 국장까지 사임을 불사하면서 반대하는 일이라면 다시 생각해볼 법도 한 일이었건만, 이승만 정권은 그렇게 돌아가질 않았다. 2월 24일 국무총리 백두진은 새 문교부 장관에는 한글 간소화를 실천할 사람을 임명할 것이라고 말했다.[86]

이승만의 고집도 대단했다. 그는 3월 27일 "앞으로 3개월 내에 현행 맞춤법은 다 폐지하고 성경의 신구약과 기타 국문서에 쓰던 방식을 따라서만 글을 쓰도록 하라"는 내용의 특별 담화를 발표했다. 4월 21일, 70여 일 동안 공석이던 문교부 장관에 이선근이 임명되었으며, 이선근은 다음 날 첫 기자회견에서 한글 간소화 추진 의사를 명백히 했다.

6월 10일 국회에 이선근이 출석한 가운데 대부분의 의원들은 한글 간소화는 "전문 학자들의 주장을 억누르고 온 국민의 여론을 무시해가면서 민족문화의 위협을 주는 행정조치"라고 비판했다. 그러나 이승만의 뜻이 확고한 이상, 마이동풍馬耳東風이었다. 이선근은 6월 26일 기자회견에서 한글 간소화 3원칙을 발표했다. 7월 2일 이승만 주재하의 국무회의를 거쳐 3일에는 문교부와 공보처 공동의 간소화 시안이 발표되었는데, 이는 문교부 내 관계기관과도 협의가 없었을 정도로 극비리에 작성된 것이었다.[87]

7월 11일 조병옥은 국회에서 "세계적으로 훌륭한 인정을 받고 있는 한글을 간소화한다는 것은 독선적 처사이며, 우리나라에는 지당至當 장관, 낙루落淚 장관, 병신病身 장관이 있어서 대통령에게 올바로 진언하는 장관이 하나도 없다"고 비판했다.[88]

북한의 한글 전용에 대한 반동

7월 12일 국회 본회의에서 윤형남, 김상돈 등이 민족문화를 말살하려는 것이 아니냐고 공세를 취하자 이선근은 "수일 전 북한 괴뢰들이 방송할 때 사용한 말과 같다"고 주장했다.[89] 이선근은 나중에 발언을 취소하긴 했지만, 한글 맞춤법 문제를 둘러싼 논쟁에까지 매카시즘 수법을 끌어들인다는 건 당시 매카시즘이 만병통치약 비슷하게 사용되었다는 걸 말해주는 것이었다.

당시는 아무리 좋은 것이라도 북한이 하면 해선 안 될 그 무엇으로 여겨질 만큼 반공反共·반북反北의 기운이 과잉 팽창되어 있던 시절이었다. 정부는 한글 간소화를 외치고 있었지만, 한쪽에선 북한이 한글 사랑에 더 투철하다는 이유로 한자가 남용되고 있었던 것이다. 김성칠의 1950년 10월 10일 일기엔 이와 관련된 이야기가 나온다.

그는 "반장이 반원 명부를 적으랄 때도 일부러 '한자로 써야 합니다' 하고 힘주어 말한다. 괴뢰집단의 한글 전용에 대한 반동이 오지 않을까 걱정하였더니 아니나 다를까. 옳은 것은 누가 하기로니 옳은 일이고 좋은 것은 누가 지니기로서니 좋음에 틀림이 없을 터인데 조선 사람으로서 당연히 하여야 할 한글 전용을 이북이 먼저 실천했다 해서 이에 반발할 까닭이 무엇일까"라면서 다음과 같이 말했다.

"거리의 벽보 같은 것도 이왕 붙이는 바엔 우리 동포가 한 사람이라도 더 알아볼 수 있는 것이 좋을 것이고 그리함에는 한글로만 써야 할 것인데, 이즈음은 일부러 유식한 체하는 어려운 한자들을 많이 쓰고 그중에는 웃지 못할 잘못된 표현들을 함부로 하고 있다. '정의正義는 필승必勝했다'가 무슨 의민지? 더욱이 우심한 것은 '괴수무정군단 격멸부대 제7사단 제8연대 입성만세傀首武丁郡團 擊滅部隊 第七師團 第八聯隊 入城萬歲'라는 전단이 많이 붙어 있다. 이것도 말이 되는지, 축문祝文·제문祭文에 토를 달지 않고 읽는 상투 심리가 지금 서울의 거리에 범람하고 있다. 한심하다기엔 좀 지나친 현상이다."[90]

이승만은 1904년에 미국으로 갔다

한글 간소화엔 신문들도 반대하고 나섰다. 이미 여러 차례 반대 사설을 게재해온 『경향신문』은 1954년 7월 5일자 「후퇴하는 한글문화」란 사설을 통해 "이제 최종적으로 우리가 기대할 수 있는 것은 국회의 양식밖에 없다"고 말했다.[91]

정비석의 「자유부인」도 비판에 가세했다. 훗날 정비석의 회고에 따르면, "그때 『서울신문』도 곤란을 겪었지요. 주인공인 장태연 씨가 한글학자였는데 연재 도중 이승만 대통령이 한글 철자법이 필요없고 소리나는 대로 써도 된다고 말해서 '한글 파동'이 일어났어요. 그때 문교부 장관이 이선근 씨였는데 대통령의 뜻대로 강행하려 했지요. 내가 보기엔 말이 안 되는 소리여서 소설 주인공을 통해 정부시책이 돼먹지 않았다

한글 간소화 파동은 이승만이 미국에서 오랫동안 지냈던 사이 변화한 맞춤법 때문에 불편함을 느끼자 이를 강력하게 추진한 결과라는 이야기가 있다. 미국 하버드대학 재학 시절의 이승만(뒷줄 왼쪽).

고 썼는데 정부에선 신문사가 작가를 시켜 그렇게 쓰게 했다고 생각했나 봐요".[92]

반대가 워낙 광범위하고 거세 결국 이승만도 한글 간소화 방침을 철회하지 않을 수 없었다. 이 파동은 1년 반 동안의 논란 끝에, 1955년 9월 19일 공보실을 통해 발표된 이승만의 담화를 마지막으로 일단락되었다. "국민이 원하는 대로 현 맞춤법에 대해서 더 문제 삼지 않겠다."

이 파동의 이면엔 이승만 개인의 불편함이 크게 작용했다는 설이 있다. 이승만은 1904년에 미국으로 건너갔기 때문에 수십 년간 변화된 새로운 맞춤법을 따라잡지 못한 탓에 그게 매우 불편했으리라는 것이다. 아닌 게 아니라 이승만은 마지막 담화문에서도 "내가 해외에 있는 동안에 한 가지 문화상 중대한 변경이 된 것은 국문 쓰는 법을 모두 다 고쳐서 쉬운 것을 어렵게 만들며 간단한 것을 복잡하게 만들어놓은 것이니"라고 말했다.[93]

세상을 떠들썩하게 만든 '한글 간소화 파동' 분위기는 '간판의 한글화'를 요구했지만, 이는 그야말로 분위기에 지배된 것이었기에 오락가락하는 일이 잦았다. 1956년 4월 경상남도는 도내 각급 학교에 간판은 반드시 한글로 쓰라고 지시했는데,[94] 학교 간판을 한자로 했다가 다시 한글로 했다가 변덕을 부린 건 중앙정부와 지방정부 가릴 것 없이 이미 몇 차례 반복했던 일이었고 앞으로도 한동안 지속될 일이었다.

'전문적인 과학자'와 '국가 권력자' 간의 싸움

고길섶은 『우리 시대의 언어게임』(1995)이라는 책에서 이 한글 간소화 파동이 '전문적인 과학자'와 '국가 권력자' 간의 싸움이기도 했다고 말한다. 그는 한글 전문과학자들의 연구기관인 한글학회에서 낸 성명서에 '과학'과 '전문'의 권위가 흘러넘친다는 걸 지적한다.

"과학적으로 법칙이 확립된 현행 맞춤법을 버리고, 구식 맞춤법을 쓰라 함은 학술 진리의 존엄성을 모독하며, 전문학자들의 총의를 짓밟는 권력의 문화 교살이다."

고길섶이 "최근 컴퓨터 통신에서는 '이승만'의 추종자들(?)이 활개를 치고 있다"고 말한 게 재미있다. 그는 "문법을 파괴하고, 신화화된 맞춤법의 권위를 무시하면서 이승만의 소원대로 자기들 멋대로 타자를 한다. 그러자 과학적 권위에 동화되어 (현행) 맞춤법이 진리라고 믿는 많은 사람들은 노발대발하여 한글의 문란과 파괴를 지탄하고 있다"며 다음과 같이 말했다.

"그러나 사실 컴퓨터 통신자들은 자기들을 감시해온 과학적 권위에 반발하면서 자유롭게 한글 표기를 실험하고 있는 셈이다. 독재적인 국가권력자를 패퇴시킨 한글 전문과학자들의 싸움을 우리는 높이 평가해야 한다. 그러나 우리는 다시 신화화되어 버린 그 과학적 권위의 지배에 도전해야 한다. 그 권위가 '맞춤법'이라는 이름에 언어적 권력으로 작동하면서 사람들의 표현의 자유로움을 감시하고 억압해왔기 때문이다."[95]

고길섶은 1954년부터 문단에선 여성 3인칭 대명사를 돌연 '그녀'로 쓰기 시작했다고 말한다. 그전에 '그녀'를 사용한 경우가 전혀 없는 건 아니었지만 1954년부터 일반화되었다는 것이다. 10여 년 후인 『현대문학』 1965년 3월호에선 '그녀'의 사용을 둘러싼 열띤 논쟁이 벌어지게 된다. 최현배는 '그미'를 쓸 걸 주장했지만, '그녀'는 대세로 굳어져 갔다.[96]

『한국일보』 창간, 기독교방송 개국

신문은 이권을 챙길 수 있는 권력기관

6·25 전쟁이 신문에 미친 타격은 매우 컸다. 무엇보다도 광고 수입이 격감해 신문 자체의 생존이 어려워졌다. 이 시기의 대표적인 신문인 『동아일보』의 연도별 수익 구성표를 보면, 1952년 7월에서 휴전이 되던 해인 1953년 6월까지의 광고 수입 비율은 전체 수입의 14%에 지나지 않았다. 일제 치하에서도 이른바 '일장기 말소 사건'으로 무기정간을 당했던 1937년을 빼고 20년간 어느 해에도 광고 수입이 31% 이하로 내려간 일은 없었던 점에 비추어 보더라도 신문들이 입은 타격이 얼마나 컸는지를 알 수 있다. 이 비율이 30%에 이르는 데에는 이후 6~7년의 세월이 걸려야 했다.[97]

그러나 경제 사정이 어렵다고 해서 그것이 곧 신문 수의 감소로 이어지진 않았다. 오히려 정반대였다. 먹고살기가 매우 어렵기 때문에 신문사를 차리려는 사람이 많았다. 부정부패가 워낙 극심해 신문이 이권을 챙길 수 있는 권력기관으로 인식되었기 때문이다.

김을한은 『한국신문사화』(1975)에서 "당시의 이승만 대통령은 구름 위의 존재였다. 따라서 대통령 관저인 경무대에는 아무나 감히 접근할 수가 없었는데 신문사를 운영하여 사장이나 회장이 되면 때로는 언론계 대표로 쉽사리 경무대에 들어갈 수가 있고, 운이 좋으면 대통령과도 만날 수가 있었으니 그 점은 제아무리 돈이 많다 하더라도 무슨무슨 사장의 명함만으로는 도저히 바랄 수 없는 일이었다. 그뿐 아니라 정부는 대통령 중심제이므로 모든 권력은 대통령에게 있어서 대통령에게 잘 보이게만 되면 해서 아니 되는 일이 없었다"며 다음과 같이 말했다.

"그중에도 당시는 외화 사용권을 직접 대통령이 쥐고 있었으므로 무슨 일이고 핑계를 대서 얼마든지 외화의 대부나 불하를 받으면 나날이 앙등하는 인플레 관계로 그만큼 거저 생기는 것이 되므로, 만일 어떤 사람이 신문사 명함을 이용해서 상당한 액수의 외화를 얻었다고 하면 설사 신문사를 경영하느라고 1년에 수억 원의 결손을 본다고 하더라도 그 손실을 메우고도 오히려 남음이 있었던 것이다. 그와 같은 특혜는 외화뿐만 아니라 다른 데도 얼마든지 있었으니, 신문사를 내세우면 상당한 거액을 은행에서 융자해주는 것을 위시해서 외국에서 반입해온 물자의 세금을 면세받고 때로는 각 부처로부터 이권을 얻어서 막대한 이익을 보기도 한다. 그러면서도 남에게 말할 때에는 항상 신문사를 운영하느라고 몇천 몇억 원씩이 손해를 본다고 울상을 지으니 세상에 그런 재미있는 일이 또 어디 있겠는가?"[98]

불발로 끝난 신문 정비론

1954년 8월 30일 현재 공보처에 등록된 정기간행물의 숫자는 일간신문 56개, 주간신문 124개, 월간지 177개, 기타(격일간·순간·계간) 54개 등 총 411개였다. 지역별로는 서울 277개, 경기 12개, 경남 27개, 경북 24개, 전남 21개, 전북 16개, 충남 14개, 충북 7개, 제주 7개 등으로 서울이 전체의 67.4%를 차지했다. 1954년 10월 말 현재 일간지의 총 발행 부수는 50만 부였으며, 150만 인구를 가진 서울에서 발행되는 중앙지의 발행 부수는 『동아일보』 8만 부, 『서울신문』 6만 3,000부, 『조선일보』 6만 부, 『경향신문』 4만 3,000부, 『한국일보』 3만 8,000부 등이었다.[99]

당시의 경제 사정에 비추어 신문의 수는 너무 많았고, 그래서 정상적인 시장 기능에 따라 수지를 맞추는 건 거의 불가능했다. 이승만도 이로 인한 문제가 심각하다고 느꼈던 것 같다. 그는 1954년 10월 14일 '중대 담화'를 통해 신문의 발행 부수가 적어도 10만 부는 넘어야 안정적인 경영이 가능할 것이라는 전제하에 서울에 있는 신문사를 2~3종으로 정비할 것을 제의했다. 당시 서울에서는 14개의 일간신문이 나오고 있었지만 발행 부수가 10만 부를 넘는 신문은 하나도 없었다는 점에 착안한 제안이었을 것이다.

"한인들이 신문을 많이 내서 인구에 비하면 있을 수 없는 수효가 되어 경쟁을 하고 있으니, 40년 동안 남의 앞잡이가 되어 신문 하나 못 내던 분풀이는 되나 한인들이 이 분풀이를 하려면 상당한 신문이 나와 우선 민중 전체가 중요시할 신문이 몇이 있어서 적어도 10만 부를 보아주는 사람이 있어야 할 것이니, 그럼으로써 첫째 그 신문이 유지할 수 있고 또 외국 신문에서 이것을 민간의 유력한 신문으로 보아 그 공론을 들어 이러이러한 기사가 있다고 드러냄으로써 신문이 있는 본의가 되는 것이다. 도무지 몇 장 안 되는 신문을 만들어 이것을 부지하려고 애쓰나 신문값을 받아서 유지하는 신문이 없으니 우리나라 사람은 이것을 신문계의 공론기관이라고 볼 수 있을 것인가? 귀한 종이와 먹과 공연한 노력을 허비하며 언론기관은 점점 조장되지 않고 결단을 내고 있으니, 이것은 나라를 위하거나 민중의 이해를 보거나 세계 공론을 중요시하는 사람이 있다면 이런 폐단을 막을 계획이 있어야 할 것이다. 내가 기왕에도 이것을 설명한 바 있지만 서울 인구에 비하면 둘 내지 세 종의 상당한 신문이 있어야 그 신문을 사보는 수효가 상당하여 신문이 계속 발전될 수 있으니……."100

이승만은 정리 방안으로 신문 발행진의 자진 또는 협의 폐간, 민간 지도자와의 협의를 통한 선별, 일반 시민의 투표에 의한 선별 등 3가지 방법을 제시했다. 이와 같은 신문 정비론은 1950년 9월에도 공보처장 김활란이 제기한 바 있었는데, 신문들이 그런 방안을 수용할 리는 만무했다. 물론 이승만의 제안도 언론계의 강력한 반발에 부딪쳐 백지화되고 말았다.101

당시의 신문계 현실에 비추어 신문 정비론은 바람직한 일이긴 했다. 그러나 권력이 나서서 그런 일을 할 수는 없다는 게 민주주의의 원칙이었고, 민주주의의 원칙에 충실하시 않았던 이승만 정권이 그 일을 추진한다는 건 더더욱 있을 수 없는 노릇이라고 보았을 것이다.

상업주의를 표방한 신문의 창간

그런 암담한 상황에도 1954년 6월 9일 공식적으로 상업주의를 표방하고 나선 신문이 하나 창간되었다. 그 신문은 바로『한국일보』였다.『한국일보』는 창간호 사설에서 다음과 같이 밝혔다.

"신문의 독자성은 신문 경영의 경제적 기반 위에서만 이루어질 수 있는 것이며 신문의 질적 향상이란 또한 기업 활동으로서 이루어진다는 신념을 새롭게 하고자 한다. 우리는 근대경제학 이론을 신봉하고 새로운 자유경영사회의 옹호를 자각自覺(하면서) '리얼리즘'에 입각한 상업신문의 길을 개척하여 나가지 않으면 안 될 것이다."[102]

당시 많은 신문이 상업주의를 표방하기는커녕 오히려 겉으론 그걸 경멸하는 척하면서 뒷구멍으로 온갖 비리를 저지르거나 비리에 타협하고 있었던 점에 비추어볼 때에 공식적으로 상업주의를 표방하면서 시장 기능에 의해 살아가겠다고 천명한 건 고무적인 일이었다.

『한국일보』의 사주는 은행가 출신으로서 2년 동안『조선일보』사장을 지냈던 장기영이었다. 그는 1952년 4월『조선일보』측의 제의로 납북된 방응모 대신 5년 임기를 보장받고 사장에 취임했다. 그는 탁월한 경영 능력을 발휘해 그가『조선일보』를 맡은 후 1년 동안 발행 부수는 350%가 늘어났고, 지대 수입은 640%, 광고 수입은 518%가 늘어났다. 그러나 그의 개성이 강한 운영 방식과 독자적인 영향력 구축이 방씨 일가와 갈등을 빚어 임기의 반도 지나지 않은 1954년 4월『조선일보』측의 요구로 중도 퇴임했다.『조선일보』는 장기영 퇴임 후 방응모의 손자인 29세의 방일영이 직접 경영 일선에 나섰다.[103]

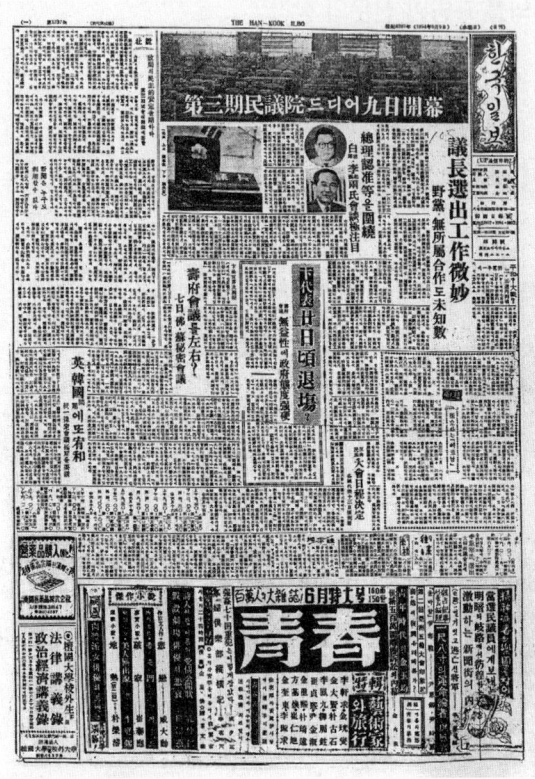

1954년 6월 9일에 창간한 『한국일보』는 상업주의를 표방한 신문이었다. 이는 시장 기능에 의해 살아가겠다고 천명한 것이었다. 『한국일보』 창간호.

    장기영은 『조선일보』를 그만둔 지 2개월도 안 된 시점에서 경영난을 겪고 있던 『태양일보』를 인수해 『한국일보』를 창간했다. 『조선일보』와의 악연 때문인지는 알 수 없으나 이후 『한국일보』는 30년 가까이 한국의 조간신문 시장을 놓고 『조선일보』와 치열한 경쟁을 벌이면서 한국 신문계에 큰 영향을 미치게 되었다.[104]

    장기영은 국내 최초로 1954년 8월 1일 기자 제1기 6명을 공채한 이후 정기적으로 기자를 공개 채용해 다른 신문사에 이러한 관행을 퍼뜨렸다. 정진석은 장기영의 독특한 경영 스타일에 대해 다음과 같이 말한다.

"장기영이 여느 신문사 사장과 달랐던 경영자로서의 자세는 그가 자기 집과 사장실에서 직접 신문의 구독 신청을 받고, 배달 사고를 접수하여 처리하기도 했던 데서도 엿보인다. 그는 새벽에 일어나 변두리 집집마다 다니면서 신문을 보급했고 신문사가 벌이는 여러 가지 사업에 팔을 걷어붙이고 진두지휘했다. 배달사고가 있다는 독자의 전화를 받으면 직접 들고가 전달하기까지 했다. 사원들과 독자들을 향한 일종의 제스처로 볼 수도 있지만 그의 이러한 정력적인 노력이 『한국일보』를 키운 것도 사실이다."[105]

장기영은 『조선일보』 사장으로 있던 1953년 11월부터 김활란에게서 영어 일간지 『코리아타임스』를 인수해 발행해왔는데, 그는 『한국일보』의 창간으로 두 개의 신문을 갖게 되었다. 그러나 그의 욕심은 거기에 그치지 않았다. 그는 이미 그때에 전파매체에도 큰 관심을 기울여 1957년엔 TV 방송국을 경영하게 된다.

영원히 사라질 뻔한 '조선일보'라는 제호

김활란과 관련해 한 가지 재미있는 에피소드가 있다. 아니 재미있다기보다는 아주 씁쓸한 이야기다. 『조선일보』 회장 방우영은 회고록 『조선일보와 45년』(1998)에서 "고故 장기영 씨가 『조선일보』 사장으로 있을 때 어느 좌석에서 이런 얘기를 들려줬다. 이대 총장을 지낸 김활란 씨가 공보처 처장(지금의 장관)으로 있을 때 『조선일보』의 '조선'이라는 제호가 북이 쓰고 있는 국호이니 이를 바꿔야 한다고 주장하면서 이 안을 국무회의에 상정하였다는 것이다. 격론 끝에 대통령 재가를 받기 위해 김 처장이 경무대를 방문했다"며 다음과 같이 말했다.

"이 박사는 한참 머뭇거리다 '『조선일보』는 일제 때부터 사용한 고유명사인데 조선이면 어떻고 한국이면 어떠냐?'고 했다고 한다. 그래서 그 일은 무산되고 말았다. 만약 이 안건이 재가가 됐더라면 오늘의 『조선일보』는 어떤 제호로 바뀌었을까를 생각만 하여도 악몽 같은 일이다. 그 후 장 사장이 (회)사를 그만두고 새로운 신문사를 창간할 때 제호 문제로 고민하다 이 대통령 말이 생각나 『한국일보』로 명명하였다고 한다."[106]

'조선'이라는 제호를 문제삼는 식의 발상은 언론 통제에도 그대로 적용되었다. 1954년 이화여고와 서울예고 미술과장으로 있던 화가 김홍구가 겪은 일도 그런 경우였다. 그는 『서울신문』 사회부장 오소백의 요청으로 자신은 그림을 그리고 오소백은 글을 쓰는 시리즈를 『서울신문』에 연재하게 되었다. 그는 이화여고 근처에 6·25 전쟁 때 폭격으로 무너지고 한쪽에 탑만 덩그러니 남은 러시아 영사관 빈터에 이북에서 내려온 피난민 한 사람이 깨진 벽돌을 모아 땅굴집을 짓고, 영사관 게양대에는 태극기를 꽂아 놓고 빵 공장을 하고 있는 장면을 그렸다. 오소백은 이 그림에 '제정 러시아의 건축 폐허에 시음詩吟이 흐르고 있다'는 글을 써서 신문에 실었는데, 이게 문제가 되었다. 당시 정부는 여당지인 『서울신문』이 간부진이 마음에 안 들어 교체할 기회만 엿보고 있었다는데, 이후 벌어진 일에 대해 김홍구는 다음과 같이 말했다.

"적성국가의 영사관에 대해 '시음이 흐른다'는 찬사를 보낸 것으로 보아 사상이 의심스럽다는 쪽으로 몰고 갔다. 나도 불려가 조사를 받았다. 나는 태극기가 그려져 있는 원화를 보여주면서 설명을 했다. '원화에 분명히 태극기가 보이지 않습니까. 그런데 신문에 인쇄되면서 잘 보이지 않게 된 겁니다. 나는 공산당이 머물던 건물 터에 피란 온 사람이 사는 아이러니를 표현하고 싶었던 겁니다.' 하지만 한 건 잡았다고 생각한 당국은 끄떡도 하지 않았다. 이 일로 신문사는 사장과 편집국장 등을 포함, 대대적인 인사이동이 있었다. 오씨와 나도 구류될 뻔했으나 기자협회가 적극 나서서 구명운동을 벌인 덕분에 유치장 신세는 면했다. 그러나 이러저리 불려 다니면서 지루한 조사를 받아야 했다."[107]

한국 최초의 민영방송 탄생

1954년엔 『한국일보』 창간과 더불어 기독교방송이 개국했다. 1954년 12월 15일에 첫 전파를 발사한 기독교방송CBS은 한국 최초의 민영방송이 되었다. 원래 기독교방송은 1949년에 정식으로 방송국 설립 승인을 받았으나 전쟁으로 설립이 중단되었다가 1954년에 다시 설립 허가를 받아 개국하게 된 것이었다.

기독교방송의 국장은 미국인 선교사 감의도甘義道(에드워드 디캠프 Edward O. Decamp)였다. 기독교방송의 탄생은 감의도가 미국 선교 본부에서 5킬로와트kw 송신기와 부속 일체를 발주 받고 방송국의 운영에 소요되었던 모든 자금은 미국 뉴욕에 있는 기독교단체 '라디오, 시각 교육 및 대중 커뮤니케이션 위원회Radio, Visual Education, and Mass Communication Committee, RAVEMCO'의 원조를 받아 이루어진 것이었다.[108] 그런 만큼 기독교방송은 KBS에 비해 여러 가지로 유리한 면이 있었다.

이와 관련, 정순일은 『한국방송의 어제와 오늘』(1991)에서 "기독교방송이 청취자의 환영을 받은 것은 우선 그 깨끗한 음질이었다. 국영 KBS가 쥐꼬리만 한 예산으로는 구할 수 없던 LP판(33.3회전)을 미국에서 기증 받아와서 틀어제끼니 당할 수가 없었다. KBS에도 비상이 걸렸다"며 다음과 같이 말했다.

"오 실장(오재경 공보실장)의 지시로 LP판 1만 매를 긴급 구입했으나, 정부의 까다로운 구입 절차를 밟아가며 판을 사다 보니, 잘은 모르지만, 값이 헐했던지 RCA판만 몰려 들어와 매일같이 토스카니니와 NBC 심포니 오케스트라(RCA 전속이었다)의 연주와 야샤 하이페츠의 바이올린 연주만 만끽했었으니, 판을 고르게 갖추어 놓고 있었던 CBS를 이길 수가 없었다. 지금은 흔한 형식으로 되어 있는 전화 신청도 CBS의 인기 프로그램이었다. 영화 〈다이얼 M을 돌려라〉에서 딴 '다이얼 Y를 돌려라'는 청취자의 인기를 독점했다. 따라서 당시의 오 실장의 구호는 CBS를 능가하는 KBS를 만들자는 것이었다. 이렇듯 KBS 라디오와 CBS의 선의의 경쟁이 라디오를 점점 재미있게 만들어 오락이라고는 거의 없었던 휴전 후의 국민의 관심을 자연히 방송에 집중시켜 놓게 된 것이다."[109]

정부는 기독교방송과는 별도로 1954년 7월 27일 또 하나의 종교방송을 허가했는데 그건 동북아시아 전역, 특히 공산권을 대상으로 한 국제선교방송인 극동방송이었다. 극동방송은 1956년 12월 23일에 개국해 한국어·영어·중국어·러시아어로 선교 방송을 개시했다(미국에 본부를 둔 극동방송은 공산권 국가를 대상으로 기독교를 전파하는 것을 목적으로 한 아세아방송을 박정희 정권에 신청해 허가를 받아 1973년 6월 30일에 개국한다).[110]

1950년대 초 처음으로 도입된 휴대용 녹음기를 메고 한 방송인이 거리에서 시민과 인터뷰를 하고 있다.

당시 라디오 방송 보도프로그램의 취재엔 휴대용 녹음기가 사용되었는데 그 무게가 자그마치 20킬로그램이 넘었다. 기자와 PD들은 그 무거운 녹음기를 어깨에 메고 전국의 뉴스 현장을 휩쓸고 다녔다. 김훈은 "그 무렵 우리나라 어린이들의 목젖을 울렸던 군것질은 아이스케이크였다. 남루한 차림의 소년 행상들이 아이스케이크 궤짝을 메고 여름날에 비지땀을 흘리며 거리에서 '아이스케이크'를 외쳤다"며 다음과 같이 말했다.

"이 휴대용 녹음기가 행상 소년들의 아이스케이크 궤짝과 꼭 닮아서 기자와 PD들은 이 녹음기를 '아이스케이크 통'이라고 불렀다. 1950년대를 지나면서 이 '아이스케이크 통'은 방송에 활력과 기동성을 불어넣었고, 음향 자료 추적에 크게 기여했다. 그러나 손으로 돌리는 태엽이 풀어지면 녹음 도중 회전 속도가 떨어지고 녹음 내용이 늘어져버려 PD들은 곤욕을 치렀다."[111]

한국 영화 최초의 키스신

1954년엔 18편의 영화가 제작되었는데, 최대의 화제작은 한형모가 감독한 〈운명의 손〉이었다. 이 영화는 간첩인 카바레 댄서가 신분을 위장한 특무부대 대위와의 사랑을 계기로 전향한다는 내용의 1시간 30분짜리 반공물이었지만, 화제가 된 건 이 영화에 한국 최초로 키스신이 소개되었다는 점이다.

키스신이라고 해보았자 입술만 살짝 댄 5~6초짜리로 여주인공은 입술에 셀룰로이드를 붙이고 촬영에 임했지만 사회적 반향은 컸다. 김화의 『이야기 한국영화사』(2001)에 따르면, "당시로서는 쇼킹이요, 화제였다. 그 무렵 남녀간의 애정 표현은 손을 잡거나 남녀가 가볍게 포옹하는 게 고작이었는데 이 영화에서는 입술과 입술이 맞닿은 키스를 한 것이다. 당시로서는 국산 영화 애정 신의 코페르니쿠스적인 전환이었다".[112]

남녀 주인공은 이향과 윤인자였는데, 영화 밖의 세상에서 실제로 윤인자의 남편이 남자 배우를 죽이겠다고 쫓아다니기까지 했다니 그 정도의 키스신이나마 당시 관객들에겐 '쇼킹'하긴 했던 모양이다. 작품이 담고 있는 투철한 반공 메시지 덕분에 이 쇼킹한 장면이 검열에서 문제가 되지 않았다는 시각도 있다.[113]

나운규의 〈아리랑〉을 주인공 이름까지 그대로 가져다 반공물로 번안·각색한 〈아리랑〉이라는 영화도 '반공'이면 모든 게 다 이해되고 용

한형모 감독의 영화 〈운명의 손〉에는 한국 최초의 키스신이 등장하는데, 여주인공인 윤인자의 실제 남편이 남자 배우를 죽이겠다고 쫓아다니는 일이 벌어지기도 했다.

서되는 당시 풍토를 말해주는 것이었다. 학생들의 반공교육용 단체 관람으로 짭짤한 흥행 성적을 올린 이 영화의 줄거리는 눈물겹다.

"북한군 치하에 들어간 영진의 집 외양간에는 미군 2명이 숨어 있었다. 그 무렵 영진의 집은 정신 이상이 된 영진을 감시하는 빨갱이가 있어 영진 아버지가 (미군 2명을 빨갱이에게) 고발하려 하자 영희가 간곡한 설득으로 만류하고 부상당한 미군을 치료까지 해준다. 그러던 어느 날 영희를 연모하는 공산당원 기호에게 발각된다. 기호는 영희가 몸을 허락하면 눈감아주겠다고 협박한다. 그러나 영희는 끝내 거절하고 미군을 데리고 산으로 도망친다. 그 뒤를 쫓는 기호 일당. 정신 이상인 영진은 기호를 쏘아 죽인다. 피를 본 순간 제정신으로 돌아온 영진은 영희와 함께 쫓아오는 북한군과 맞서 싸운다. 때마침 진격해온 아군들이 가세해 북한군은 섬멸되었으나 영희가 죽어 있다. 영진은 사랑하는 동생의 시체를 안고 비분의 눈물을 흘리며 아리랑 고개를 넘어간다."[114]

이즈음 영화관은 무료 입장자들로 골머리를 앓았다. 이 경우에도 '반공'이 유리했다. 1954년에 이루어진 한 조사에 따르면 임검증, 출입증, 취재증, 단속증, 통감증 등 각종 '증'을 가진 사람들과 특무대, 상이군인, 일반 경찰관, 국방부, 세무서, 헌병 등이 공짜로 영화를 관람할 수 있는 것으로 나타났다.[115]

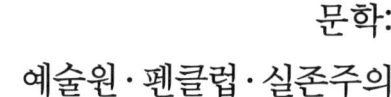

문학:
예술원·펜클럽·실존주의

관제 예술원 창립

6·25 전쟁과 그 이후에 계속된 반공전쟁은 한국 사회에서 지식인이 설 땅을 빼앗아갔다. 오직 '반공 지식인'만이 가능했다. 김홍수는 해방 후 전쟁이 일어나기까지의 시기는 혼미하기는 했으나 지성인들이 자기 생각에 따라 좌우 이데올로기 가운데 어느 하나를 선택할 수 있었고 따라서 '사상과 행동에 넓은 폭을 가질 수 있었던 시기'였지만, 전쟁은 남한에서도 많은 지식인을 앗아갔다고 말한다.

"일제 식민지 통치하에서 살아남았던 지식인들 중에서 적지 않은 사람들이 월북하거나 납북되었으며 또는 전쟁 중에 목숨을 잃었다. 정치와 이데올로기의 폭력 앞에서 희생되는 지식인들도 있었다. 살아남은 사람들도 전쟁으로 인하여 발생한 정치 사회적 조건들 속에서 자유로울 수가 없었다. 바로 이러한 이유 때문에 한국 사회에서 합리적 비판의식을 가진 자들은 일부를 제외하고는 침묵을 지켜야 했고 지성인들의 이같은 비판 기능의 상실은 정치 문제에 대해서뿐만 아니라 사회의 다른 부문에까지 영향을 줄 수밖에 없었다."[116]

훗날엔 '관변 지식인'이라는 말이 부정적인 의미를 갖게 되었지만, 전후 사회에선 그게 당연시되는 지식인의 모습이기도 했다. 1954년에 만들어진 학술원과 예술원도 바로 그런 지식인 문화의 산물이었다. 1953년에 공포된 문화보호법에 따라 그해 4월 '문화인 등록'이 실시되었다. 이 법안은 학술원과 예술원의 선거권과 피선거권 자격을 정하기 위한 방안을 담고 있었다. 예술원은 "예술가에 의해 선거된 자 25인, 예술원 회원에 의해 추천된 자 10인 이내, 예술원의 제청에 의해 대통령이 임명한 자 5인 이내"로 회원의 수를 정했다.

자격 심사를 마친 443명의 문화인(문학분과 105명)이 유권자로 나서 1954년 3월 25일 최초의 예술원 회원을 선출하기 위한 투표가 실시되었다. 문교부의 간부급 직원들이 관리하는 전국 14개 투표소에서 일제히 실시한 투표 결과에 따라 25명의 문화예술인이 예술원 창립 회원으로 뽑혔다. 지금의 기준으론 그런 선거 자체도 우스운 발상이었지만, 선거는 매우 치열해서 후보들은 정치인들 못지않은 공격성을 보여주었다. 회원 자리를 차지하기 위해 "서로 모함하고 헐뜯는 이전투구泥田鬪狗의 다툼"이 벌어졌으며 "패가 갈린 채 상호 비방하며 일으킨 흙탕물이 온 문단을 휩"쓸었다.[117]

대통령이 임명한 송신제 회원에는 고희동, 염상섭, 현제명, 오상순이 뽑혔다. 원내 호선互選으로 선출된 문학 분야의 6년제 추천 위원에는 박종화·김동리·조연현, 3년 임기의 일반 회원에는 유치환·서정주·윤백남 등이 뽑혔다. 7월 17일 서울대학교 문리대 강당에서 학술원과 함께 정식으로 발족한 예술원의 초대 회장에는 고희동, 부회장엔 박종화가 선임되었다.

예술원은 "회원에게 연금과 수당을 지급할 수 있다"는 법조문이 매력 포인트였지만, 돈이 없어 실현되지는 못했다. 창립 6년이 지나도록 사무국이나 사무실도 따로 두지 못하고 문교부 예술과의 곁방살이 신세를 면치 못했다.[118]

정치판 못지않은 '문단 정치'

기대했던 것과는 달리 큰 실속이 있는 자리는 아니었지만, 예술원에서 소외된 문인들의 반발은 매우 컸다. 김동리가 소외된 문인들의 주공격 대상이 되었다. 이 '예술원 정치'의 자세한 사정을 잘 모르는 서정주에게 김동리 측이 설명 또는 주장한 바에 따르면, "서정주는 정부 따라 부산으로 가지 않고, 전주·광주 쪽으로 피난 가서 살다 왔기 때문에 잘 모르겠지만, 이 대립은 부산 피난 시절에 이미 굳게 만들어졌고, 김동리를 공격하는 사람들은, 문교부 장관 김법린과 김동리 둘이 짜고, 예술원 회원을 선거한 예술가들의 인선까지도 모두 김동리 가까운 사람들로만 등록해 놓았기 때문에 그게 자기들의 낙선의 원인이라고 분개하고 있다".[119]

이 예술원 회원 선거에서 소외된 문인들은 두 개의 문학단체를 조직했다. 1954년 10월 23일에 창립된 한국펜클럽PEN: Poets, Playwrights, Editors, Essayists, Novelists과 1955년 4월 해외 문학파 132명이 회원으로 참여해 김광섭을 회장으로 창립된 한국자유문인협회였다.[120] 이 '문단

1954년 예술원과 한국펜클럽이 각기 설립되어, 정치판 못지않은 '문단 정치'를 보여주었다. 1955년 6월 발행한 『예술원보』 창간호와 1955년 2월 발행된 한국펜클럽 기관지 『펜』.

정치'의 복잡함과 의미를 제대로 이해하기 위해선 이 방면의 전문가인 이호철의 증언을 경청하는 게 좋을 것 같다. 이호철은 『문단골 사람들: 이호철의 문단일기』(1997)에 다음과 같이 썼다.

"1954년인가, '학술원'·'예술원'이라는 것이 처음 발족되면서 한바탕 난리법석이 벌어진다. 그 내용인즉, '이산 김광섭이나 이헌구·모윤숙 등이 정부의 고위직에 몸담거나 국제 외교로 공사公私 다망하니, 문단·문학 쪽은 젊은 자네들이 주로 맡아서 하라'며 모윤숙 자신이 사장으로 있는『문예』지의 편집 실무를 김동리·조연현 등에게 맡겼었는데, 김광섭이나 이헌구·모윤숙 같은 입상에서 보자면, 절석처럼 믿었던 이 새까만 후배들이 저들 선배들을 헌신짝 버리듯 하고 월탄 박종화 한 사람만 떠메고 '예술원' 회원으로 들어앉은 것이었다. 글쎄, 그 점은 알 수 없다. 저들 생각엔 그이들은 이미 큰 국사國事에 바쁠 터이니 '예술원' 쪽은 순수 문학을 표방하는 자신들이 맡아서 해야겠다고 생각했는지도.

하지만 아무리 그렇다 해도, 그건 어느 누가 보아도 모양새가 말이 아니었다. 그 당시 동리는 마흔 살 조금 넘었고, 조연현은 서른 살 안팎이었다. 서른 살 안팎에 예술원 회원이라니, 그건 누가 보나 해괴한 광경이었다.……그렇게 예술원 문학분과는 수많은 선배들은 제쳐두고, 주로 새파란 젊은이들이 타고 앉은 꼴이 되었다. 실제로 해괴한 모양새였다. 그리고 일을 그렇게 꾸려낸 주인공으로 지목된 두 사람인즉, 동리와 조연현이었다.

이에 화가 난 모윤숙은 자신의 이름으로 발간하여 동리와 조연현에게 실무를 맡겼던 『문예』지를 엎어 버리며 폐간시킨다. 그리하여 이산 김광섭을 중심으로 '자유문인협회'라는 것이 새로 생겨나게 되면서, 기왕의 '청년문협' 성원을 중심으로 모아졌던 '한국문인협회'의 대항 조직으로 떠오르게 된다. 그 한편으로, 당시 변영태 외무부 장관의 동생이며 영어 잘하던 변영로와 백철을 중심으로 모윤숙의 국제무대 활동을 통해 '펜클럽'을 조직하기에 이른 것이다. 바로 이것이 그 뒤에 연면하게 이어져 오는 우리나라 특유의 '문학 단체가 난립되는 원형原形'이었다."[121]

지식계를 휩쓴 실존주의 바람

그러나 모두가 다 '문단 정치'에만 연연한 건 아니었다. 김병익은 전후 문인들과 지식인들은 '바라크의 가교사假校舍'에서 영문 원서를 익히고 '사과 궤짝을 엎은' 하숙방의 책상에서 일본어로 번역된 어니스트 헤

밍웨이Ernest Hemingway, 1899~1961, 앙드레 말로André Malraux, 1901~1976, 알베르 카뮈Albert Camus, 1913~1960, 장폴 사르트르Jean-Paul Sartre, 1905~1980 등에 심취해 있었다고 말한다.

"염색한 군복을 교복처럼 걸치고 부서진 건물들이 엉성하게 뼈대를 드러낸 서울의 수복된 거리를 싸돌아다니는 이들은, '갈채'·'동방싸롱'·'프린시스' 같은 다방에서 실존주의와 로스트 제너레이션의 문학을 토론하고, '돌체'·'르네쌍스'에서 베토벤과 브람스에 탐닉하며, 명동의 숱한 대폿집에서 불안·불신·상황·부조리·존재 그리고 절망과 벽의 감당할 수 없는 단어들을 토해냈다. 이들이 즐겨 택하는 인물은 도망병과 상이군인, 창녀와 양부인, 펨프(창녀 관리자)와 깡패들이었고 활동 무대는 기지촌과 사창가, 전선과 우범 지대였다. 그러나, 이들 전후파의 등장과 함께 한국 문단은 오늘날과 같은 든든한 뼈대를 갖추기 시작한다."[122]

반면 박태순은 6·25 전쟁은 문학과 문학인을 완전히 마비시켜버렸다고 말한다.

"50년대의 문학은 이러한 진공 상태에서 국적불명의 허무 극단주의의 문학으로 '모더니즘'에다가 실존주의 문학으로 정신의 공백을 더욱 탈색시켜버렸다. 정치인이 아닌 정치 깡패들이 온갖 부패와 타락으로 놀아나고 무법천지의 농촌의 폐허와 도시의 파괴된 잿더미 속에서 동포들이 굶어 죽고 매맞아 죽는 자유당 독재 치하에서 문학은 이러한 현실을 직시하기는커녕 문학을 위한 문학으로 놀아나기만 했던 것이다."[123]

실존주의 바람은 전쟁 당시 피난 캠퍼스에서부터 시작되었다. 당시 서울대학교 교수 박종홍과 고형곤은 마르틴 하이데거Martin Heidegger, 1889~1976와 카를 야스퍼스Karl Jaspers, 1883~1969의 철학을 집중적으로 강

의했다.『사상계』도 1952년 11월호, 1953년 12월호, 1954년 1월·8월
·11월호에서 실존주의를 집중 소개했다.[124]

청계천은 '한국의 쎄느강'

왜 실존주의였던가? 신형기는 실존주의는 목적론적 세계관을 부정하고 '던져진' 인간 존재의 우연성을 지적했다는 점에 주목한다. 그는 "세계와 근본적으로 무연하고 어떤 이성적 전체도 가질 수 없는 것이 인간 본래의 상황이라면 이는 혼돈 그 자체가 아닐 수 없다. 실존주의는 이 같은 상황에서 인간이 의식적으로 스스로를 규정해야 함을 강조했다. 인간은 자기를 규정할 뿐 아니라 끊임없이 그것을 넘어섬으로써 새롭게 형성해가야 한다는 것이다"며 다음과 같이 말했다.

"이러한 구도 안에서 주체적인 선택과 책임의 문제가 역설될 수 있었고 실존주의는 휴머니즘이라는 주장이 나올 수도 있었다. 그러나 실존주의의 시각에서 야기되었던 인간은 서로로부터 절연된 낱낱의 개별자일 수밖에 없었다. 그들은 어떤 통합적 중심과도 연계되어 있지 않으며 따라서 그들의 선택은 독자적인 것이고 그 결과 역시 개별적 자기 자신에게로 되돌아오는 것이었기 때문이다."[125]

한수영은『문학과 현실의 변증법: 한수영 문학평론집』(1997)에서 "실존주의의 철학 사조 자체가 (비록 그 시초는 1930년대이기는 하지만) 2차대전 이후 두 차례의 세계대전을 겪은 인간들을 엄습한 전반적 불안과 격심한 정신적 동요로부터 널리 확산된 것임을 생각할 때, 전후 한국 사회와의 상황적 동질성은 그러한 정신사의 한 풍토를 일구어낼 만한 충

분한 근거가 있었다"고 말한다.[126]

고은이 『만인보』에서 노래한 「청계천」도 무언가 시사해주는 점이 있다. "입은 옷은 미국이었다/구호물자 바지에/염색한 미군 군복 상의/하지만/대학 불문과에서는/꿈 가득히/싸르트르/까뮈/앙드레 말로였다/겉은 미국/속은 불란서였다/그래서인가/서울 종로와 을지로 사이/그 긴 청계천은/한국의 허드슨강이 아니라/한국의 쎄느강이었다/명동에도 쎄느 다방 있었다/쎄느강은 빨래/쎄느강은 하수구/쎄느강은 참외만한 똥덩어리 떠내려갔다/쎄느강은 쓰레기장/쎄느강은/쎄느강 기슭 관수동 쪽에서/더 내려가면/거기 청계천 4가부터/생의 절정 판자촌이 시작되었다."[127]

제9장

군복 강도·졸업식·카투사·월드컵

군복 착용 강도의 횡행

요즘엔 '밀리터리 패션'이라 하여 멋내기에 바쁜 젊은이들이 군복 차림을 흉내내는 게 유행이 되기도 하지만, 1950년대의 한국 사회에서 군복이 갖는 의미는 크게 다른 것이었다. 아니 그건 미군정 때부터 묘한 '구별 짓기'의 힘을 발휘했다. 미군 군복이면 더욱 좋고, 계급장까지 높은 걸로 달려 있다면 더더욱 좋았다. 송남헌은 해방정국 시 이승만의 측근인 임병직에 대해 다음과 같이 말했다.

"임병직은 미군이 아니었는데도 귀국 후 무슨 영문인지 늘 미군 복장에 대령 계급장을 붙이고 다녀, 사람들이 그를 '커넬 임'이라고 불렀다. 이 때문에 미군 헌병에게 들켜 조사를 받아 혼이 난 일도 있었지만, 이에 아랑곳하지 않고 계속해서 미군 복장에 대령 계급장을 달고 다녔다."[128]

6·25전쟁 시 군복은 강력한 권력의 상징이었다. 송광성에 따르면,

"부산에서 윤치영은 김두한·반성환 등 반공 청년들을 중심으로 대한의용군을 조직하였는데, 김두한은 대장이 되고 자신은 총재가 되었다. 약 800명 정도 모인 반공 청년들을 앞세우고 양식과 활동비를 얻는다는 명목으로 기관과 기업체를 돌아다니면서 무뢰한처럼 행동하여 돈을 뜯어냈는데, 그는 국방색 작업복에 작업모 차림으로 '임시 대령'으로 통했다고 한다".[129]

1950년 10월 19일 평양 점령 이후 북한에서 방송을 위해 방송 요원을 차출해 북한으로 보냈다. 중앙방송국 서무과장 정종갑을 단장으로 하여 원산과 함흥 방면으로 떠나는 팀을 구성했는데, 정종갑은 장교용 군복을 착용하고 권총을 휴대했다고 한다. 유병은의 『방송야사』(1998)에 따르면, "정종갑 단장은 원산과 함흥방송국에 가기 전에 먼저 원산과 함흥시장을 방문하고 방송국 재건에 필요한 예산과 물자를 적극적으로 지원하도록 큰소리로 고함을 지르며 지시했다는 것이다".[130]

군복의 위세는 휴전 후에도 한동안 계속되어 이젠 강도들까지 군복을 입고 출몰했다. 『동아일보』 1954년 2월 19일자는 "수도 서울의 밤거리는 이대로 방치되어야 하는가? 갑오년 들어 겨우 한 달 반, 지난 16일 현재 통계 숫자는 벌써 수조차 헤아릴 수 없는 대소 강절도 사건의 연발을 표시하고, 특히 그중 '강력범'만도 34건에 달하며, 더욱이 이 숫자에는 갑자기 사태 난 24건의 '군복 강도'(살인 2건 포함)가 왕좌를 점하고 있다"면서 다음과 같이 말했다.

"경찰과 합동방범순찰대의 눈을 피하여 횡행하는 강력범의 대부분이 군복을 착용한 무장강도라는 점에서 여기 하나의 강도 사건 미연 방지와 사건 수사의 맹점이 드러나고 있다. 국방 당국에서 기이 실시 중에

『동아일보』는 강도들까지 군복을 입고 출몰했다며, 그 수를 헤아릴 수 없이 많이 발생했다고 보도했다. (『동아일보』, 1954년 2월 19일)

있는 '군복 취체'에도 불구하고 강도범의 대부분이 군복 강도라는 점, 또 그들 거의 모두가 총 등 무기를 휴대하고 있다는 점, 또 그들의 대부분이 그 어떠한 증명서를 소지하고 있는 점 등은 경찰의 이에 대한 취체와 단속에 작지 않은 애로가 되어 있는 것이다."[131]

'군복 강도'의 출현은 전쟁 중의 군복과 총기류가 제대로 회수되지 않고 있었기 때문에 빚어진 일이기도 했지만, 군복 차림의 강도들에 대해선 수사와 단속이 어려웠다는 것이 '군복 강도'를 양산하는 주요 이유였다. 1954년 1월 초부터 2월 16일까지 일어난 일반 강력 사건 14건 중 13건의 범인이 체포된 반면 군복 강도 사건은 20건 중 12건이 미제 未濟 사건으로 남았다는 것도 바로 그 점을 말해주는 것이었다. 군복 강도 중에 실제 군인이 있었는지, 또 있었다면 어느 정도였는지 알 길은 없었다. 『동아일보』 기사가 나간 다음 날 내무부 장관과 국방부 장관이 '군복과 무기, 야간통행의 철저 단속'을 다짐하는 공동 담화를 내놓았지만, 1956년까지 불법 군복 착용자를 단속한다는 기사는 한 달에 한 번꼴로 등장했다.[132]

졸업식 꽃다발 유행

『동아일보』 1954년 3월 5일자는 3월 2일부터 시작된 중고등학교 졸업식에 갑자기 유행된 '꽃다발' 사태에 일반은 아연실색하고 있다고 보도했다. 해방 후 무질서하게 수입된 양풍洋風에 휩쓸려 나타난 '꽃다발'이 이제는 학원을 뒤덮게 되었다는 걸 개탄한 것이다.

"졸업을 축하한다는 '꽃다발'에는 자연 '돈'이 뒤따라 '허영의 낭비'만을 초래하고 있다. 이 '꽃다발'에 뒤이어 앞으로 점차 박두해오는 각급 학교의 입학시험 지옥이 또한 스스로 거액의 '돈'을 대기하고 있으니 요즘의 학원은 마치 '황금의 난무장亂舞場'인 양 가난한 이 나라 학부형들을 울리기만 한다."[133]

이어지는 기사에서 "금선화·동백꽃 등을 몇 가지씩 묶어 최하 1,000환, 최고 6,000환짜리를 아낌없이 사가는 판"이라고 하니, 그대로 믿어도 될지 모르겠다. 1954년 3월 현재 쌀 한 가마 값이 2,600환이었으니 '1회용 꽃다발'에 쌀 한 가마 값을 퍼부은 셈이었다는 게 아닌가? 그래서 일부 학교는 '졸업식 꽃다발 금지'를 선언했지만 제대로 지켜지지 않았다고 한다. 당시 서울 시내 중고교 졸업생은 모두 1만 6,000여 명이었는데, 그중 3분의 1 정도가 꽃다발을 받았다는 게 기사의 추계推計다.[134]

왜 갑자기 1954년부터 꽃다발이 유행하게 된 걸까? 전쟁이 끝났다는 것과 전후의 양풍 때문이라는 것만으론 이해가 되지 않는다. 그레고리 헨더슨Gregory Henderson의 다음과 같은 관찰에서 그 어떤 실마리를 찾을 수 있지 않을까?

"오직 일류 대학(통상 서울대학교) 졸업자들만이 쉽게 정부에 들어갈 수 있기 때문에 어린이들의 장래는 선택하는 초중고등학교의 질과 평판에 따라 달라지게 되었다. 일류 학교(사실상 모두 서울에 있다)에 들어가기 위한 재정적·교육적인 비상한 노력은 히스테리 증상에 가까웠다. 많은 가정에서 변제 능력을 초과할 정도로 돈을 빌리거나 또는 모든 재산을 담보로 하거나, 먹을 것과 입을 것을 절약하며 필사적인 희생을 감내했다. 시골에서 야심 있는 농부들은 소뿐만 아니라 때로는 가옥과 농토까지도 팔아 아들을 대학에 보냈다."[135]

이 관찰은 주로 1950년대 후반의 한국 사회를 대상으로 했지만, 생존경쟁을 위한 투자 개념으로서 교육은 이미 1950년대 초부터 이루어진 것이었다. 1954년부터 유행해 이후 수십 년간 계속되는 졸업식 꽃다발 세례는 전쟁 중에 나타난 뜨거운 교육열의 결과와 무관치 않았을 것이다. 즉, 이전에 비해 교육에 훨씬 더 많은 관심과 노력이 투입된 만큼 학교 졸업에 각별하면서도 세속적인 의미가 부여된 탓은 아니었겠느냐는 것이다.

당시 좋은 학교에 들어가는 건 사실상의 계급투쟁이자 권력투쟁이었기 때문에 온갖 불법과 편법과 불공정이 난무했다. 예컨대, 1956년 말 문교부가 6개월간의 준비 끝에 중고등 졸업반 학생들을 대상으로 전국에 걸쳐 치르고자 했던 연합고사가 무산된 사건도 그걸 잘 말해주었다. 연합고사는 지역별 학교 수준을 측정해 장학 지도의 참고자료로 삼고 입시지옥의 폐단을 막기 위한 것으로 전국의 학부형과 대부분의 교육자들이 지지하는 것이었다. 그러나 권력층과 일류 중고교 교장이 반대해서 무산되고 말았다. 권력이나 금력을 가진 자들이 자기 자식들을 일류 학교에 보내기 위해 저지른 불공정 게임은 1950년대 내내 계속되었다.

1957년 서울시 교육위원회는 2류·3류교에는 지원 학생이 없어 교실이 비는데도 경기고·서울고·경복고·용산고·경동고 등 세칭 1류 학교엔 학급 증설을 허용했다. 특권층에 영합해 동일계 중학교 졸업생을 전원 입학시키기 위해서였다. 당시 특권층은 청탁 등의 수단으로 자기 자식들을 일류 학교에 보낼 수 있었다.[136]

카투사는 '6·25 전쟁이 낳은 기형아'?

1954년 한국군과 미군 사이에서는 '카투사 논쟁'이 벌어졌다. 3월 31일 육군이 카투사 정원을 1만 472명으로 제한하자, 미군은 2만 8,000명으로 늘려달라고 요청했다. 이후 카투사 정원을 축소하려는 한국군과 이를 반대하는 미군의 밀고 당기는 신경전이 한동안 계속되었다. 미군이 한국군을 데려다 공짜로 쓰는 맛에 재미를 붙인 탓이 있을 게다.

KATUSAKorean Augmentation to the United States Army. 이는 세계에 하나밖에 없는, 역사상 선례를 찾아볼 수 없는 독특한 부대였다. 고용 관

계인 용병과는 달리 병역 의무를 수행하는 국민이 타국 군대에 제도적으로 편입되는 경우는 카투사 말고는 없다. 법적 근거도 없다. 6·25 전쟁 중 이승만과 더글러스 맥아더Douglas MacArthur, 1880~1964가 구두로 합의한 게 전부였다. 그래서 '6·25 전쟁이 낳은 기형아'라는 말도 나왔다. 1950년 8월 15일 카투사 313명이 처음으로 징집된 이래 전쟁 기간 중 징집된 카투사 4만 3,660명 가운데 1만 1,365명이 희생되었다.[137]

6·25 전쟁 중 미7사단엔 7,804명의 카투사병이 참가했는데, 7사단 군수참모 보좌관인 중령 셸로가 만든 보고서엔 카투사에 대해 이런 기록이 나온다. "한국군 보충병(카투사)은 마치 부산 길바닥에서 쓰레기나 줍게 하려고 모아 놓은 것 같아서 이들의 몸에서 이를 제거하고 옷을 빨게 하기 위해 일본에 도착해 첫 주 동안 격리되어 있어야 했다. 그 후 이들에게도 우리와 똑같이 대우하라는 상부 지시에 따라 옷, 장비, 대우, 식량을 똑같이 받았다. 그러나 영어를 하지 못해(통역도 없었고) 손짓 발짓으로 흉내를 내게 했다. 그들은 민주주의와 우리의 이상, 우리의 훈련 방침을 이해하지 못해 우리의 강압적이 아닌 규율로서는 성공적 훈련이 불가능했다. 한국군 내에서는 규율은 엄했고 어떤 때는 잔인하기도 했고 원칙에 따르지 않고 임의적인 것도 있었다. 그들은 그러한 규율 밑에서 자라왔기에 기타의 방법은 이해하는 것 같지 않았다."[138]

미군의 시각이 그러했으니 카투사가 먹는 것 이외에 좋은 대접을 받았을 리 없다. 신상웅의 소설 「분노의 일기」는 카투사인 '김 대위'의 부대 생활을 다루고 있다. 김정자의 「한국 기지촌 소설의 기법적 연구」(1996)라는 논문에 따르면, "송 병장의 침대에 오줌을 싼 크리스 이등병을 두들겨 패준 대가로 국편(한국 군대로 편입)이 되고 재판에 회부되는

카투사는 세계에 하나밖에 없는 독특한 부대였는데, 6·25 전쟁 중 이승만과 맥아더가 구두로 합의해 탄생했다. 미군 부대에 배속된 한국군 병사가 카투사 배치를 받고 있다.

억울함. 미군을 유혹하기 위해 미8군 부대 철조망 밖에 새까맣게 몰려 있는 양공주들. 한국인들은 모조리 슬래키 보이slacky boy(도둑)라고 말하는 미군들. 도시의 엄청나게 많은 부분을 점유하고서, '접근하면 발포한다'는 팻말을 군데군데 붙여 놓는 미군 기지의 모습……. 이런 양상들로 인해 울분과 거친 문체로 얽혀 작품을 형성한다. 미제 물건과 영어 회화에 미쳐 있는 한국인들. 미군들은 한국 여자는 기지촌의 매춘녀 말고도 여대생까지도 헐값으로 얼마든지 살 수 있다고 말한다".

김정자는 미군과의 정면 충돌을 노골적으로 드러내는 거친 문체는 초기 기지촌 소설에서 볼 수 없는 현상이었다고 말하는데, 이 소설이 1972년에 발표되었기에 그런 변화가 가능했을 것이다.[139] 무엇보다도 영어 하나는 배울 수 있다는 생각에 한국 군인들에게 카투사의 인기는 날로 높아져, 나중엔 카투사에 들어가기 위한 경쟁을 두고 '카투사 고시考試'라는 말까지 나오게 된다(그런 과열 경쟁의 폐단을 없애기 위해 육군은 1998년부터 카투사 선발 방식을 토익 성적 600점 이상자를 대상으로 한 추첨으로 바꾸고 지원 기회도 1회로 제한하기로 했다).[140]

꿀벌 150만 마리 보내온 '노아의 방주'

1954년 4월 미국의 국제개발 비영리단체 헤퍼인터내셔널Heifer International은 '노아의 방주'라는 이름의 프로젝트로 꿀벌 150만 마리를 200개의 벌통에 나눠 한국으로 보냈다. 염소 75마리, 토끼 500마리와 함께 보냈다. 당시 헤퍼인터내셔널 관계자들이 기록한 수기에는 "전시에 DDT 살충제가 다량 사용되면서 식량 생산하는 식물 꽃에 꽃가루를 운반하는 곤충 대부분이 죽었다"며 "굶주린 한국인들은 방사한 벌을 사용해 작물을 수분하게 될 것"이라고 적혀 있었다.

이들은 꿀벌의 안전한 수송을 위해 별도의 비행 환경을 조성했다. 일반적으로 비행기 비행 고도는 약 2.4~2.7킬로미터(약 8,000~9,000피트)이지만, 당시 꿀벌 컨디션을 최상으로 유지하기 위해 그보다 절반 이하인 약 1.2킬로미터(약 4,000피트) 정도로 유지해 비행했다는 것이다.

이게 처음도 아니었고 끝도 아니었다. 헤퍼인터내셔널은 1952년부터 1976년까지 총 44차례에 걸쳐 젖소 897마리, 황소 58마리를 비롯해 가축 3,200여 마리를 한국에 보냈다. 이때 들어온 가축들은 부산·대전 등 전국의 농가나 고아원, 낙농 기술을 교육하는 학교에 보내졌고 빈

곧 농가 자립과 한국 낙농업 발전에 도움을 주었다.

당시 가축 운송에 참여했던 헤퍼인터내셔널 관계자들은 전쟁으로 초토화된 남한 산림, 특히 부산의 광경을 보고 "이렇게 황폐한 곳에 소들을 두고 가기 안타깝다"고 말했다고 한다. 이후 생태계 복원을 위한 구체적인 지원 방안을 고민하다가 식물 수분受粉 작용을 담당하는 꿀벌들을 남한에 보낸 것이다.[141]

그런데 DDT 살충제는 전시에만 다량 사용된 게 아니었다. 1950년대 내내 여름이 되면 열흘에 한 번꼴로 DDT를 항공 살포했다. 살포 때마다 "누에나 꿀벌에게 피해 없도록 하라"는 안내는 있었지만 사람 몸에 맞지 않게 주의하라는 말은 없었다. 오히려 1959년 8월 서울 시내에 맹독성 DDT를 공중 살포할 때 보건사회부는 "일반 가정에서는 방문을 활짝 열어 약 기운이 방 안에 들어가도록 하라"고 당부하기까지 했다. 그 시절 DDT란 그렇듯 생활필수품이었다.[142]

스위스 월드컵의 감격과 충격

한국의 월드컵 첫 도전은 1954년 6월 스위스에서 열린 제5회 월드컵 대회였다. 스위스 월드컵의 극동 예선에는 당초 한국·일본·중국이 편성되었으나 중국이 기권함으로써 한국·일본 두 나라 중 하나가 나가게 되어 있었다. 국제축구연맹 규정에 따르면 양국에서 한 번씩 경기를 하는 '홈 앤드 어웨이'가 원칙이었지만, 절대 일본 팀의 입국을 허용할 수 없다는 이승만의 반대 때문에 두 경기를 모두 도쿄에서 치러야 했다. 그마저도 대한체육회장 이기붕이 "일본을 이길 수 있는 것이 있다"고 이

승만을 설득한 덕분이었다.[143]

1954년 3월 7일 눈비가 내리는 악천후 속에 진행된 1차전에서 한국은 5대 1로 대승을 거두었다. 3월 14일 제2차전에서 한국팀은 1대 1 동점 무승부로 끝마쳤으나 결국 1대 0으로 일본을 누르고 스위스 월드컵에 출전하게 되었다. 선수단은 3월 22일 군용기로 부산 수영비행장에 도착했다. 비행장 환영식장엔 8,000여 명이 운집했다. 밤 열차를 탄 선수단은 23일 오전 8시 40분에 서울역에 도착했다.

서울역 광장에서 대한체육회장 이기붕 외에 국방부 장관, 교통부 장관, 서울시장, 대한축구협회장(장택상), 전 야구협회장(윤보선) 등의 인사들과 수많은 시민이 참여한 가운데 환영식이 거행되었다. 이어 선수단은 "미리 마련된 지프에 분승하고 선두를 달리는 육군군악대의 주악에 발맞추어 질서정연하게 가두행진으로 옮겨졌다. 그때 연도에는 수많은 환영 시민들이 장사진을 이루고 손에 태극기를 흔들면서 감격에 넘친 환영을 했다".[144]

그러나 예선전의 감격은 스위스 본선 무대에까지 이어지진 못했다. 오히려 런던올림픽에 이어 또 한 번의 치욕을 당해야만 했다. 한국팀은 당시 '우물 안 개구리'였던지라 비행기 예약도 제대로 못해 6월 17일이 첫 경기인데도 15일 밤늦게 스위스 취리히에 도착했다.

17일 헝가리와의 대전에서 관중은 "코리아 코리아!"를 외치며 약자인 한국팀을 응원했지만, 한국팀은 4명이 경기 도중 쥐가 나 쓰러지는 바람에 마지막에는 7명만 뛰는 등 기상천외한 게임을 치르면서 0대 9로 참패하고 말았다. 이 경기는 월드컵 최다 골차 경기로 기록되었지만, "골키퍼 홍덕영은 영웅이었다. 파상 공세에도 불구하고 아홉 골밖에 허용하

1954년 일본 도쿄에서 열린 스위스 월드컵 예선 1차전에서 정남식 선수가 동점골을 터뜨렸다. 한국은 1차전에서 5대 1 대승을 거두었다.

지 않은 것은 기적이었다"는 주장도 있다.[145]

 한국 선수들이 너무도 불쌍했던지 장내 아나운서는 "전쟁을 치른 한국팀에 성원을 보내자"며 선물을 보내줄 것을 관중에 호소했다. 다음 날부터 한국 선수단이 묵고 있는 호텔에 선물꾸러미가 쌓이기 시작했다.[146] 그런 성원이 있었지만 한국팀은 20일 튀르키예전에서도 0대 7로 대패함으로써 본선 진출 16개 팀 중 16위를 차지했다. 국제축구연맹FIFA은 한국의 참패를 보고 아시아 지역 축구가 수준 이하라고 판단, 이 지역 출전국 수를 1개국으로 제한하게 되었다.[147]

제3부 1955년 | '우상 정치'와 '동원 정치'

- 이승만은 '예수나 석가와 같은 성자'
- 반둥회의: 평화공존은 친공인가?
- 반일운동과 반공운동의 결합
- "학도를 정치 도구로 이용하지 말라"
- 민국당 자유민주파가 만든 민주당
- '괴뢰 이승만' 사건과 『사상계』의 활약
- 군: 부정부패의 창궐
- 불교: 정화인가, 법난인가?
- 박인수 사건: '숫처녀 논쟁'
- "전쟁 미망인의 타락을 막아라"
- 〈피아골〉·〈아리조나 카우보이〉·국민 명랑화 운동
- 박태선·문선명·나운몽, 신흥종교 번성
- 도시화·베이비붐·결혼식장·박인환·노동귀족

이승만은 '예수나 석가와 같은 성자'

3월 26일은 '어용곡필배들의 잔칫날'

전쟁은 종종 전쟁의 고통을 없애줄 영웅을 갈구하는 민중의 심리를 낳기 마련이다. 그러나 이러한 진짜 영웅은 드물다. 오히려 전쟁 수행을 이유로 무소불위의 권력을 갖게 된 지도자는 그 권력을 남용하고 오용하기 십상이다. 그래도 왜곡된 형식으로나마 영웅주의는 쉽게 사라지지 않는다. 전쟁을 주도하는 지도자 이외에 탈출구가 없기 때문일 것이다.

한국의 전후 문학에서 두드러진 현상 중의 하나는 반反영웅주의다.[1] 이는 그만큼 전쟁 중 영웅을 갈구하고 또 그래서 영웅연然하는 지도자에게 놀아나기 쉬웠던 과거에 대한 환멸과 반성의 일환으로 제기된 것일 게다. 이승만의 '우상 정치'와 '동원 정치'는 그런 맥락에서 이해할 수 있을 것이다.

수난의 역사를 겪은 한국의 민중은 강력한 지도자를 열망해왔다. 이승만은 그런 요청에 부응했고 그런 토양을 최대한 이용했지만, 그건 최악의 결과를 낳고 말았다. 이승만에 대한 충성은 사적 이익 추구의 수단으로 전락했기 때문이다. 곡필曲筆 연구 전문가인 김삼웅은 자유당 시절 3월 26일은 '어용곡필배들의 잔칫날'이었다고 말한다.[2] 왜? 그날은 이승만의 생일이었기 때문이다.

이미 1949년부터 시작된 '이승만 우상화'는 1950년대 내내 조선시대 왕도 그랬을까 하는 생각이 들 정도로 극을 치달았다. 이승만의 귀환일과 생일은 국경일처럼 경축되었다. 학교마다 이승만의 초상화가 내걸리고, 이승만의 생일엔 집집마다 태극기를 달아야 했다. 지폐엔 이승만 초상화가 인쇄되고 이승만 동상까지 세워졌다.

이승만은 '세기의 태양'

1955년 3월 26일 이승만의 80회 생일 기념식은 '80'이라는 십진법의 원리 때문인지는 몰라도 이승만 우상화의 정점을 보여주었다. 그 기념식은 서울운동장에서 거행되었는데, 부통령 등 3부 요인과 8군사령관, 외국 사절, 한미 양국 고급장성, 수만 명의 학생이 모였다. 세종로에서는 육·해·공·해병대 사열식이 벌어졌다.[3] 5년 전인 1950년 3월 26일 이승만이 75회 생일을 맞았을 때, "반세기의 혁명투쟁사도 찬연한 애국의 대영도자"로 찬양했던 『서울신문』은 80회 생일을 맞아 이렇게 주장했다.

"세계가 심히 어지럽고 소수 민족들의 운명이 차츰 애처롭게 된 이때, 세계적 반공 지도자로서 또한 민주 진영의 위대한 외교가의 한 사람

이승만의 80회 생일 기념식은 서울운동장에서 거행되었고, 세종로에서는 육·해·공·해병대 사열식이 벌어졌다. 한 시골 초등학교에서 이승만의 대통령 취임을 축하하기 위해 열린 대회.

으로서 자유와 독립을 위하여 이처럼 과감하게 투쟁하는 이승만 박사를 우리나라의 최고 영도자로 모시게 된 것은 참으로 다행한 일이라 할 것이며 3천만 겨레는 우리의 운명과 살림살이를 안심하고 이 탁월한 정치가에게 모두 맡기고자 하는 것이다."[4]

「인심천심」이라는 칼럼은 "이렇게 위대한 리 대통령을 영도자로 모신 우리 민족의 영광이야말로 그 어느 민족에 비할 수 있겠는가. 우리는 오직 대통령의 영도에 따름으로써 행운의 열쇠를 간직할 수 있다. 그리하여 리 대통령이 오래 생존해 계시면 그만큼 민족의 활로는 열리게 된다. 우리 민족만의 행복이 아니라 실로 전 자유세계의 광명"이라고 주장했다.[5] 시인 김광섭의 「우남 선생의 탄신을 맞이하여」라는 헌시獻詩도 실렸다. 이 시는 이승만을 '세기의 태양'으로 극찬했다.

"북악산 줄기 찬 기슭에/세기의 태양을 바라보는 언덕 위에/봄은 꽃보다도 일찍 오고/바람은 향기 앞에 부드럽다//먼산은 아지랑이 빛을

띠고/새소리와 함께 흰구름을 따라서니/구원한 정기 이 언덕에 모여/핏줄기처럼 근역에 뻗친다//조국을 지키라는 신성한 명령에/넘어져도 봉우리처럼 적 앞에 서나니/땅은 움직이고 하늘은 뜻을 내려/용사들 시간을 다투어 진격을 기다린다//강토에 뿌리박힐 불멸의 영혼 이미 생사를 넘어/전신을 바쳐 반만년 소리에 귀를 기울이고/흰머리칼 선생을 맞아 봄빛에 날리니 아 여기 섰도다 이 나라 지키는 정신."[6]

이승만은 '현대의 성자'

이승만을 극찬하는 경쟁은 치열했다. 자유당 2인자인 이기붕은 "생각하옵건대 80의 노구를 이끄시옵고 친히 만기를 총람하사 주야로 전념하심을 우러러 뵈오니 참으로 황송함을 이기지 못할 뿐만 아니라, 연년익수益壽하사 정정하신 기력을 우러러 뵈오니 국민된 기쁨 이에 더함이 없나이다.……존안을 뵈오니 올올히 희신 터럭은 이 나라 이 겨레 때문이옵고"라고 말했다.[7]

이승만의 80회 생일을 맞아 공보처장 갈홍기는 『대통령 이승만 박사 약전』을 출간했다. 이 책에서 그는 이승만이 "예수나 석가처럼 아무런 '나'도 없고 어떠한 '사私'도 없이 민족의 자유와 독립, 인류의 평화와 행복을 개척하는 지공무사至公無私한 삶을 살아왔다"고 칭송했다. "우리 한국의 창건자! 세계의 민주 선봉! 세계의 위인! 민족을 위하여 형극의 길을 걸어오신 현대의 성자! 이 나라 한국을 위하여 이 겨레 3천만을 위하여 기리기리 만수무강하심을 비는 바이다!"[8]

'이승만 대통령 탄신 80주년 기념' 노래도 나왔다. 박목월 작사, 김성태 작곡이었다. "우리나라 대한 나라 독립을 위하여/여든 평생 한결같이 몸바쳐 오신/고마우신 이 대통령 우리 대통령/우리는 길이길이 빛내오리다." 이에 대해 이영미는 『홍남부두의 금순이는 어디로 갔을까』(2002)에서 다음과 같이 말했다.

"이 노래를 음반으로 듣는 사람들은 누구나 북한 노래 같다고 말한다. 노래를 부르는 아이들의 음성까지도 북한을 연상시키기에 충분하다. 그러고 보면 그 시절에는 남북한의 정치 의식 수준이란 게 거의 엇비슷하지 않았나 싶다. 대통령과 임금의 차이를 머리로는 알았을지언정 정서와 태도를 변화시킬 정도까지 체화되어 알지 못했던 것이다."[9]

이승만은 '구국의 태양', '인류의 등대'

이승만은 사실상의 임금이었다. 1955년 6월 남한산성에 이승만의 송수탑頌壽塔이 건립되더니, 1956년 3월엔 탑동공원(탑골공원)에, 그해 8월엔 남산에 이승만의 동상이 세워졌다(1959년 11월엔 남산에 이승만의 아호를 딴 우남정이라는 정자가 새로 세워졌다). 고은의 「남산 이승만」을 감상해보자.

"서울 남산에는/이승만 동상이 섰다/그 뒤 평양 만수대에는/김일성 동상이 섰다/2만 3천 개 동상이 기다렸다/이승만 동상에 다가섰다/동상 기단 정면/대통령 휘장 봉황 한쌍이 마주본다/그 위로/대리석 20층 쌓여/그 위로 우뚝/오른손을 쳐든 노인의 두루마기 동상이 섰다/그 아래에/지프차를 개조한 시발택시가 왔다/오색 테이프 얽히고설켜/남산 한바퀴 돌고 난 뒤/동상 앞/기념촬영/신랑 유연섭/신부 오학자."[10]

『서울신문』 1956년 3월 8일자는 이승만의 대통령 불출마 선언에 대한 번의翻意를 촉구하는 5단짜리 기사 제목을 「이 박사는 구국救國의 태양」이라고 달았다. 3월 27일자 사설 「대통령 81회 탄신일의 세계사적 의의를 강조함」은 세계적인 위인들의 족적을 나열하고 "이 대통령이 아니었더라면 대한민국은 독립하지 못한 채 8·15 직후 공산 도당들의 소위 인민공화국이 되어서 체코슬로바키아 모양으로 연립정부하에서 공산화했을 것이며 따라서 일본도 적화되고 미국의 사태도 변모했을 것이며 인류의 자유는 말살되었을 뻔한 아슬아슬한 우리들의 기억은 이를 증명한다"고 주장했다.[11]

이승만의 80회 생일을 맞아 그해 6월 남한산성에 이승만의 송수탑이 건립되고, 8월에는 남산에 이승만의 동상이 세워졌다. 이승만의 제80회 탄신 경축 당선작인 「우리 대통령」. (『경향신문』, 1955년 3월 25일)

『서울신문』 1957년 3월 27일자 사설 「만세의 봄빛!」은 이승만의 82회 생일을 맞아 이승만은 '인류의 등대'라고 주장했다. "평생을 대아에 경주하시어 조국 중흥 위업을 성수하신 리 대통령 불멸의 위훈을 더듬어, 오늘, 탄신에 즈음하니 감격과 환희, 한고비 더함을 이길 수 없다.……올올이 희신 터럭, 줄줄이 잡히신 주름, 이 나라 이 겨레를 어둠 속에서 광명으로 이끄시고, 사지에서 활로를 열어노심에 있었으니 어찌, 산천초목의 기쁨인들 또한 우연타 이를 것이냐!……이 대통령은 우리의 위대한 대통령이실 뿐 아니라, 민족의 빛이며, 힘이기 때문이다. 인류의 등대이며 힘이기 때문이다."[12]

외무부 장관 조정환은 1957년 3월 26일 이승만의 82회 생일을 맞아 다음과 같은 송축사頌祝辭를 바쳤다. "이 어른을 추앙하고 칭송함에 있어 여러 가지 이름으로 지목하여 그 위훈偉勳·위적偉績을 드러내고 있습니다. 이 어른을 가리켜 말하기를 한국 혁명의 소년 선구자·독립운동의 혜성·민족의 국부·민족의 태양이라고 일컬으며, 위대한 애국자·반공주의의 상징·세계적 위인·민족주의의 거인·정의의 투사·세계 사정事情의 선지자 등등의 칭호로써 이 어른을 찬양하노니, 이는 실로 세계적인 찬양인 것입니다."[13]

자유당은 '내시 정당'

이승만은 수많은 관변단체의 총재이기도 했다. 이 단체들은 모두 이승만의 명령에 절대 복종한다는 걸 공식적으로 선서했다. 이승만을 위한 것이라면 테러도 정당화되었다. 애국심은 초법적인 것이었다. 오죽하면

『한국일보』 1955년 10월 14일자 사설 「애국단체를 규제하라」는 모든 사회단체를 규제하는 법령이나, 애국심은 모든 성문법을 초월할 수 있다는 파괴적 심리를 제약하는 법을 제정함이 무엇보다도 긴요하다고 역설했겠는가?[14]

정당도 이승만 임금을 모시는 '내시 정당'이었다. 이기붕은 1956년 5·15 정·부통령 선거 때 자유당의 위상에 대해 이렇게 말했다. "두말할 것도 없이 우리 자유당으로서는 '제도보다 인물'이라는 견해를 가지고 있습니다.……우리는 이승만 박사의 정치이념과 그분의 통일 방략을 절대 지지하는 인사들에 의하여 조직된 이 박사님을 지지하는 정치단체가 자유당인 것입니다."[15]

그러나 이승만은 정당보다는 관료조직을 더 좋아했다. 그는 정권 경쟁을 해야 하는 정당체계에는 큰 관심이 없었고, 경찰과 행정조직을, 그것도 측근을 통해 맹목적 충성을 유도하는 형태로 모든 걸 해결하고자 했다.[16] 전쟁은 친일 세력의 관료조직 유입을 심화시켰다. 이들의 "관료 경험이란 식민지 시대에 얻은 것으로 이들의 가치 성향은 법규 만능적이고, 지배집단 의식과 특권의식을 온존시켜 국민에게 봉사하지 않고 국민의 통치자로 군림하였다".[17]

자유당도 일제 때의 식민지 관료 출신이 중심이 되었다. 이들은 강자強者에게 약하고 약자弱者에게 강했으며, "국민 위에 군림하던 '서기정신書記精神'이 몸에 배었고 카리스마적 지도자의 후광을 업고 오직 권력과 통제를 극대화하는 데에만 급급"했다.[18]

이승만의 인사 정책이 그런 식이었다. '충성' 하나면 족했다. 그래서 누가 더 충성심을 잘 드러내 노老 대통령을 감격시키느냐 하는 것이 매우 중요한 능력이 되었다. 나중에 자세히 다루겠지만, 그래서 이른바 '인 人의 장막'이라는 것이 생겨나게 되었고, 이승만은 몰락하게 된다. 이승만은 독일의 심리학자 베른하르트 그림Bernhard A. Grimm의 다음과 같은 진단에서 결코 자유로울 수 없을 것이다.

"자기애自己愛에 빠진 사람들은 주목받고 떠받들어지고 심지어 '신격화'되기를 원한다. 그리고 이럴 때에만 스스로 살아 있다고 느낀다. 이런 사람들은 주변세계를 자신의 위성으로 만들어버린다. 주변세계는 자신을 중심으로만 돌아야 한다고 생각한다. 나 혼자만 존재하며 내가 우주 전체라고 생각하는, 그야말로 천상천하 유아독존의 유형이다."[19]

반둥회의: 평화공존은 친공인가?

평화공존·비동맹·반식민주의·민족자결주의

    1955년 4월 18일부터 24일까지 인도네시아의 반둥Bandung에선 '아시아·아프리카 회의'가 개최되었다. 인도네시아, 미얀마, 실론(현재 스리랑카), 인도, 파키스탄이 중심이 되어 열린 이 반둥회의에는 23개 아시아 국가와 6개 아프리카 국가가 참가했다. 이 국가들은 세계 인구의 55%를 점하고 있었지만, 세계 소득의 겨우 8%를 차지하고 있었다.[20]

    반둥회의는 식민지주의의 종식을 가속화하고 미소간의 냉전에서 중립을 지키는 비동맹을 추구하기 위해 아시아와 아프리카 국가들 사이에 긴밀한 유대관계를 형성할 목적으로 개최된 것이었다. 4월 18일의 개막 연설을 통해 인도네시아 대통령 수카르노Soekarno, 1901-1970는 "나의 가슴은 감격으로 벅차오르고 있다. 우리는 우리를 분리시켜놓고 있는 외양적인 차이보다 훨씬 중요한 동질적인 특성에 의해 단결하였다. 우리

인도네시아 반둥회의에서는 아시아 23개국과 아프리카 6개국이 긴밀한 유대관계를 형성하고, 평화공존·비동맹·반식민주의·민족자결주의라는 '평화의 10원칙'을 채택했다. 왼쪽부터 자와할랄 네루, 콰메 은크루마(가나), 가말 압둘 나세르, 수카르노, 요시프 티토.

는 식민지주의와 인종차별주의에 대한 공통된 혐오감으로 단합한 것이다"고 말했다.[21]

이미 1954년 6월 제네바 회의 휴회 기간에 중국 수상 저우언라이周恩來, 1898~1976와 인도 수상 자와할랄 네루Jawaharlal Nehru, 1889~1964는 회동해 평화 5원칙에 합의한 바 있었다. 반둥회의는 평화 5원칙과 비슷한, 평화공존·비동맹·반식민주의·민족자결주의를 중심으로 한 '평화의 10원칙'을 채택했다. 이대근은 6·25 전쟁이 반둥회의를 개최하게 된 직접적인 영향을 가져왔다고 말한다. 6·25 전쟁을 겪으면서 약소국가들은 정치적으로 독립했다고 하지만 언제 선진국, 제국주의 열강들의 전쟁놀이터로 변할지 모르겠다는 우려들을 누구나 하게 되었다는 것이다.

"그중에서 그것을 몸소 한국전쟁에 와서 자기 눈으로 보면서 뼈저리게 느낀 것은 인도였다. 한국전쟁에 개입한 중국과 소련으로부터 떨어져 나와 독자적인 사회주의의 길을 걷고 있던 유고, 그리고 아프리카권에서의 종주국 역할을 한 이집트, 이런 나라의 지도자들이(네루, 저우언라이, 티토, 나세르 등) 모여서 한국전쟁이 끝나기 전부터 자기들을 위해서도 한국전쟁을 하루빨리 종결시켜야 한다는 노력을 적극적으로 진행시키게 된다. 그 후 그들은 소련과 미국 어느 쪽에도 붙어서는 안 된다고 하여 1955년 4월에 인도네시아 반둥에서 10개항의 비동맹 자주화 선언을 한다."[22]

비동맹은 "남들의 운명에 대한 무관심"?

미국은 이 반둥회의를 매우 못마땅하게 바라보았다. 미국 언론은 대부분 냉전논리와 '반공'이라는 액센트로 반둥회의의 정신을 왜곡·보도했다. 이 회의에 지대한 관심을 표명한 『뉴욕타임스』도 반둥회의를 비판하기에 바빴다.[23] 정부 차원에서도 이 반둥회의는 미국은 물론 소련에도 커다란 관심의 대상이었다. 그러나 시각은 판이하게 달랐다. 소련은 반둥회의의 성공을 기원하는 축전을 보냈다. 그러나 미국의 아이젠하워 행정부는 반둥회의를 통해 중국 더 나아가서는 소련의 세력이 확대될 것이라는 결론을 내리고 처음부터 이 회의의 개최를 반대했다.

인도네시아 신문 『옵저버』 4월 19일자는 1면 헤드라인으로「미국, 아시아-아프리카회의에 메시지를 보내는 것을 거부하다」, 2면 헤드라인으로「소련, 아시아-아프리카회의의 성공을 기원하다」고 보도해 미소 간의 입장 차이를 극명하게 보여주었다.[24] 반둥회의가 규탄하는 식민지주의, 인종차별주의, 제국주의는 주로 서방세계를 대상으로 한 것이라, 반둥회의를 미국은 못마땅하게 보고 소련은 흐뭇하게 보았다는 것은 충분히 이해할 만한 일이었다. 그러나 비동맹운동은 미소간 군사경쟁이 강화되면서 전쟁의 위협이 높아지고 있는 것에 대한 제3세계의 자구책이었다.

미국이 1955년 5월 9일 서독의 비무장 원칙을 무시하고 서독을 나토에 가입시키자, 소련은 1955년 5월 14일 바르샤바조약기구를 설립했다. 1955년 7월 모스크바의 공중쇼에 소련이 처음 생산한 대륙간 폭격기가 모습을 드러내자, 미국 정부는 '폭격기 갭'을 역설하면서 전 사회에 공포 분위기를 조성했다. 미국이 공군력에서 소련에 비해 압도적 우위에 있었지만 핵 군비 확대를 위해 그런 것이었다.[25]

미소간 군사력 경쟁이 심화되는 가운데 미국은 반둥회의가 추구하는 비동맹운동에 대해 더욱 적대적인 태도를 보였다. 1956년 6월 9일의 연설에서 미 국무부 장관 존 포스터 덜레스John Foster Dulles, 1888~1959는 '비동맹' 또는 '중립'의 정신을 "비도덕적이고 근시안적인 생각"이라고 규정짓고, 이는 "남들의 운명에 대한 무관심"과 다를 바 없다고 비난했다.[26]

이승만의 반둥회의 비난

1955년경 제3세계의 화두는 '평화공존'이었지만, 이승만 정권은 그걸 '친공親共'으로 간주하고 배격했다. 이승만은 이미 1954년에 "미국이 공존주의를 주장하게 될지라도 우리로서는 자유독립의 권리를 위하여 싸워 죽기로 결심한 것이니 모든 친일친공 분자들은 극히 조심해서 외국인과 연락하여 시국을 혼란케 만든다는 것을 생각도 말아야 할 것"이라고 말한 바 있었다. 이승만은 이러한 '공존주의' 사상은 "반정부 분자들의 파괴 모략에서 나오는 것일 뿐이니 이런 분자들을 먼저 제지하여야 할 것"이라고 경고했다.[27]

이승만의 '평화공존=친공' 사상은 반둥회의에도 그대로 적용되었다. 이승만 정권은 미국보다 더 강경한 자세로 반둥회의를 비난했다. 이승만 정권은 특히 그 회의의 주동자인 인도를 비난하면서 아시아·아프리카회의를 공산주의자들이 주동하고 참석하는 회담으로 단정지었다.[28] 공보처장 갈홍기는 4월 25일 반둥회의가 공산 진영과의 공존을 모색하는 회의라는 이유에서 한국 대표를 보내지 않았다면서 이 회의에 참석한 "일본은 미국을 배반하고 있으며 새로운 아시아 제국을 몽상하고 공산주의자들과 접근하고 있는 것"이라고 비난했다.[29]

갈홍기는 4월 26일에도 일본이 친공 정책을 정당화하고 있다고 비난했다. 그는 일본 수상이 "일본은 진정한 반공 국가이며 공산 진영 국가들과 통상을 하려는 일본 정부의 의도에는 정치적 의미가 없다"고 발언한 것에 대해 "공산 국가들과 통상을 한다는 것은 공산주의자들의 세계 정복에 협조하는 행위밖에 되지 않는다"고 주장했다.[30] 한 달 후 일본이 북한과 어로협정을 협의하자, 갈홍기는 "일본의 용공 정체를 폭로한 것이며 이로써 일본을 동아東亞에 있어서 반공 세력의 일익으로 만들겠다는 미국의 계획과 정책이 얼마나 현명하지 못한 것이었으며 대일 인식이 얼마나 결여되어 있었는가를 보여주는 좋은 증거가 되고 말았다"고 말했다.[31]

나세르의 수에즈운하 국유화 사건

그러나 정부의 그런 신경질적인 반응과는 달리, 반둥회의에서 제기된 '반식민주의'와 '비동맹주의'는 당시 국내의 지식인과 문인들에게도 적지 않은 파장을 불러일으켰다.[32] 이후 제3세계의 비동맹운동이 활성화되면서 그런 관심은 더욱 고조되었다.

1956년 7월 자와할랄 네루, 가말 압델 나세르Gamal Abdel Nasser, 1918~1970, 요시프 브로즈 티토Josip Broz Tito, 1892~1980 등 제3세계의 3거두는 유고슬라비아에서 만나 비동맹주의를 재천명했다. 바로 그 7월에 나세르는 수에즈운하를 국유화하고 영국과 프랑스의 침공을 물리침으로써 제3세계 민족주의의 영웅적 존재가 되었으며, 나세르의 아랍민족

이집트의 나세르는 수에즈운하를 국유화하고 영국과 프랑스의 침공을 물리침으로써 제3세계 민족주의의 영웅적 존재가 되었다.

주의·비동맹주의·사회주의 노선은 '나세리즘Nasserism(나세르주의)'이라고 불리게 되었다. 1956년 11월 한국의 진보당 발당發黨대회는 이집트의 수에즈운하 국유화를 지지하는 '이집트에 대한 영불 침략 반대 결의안'을 채택하기도 했다.[33]

소련은 초강경 자세로 나세르를 지지함으로써 수에즈운하 사건은 소련에 큰 외교적 승리를 안겨주었다. 이후 전 아랍권이 소련에 급격하게 호의적으로 되었다.[34] 그러나 바로 이런 점이 한국에선 이승만 정권이 비동맹운동에 대해 적대적인 태도를 취하는 빌미가 되었다. 나세르는 1952년 육군 중령으로 쿠데타를 주도해 정권을 잡았는데, 훗날 한국에서 5·16군사쿠데타에 대한 초기의 호의적 반응은 나세르의 활약이 국내에도 널리 알려진 것에 힘입은 바 컸다.

반일운동과 반공운동의 결합

이승만의 평화선 선포

1955년은 반일운동과 반공운동이 결합해 이승만식 '동원 정치'의 새로운 면모를 보여준 해였다. 물론 이 두 운동의 결합은 그 이전에도 선을 보였던 것이지만, 이승만은 1955년에 일본이 북한과 손잡고 남침을 획책하고 있다는 매우 과격한 주장을 폄으로써 국민의 반일 감정과 반공 감정이 상호 결합해 '시너지 효과'를 내길 기대했던 게 아닌가 하는 점에서 이채로웠다.

반일운동은 나중에 도가 지나쳐서 그렇지 처음엔 그럴 만한 근거가 있는 것이었다. 1951년 9월 8일 미국 샌프란시스코에서 서명된 '대일對日 평화조약' 규정에 따라 한국은 동 조약에 규정된 청구권·어업과 재일 한국인의 법적 지위 문제 등을 논의하기 위한 한일회담을 갖게 되었다. 1951년 10월 20일 회담 개최를 위한 예비회담을 시작으로 1952년

2월 15일부터 본회담이 열리게 되었는데, 회담은 '평화선' 문제로 진전을 볼 수 없었다. '평화선'이란 무엇인가?

1945년 9월 도쿄의 맥아더 사령부는 일본 열도 주변에 선을 그어 일본 어선의 조업을 제한했다. 이는 '맥아더 라인MacArthur Line'으로 불렸다. 미국은 1949년까지 맥아더 라인을 세 번에 걸쳐 확장해주었지만 일본 어선은 1950년부터 맥아더 라인을 침입해 한국 근해에 와 마구잡이 조업을 해왔다. 한국 국회는 1949년 6월 13일 맥아더 라인 확장을 반대하는 긴급결의안을 통과시켜 전달했지만 아무런 반응도 없었다.

1951년 4월에는 부산을 중심으로 어민들이 모여 맥아더 라인 침범을 규탄하는 국민 궐기대회를 열기도 했지만, 제주도와 흑산도를 중심으로 한 한국 남서해 어장에는 일본 어선이 불야성을 이루고 있었다. 이승만은 해군참모총장 손원일에게 "앞으로 맥아더 라인을 침범하는 외국 어선은 모조리 나포하라"는 특명을 내리기도 했다.[35]

맥아더 라인은 샌프란시스코 조약의 발효로 1952년 4월에 소멸될 예정이었다. 맥아더 라인이 유효할 때에도 지키지 않는데 그것마저 없어지면 한국 어장이 일본 어선들에 의해 점령당할 것은 뻔한 일이었다. 당시 일본의 어획고는 세계 제1위로서 한국 어선으로는 도저히 감당이 불가능했다.

이승만은 맥아더 라인 철폐에 대비해 한국의 어업 자원을 보호하기 위한 목적으로 '인접 해양의 주권에 관한 대통령 선언'을 구상하게 되었다. 1951년 9월 7일 국무회의를 통과해 1952년 1월 18일에 공포된 이 선언은 연안에서 평균 60마일을 한국의 해양 주권 영역으로 간주했다. 이 선이 바로 '평화선'이다(한국 정부는 1954년 8월 독도에 등대를 세우고 경

비대를 파견했으며, 평화선은 1965년 6월 한일협정이 체결될 때까지 유지되었다).[36]

일본 언론은 흥분해 펄펄 뛰었다. '오만 무례하고 불손한 한민족', '한국의 해양 주권 선언은 영토 침략', '재일 한국인을 모조리 추방하라'는 감정 실린 성토가 빗발쳤고, 언론의 그런 부추김에 따라 평화선 선포를 규탄하는 집회와 시위가 일본 각지에서 벌어졌다. 특히 맥아더 라인의 철폐를 눈앞에 두고 기뻐 날뛰던 일본 어민들의 아우성이 요란했다.[37] 평화선 선포 20여 일 후엔 미국도 비판에 가세했다. "한국 정부가 일방적으로 공해상에 설정한 독점 수역은 부당하다"는 것이었다. 6월에는 대만, 이듬해 1월에는 영국이 평화선 선포를 비난하는 성명을 발표했다. 중국도 부당한 조치라며 비판에 가세했다.[38]

미국이 주선한 한일회담 개최

일본이 평화선을 불법이라고 항의하면서 고기잡이를 계속하자 이승만은 불법 어로를 하는 어선을 붙잡아 어민을 억류하라는 지시를 내렸다. 나중에 그렇게 해서 억류한 일본 어민의 수는 922명에 달했다.

1952년 9월 이승만이 해군에 평화선을 침범하는 일본 어선은 나포하고 필요할 경우엔 발포하라는 명령을 내림으로써 한일 갈등은 뜨겁게 달아올랐다. 일본 정부는 9월 22일 갈등을 빚는 지역에 일본 경비정을 파견하겠다고 발표했다. 한국에서는 대규모 시위가 발생했다. 서울에서만 10만 군중이 몰려 일본을 규탄했다. 『뉴욕타임스』 9월 26일자는 서울에서 대규모 반일 시위는 "이해할 만하지만 혼란스럽다"면서 한국인

이승만은 한국의 어업 자원을 보호하기 위한 목적으로 연안에서 평균 60마일을 한국의 해양 주권 영역으로 간주하는 '평화선'을 선언했다. 평화선을 넘었다가 억류된 일본 어부들.

들은 과거에 대해 일본에 대한 악감정을 갖고 있다고 비판했다.[39]

1953년 1월 5일 유엔군 사령관 마크 클라크Mark Clark, 1896~1984는 이승만을 일본으로 초청해 일본 수상 요시다 시게루吉田茂, 1878~1967와 회담을 주선했다. 이승만은 일본에 갔다 와서 전혀 이승만답지 않은 놀라운 발언을 했다. "이제 우리는 러시아라는 공동의 적이 생겼다. 한국과 일본은 서로를 필요로 한다. 식민통치의 과거는 잊고 일본을 친구로 생각해야 한다"는 것이다.[40] 그러나 이승만은 곧 자신의 이 발언을 배반하게 된다.

이승만과 요시다의 회담 이후, 우여곡절 끝에 1953년 4월 15일 제2차 한일회담이 도쿄에서 개막되었다. 1953년 10월 6일 제3차 회담, 1958년 4월 15일 제4차 회담이 열렸지만 아무런 진전이나 성과 없이 모두 결렬되었다.[41] 회담 결렬의 책임은 일본에 있었다. 제3차 회담에서 일본 수석 대표 구보다 간이치로久保田貫一郎, 1902~1977는 "일본이 '강화조약'을 체결하기 전에 한국이 독립한 것은 국제법 위반이며, 일본 통치는 조선에도 유익했다"고 주장해 한국인들을 분노하게 만들었는데, 바로 이런 시각이 회담을 불가능하게 만들었다.⁴²

이후 한일관계가 악화되면서 이승만은 일본의 편을 드는 미국까지 비판의 대상으로 삼게 되었다. 그는 1954년 1월 미국이 정치·경제·군사적으로 일본을 아시아의 전략 거점으로 삼고 있으며, 미국 신문들까지 일본에 불리한 기사는 싣지 않으면서 일본 편들기를 하고 있다고 비난했다.⁴³

5·20 총선을 앞둔 반일주의

어느 게 우선적인 고려의 대상이었는지는 알 수 없으나, 때는 바야흐로 5·20 총선을 앞두고 있던 시점이었다. 이승만의 반일反日 카드는 친일親日 경력자들이 많은 야당에 타격을 줄 수 있는 것이었다. 앞서 지적했다시피, 이승만은 3월 11일에서 5월 17일까지 11차례에 걸쳐 선거 관련 담화를 발표할 정도로 지대한 관심을 표명하면서 총선에 자신의 정치 생명을 걸다시피 했는데, 그 담화 중에 반일주의가 빠질 리 없었다.

이승만은 담화에서 국민들이 "가장 주의할 것은 일본의 노예가 되어서……권리와 재산을 얻은 자들은 일체 배제해서……억울한 사람이 있을지라도……이 사람들을 제쳐놓지 않으면 우리나라 장래는 40년 지난 역사를 또다시 되풀이하게 될 것"이라고 경고했다. 거의 협박 수준의 비난도 불사했다.

"지금 일인日人이 말하기를 한국은 죽어도 내놓지 않겠다고 결심해서 친일파 한인들을 모아다가 한국 내에 상업상 명칭을 해가지고……재정을 들여다가 친일하는 자들을 국회에 앉히고 정권을 요란시키려는 이때인데……그 무리들을 다 뽑아서 일본 백성이 되어 살게 하든가 그렇지 않으면 우리가 왜놈이 되든지 해서 살아야 될 것…….'"44

그러나 이승만의 친일 경력자 비난은 자신에게도 부메랑이 될 수 있었다. 이승만은 악질적인 친일파까지도 중용하지 않았던가. 그런 이유 때문이었는지는 모르겠으나, 이승만은 4월 6일 담화에선 친일파에 대한 정의까지 내려주는 친절을 베풀었다.

"근래에 와서 친일파 문제로 해서 누가 친일파며 누가 아닌가 하는 것이 민간에서 혼동된 관계가 있으므로 내가 다시 설명하고자 하는데, 내가 말하고자 하는 것은 왜정시대에 무엇을 하던 것을 가지고 친일이다 아니다 하는 것을 결정하는 것이 아니고, 그때 뭘 했든지 간에 그때 친일로 지목된 사람이 지금부터 무엇을 할 것인가를 그 사람의 의사와 행동으로 표시되고 안 되고에 친일이다 아니다 하는 것을 판단하는 것이다. 가령 이전에 고등관을 지내고 또 일본을 위해서 열정적으로 일한 사적이 있을지라도 그 사람이 지금 와서는 그 일을 탕척蕩滌받을 만한 일과 사실이 있어가지고 모든 사람이 양해를 받을 만한 일을 해서 진정으로 친일 아니다 하는 것을 증명받을 만하면 먼저 일은 다 불문하고 애국하는 국민으로 인정하고 대우해줄 것이다."45

이 담화가 나오고 난 직후, 월간『신태양』1954년 6월호엔 이광수가 황국신민화운동에 앞장선 것은 친일을 한 것이 아니고 민족을 위한 항쟁이었다는 글이 실렸다.46 그러나 이는 이승만의 뜻을 제대로 몰랐거나 그걸 알고서도 이승만의 친일파 옹호 발언을 이용해 편 주장으로 보아야 할 것이다.

친일이건 그 무엇이건 가장 중요한 기준은 이승만에 대한 충성이었다. 자신을 지지하면 그 어떤 추악한 과거도 다 용서되지만 그렇지 않으면 경미한 친일 경력을 가진 사람이라도 반드시 제거되어야 할 역적이었다. 이승만의 이런 자의적인 이중 잣대는 나중에 이승만과 자유당이 장면을 공격하기 위해 그의 친일 경력을 집중적으로 물고 늘어지는 것에서도 유감없이 발휘된다.

북진통일 궐기대회

1954년 12월에 출범한 일본의 하토야마鳩山 내각은 6·25 전쟁의 특수 경기가 휴전과 함께 사라지면서 곤경에 처하게 되자 정경 분리를 내세워 중국·소련에 접근하고 북한과도 어업협정을 맺었다. 이승만은 1955년 4월 일본 정부가 북한과 교류하면 일본을 적성국가로 선포할 것이라고 천명했다. 1955년 5월 '용공 일본'을 분쇄하기 위한 국민대회는 하토야마 내각을 자유 진영의 배신자로 규정했다. 1955년 6월 이승만은 일본의 새로운 군국주의자들이 공산국 군대와 합작하고 있다고 주장했다.[47]

이승만의 이런 일련의 주장은 '평화공존'에 대한 비판이었다. 그는 1955년 '6·25 사변 제5주년 기념사'에서 '현상 유지하는 평화적 공존주의'는 받아들일 수 없다는 것을 분명히 했다. 그는 평화공존 정책을 "공산군의 속박을 받지 않는 백성들을 중립국가로 만들어 비틀어매는

것"이라고 규정했다.[48]

이승만의 각료들도 대통령의 뜻에 부응해 반反평화공존 전도사를 자임하고 나섰지만 열의가 지나친 나머지 상식 이하의 발언이 속출했다. 외무부 장관 변영태는 1955년 6월 유엔헌장 서명 10주년 기념식에서 "공산주의자들을 유엔으로부터 축출하여야 할 것"이라고 연설했는가 하면, 1955년 국회의 예산심의에서는 국회의원 김달호가 "유엔총회가 반공단체냐 용공단체냐"는 질문에 외무부 장관 서리 조정환은 "반공단체"라고 답변했다가 곧 취소하는 해프닝을 빚기도 했다.[49]

유엔마저 '반공단체'로 보아야 직성이 풀리는 이승만 정권의 평화공존에 대한 강한 알레르기는 '평화공존'이라는 말을 꺼내는 것조차 어렵게 만들었다. 1955년 여름 이동화는 서울대학교 강당에서 당시의 국제 정세에 대해 강연하면서 양대 진영의 평화적 공존이 불가피하다고 설명했다는 이유로 구속당해 재판까지 받아야 했다.[50]

1955년 8월부터는 북진통일운동의 일환으로 중립국감시위원단 축출 시위가 전국을 뒤덮기 시작했다. 이는 8월 1일 정부의 성명에서 비롯되었다. 정부는 성명을 통해 "38선 이남에 있는 모든 우리 영토에 대한 우리의 권리를 회복하기 위하여 필요한 조처를 취할 것"이며, "우리의 방위선을 강화하기 위하여 이 중요한 지역들(개성, 옹진 등)을 수복할 준비를 갖추고 있다"고 공표하고, 중립국감시위원단이 물러갈 것을 요구했다.

다음 날 미 국무부 장관 덜레스는 한국 정부의 **무력 수복정책**을 지지하지 않는다고 발표했지만, 정부의 요구를 지지하는 시위는 8월 6일부터 시작되어 8월 12일에 100만 명을 돌파한 것으로 발표되었다. 이

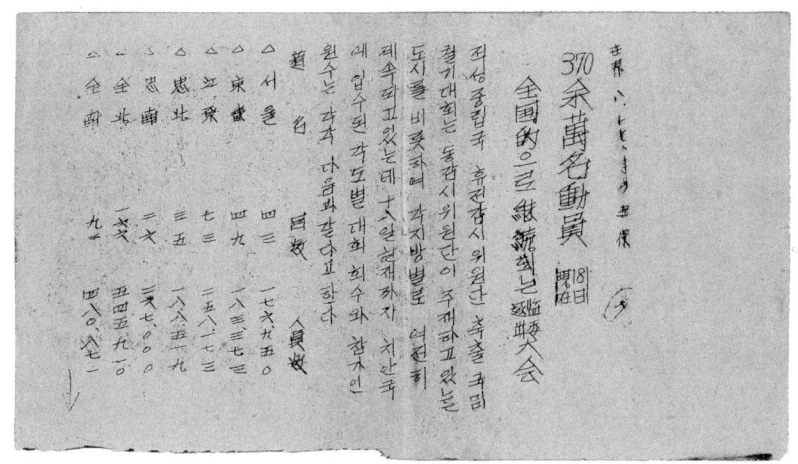

1955년 8월 1일 정부가 중립국감시위원단을 물러가라고 요구하자, 전국적으로 중립국감시위원단 축출 시위가 일어났다. 당시 각 도별 중립국감시위원단 축출 국민 궐기대회 개최 회수와 참가 인원 수를 안내하기 위해 제작된 전단이다. (대한민국역사박물관 소장)

승만은 8월 13일 휴전협정 즉시 폐기와 북진통일을 주장하면서 국민들에게 시위 참여를 촉구했다. 정부는 8월 20일 시위 군중의 수는 400만 명에 육박한다고 발표했다.[51]

일본과 북한의 연대와 남침 음모?

1955년 여름은 민국당의 발전적 해체와 더불어 범야권 통합신당 창당운동이 벌어지고 있었다. 그리하여 9월 19일 민주당이 창당된다. 민주당의 최대 약점은 여전히 친일 지주 세력이 많다는 점이었다. 이승만은 1955년 10월 8일 유엔이 북한군을 무장해제하고 북한에서 자유선거를 실시해야 한다는 놀라운 주장을 하더니, 11월엔 일본이 공산당과 합해서 남한으로 내려올 계획을 세우고 있다는 더욱 놀라운 주장마저 했다. 근거는 없었다. 이승만에게 중요한 건 이렇게 위기 분위기를 고조시키면서 국민을 시위에 동원하는 것이었다.[52]

중립국감시위원단 축출 시위는 수시로 이승만이 제공하는 반일정서와 결합해 그 열기가 지속되었다. 시위는 미군과의 충돌도 불사해가면서 12월까지 계속되었다. '열 관리'의 필요성을 느낀 탓인지 12월 10일 이승만은 시위를 당분간 중지하라는 담화를 발표했다.[53]

이 시위의 의도는 무엇이었을까? 서중석은 불확실하다는 걸 전제하면서 "반공의식을 앙양하고 멸공 북진통일 의지를 과시하는 면 외에, 전시 체제적인 분위기를 만들기 위한 목적이 컸을 것이다. 이 시기에 민주당이 창당되고 진보당 추진운동이 일어났는데, 그것에 대한 대응인지는 확실치 않다. 그러나 이러한 시위가 이승만 한 사람에게로 권력을 집중시키는 효과가 있다고 볼 때, 1956년 정·부통령 선거를 염두에 두었을 가능성이 있다"고 말한다.[54]

손호철은 이승만 정권의 반일주의에는 체제 정당화와 대중동원을 위한 목적 이외에도 정치적 반대 세력을 무력화시키려는 당략적 목적도 내포되어 있었다고 말한다. 당시 가장 강력한 정치적 반대 세력이었던 민주당, 특히 민주당 구파는 한민당에 뿌리를 둔 친일 지주들이 실세를 구성하고 있었다는 점과 관련, 이승만 정권의 반일주의는 이와도 밀접한 관계가 있다는 것이다.[55] 반면 이한우는 『거대한 생애 이승만 90년』(1996)에서 이승만이 조장한 일련의 관제 시위에 대해 "힘없는 나라의 국가원수로서 자신이 외국과 상대할 때 그나마 힘이 돼줄 수 있는 것은 그것밖에 없었기 때문인지 모른다"고 말했다.[56]

분명히 그런 점도 있었을 것이다. 그러나 1955년에 벌어진 관제 시위는 구체적인 목적이 불분명했고 이승만 스스로 일관성을 상실한 문제점을 드러냈다는 점에 주목할 필요가 있다. 여기서 가장 유념해야 할 것은 동기의 복합성이다. 그 어떤 정략도 어느 정도 명분을 수반하기 마련이며 또 그렇게 해야만 효과를 발휘할 수 있는 법이다. 즉, 이승만의 어떤 정치적 행위를 그 어느 한 가지 요인만으로 단순화시켜 설명하기는 어려우며 여러 복합적인 것이 동시에 작용했다고 보는 게 타당하다는 것이다.

반일과 반공의 상충

이승만은 1955년 12월엔 미 국무성 관리들이 한국을 희생해 일본을 지원하고 있다고 비난하면서 그들 중엔 일본과의 맹목적 사랑에 빠진 이들이 있다고 경고했다. 미국인들 이외에 도대체 누가 일본을 믿느냐고 개탄하기까지 했다.[57]

그러나 문제는 이런 발언의 타당성 이전에 이승만 자신이 신뢰를 잃었다는 점일 것이다. 그는 늘 복선이 깔린 어법을 사용하기 때문에 자신의 그런 문제점을 깨닫지 못했을 수도 있지만, 이승만처럼 복잡하게 생각하지 않는 사람들에겐 그의 그런 어법이 '노망老妄'으로 간주되었을 가능성도 높았을 것이다.

이승만은 반일과 반공이 같이 갈 수 있을 때엔 행복했겠지만, 세계적으로 '평화공존'의 바람이 불면서 그 두 가지는 더욱 상충하게 되었다. 그는 미국인들을 향해 반소反蘇를 위해 한국은 일본을 친구로 생각해야 한다고 역설했다가, 사정이 달라지니까 전혀 다른 이야기를 하게 된다. 그는 대만이 일본과 가깝게 지내는 걸 비판하면서 심지어 "4억 중국인은 다시 일본의 지배하에 노예가 되느니 지금과 같은 공산주의 속박을 원할 것이다"는 말까지 했는데,[58] 과연 어떤 게 이승만에게 더 우선적인 것이었을까? 반일인가, 반공인가?

'반일'이라고 보기엔 그의 반민특위 해체와 친일파 중용이 믿기지 않는 일이고, '반공'이라고 보기엔 바로 이와 같은 발언을 포함해 1955년에 보인 그의 일련의 행태가 걸린다. 이승만이 시도했던 반일운동과 반공운동의 결합은 국내적인 정략의 차원에선 소기의 성과를 거두었는지 몰라도, 바로 그 정략이 자유당을 병들게 하면서 그에게 무서운 부메랑으로 돌아오게 되었다.

"학도를 정치 도구로 이용하지 말라"

"체코·폴란드 물러가라" 시위 운동

　1955년 9월 14일에 발생한 대구 매일신문사 테러 사건은 이승만의 '동원 정치'가 빚은 비극이었다. 이 사건은 일견 자발적으로 보이는 이승만 정권하의 그 수많은 시위가 어떤 식으로 조직되었으며, 그것에 이의를 제기하는 것이 얼마나 어려운 일이었는지를 여실히 보여주었다. 앞서 보았듯이, 1955년 8월부터 중립국감시위원단 축출 시위가 전국적으로 벌어지고 있었다. 정부가 문제삼은 건 중립국감시위원단 중 체코와 폴란드 등 공산국가 대표였다. 그래서 이 축출 시위를 이른바 '적성감위敵性監委 축출운동'으로 줄여서 불렀다.

　유엔 결의에 따라 중립국감시위원단으로 입국한 대표 일원이 체코·폴란드 국민이라고 해서 그들을 내쫓는 것은 부당한 일이었지만, 대통령의 뜻이 그러한 만큼 정부와 시위대는 똘똘 뭉쳐 이 운동을 전개했다. 이 시위에 동원된 사람들은 주로 학생이었다.

전국 각지에서 수많은 학생이 동원되어 "체코·폴란드 물러가라"는 시위를 벌이느라 학업에 막대한 지장을 초래하고 있었다. 시위 동원이 그거 하나라면 또 모르겠지만, 그게 아니었다. 소설가 백인빈은 『조국 회상』에서 "우리들은 구성지게 내리는 그 비를 맞으며 궐기대회니 총궐기대회니, 규탄대회니에 매일이다시피 끌려다녀야 했다. 그런 속에서도 처음으로 데모와 규탄대회와 총궐기대회가 성공한 것은 '적성감위 물러가라'였던 것이다"며 다음과 같이 말했다.

"그날, 우리는 비를 맞으며 소리쳤던 것이다. 선생님께서 나누어주신 구호 쪽지를 들고 소리치고, 주먹을 허공에 저으며 적성감위 물러가라고 소리쳤고, 옷이 젖고, 신이 젖고, 사타구니가 젖자 악이 받쳐서 소

이승만 정권하에서는 학생들을 동원한 각종 시위나 궐기대회가 끊이지 않았다. 이는 이승만 정권의 '동원 정치'의 단면을 보여주었다.

리쳤던 것이다. 물러가라 적성감위, 물러가라, 물러가라.……그리고 또 끌려다니며 궐기대회, 성토대회에 참가해야 했고, 나팔을 불며 시가행진을 하여야 했던 것이다. 그래서 나는 끙끙 앓았던 것이다.

수업을 하다가도 훈육 주임이 호루라기를 불며 뛰어다니면 운동장으로 집합하여야 했고, 누가 만들어 나왔는지도 모르는 플래카드를 들고 서울운동장으로 달려가고, 핏대를 올리는 명사의 음성을 멍청히 서서 들은 뒤에 만세삼창을 하고는 을지로나 종로를 통하여 시청 앞까지 나팔을 불고 구호를 외치며 시가행진을 하여야 했던 것이다.

그리고 집에서는 어머님 혼자 계시곤 하는데도 총궐기대회에 나오지 않으면 배급을 주지 않는다거나, 이름을 적어간다는 소리에 질려서 서울운동장으로 끌려나가야 했던 것이다. 그것은 연년이 계속되어서, 건강한 여자가 다달이를 하듯이, 매년 봄부터 돋아나서 볕이 짙어질수록 여물며 무성하여지곤 하는 것이었다.

그런 속에서 지내던 어느 날, 그 억수로 퍼붓는 빗속으로 끌려나간 우리들은 훈육 주임의 훈시를 들어야 했던 것이다. 보시오, 학생들! 그대들은 으찌하여 국부 이승만 박사께서 행차하실 때에 박수를 아니 치는 거요? 으찌하여 아니 치는가 이 말이요오! 효자동을 드나드는 우리들은 훈육 주임이 종로경찰서에 여러 번 끌려갔었다는 유언비어 비슷한 것을 건네면서 그 비를 다 맞아야 했고, 각하께서 행차하실 때에는 만세를, 각하의 빈 차가 지나갈 때에는 박수를 쳐야 한다고 하여, 그 연습을 여남은 번은 하고서야 곤죽이 된 몸을 교실로 옮겨갈 수 있었던 것이다."[59]

대구 매일신문사 테러 사건

9월 10일 유엔대표부 상임이사 임병직이 대구를 방문하자 이를 환영하고자 중고등학생들을 환영에 동원해 뜨거운 햇볕 아래 3~4시간 동안 가두에 도열시키는 일이 벌어졌다. 이 무렵 임병직의 외무부 장관 기용설이 나돌고 있었다는 점을 염두에 둘 필요가 있겠다.[60] 이를 보다 못한 대구 『매일신문』 주필 최석채는 9월 13일자에 「학도를 정치 도구로 이용하지 말라」는 사설을 썼다. 이 사설은 학생들을 관제 시위나 고위 관리들의 출영식出迎式에 동원하는 폐습을 비판한 것이었다.

"요즈음에 와서 중고등학생들의 가두 행렬이 다반사처럼 되어 있다. 방학 동안의 훈련을 겸한 모종의 행렬만이 아니라 최근 대구 시내의 예로서는 현관顯官의 출영에까지 학생들을 이용하고 도열을 지어 3~4시간 동안이나 귀중한 공부 시간을 허비시키고, 또 거시적으로 환영하여야 할 공적이 있는지 모르겠으나 수천 수만 남녀 학생들이 면학을 뒤로 하고 한 사람 앞에 10환씩 돈을 대어 수기手旗를 사 가지고 길바닥에 늘어서야 할 아무런 이유를 발견 못한다. 또 학생들은 그렇게 할 하등의 의무가 없는 것이다. 특히 우리가 괴이하게 생각할 수밖에 없는 것은 그것이 학교 당사자들의 회의에서가 아니라 관청의 지시에 의하여 갑자기 행하여졌다는 것을 들을 때, 고급 행정 관리들의 상부 교제를 위한 도구로 학생들을 이용했다고 볼 수밖에 없는 것이 아닌가."[61]

이 사설이 나가자 자유당의 사주를 받은 폭력배 20여 명이 매일신문사를 습격하는 사건이 발생했다. 이 습격으로 중·경상자가 여러 명 생겼고 인쇄기 등 기물이 크게 파괴되었다. 이해할 수 없는 건 경찰의 태

도였다. 9월 17일 경북도경 사찰과장은 "백주 테러는 테러가 아니다"는 명언(?)을 남겼다.[62]

『매일신문』과 경찰은 이미 악연을 갖고 있었다. 『매일신문』은 『경향신문』과 마찬가지로 가톨릭 재단이 경영하는 신문으로 이승만 정부에 대해 비판적이었다. 당연히 경찰 문제에 대해서도 침묵하지 않았다. 한 달 전인 8월엔 이런 일도 있었다. 8월 9일 철거작업 중이던 대구와 거창 사이의 다리 중동교가 무너져 더위를 피해 다리 밑에서 쉬고 있던 주민 15명이 사상死傷을 당한 사건이 있었다. 『매일신문』은 도경국장이 "다리 밑에 들어간 사람이 나쁘다"고 말한 걸 기사화했다. 그러자 경찰은 도경 출입기자 권석진을 명예훼손과 병역기피 혐의로 연행했다가 풀어주었다.[63]

그러나 이 사건은 그런 악연의 차원을 넘어서 색깔 공방으로 치달았다. 문제의 사설이 나가자 '적성감위 축출 경북도 연합본부' 명의로 "『대구매일』의 이적행위를 규탄한다", "『대구매일』 사설 필자 최석채를 처단하라"는 내용의 삐라가 살포되었고 『대구매일』을 규탄하는 시위가 난무했다.[64] 경찰은 바로 그 전단 내용을 수사하겠다고 나섰으니 이만저만한 적반하장賊反荷杖이 아니었다. 문제의 사설은 "전 국민적 반공궐기인 적성감시위 축출 궐기의 의미를 깎아내리고 방해하려는 이적행위"라는 것이었다. 경찰은 그 혐의로 최석채를 구속했다.

『매일신문』이 1만 부를 돌파한 이유

이는 언론이 관제 시위용 학생 동원에 이의를 제기하거나 도전하는 것이 얼마나 어렵고 위험한 일인지를 웅변해준 사건이었다. 달리 말해, 굳게 침묵하라는 것이었다. 9월 18일 서울에 뿌려진 '시민·출판업자·법정변호사·문화인 기타 일체의 지식인에게 고함'이라는 경고문은 바로 그런 메시지를 담고 있었다.

"이적利敵 신문『대구매일』의 주필 최석채는 17일 정도 드디어 피검되었다. 이적 사실은 너무나 가공可恐 광대한 것이며, 상상 이외의 죄상이 탄로되고 있으니 한국민은 수하를 막론하고 차此를 변호하는 협조적 언사, 동정 기사, 위문 등이 있을 시는 그와 같은 계열의 이적행위자로 간주하고 애국단체연합회에서는 특별 조치가 있을 것을 사전에 경고한다."[65]

이런 협박 공세에 자유당까지 적극 가세했다. 9월 21일에 발표된 자유당 경북도당 성명에 따르면, "『대구매일신문』은 과거부터 논조가 자유의 한계를 넘어서 선량한 도민에게 선동적이고 파괴적인 허위사실을 교묘한 말재주로 보도한다 하여 수차례에 걸쳐 애국시민이 동지同紙에 대하여 충고하였으나 반성의 기색이 전혀 없고 반국가적 행위를 지상과제로 자부하는 듯 국가적·민족적 애국행사에도 비협조적 선동으로 시민을 기만해왔던 사실이 한두 가지가 아니었다. 신성한 가톨릭교회의 재단을 이용하여 반국가적 논조를 일반 애국시민 및 민족을 분열 이간시키며 멸공통일의 중차대한 성업을 언론의 자유라는 허울 좋은 상투어를 남발하여 고의로 방해하는 동지同紙의 비양심적 처사에 우리 민중은 결단코 묵과하지 않을 것이며 반드시 동지 폐간의 날이 올 것을 의심하지 않는 바이다".[66]

이 사건의 국회조사단인 자유당 의원 최창섭은 국회에서 "『대구매일신보』는 국가 민족에 대해서 중대한 테러를" 한 반국가적 행위를 했다고 규탄하고, 테러한 자들이 "애국심에 불타는 나머지 이 국가 민족을 원려遠慮해 가지고 정당한 일을 하는 데 있어서는 그 청년에게 훈장을 주고 싶다"고 발언했다.⁶⁷

11월 8일 대구지법에서 첫 공판이 열렸는데, 이 재판은 1심에서 무죄, 2심에서 공소 기각, 대법원에서 무죄로 8개월 만에 끝났으나, 검찰이 내세운 주장은 이 시대의 광기狂氣를 잘 보여주었다. 검찰의 주장에 따르면, "정부 비판이 본의는 아니더라도 결과적으로 북괴를 이롭게 하는 이적행위, 즉 반국가적 행위가 될 수 있다"는 것이며, 이는 처벌해야 한다는 것이었다. 이 논리에 따르면, 모든 정부 비판은 다 이적행위가 될 수 있었다.

민심이 그런 이상한 논리에 동의하지 않았다는 건 『매일신문』에 보낸 독자들의 성원으로 나타났다. 이 사건이 일어나기 전인 1955년 초에는 4,200부이던 『매일신문』의 발행 부수가 1955년 말에는 1만 부를 돌파했다.

제5장

민국당
자유민주파가 만든 민주당

쟁점으로 불거진 조봉암 참여 문제

원내 15석의 군소정당으로 전락한 민국당의 발전적 해체를 통한 범야권 통합의 첫 번째 움직임은 1954년에서 1955년에 이르는 시기에 민국당 중심의 '호헌동지회'가 결성되고, 1955년 초에 신당촉진위원회가 구성되는 것으로 나타났다.[68] 신당 창당에서 가장 큰 쟁점은 조봉암 세력의 참여 문제였다. 신당 추진 세력은 조봉암의 참여를 지지하는 서상일, 장택상, 신도성 등의 민주대동파와 그의 참여를 적극적으로 반대하는 조병옥, 장면, 곽상훈 등의 자유민주파로 갈렸다.[69]

민국당의 대주주였던 김성수는 병석에 누운 몸으로 민주대동파의 입장에서 조봉암과 합작힐 것을 보수파(자유민주파)에 종용했다. 보수파들이 김성수의 권유에 마지못해 조봉암이 반공 노선을 지지하겠다는 것을 공적으로 약속할 것을 조건으로 제시하자, 김성수는 조봉암에게 명확

히 태도를 밝힐 것을 권고했다.[70]

그런데 그만 2월 18일 김성수가 65세를 일기로 사망함으로써 야권의 대동단결에 어두운 그림자를 던져주었다. 김성수는 죽는 순간에도 자신의 비서실장인 신도성에게 조봉암을 영입하라는 유언을 남겼다고 한다(김성수의 장례는 2월 24일, 김구·이시영에 이어 정부 수립 이후 세 번째 국민장으로 치러졌다. 신도성은 일본 도쿄대학 출신으로 서울대학교 정치학과 초대 주임교수였다).[71]

김성수는 죽었지만, 조봉암은 김성수의 권고에 따라 2월 22일 성명을 발표했다. 그는 자신이 8·15 후 공산당과 절연하고 대한민국에 모든 심력心力을 바쳐왔으며, 대공산 투쟁에 여생을 바칠 것이지만, "공산당의 독재는 물론이고, 관권을 바탕으로 한 독점자본주의적 부패분자의 독재도 어디까지나 반대한다"고 자신의 기본 노선을 재천명했다.[72]

조봉암은 이미 1954년 3월에 자신의 기본 노선을 밝힌 '우리의 당면 과업'을 발표했지만 보수파는 그걸 못 믿겠다는 것이었다. 그 수준도 용납할 수 없다는 사람들도 있었다. 조봉암이 『한국일보』 1955년 6월 16일자에 기고한 글에서 밝힌, 다음과 같은 수준의 노선도 일부 보수파들에겐 불길하게 생각되었던 것이다.

"약 반세기에 걸쳐서 자본주의의 해독과 공산주의의 해독을 눈으로 보고 몸으로 체험한 우리 민족은 전 세계의 다른 어떠한 민족보다도 우리 민족은 어떻게 살아가야 할 것이냐는 것을 더욱 깊이 생각하는 동시에 모든 인류는 장차 어떻게 살아갈 것이냐 하는 문제를 심각히 생각하는 민족이 된 것이다. 독점자본주의와 공산주의의 해독이 어떻게 시정되는가 또 어떻게 그것을 극복함으로써 전 인류가 이 두 가지 해악에서 해방되어 완전한 자유와 행복을 누릴 수 있는 것일까."[73]

조병옥·장면·김준연의 반대

조봉암은 "지팽이를 짚고서라도 신당운동에 따르겠다"고 했지만, 보수파들은 계속 색깔 공세를 취했다. 신도성을 비롯해 김성수의 유언을 들은 사람들이 보수파 간부들의 모임에서 김성수의 뜻에 따르자고 역설했지만 조병옥과 장면 등이 강력히 반대했다. 이들의 반대 논리는 과거 공산당 간부를 지낸 사람은 그 습성을 결코 버리지 않는다는 것이었다.[74]

3월 7일 과거 공산주의 운동에 적극적으로 참여한 경력이 있던 김준연조차도 "그가 공산주의자가 아니라는 보장이 없다. 그는 적어도 세칭 제3세력 내지는 중간파라고 볼 수 있다.······사회주의와 공산주의는 4촌간이라기보다는 동질적인 것이니 신뢰하고 같이 일할 수 없다"고 주장했다.[75]

조병옥의 훗날 회고에 따르면, "나는 조봉암 씨의 정치 이념 문제 때문에 그의 신당 가입을 완강히 거절하였다.······그는 본질적으로 공산주의자요······정치적 방편으로서 정치의 개종改宗을 한 것이라고 나는 생각하였기 때문에 그의 신당 가입을 적극적으로 반대하였던 것이다".[76]

조봉암의 신당 배제가 결정되면서 신도성·장택상 등이 호헌동지회에서 탈퇴했다. 5월 중순 신도성은 탈퇴하면서 호헌동지회가 "미국의 힘에 의지하여 이승만을 몰아내고 정권을 탈취하려고 한다"는 점과 "조봉암이 참여하지 않는다면 그것은 민주대동단결이 아니다"는 내용의 성명서를 발표했다.[77]

민주당 창당과 '진보당창당준비위원회' 구성

민국당 계열의 보수파는 7월 17일 자파만의 신당 발기 준비위원회를 구성, 다른 보수 세력을 끌어들여 9월 19일에 신당을 창당했는데, 그게 바로 민주당이었다. 민주당은 '반공이데올로기와 자유자본주의 신념'을 내세웠다. 민주당은 5명의 최고위원을 선출했다. 대표최고위원엔 신익희, 나머지 4명의 최고위원은 대의원 투표로 조병옥(282표), 장면(278표), 곽상훈(262표), 백남훈(111표) 등이 뽑혔다.

민주당은 이른바 '구파'와 '신파'로 구성되었다. 한민당과 민국당 계열을 승계한 구파는 신익희·조병옥·김준연·윤보선·유진산 등으로 지주 집안 배경을 가졌거나 해외 유학파가 중심이었다. 김성수의 '보성·동아 인맥'이 강세를 보였다. 이승만에서 소외된 전 자유당 인사들·

민국당 계열의 보수파는 '반공이데올로기와 자유자본주의 신념'을 내세우면서 9월 19일 민주당을 창당했다.

홍사단·조선민주당계 인사들의 연합 세력인 신파는 장면·오위영·조재천·엄상섭 등을 핵심 인물로 한 관료·법조인 출신이 주류였다. 그 외 언론인과 정치인, 국내에서 교육을 받고 고등문관시험에 합격해 일제 치하에서는 법관 또는 관료로 일했던 사람들이다.[78]

신익희는 굳이 따지자면 구파에 속했지만 한민당 출신은 아니었고 신구파 사이에서 중간을 유지하려고 애를 썼기 때문에 신파에서도 지지를 받았다.[79] 나중에 민주당 대통령 후보 문제를 놓고 신구파 싸움이 벌어졌을 때, 신구파 사이엔 이런 논쟁이 오고갔다.

신파 한동석은 "장 박사는 미국통이고 해공은 중국계가 아니오. 지금 우리는 무엇보다도 미국의 지원이 필요한데 이것을 관철하자면 장 박사가 대통령 후보가 되어야 하지 않겠소"라고 주장한 반면, 구파 유진산은 "해공은 항일의 기록이 있고 대중의 지지도 높아요. 정치적으로도 장 박사에 비해 선배고. 우리는 한국인이니 한국적인 도덕관에서 이 중대 문제를 다루어가야 한다고 믿소"라고 주장했다.[80] 그래도 이건 신구파가 상호 점잖은 경쟁관계를 유지했을 때의 이야기이고, 1950년대 후반에 가서 신구파는 서로 원수처럼 으르렁대며 싸우게 된다.

민주당 참여를 거부당한 혁신계 야당 세력은 1955년 9월 1일 경기도 광릉에서 집회를 열고 새로운 혁신 세력의 창당을 결의했다. 그로부터 3개월 뒤인 12월 22일 조봉암, 서상일, 이동화 등을 주축으로 해 "궁핍으로부터의 해방, 공포로부터의 해방", "나가자 진보당, 뭉치자 피해 대중"이라는 슬로건 아래 당명을 신보당이라 정하고 '진보당창당준비위원회'를 구성했다.[81]

민주당 창당 과정에서 탈퇴한 정치인들 중엔 진보당과는 색깔이 맞지 않는 이들도 있었다. 장택상은 민주당이 민국당의 아류일 것이라 판단하고 조병옥과 자신의 비서인 김영삼의 간청에도 신당 참여를 거부했다.[82] 장택상은 이범석 등과 함께 가칭 민정당 발기준비위원회를 조직했다가 1956년 3월 30일 공화당을 창당했지만, 공화당은 장택상과 이범석의 주도권 다툼으로 창당 12일 만에 붕괴하고 말았다.

제6장

'괴뢰 이승만' 사건과 『사상계』의 활약

『동아일보』의 '오식 사건'

해방 이후 신문은 타블로이드판 2면에 불과했으며 오늘날 신문의 크기로 1일 4면이 발행되기 시작한 것은 1955년경부터였다. 1955년 말 현재 일간지는 서울 17개, 중부지방 6개, 영남 10개, 호남 9개, 강원 3개 등 모두 45개였으며, 총 발행 부수도 1946년 38만여 부에서 198만 부로 늘었다. 석간 『동아일보』가 17만 6,000부, 석간 『경향신문』이 10만 부, 조간 『조선일보』가 8만 부를 발행했다.[83]

1956년의 대통령 선거를 앞둔 1955년에는 언론에 대한 통제가 심해졌다. 그러나 통제의 방법은 졸렬하기 짝이 없었다. 1955년 9월 서울 신당동에선 일부 통장들이 『동아일보』의 구독자 명단을 조사해 문제를 일으켰다. 또 지방 도시나 농촌에선 경찰이 이른바 '야당지'의 독자를 조사하고 신문 구독을 방해하는 일이 자주 일어났다.[84]

1955년 3월 15일에 일어난 『동아일보』 오식誤植(활판에 활자를 잘못 꽂음) 사건에 대한 정부의 대응도 졸렬했다. 『동아일보』는 기사 제목에서 이승만의 이름 앞에 '괴뢰'라는 단어가 첨가된 실수를 윤전기가 돌아가기 시작한 지 10분 뒤에서야 발견했다. 발견 즉시 윤전기를 세웠지만 이미 인쇄된 신문은 가판대에 나간 상태였다. 『동아일보』는 신문 회수 소동을 벌였지만, 300부 가까이를 회수하지 못했다.

이 실수로 인해 『동아일보』의 업무 관련자 3명이 구속되었으며, 이들에게는 국가보안법과 형법상 명예훼손 혐의가 적용되었다. 이들은 20여 일 만에 풀려났으나 징계 해직 형식으로 신문사를 떠났고, 불구속 기소된 주필 겸 편집국장 고재욱은 사임했다가 7개월 뒤에서야 주필로 복귀할 수 있었다. 신문은 한 달간 정간을 당했는데, 당국이 『동아일보』에 보낸 정간명령서는 그 실수를 '반민족적인 중대 과오'로 규정했다. 정부는 4월 16일 정간을 해제하며 "이 대통령 각하께서 이것이 직접 자신에 관련된 것임에 관대히 조처하라는 분부가 있었으므로" 봐준다는 식의 담화를 발표했다.[85]

당시엔 활판에 일일이 활자를 골라 꽂아서 신문을 제작하던 때였으므로 오식은 불가피한 점이 있었는데도 정부가 그런 강경 대응을 했다는 건 야당지에 대한 평소의 불만을 '건수 잡기'로 풀겠다는 의지를 드러낸 것과 다름없었다. 정부의 탄압 후 『매일신문』의 부수가 늘어났듯이, 『동아일보』도 11만 2,000부이던 발행 부수가 정간 해제 후 4개월이 지날 무렵에는 20만 부를 돌파했다(1955년 2월 1일부터 『동아일보』에 연재된 김성환의 「고바우 영감」은 신랄한 사회풍자 만화로 인기를 얻었다).

'大統領'을 '犬統領'으로 오식한 '견통령' 사건

이 사건 이전에 일어난 유명한 오식 사건으로는 '견통령' 사건을 들 수 있다. 한자로 '대大'와 '견犬'이 비슷해서 일어난 사건이었다. '大統領'을 '犬統領'으로 오식한 사건은 여러 차례 일어났다. 대구 『매일신문』은 1950년 8월 29일 1면 머리기사의 본문에 '이 대통령'을 '이 견통령'으로 오식해 무기정간 조치를 당하고 사장 이상조가 2개월간 구속되었다. 이 사건으로 이상조는 신문에서 손을 떼게 되었고 10월 1일자로 천주교 대교구장 최덕홍 주교에게 인계되었다. 주간은 사임했다.

또 1953년엔 전북 이리(현재 익산)에서 발행되던 『삼남일보』 7월

『매일신문』은 '이 대통령'을 '이 견통령'으로, 『삼남일보』는 '대통령'을 '견통령'으로 오식해 무기정간 조치를 당했다. 당시엔 활판에 일일이 활자를 골라 꽂아서 신문을 제작하던 때였다. 한글 연활자.
(국립한글박물관 소장)

11일자 기사 제목과 충북 청주에서 발행되던 『국민일보』 7월 23일자 기사에 '대통령'을 '견통령'으로 오식해 두 신문은 8월 12일 무기정간 처분을 받았으며 담당자들이 구속되어 구류 처분을 받은 일이 있었다.[86]

당시 공보처장 갈홍기는 두 신문이 대통령을 '견통령'으로 오식함으로써 국가원수의 존엄을 모독했다는 내용의 담화문까지 발표했다. 두 신문은 9월 24일 복간되었으나 『국민일보』는 또 한 번 같은 실수를 저질러 그해 11월 28일에 폐간되었다. 이후 각 신문사들은 대통령의 이름과 '대통령'이란 활자를 아예 세트로 묶어두었다가 사용하는 등 오식 방지에 주력했다(『부산일보』는 1954년 11월 '大統領'을 '大領'으로 오식해 정정 보도를 내고 주의를 받았다).[87]

청소년 대상 잡지 『학원』의 인기

1950년대는 잡지가 큰 힘을 발휘하던 시기였다. 1950년대의 가장 대표적인 잡지는 『사상계』·『학원』·『희망』·『신태양』 등이었는데, 희망사는 『여성계』·『문화세계』·『야담』·『주간희망』, 신태양사는 『실화』, 학원사는 『여원』·『향학』 등의 자매지들을 함께 발행했다.

조상호는 "청소년 대상 잡지인 『학원』을 읽었던 고등학생들이 대학에 들어와 『사상계』를 읽으며 예비 지식인층을 형성"할 정도로 이 두 잡지의 영향력은 대단한 것이었다고 말한다.[88] 중고등학생 대상 월간지인 『학원』은 1952년 11월 피난지 대구에서 창간되었다. 교과서 외엔 읽을 만한 책이 드물었던 시절이라 『학원』은 "교양과 정서에 갈증을 느끼고 있던 이 나라 청소년에게 단비와 같은 복음이 아닐 수 없었다".[89]

창간 당시 1만 5,000부를 찍은 『학원』은 1년 만에 3만 5,000부, 2년 9개월 만인 1954년 8월호는 8만 부를 돌파했다. 여러 연재소설과 더불어 김용환의 「코주부 삼국지」, 김성환의 「꺼꾸리군 장다리군」과 같은 연재만화가 인기의 비결이었다. 『학원』은 학생 문인들의 등용문이었다. 이들은 훗날 이름을 날리는 문인으로 성장했다. 유경환, 이제하, 황동규, 마종기, 김화영, 황석영, 최인호, 김주영, 김병총, 이청준, 양성우, 민용태, 전상국, 한수산, 김병익 등이 바로 그들이다.[90]

또 1950년대 중반 『현대문학』(1955년 1월), 『문학예술』(1955년 6월), 『자유문학』(1956년 5월) 등 3대 순문예지가 간행되어 "우리 문단이 역사상 그 유례를 볼 수 없을 정도로 왕성한 창작 활동이 전개"되었다.[91] 이성교는 "당시 『현대문학』의 존재는 대단했다. 문단의 큰 권력기관 같았다. 『현대문학』에 작품이 실려야 문인으로 행세했으니까 말이다. 신인들도 『현대문학』의 추천 관문을 통과하는 것을 최고의 영예로 알았다"며 다음과 같이 말했다.

"이 관문을 통과하는 것이 흡사 고등고시 같았다고 모두들 얘기했다. 1956년 여름방학이 되어 고향에 내려갔는데 많은 사람들이 나를 축하해주었다. 출세했다는 것이다. 그 어려운 『현대문학』에 추천당했음을 모두 알고 있었다. 그날 밤 친구들이 축하회를 열어주었다. 이 모임에서 시인 지망생인 K군은 진심으로 나를 축하해 내 시 「윤회」를 마구 외웠다. 나는 출세의 주인공이 되어 마음 문을 활짝 열어놓고 술을 실컷 마셨다."[92]

'자유'와 '민권'을 내세운 장준하의 『사상계』

부산 피난 시절인 1953년 3월 장준하가 창간한 월간 『사상계』는 '자유'와 '민권'의 기치를 내걸어 큰 호응을 얻었다. 아직 이때까지는 장준하는 진정한 의미의 극우 인사였다. 1947년 조선민족청년단에서 장준하와 같이 5개월가량 지내면서 장준하의 절친한 후배가 된 서영훈의 증언에 따르면, "첫인상은 너무 차가웠다. 술 먹는 자리에서 잔을 뒤집어 놓고 성경책을 꺼내 술상에 놓는 사람이었다. 냉철하고 자기 일에 철두철미했다.……훈련생들이 무기명으로 쓴 논문의 필적을 조사해, 누구누구가 공산당 같다고 할 정도로 극우 사상을 가졌었다".[93]

『사상계』는 1955~1956년에 매월 3만 부를 넘어서면서 점점 영향력을 더해 갔다.[94] 이즈음에 나온 장준하의 글에선 "술 먹는 자리에서 잔을 뒤집어 놓고 성경책을 꺼내 술상에 놓는" 결벽주의가 발견된다. 장준하가 『사상계』 1955년 2월호에 쓴 「권두언: 문학의 바른 위치를 위하여」에선 문인들의 직업적 '나태'에 대한 관용을 전혀 찾아볼 수 없다.

"우리는 보았습니다. 연기 자욱한 다방 구석에서 정신병자 모양으로 천장만 바라보는 작가와 현대문학의 진수라고 교설矯舌을 늘어놓는 일부 인사들을. 이들은 확실히 사이비 문학에 사로잡힌 노예가 아니면 환자로밖에 보이지 않습니다. 우리는 이러한 문학에서 해방되어야 합니다. 전 민족의 생생한 경험을 토대로 하여 그려진 진실한 작품이 나와야 하겠습니다."[95]

장준하는 『사상계』 1955년 9월호에 쓴 「권두언: 독선과 고고孤高」에선 예술과 학문이 사회에서 분리될 수 없다는 지론을 펴는데, '해충'

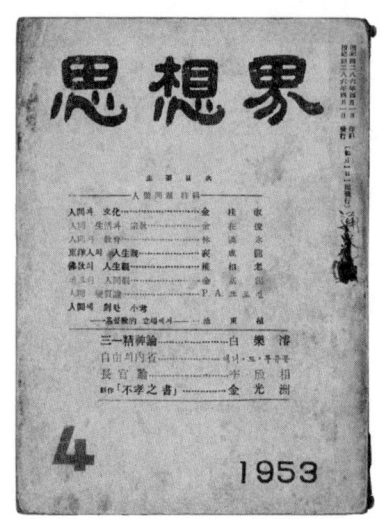

1953년 3월 장준하는 '자유'와 '민권'의 기치를 내걸고 월간 『사상계』를 창간했다. 1953년 4월 1일 발행된 월간 『사상계』 4월호.

운운하는 과격한 표현마저 서슴지 않는다.

"일찍이 '학문을 위한 학문' 또는 '예술을 위한 예술'이라는 말이 유행하여 그 순수 고고성孤高性을 고창高唱한 일이 있습니다. 세태가 안정되고 평화가 무르익는 때에는 이러한 견해가 용인될 수도 있을 것입니다.……혼란을 극極하여 명일明日을 예측할 수 없는 아시아의 현 단계에서 지식인의 임무를 저버리고 일신의 보전에 급급하여 비겁한 침묵을 지킨다든가 성심과 성의로써 사회의 광정匡正, 향상에 이바지하려는 다른 지식인 활동을 백안시함으로써 순수 고결을 가장하는 따위의 학자 내지 문화인은 긴박한 우리 사회에서는 무용지장물無用之長物이요 나아가서는 남의 노력에 기식寄食하는 해충에 불과한 것이다. 긴박의 도가 우리나라보다 덜한 서구와 미주의 일류학자, 문화인들이 선두에 서서 백성의 지향할바 정부의 갈 길을 외치고 있는 현상과 너무나 동떨어진 대조

라고 하겠습니다."⁹⁶

장준하의 지식인에 대한 비판과 옹호

장준하는 1955년 10월호에 쓴 「권두언: 소위 위기의식에 대하여」에선 당시 서구를 풍미하던 절망의 허무주의 사조 수입에 대해 비판하는데, 지난달에 비해선 좀 점잖은 어조다.

"근래 구미의 일부 인사들이 위기와 절망이라는 '패자敗者의 철학'을 고창함으로써 자유세계의 지성을 좀먹어 들어가는 것은 진실로 유감된 일이라 아니 할 수 없습니다.……우리는 맹목적으로 이 '패자의 철학'을 받아들여서는 안 되겠습니다. 더구나 힘과 포부에 차야 할 젊은이들의 마음속에 이러한 씨를 뿌린다든지, 젊은이들 자신이……제자리에 주저앉아 퇴영무위退嬰無爲의 생활에 젖어버린다면 이보다 한심스러운 일은 다시 없는 줄 압니다. 저들은 위기니 절망이니 하여도 그것은 오직 관념상 내지 이념상의 희롱에 불과합니다."⁹⁷

장준하의 지식인 비판은 1957년 2월호에 쓴 「권두언: 지식인의 임무」에서도 계속된다.

"대중의 선봉에 섰던 인텔리가 사회적으로 지위를 차지하게 될 제際 그 사회의 방관자가 되며 강자와 합세되어 약자를 누르는 일까지를 강행함은 동서고금을 통하여 일반인 것 같습니다. 이는 입장을 바꿈에 따라 그가 지닌 비판정신이 마비되는 까닭입니다."⁹⁸

장준하는 1957년 8월호 권두언에선 갑자기 '지식인을 위한 변명'으로 급선회한다. 그는 "우리 사회에 모순이 많은 중에서도 이 문화와 문화인을 얕보는 풍습은 가장 큰 것의 하나"라고 하면서, "교수들을 가리켜 보따리 장수라 하고 다방에 모이는 문화인·예술가들은 무조건 비방하는 악마들의 냉소 백안白眼을 우리는 참을 수 없다"고 말한다.[99]

이는 장준하가 2년 6개월 전 "연기 자욱한 다방 구석에서 정신병자 모양으로 천장만 바라보는 작가와 현대문학의 진수라고 교설嬌舌을 늘어놓는 일부 인사들" 운운했던 것과 비교하면 놀라운 반전이다. 모순일까? 꼭 그렇게 볼 필요는 없을 것 같다. 지식인의 임무에 대한 그의 기대가 워낙 높기 때문에 지식인에 대한 비판과 옹호는 동전의 양면과 같은 것으로 볼 수 있을 것이다.

제7장

군:
부정부패의 창궐

리영희가 느꼈던 울분

　　전후 사회엔 밀수가 성행했다. 1954년 1~8월까지 적발된 밀수 사건은 모두 3,982건이었는데, 이는 1953년에 비해 4배나 증가한 것이었다. 역설 같지만, 밀수 사건이 급증한 가장 큰 원인은 단속을 본격화했기 때문이다. 단속에 따라 사치품의 시장 가격이 폭등했고, 이에 따라 다시 밀수가 성행하는 악순환이 벌어졌다.[100]

　　밀수의 성행은 전 사회적인 부정부패 창궐의 척도일 수 있었다. 동족상잔의 전쟁을 치른 나라에서 '신성'하다고 여겨지던 군대가 대표적인 부정부패 소굴 중의 하나였다는 건 당시의 부정부패가 큰 범죄라기보다는 일상적 삶의 한 주요 요소였다는 걸 말해주는 것인지도 모른다. 전쟁 중 일선에서만 지낸 육군 장교 리영희는 1954년 봄부터 부산에 근무하면서 울분으로 살았다고 했다.

그는 『분단을 넘어서』(1984)에서 "후방 부산의 장교들의 사치, 향락, 타락, 부패는 일선 근무를 오래 하고 내려온 나의 눈에 불이 나게 하였다. 전방 전투지에서 죽음에 들어가는 100여 명의 보충병을 보면서, '나라를 위해서 죽으러 가는 자와 도피하여 향락하는 자'에 대해 격분했던 감정이 후방에서는 일상적 감정이 되어버렸다. 전란을 겪는 같은 국민이 어찌 이럴 수가 있을까 싶었다"며 다음과 같이 말했다.

"나는 융통성이 없는 장교였다. 인간으로서 너무 편협했는지도 모른다. 남들이 하는 짓을 못함으로써 부모님과 나 자신에게 자초한 고생을 말할 수가 없다. 30년 전의 대위 월급이 얼마였는지 기억에 없지만 내 주머니에는 보통 부대까지의 왕복 버스비밖에 없었다(그 당시 통근차는 없었다). 가장 가슴 아픈 일은 아버지 회갑을 차려드리지 못한 나의 불효이다. 인쇄공창 창고에 산처럼 쌓여 있던 보급품 종이를 좀 들고 나오거나, 쌀 몇 가마니 정도는 어떻게 될 수 있었다. 더욱이 아버지의 회갑에 필요한 돈을 마련하기 위해서라면 못할 일도 아니었다. 그러나 결국 나는 그러지 못했다. 자신의 작은 결백을 지키기 위해서 일생에 한 번 있는 부친의 회갑잔치를 차려드리지 못한 설움은, 아버지가 돌아가신 뒤에 해가 갈수록 가슴에 사무친다."[101]

그러나 리영희와 같은 사람은 거의 찾아보기 어려울 정도로 희소했다.

사바사바·후생사업·송충이

홍성원의 소설 『남과 북』은 당시 "빽에 못지않게 위용을 떨친 유행어는 비공식 뒷거래를 의미하는 '사바사바'라는 의성어"였다고 말한다.

그는 "전방에서 불과 40~50킬로 떨어진 후방에서는 전쟁에 쓰여질 엄청난 물자들이 사바사바와 빽을 통해 트럭과 화차에 실려 홍수처럼 시장으로 흘러들어간다. 군납업자는 사바사바를 통해 질 나쁜 싸구려 된장을 고가로 군에 납품한다. 군납업자는 사바사바를 통해 질 나쁜 싸구려 된장을 고가로 군에 납품한다. 탄약을 날라야 될 군 트럭은 야산에서 도벌盜伐된 화목火木용 장작을 헌병 선도차의 에스코트를 받으며 버젓이 후방으로 수송한다. 난민 구호용의 엄청난 양곡은 부두에서 하역되자마자 곧장 곡물 도매상의 비밀 창고로 운반된다"며 다음과 같이 말했다.

"외국 자선 단체에서 보내온 전쟁 고아용 구호 물자는 운반 도중 소리 없이 증발하여 고아원 원장에게 재빨리 현금으로 전달된다. 곡물 소매상은 병참부의 일등병과 안남미安南米 한 가마를 사바사바한다. 트럭

당시 구호품들은 고아원 원장, 곡물 소매상, 영세업자, 야전 병원 상사, 헌병 파견대장 등에 의해 비공식적으로 뒷거래되었다. 미군 원자 물자로 들어온 식용유와 옥수수가루를 담던 봉투.

한 대를 굴리는 영세업자는 수송대 하사와 휘발유 한 드럼을 사바사바한다. 야전 병원 상사는 병원 의사들과 오일 페니실린 한 박스를 사바사바한다. 헌병 파견대장 백 대위는 수감된 죄수 하나를 사바사바로 석방해준다. 알티오R.T.O, Railway Transporation Office의 김 소령은 군수품 수송을 뒤로 미루고 한 포대의 현금을 받고 어느 업자의 상품을 특급으로 수송해준다."[102]

산의 나무를 도벌해 파는 걸 군대 용어로 '후생사업'이라 했다. 이게 1950년대 산림 황폐화의 주요 요인이었다. 후생사업을 너무 열심히 한 나머지 '송충이'라는 별명을 얻은 장성도 있었다.[103] 전상국의 소설 「외등」의 한 대목이다. "난리 직후에는 남아도는 군용 트럭이 후생사업이란 명목으로 산판에 투입되어 그야말로 산골짜기가 때아닌 성시를 이룬 적도 있었다. 그렇게 몇 년 동안 산의 나무가 무계획하게 베어져 나가다 보니 그 울창하던 임야가 꼭 헌데 앓은 아이들 머리통처럼 보기에 흉해졌다."[104]

네가 하는 데 나라고 못할소냐? 그런 심리로 너나 할 것 없이 '산 벗겨먹기 경쟁'이 벌어졌다. 문순태는 소설 「철쭉제」에서 "공비토벌이 끝나자, 박판돌은 지리산 벌목장에서 일을 했다. 그때야 뭐, 하다못해 소방서 차까지 동원해서 소위 후생사업이라는 그럴듯한 명목으로 지리산을 깡그리 벗겨먹던 시절이니까, 도벌盜伐이라는 말 자체도 없던 때였다. 그는 벌목장에서 인부 노릇만 하기가 억울하다는 것을 재빨리 눈치채고 톱과 도끼를 들고 개업을 시작했다"며 다음과 같이 말했다.

"네것내것 없이 마구 산을 벗겨먹는 세상인데, 주는 일당이나 받고 남의 일 해주기가 억울했던 것이다. 산에 올라가 톱으로 자르고 도끼로 찍어내리면 그게 바로 돈이 되었다. 낮이면 산에 올라가 아름드리 소나무를 찍어내리고, 밤이면 읍에까지 지어 날랐다. 섬진강변에 자리를 잡고 집덩이처럼 장작을 쌓아올려 본격적으로 나무장사를 시작했던 것이었다. 장작은 쌓아 놓기가 바쁘게 후생사업 하는 트럭들이 실어갔다. 어수선한 육이오 뒤끝이 정리되자 나라에서는 뒤늦게야 도벌을 단속했다. 그러나 말이 단속이지, 차떼기로 나무를 실어내는 판이라, 박판돌이 나무장사 하는 데는 아무런 제약도 없었다."[105]

1955년은 '군내 부정의 대표적인 해'

한용원은 1955년은 '군내 부정의 대표적인 해'로 일컬어지게 되었다고 말한다.

"전쟁 직후에 고급 장교들이 고철 수집과 벌목 등 후생사업을 통해 치부하고, 각 부대의 간부들이 사병들의 몫을 횡령·착복함으로써 훈련소 같은 곳에서는 훈련병의 사망률이 높아 원성의 대상이 되었는데도 군내 부정은 심화되어 1955년도는 군내 부정의 대표적인 해로 일컬어지게 됨으로써 뜻있는 소장파 장교들의 불만은 점증되어갔다."[106]

김형욱은 "군 장성들은 사병들의 부식비를 떼어 치부하였고, 미군 원조물자로 들어오는 목재를 써서 아방궁 같은 개인 저택을 짓는 데 바빴고, 시계확보視界確保란 이름으로 벌목된 목재를 팔아 아내의 보석을 사는 데 영일永日이 없었다"고 말한다.[107]

가장 큰 문제는 권력 상층부가 썩었다는 데에 있었다. 1955년 가을 논산훈련소 참모장으로 부임한 채명신은 깜짝 놀랐다고 한다. 그는 『사

선을 넘고 넘어: 채명신 회고록』(1994)에 다음과 같이 썼다. "훈련병들이 입고 있는 옷은 누더기라 표현해도 좋을 정도였다. 더 한심스러운 건 빽 있는(?) 사람들의 아들들은 그나마 서류만 와 있고 사람은 오질 않았다는 것이었다. 어림잡아도 그들의 숫자는 100여 명은 족히 넘는다고 한다.……다음 날 즉시 서류만 들어와 있는 100여 명에게 언제까지 들어오지 않으면 헌병을 보내 잡아들인다는 편지를 띄웠다. 그러자 얼마 후 모두 입소했지만 이젠 이곳저곳에서 압력이 빗발쳤다."[108]

청와대 비서관, 국회 국방분과위원, 수사기관장, 특무대 계통 등 온갖 곳에서 청탁이 들어왔지만, 채명신은 그걸 다 뿌리쳤다. 그러나 그런 용감한 장교가 얼마나 되었으랴. 채명신은 얼마 후 훈련소 10개 연대 가운데 수용연대에 관한 좋지 못한 소문을 듣게 되었다고 한다.

"수용연대는 훈련병들이 들어왔다 나가는 곳으로 부정이 가장 많았다. 피복이 낡은 것과 새 것을 바꿔치기 하는 건 말할 것도 없고 훈련병들의 돈을 갈취하고 병과 배치까지 바꿔치는 등 부정의 소굴이었다.…… 우린 연대마다 운영하는 빵집의 매상을 올리기 위해 일부러 훈련병들에게 밥을 적게 주는 것부터 손댔다."[109]

오늘날의 감사원이라 할 심계원 제1국장이었던 김규민의 증언이다. "우리가 국방부 감사를 했는데 사병들 머리가 다 빠졌다고 사병들이 항의를 해왔습니다. 그러니까 심계원에서 검사를 나가면 투서가 많이 들어오는데 누구는 어떻고 어떻고 하는데 털이 빠졌다는 거예요. 그때 1군사령부 송 장군에게 왜 사병들 머리털이 빠졌느냐 그 원인을 추궁한 결과 사람이 쓰는 비누를 납품 안 하고 도적질 해먹은 거예요. 그러니까 악질 조달업자들, 그때는 군용달업자라고 했는데 나쁜 물건 공급하고 제

비누값 받았으니까 도적질 해먹은 거지요."¹¹⁰

정치자금 조달용 부정부패

'군내 대표적인 부정의 해'로 알려진 1955년에 4년제 육사 졸업생이 최초로 임관했다. 이들은 부대에 배치되어 상급자들의 부정비위를 공격하고 나섬으로써 일부 영관급 장교들 가운데 개혁주의가 대두되긴 했지만, 아직은 세력이 미미해 큰 영향을 줄 수는 없었다.¹¹¹

그러나 근본적인 문제는 정치자금 조달용 부정부패였다. 이런 부정부패는 대통령과 자유당 정권에 의해 조장되고 보호되는 것이기 때문에 그 누구도 건드릴 수가 없었고, 바로 이런 '부패 성역'의 존재가 냉소주의를 낳아 다른 유형의 부정부패를 파급시키는 결과를 초래했다.

1956년 대선 자금 조달용으로 1955년에 일어난 '원면原綿 사건'을 보자. 이는 미국에서 월동용 군 피복과 군용 이불을 만들기 위해 도입된 미화 약 50만 달러어치의 원면을 군용으로 쓰지 않고 상인들과 결탁해 이를 부정 처분한 후에 이 돈을 이기붕에게 헌납한 사건이다. 국방부와 육군이 결탁해 벌인 일이었다.¹¹²

이형근은 『월간중앙』(1992년 11월호)에 실린 「이승만의 용인술: 군번 1번 이형근 대장의 증언」이라는 기사에서 이승만도 알았을 거라고 말했다. "내가 육군참모총장으로 있을 때 이기붕 씨가 정치자금이 필요하다는 이유로 자유당에서 확보한 막대한 양(약 18억 환 상당)의 생고무를 육군에서 매입해주도록 내게 요청한 일이 있다. 그 생고무로 군인들의 우비를 만들라는 것이었다. 나는 우비는 미군의 군원으로 충분히 와 있으며, 그 외에 다시 우비를 만든다면 앞으로의 군원에 차질이 생길 것이므로 불가능하다고 거부했다. 나중에 이 대통령이 이 말을 듣고 군에서 당을 그 정도도 지원할 수 없느냐고 대노한 적이 있었던 것인데……이 '생고무 사건'만 보더라도 '원면 사건' 역시 대통령이 사전에 몰랐을 리는 없었을 것이다."113

이승만과 이기붕은 이 문제를 조사하던 국회의 분과위원회에 압력을 넣어 사건의 전모가 드러나지 않도록 했다.114 양병기는 「한국 군부의 역할과 공과」(1996)라는 글에서 "이승만은 군을 통한 정치자금 확보도 시도하였다고 보"이며 "그가 신임하는 정치 군인들에게 정치자금의 헌납을 요구하였다"고 말했다. 그는 "한국군은 1950년에서 1960년까지 국가예산의 평균 50.7%와 국민총생산의 6.1%를 사용하고 1956~1961년까지 미국으로부터 연평균 2억 3,000만 달러의 군사원조를 받아왔다. 1954~1961년까지 한국군에게 제공된 미국의 군사원조 총액은 13억 8,000만 달러였다"며 다음과 같이 말했다.

"이러한 물적 자원의 확보에 따라 한국군은, 이승만의 거대한 정치조직을 움직이는 데 필요한 정치자금의 주된 공급원이 되었던 것이다. 자금 확보를 위한 불법행위로서 자주 사용된 것은, 자동차와 그 부속품·석유·식품 등과 같은 상품성 군수물자의 유출과 60만 병력의 부식비 유용 및 군납 과정상의 뇌물수수 등의 방식에 의한 것이었다. 1951년에 발생한 국민방위군 사건은 그 대표적인 예이다."115

경무대와 이기붕의 비서관 손에서 군 인사 문제가 좌우되는 사례도 많았으며 군의 대공對共 정보비가 자유당 국방분과 위원의 교제비로 소진되었고 군납 이권은 자유당원이 독점했다.116 강력한 반공국가와 북진통일을 외쳤던 이승만 정권 치하에서 '신성'해야만 할 군대가 이렇게까지 부정부패의 소굴로 전락했다는 건 과연 무엇을 의미하는 것이었을까?

상급자에게 선물을 보내는 폐습

1950년대 중반부터 지겨울 정도로 반복되는 기사는 공직자들의 '선물 금지령'이다. 심지어 군까지 그런 캠페인에 나서기도 했다. 예컨대, 1954년 11월 육군참모총장은 기자회견에서 하급자가 상급자에게 선물을 보내는 폐습을 철저히 금하겠다고 밝혔다.[117]

이런 '선물 금지령' 또는 '선물 자제령'은 이후 50년간 지속된다. 그럼에도 놀라운 건 50년간 내내 공직자들의 선물을 둘러싼 스캔들은 끊임없이 발생했다는 점이다. 1955년 5월 부산시가 시의원 34명에게 시가 4만 5,000환인 고급 오메가 팔목시계 한 개씩을 선물로 주고 의회 개원 3주년 기념식 행사비로 46만 환 등 합계 200만 환을 써서 물의를 빚은 사건에서부터 출발해보자(1955년 쌀 80킬로그램 1가마니 값은 1만 환이었다).

이 사건과 관련,『조선일보』는 "현재 시 재정의 고갈로 말미암아 시급을 요하는 부산 시내 도심 지대의 교통량이 가장 많은 남전 앞 보수천 교량의 보수 공사는 수십만 환만 있으면 할 수 있음에도 불구하고 예산이 없다고 착수치 못하고 있으면서 아직도 앞으로 임기 1년이 남아 있는 시의원들에게 150여 만 환의 고액을 들여 오메가 시계를 선사했다는 것은 시민들이 아무리 생각하여도 이해할 수 없는 처사라고 시 당국을 비난하고 있다. 또 약 200만 환의 경비를 시의원 자신들이 세입이라는 명

1955년 5월 부산시가 시의원 34명에게 4만 5,000환짜리 고급 오메가 시계를 선물로 주어 물의를 빚었다. (『조선일보』, 1954년 11월 10일, 1955년 5월 10일)

목으로 자기 자신이 오메가 금시계를 받기 위하여 추가 갱정 예산안을 통과시켰다는 것은 사욕을 위하여 공을 희생시킨 결과라고 비난하고 있다"고 했다.[118]

이 사건은 4만 2,000환짜리를 4만 6,500환으로 계상해 차액 10만

2,000환을 의회 사무를 담당하는 시 직원 2명의 후생비로 쓰려고 했던 것까지 드러나 형사 문제로 비화되었다. 시 의장은 "시의원이 시계 한 개쯤 선물받은 것이 무슨 문제라고 각 신문이 대문짝같이 보도하고 있는지 이해하기 곤란하다"고 했다. 반면 경남지사는 "이 문제에 대하여 시민 전체의 비난이 비등되고 있는데 고급시계를 선물한 사실은 너무 지나친 처사인 것 같고 받은 의원들도 책임이 없을 수 없다"고 했다. 검사장은 "상식을 벗어난 처사라고 보지 않을 수 없어 검찰청으로서도 이중오 부장검사로 하여금 진상규명을 하도록 시달하였다"고 했다.[119]

이런 유형의 '뻔뻔한 선물'과 더불어 '선물 가로채기'도 자주 일어난 사건이었다. 1955년 12월엔 전쟁고아양친회라는 단체의 한국지부가 미국에서 양자녀들에게 크리스마스 선물을 사주라고 보내온 6,000달러 중 10분의 1만 선물을 사주고 나머지 90%는 가로채는 사건이 발생해 물의를 빚었다.[120]

불교: 정화인가, 법난인가?

대처승 대 비구승

1954년 5월 21일 이승만의 제1차 유시諭示에 의해 야기되었고, 이후에도 7차례나 더 유시를 내리며 이승만이 지속적으로 개입했고, 1955년 스님들의 할복割腹 투쟁으로 최고조에 이르면서 수년간 지속된 불교계의 격렬한 내분을 어떻게 볼 것인가? 이승만의 개입으로 세를 얻은 조계종에서는 '정화불사淨化佛事', 세를 잃은 태고종에서는 '법난法難'이라 부른다.[121]

그러나 이 사건은 정치사회적 관점에서 보자면 이승만의 '우상 정치'와 '동원 정치'의 속성을 적나라하게 보여주었다는 점에서 가장 큰 의미를 찾을 수 있을 것이다. 대통령이 종교에 대해 이래라 저래라 유시를 내린다는 게 가능한 일인가? '유시'란 "관청에서 백성에게 타일러 가르침 또는 그 문서"를 의미하는 것이다. 그러나 이승만 정권하에서 '유시'란 곧 법이었고 동시에 폭력이기도 했다. 이 사건은 이승만의 권력과 리더십을 평가하는 새로운 관점에서 음미할 필요가 있다.

1954년 5월 21일 이승만은 사찰을 보존하자는 제하의 유시를 내렸다. 얼른 보면 아주 좋은 이야기 같지만 이게 그리 간단한 문제가 아니었다. 1954년 5월 당시 1,000여 개의 사찰 중 900여 개소를 대처승帶妻僧(살림을 차리고 처와 가족을 거느린 중)이 점유하고 있었다. 살림을 차리지 않는 비구승比丘僧은 500여 명이었던 반면 대처승은 7,000여 명이었다. 또 대처승 출신 국회의원으로 이종욱·최갑환·김법린·최범술 등이 있었고, 교단의 재산인 각 도의 여객회사와 목포의 대광유지, 부평의 베어링 공장, 대전·대구 시내의 백화점과 극장, 전북의 도정공장, 기타 기업체 등을 모두 대처승들이 점유하고 있었다.[122]

이승만, "대처승은 일제 식민지배의 유산"

모든 면에서 대처승의 압도적 우세였다. 그런데 이승만은 이걸 뒤엎겠다는 것이었다. 명분은 단 하나. 대처승은 일제 식민지배의 유산이라는 것이었다. 유시 내용은 이랬다.

"일인日人들의 승僧이라는 것은 가정을 얻어 속인들과 같이 살며 불도를 행해온 것이다. 이 불교도 당초에 우리나라에서 배워다가 형식은 우리를 모방하고 생활제도는 우리와 반대되는 것으로 행하여 오던 것인데, 이것을 한인들에게 시행하게 만들어서 한국의 고상한 불도를 다 말살시켜 놓으려 한 것이다. 따라서 대처승들은 모두 사찰에서 나가 살 것이며 우리의 불도를 숭상하는 비구승들에 대해서는 사찰에 속한 토지를 경작하게 하여 생계를 보유케 하고 사찰을 지켜갈 수 있게 하라. 만일 그 수가 모자라면 속인이나 신도가 절을 지켜도 좋다."¹²³

왜 이승만은 갑자기 그런 유시를 내릴 생각을 하게 되었을까? 흔히 이런 설이 떠돈다.

"이승만은 1954년 5월 어느 날 서울 근교 관악산의 연주암에 올랐다가 절에 치맛자락이 펄럭이고 있는 것을 목격했다. 논산의 관촉사에 갔을 때는 법당에 아직도 '황국신민서사'가 나부끼고 있는 것을 보고는 대경실색하지 않을 수 없었다. 불교계에 끼친 일제의 악영향이 광복 후 10년이 돼가도록 전혀 치유가 되지 않고 방치된 결과였다."¹²⁴

그러나 이런 종류의 이야기는 확인되지 않은 설에 불과하다.¹²⁵ 동국

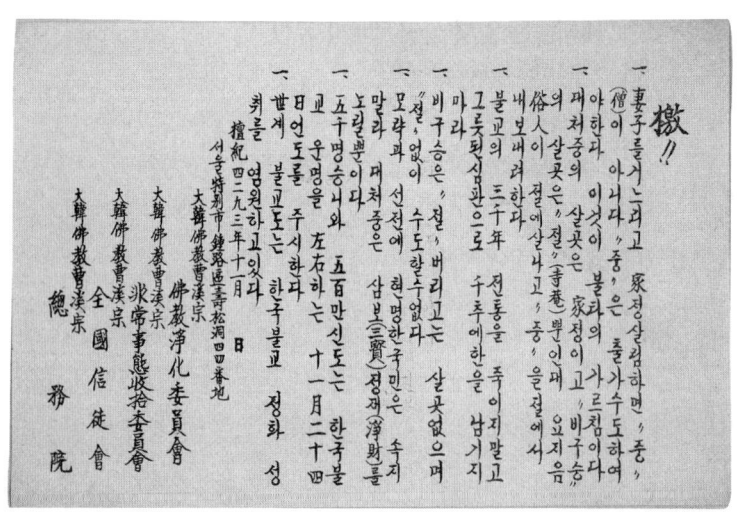

1954년 5월 이승만의 불교정화 유시 이후 비구승·대처승 간의 암투가 표면화되었는데, 두 세력 간의 갈등이 점차 격화되는 가운데 1960년 11월 대한불교조계종 측에서 대처승에게 절에서 떠날 것을 주장하는 전단이다. (대한민국역사박물관 소장)

대학교 석림동문회의 『한국불교현대사』(1997)는 새로운 설을 제시한다. 이 책은 "최근에 와서 가장 신빙성 있는 설로 대두하고 있는 것은 미국과 이 대통령이 정치적 목적으로 모종의 합의를 이룬 데서 야기된 사건이라는 주장이다. 이 대통령은 집권 12년 동안 국정운영을 기독교 지향적인 정책으로 일관했기 때문에 사실상 한국 기독교의 교세를 비약적인 발전으로 이끌어냈음은 부인할 수 없는 사실이다"며 다음과 같이 말했다.

"특히 이 대통령의 불교정화와 관련한 유시는 헌법에 보장된 종교의 자유를 사실상 유명무실케 하였고, 정교분리 원칙의 민주국가에서 정부 권력이 종교에 직접 개입한 최초의 사건이라는 점에서 시사하는 바가 크다고 할 것이다.……특히 처음부터 정화의 필요성을 강력히 주장했던 성철 스님이 제2차 전국비구승대회에 불참하면서, '외부의 힘을 업고 하는 정화운동은 원만한 결실을 거둘 수 없다'며 이 대통령의 불교정화 유시 이후 파계사 성전암에 칩거, 8년 동안 장자불와하며 나오지 않았던 점을 상기할 필요가 있다."[126]

단식·시위·법원 난입·유혈난투극·할복자살

어찌되었건 이승만의 유시는 비구승들에게 천군만마를 얻은 것과 같은 활력을 주었다. 비구승들은 몇 차례의 회합을 거쳐 1954년 8월 24일에 개최한 제1차 전국비구승 대표자대회에서 대처승은 승려가 아님을 공포하는 동시에 대처승 측에 대한불교조계종 종권 인도를 정식 요구했다. 또 효봉·청담·금오·원허·적음 스님 등이 경무대를 방문해 이승만의 불교정화에 대한 의지를 재확인했다. 이들은 10월 10일과 11일에도

경무대를 방문해 이승만을 만났다.[127]

『한국불교현대사』에 따르면, "11월 5일 대처승 측은 '비구승은 빨갱이 집단이니 해산하라'는 내용의 성명을 발표했다. 이에 선학원에 모여 있던 전국 비구승 대표 80여 명은 한국 불교의 총본산인 대한불교조계종 총무원 태고사를 강점(대처승 측 주장)했다. 일단 태고사를 점거한 비구승 측은 태고사 간판을 떼어내고 조계사 간판을 내걸었다. 이때부터 태고사를 두고 비구승 측과 대처승 측 간의 일진일퇴하는 '사찰 점유 쟁탈전'이 시작됐다."[128]

1954년 11월 6일 이승만은 "왜색승을 일소하라"는 요지의 제2차 유시를 발표했다. '빨갱이 사냥'에 관한 한 그간 왜색을 끌어안는 데에 앞장섰던 이승만이 "비구승은 빨갱이 집단이니 해산하라"는 대처승 측의 성명을 무시했다는 게 흥미롭다. 제2차 유시 이후 수차례에 걸쳐 '조계사'와 '태고사' 간판 교체 소동이 일어났다.

1954년 11월 18일 이승만은 '불교정화위원회' 구성을 촉구하는 제3차 유시를 내렸다. 비구승 측은 12월 1일부터 3일까지 전국비구승대회를 개최하는 한편 경무대를 방문해 이승만을 만났고, 12월 13일엔 서울 거리에서 시위를 하는 한편 또다시 경무대를 방문해 이승만을 만났다.

1954년 12월 18일 이승만은 "대처승은 물러가라"는 내용의 제4차 유시를 발표했다. 이후 수개월간 단식농성과 유혈사태를 수반하는 양측의 공방이 계속되었다. 1955년 6월 10일 대처승 측 300여 명이 태고사에서 묵언 단식투쟁을 하는 비구승 측 200여 명을 구타하는 사건이 벌어지자 지효 스님은 이에 대항해 순교적 할복을 시도해 창자를 드러냈다.

1955년 6월 15일 이승만은 제5차 유시를 내렸다. 새로운 내용은 없었다. "대처승은 사찰에서 물러가라"는 것이었다. 이승만은 8월 5일 제6차 유시를 내렸다. 이번에도 "친일승은 물러가라"는 내용이었다. 9월 10일 대처승인 경주 분황사 주지가 할복자살했다. 단식·시위·법원 난입·유혈난투극·할복자살 등으로 점철된 양측의 처절한 갈등과 투쟁은 1950년대를 넘어 1960년대까지 계속 이어진다.[129]

그러나 이승만이 여섯 차례에 걸쳐 내린 유시의 효과는 이미 1955년에 양측의 세력 판도를 크게 바꾸어 놓았다. 정부의 종교 간섭은 위헌이라는 국회의 결의와 대처승 측의 법적 정당성을 인정하는 법원의 결정도 있었지만, 국회나 법원보다는 역시 이승만의 힘이 더 셌다.[130]

대처승이 점유한 사찰은 900여 개소에서 1955년 10월경에는 450여 개로 감소했다. 대처승이 분규 과정에서 집단으로 이혼 소송을 냄에 따라 비구승의 수는 500여 명에서 1955년엔 1,000명을 넘어섰으며, 1959년에는 2,700명에 이르렀다.[131]

불교계의 정치적 예속성 심화

그러나 국가권력의 개입은 불교계의 정치적 예속성을 심화시키는 결과를 초래하고 말았다. 불교 신자들은 경무대 앞에서 북진통일 지지시위를 벌이고, 1956년에는 비구승 측 대표들이 경무대를 방문해 이승만의 대통령 선거 재출마를 호소했으며, 1956년 5월 15일 선거를 앞두고 대한불교조계종은 선거대책위원회를 구성해 위원장 이청담의 명의로 4월 24일자 『서울신문』에 5단통 '리승만 박사 대통령, 리기붕 선생 부통령 당선 기도 호소문'을 싣기도 했다.[132] 3·15 부정선거에도 조계종단이 체계적으로 동원되어 4·19 이후 이청담은 자유당에 정치자금을 헌납한 혐의로 조사를 받아야 했다.[133]

바로 그런 정치적 효과를 노려 이승만은 '유시 정치'를 통해 불교에 개입했던 걸까? 강인철은 『한국기독교회와 국가·시민사회 1945~1960』(1996)에서 이렇게 말한다. "이승만이 대처 측으로부터 비구 측으로 지지 세력을 갑자기 전환한 것은 대처 측 정치인사 다수가 한민당과 함께 반이승만 진영으로 합류했던 점, 그리고 이승만이 3대 국회의원 선거를 준비하는 한편 사사오입 개헌 파동으로 야기된 정치적 위기를 타개하기 위해 여론의 관심을 다른 곳으로 돌릴 필요가 있었던 점 때문이었던 듯하다. 특히 전자의 측면과 관련하여, 이승만의 대처승 축출 기도는 태고종 총무원장으로 당시 무소속 국회의원이었던 박성하가 자유당 정권을 앞장서 비판하고 있었고, 1956년의 대통령 선거에서 대처승들의 영향력이 크게 작용할 것으로 예상되었던 점 등이 주된 원인이었다는 김동화의 주장은 경청할 가치가 있다."[134]

강인철은 '대처승=왜색=친일'이라는 이승만과 비구승 측의 주장에도 문제가 있다고 했다. 그는 「해방 후 불교와 국가 1945~1960: 비구-대처 갈등을 중심으로」(2000)라는 논문에서 "1950년대 후반기에 비구승들이 대처승 전체를 '친일승' 내지 '왜색승'으로 몰아붙였지만, 그런 태도에 암암리에 전제되어 있는 '비구승=항일세력'이나 '대처승=친일세력'의 등식은 기실 역사적인 근거가 약한 것이다"며 다음과 같이 말했다.

"비구승들은 일제 당국의 승인과 협조를 얻어 자신들의 조직인 '선리참구원'을 재단 법인화하는 데 진력했으며, 그럼으로써 보다 근본적인

이승만의 불교정화 유시는 불교계의 정치적 예속성을 심화시켰는데, 북진통일 지지시위를 벌이거나 이승만의 대통령 선거 재출마를 호소하는 식으로 나타났다. 이승만을 지지하는 시위를 벌이고 있는 승려들.

수준에서 식민지 권력에 의존하고 식민지 현실을 인정했다고 볼 수 있다.……일제시대(특히 1920년대)에 사찰령 폐지를 통한 '불교 교단의 자치' 운동을 주도했던 것은 한용운과 불교청년회·불교유신회 세력 등 모두 젊은 대처승이 주류였다.……그러므로 비구승과 대처승의 차이는 기본적으로 '전통주의'와 '개혁주의'(혹은 근대주의)의 대립 구도하에서 제대로 읽힌다고 생각된다."[135]

대처승 측이 "비구승은 빨갱이 집단이니 해산하라"는 내용의 성명을 발표한 건 코미디 같은 일이었지만, 그건 아마도 이승만 정권 치하에서 기댈 건 그 카드밖엔 없다는 판단 때문이었는지도 모르겠다. 이념적 성향으로 보자면 정반대였기 때문이다. 강인철은 정치적 성향으론 해방 당시 청년 대처승을 주축으로 한 재야 혁신 세력은 대다수가 좌경적 정치 성향을 보였던 반면 친일적인 대처 종권 세력과 대부분의 비구승은 우경적 정치 성향을 보였다고 말한다.[136]

종교의 정치적 도구화

이승만의 불교계 개입은 이승만이 독실한 기독교인이라는 사실과 관련이 있었던 걸까? 그것도 아닌 것 같다. 왜냐하면 '정치적 도구화'에 관한 한 불교보다는 기독교가 더 심했기 때문이다. 4·19 혁명 직후 종로의 기독교회관 앞에서는 부정선거 협력에 대한 항의 시위가 벌어지기도 했으며, 서울운동장에서 치러진 4·19 희생자 위령제도 '개신교에 대한 항의의 표시로' 불교식으로 치러졌다는 건 무엇을 의미하는가?[137]

이 모든 건 이승만의 '우상 정치'와 '동원 정치'의 관점에서 이해하는 것이 타당할 것 같다. 국가권력의 개입은 불교만을 대상으로 이루어진 것도 아니었고 대종교와 유교도 비슷한 운명을 겪었다는 점에서 더욱 그렇다. 대종교는 임시정부계의 종교로 지목되어 정부의 통제로 교세가 급격히 쇠퇴했다.[138] 이승만은 유교에도 깊이 개입해 1954년 10월 삼강오륜을 지켜 유교를 발전시켜야 한다는 담화를 발표한 바 있었다. 1956년부터는 자유당을 앞세워 김창숙 중심의 유교 교권 세력을 축출하기 위한 공작에 착수했는데, 이런 개입은 김창숙이 강경한 반反이승만 노선을 걸으면서 이승만에 대해 독설에 가까운 비판을 퍼부은 인물이었다는 점과 무관치 않았을 것이다.

김창숙은 노령(1879년생)으로 1956년 2월 성균관대학교 총장직은 스스로 사임했지만 여전히 성균관장·유도회장으로 영향력을 행사하고 있었다. 그는 1956년 5월 15일 대선은 부정선거이므로 무효로 선언하고 재선거를 실시하라고 외치는 한편 '민의 조작의 주동집단'인 자유당을 해산하라는 등 강경 비판에 앞장섰다. 이승만 정권은 1957년 7월 깡패들을 동원해 김창숙을 몰아내고 친親이승만 인사들로 성균관과 유도회를 장악했다.[139] 이후 반反김창숙파는 유도회 총재로 개신교 신자인 이승만을 추대하기도 했으며,[140] "3·15 부정선거 당시 이들은 이승만의 당선을 위해 유도회의 이름으로 자유당의 하수인 노릇을" 했다.[141]

이처럼 이승만과 이승만 정권이 행사한 종교 개입의 판단 잣대는 이승만 정권에 도움이 되느냐 되지 않느냐 하는 것이었다. 이승만이 8차례에 걸친 유시 발표를 통해 불교에 공격적으로 개입한 것은 "반공 북진통일의 화신으로서뿐만 아니라, 모든 면에서 영도자·국부로서 자신의 절대권력을 확인하고자" 하는 심리의 지배를 받기도 했을 것이다.[142]

제9장

박인수 사건: '숫처녀 논쟁'

"70여 명 중 처녀는 단 한 명밖에 없었다"

『동아일보』 1955년 10월 9일자엔 여성 누드모델의 인터뷰가 실렸다. 모 대학 미술학부에서 옷 벗은 채 포즈를 잡고 있던 여성은 '6·25사변으로 집안 형편이 말이 아니게 되어' 이 일을 하게 되었다고 밝혔다. "다른 천한 직업으로 윤락하기보다 차라리 깨끗하고 보람 있지 않으냐"는 말도 했다.[143]

미술 누드모델을 그렇게까지 생각하다니, 좀 어이없지 않은가? 그런 세월이었다. 「자유부인」 사건이 있은 지 1년 남짓 후인 1955년 6월에 일어난 이른바 '박인수 여대생 간음 사건'도 그런 시대적 상황을 감안하고 보는 게 좋겠다. 이 사건은 성性 윤리 차원에서 사회를 떠들썩하게 만들었다. 언론의 선정주의가 가세하면서 때아닌 '숫처녀 논쟁'까지 불러일으켰다.

박인수는 명문 E대생들을 비롯한 70여 명의 여인과 간음을 했다는 것인데, 그는 공무원 사칭과 혼인빙자간음 혐의로 피소되었다. 70여 명이라는 숫자와 그 대부분이 여대생이라는 점이 사람들의 호기심을 자극해 박인수 재판엔 수천 명의 방청객이 몰려들어 법정은 아수라장이 되었다.

언론의 뜨거운 관심에 의해 미주알고주알 밝혀진 바에 따르면, 경남 김해 출신으로 해병대 헌병 대위였던 박인수는 약혼녀가 자신을 배신하고 모 대령과 결혼해버린 데 충격을 받았다고 한다. 그는 그 충격으로 군

박인수는 재판 과정에서 처녀성을 가진 여자는 단 한 명밖에 없었다고 말하자, 『동아일보』는 사교댄스로 인해 여성들의 정조가 쉽게 유린당하고 있다고 성토했다. (『동아일보』, 1955년 6월 23일)

기 문란과 근무지 무단 이탈이 문제가 되어 불명예 제대한 뒤부터 여성 편력에 나서게 되었다는 것이다. 군 재직 시절 장교구락부·국일관·낙원장 등 고급 댄스홀을 드나들며 익힌 춤 솜씨와 수려한 용모로 여성에 대한 복수에 나선 셈이었다.

재판 과정에서 자신이 섭렵한 여성 중 처녀성을 가진 여자는 단 한 명밖에 없었다는 박인수의 실토에 대해 언론은 일제히 "우리 여성들의 정조 관념에 일대 경악과 통탄을 금할 수 없는 중대한 현실 문제"라고 규정했다. 『동아일보』1955년 6월 23일자는 사교댄스로 인해 여성들의 정조가 쉽게 유린당하고 있다고 성토하면서 가정교육의 강화를 촉구하고 나섰다.[144] 『한국일보』1955년 6월 24일자는 '몸을 함부로 하는 여성들'을 비난했다.[145]

박인수는 1심에선 공무원 사칭만 유죄로 인정되었고 혼인빙자간음은 인정되지 않았다. 1심 담당 판사 권순영은 7월 22일 혼인빙자간음 혐의에 대해 무죄 선고를 내리면서 "법은 정숙하고 순결한 여인의 건전하고 순결한 정조만을 보호할 수 있다는 것을 밝혀두는 바다"는 명언을 남겼다.[146] (최종심에서는 박인수에게 징역 1년이 선고되었다.)

2002년의 '박인수 재판 논쟁'

2002년 때아닌 '박인수 재판 논쟁'이 잠시 벌어졌다. 김홍탁이 『동아일보』2002년 7월 19일자 칼럼에서 권순영의 이와 같은 판결 배경 설명을 "피해자의 인권 문제는 전혀 고려하지 않은 보수 남성 논리"로 해석하자, 권순영의 아들인 권용갑이 이의를 제기했다.

권용갑은 "고인은 그 당시 '때려죽일 놈'이던 박인수에게 '혼인빙자간음' 부분에는 무죄, '공문서 행사' 부분에는 유죄판결을 내렸지요. 포퓰리즘에 묻혀서 유죄판결을 내릴 수도 있었을 것입니다. 그러나 고인은 박인수가 도덕적인 죄$_{sin}$를 저지른 것일지언정 법률적인 범죄$_{crime}$를 저지른 것은 아니라고 보았던 것 같습니다. 도덕적인 단죄는 종교나 윤리의 이름으로 해야 한다는 것이었지요. 윤리적으로 돌을 던질 수는 있어도 법률적으로 '혼빙간'으로 죄를 엮어 넣을 수는 없다는 뜻이었던 것 같군요"라면서 다음과 같이 말했다.

"지금은 저세상으로 가신 지도 오래되어 이를 증명할 수는 없습니다. 다만, 그는 재판정을 나서며 기자들에게 '정조라고 하여 다 법이 보호하는 것은 아니다. 이상에 비추어 가치가 있고 보호할 사회적 이익이 있을 때 한하여 법은 그 정조를 보호하는 것이다'라고 소감을 말했습니다. 자기 의사로 성행위를 한 뒤 남자가 결혼해주지 않는다고 '혼인을 빙자한 간음'으로 처벌하는 '선진국'은 없습니다. 고인은 그에게 '면죄부'를 준 것이 아니라 '성의 자기 결정권'에는 책임이 따라야 하고 그에 대해서는 법률이라는 공권력이 개입할 수 없다는 뜻을 분명히 한 것 같습니다. 그를 통해 박인수와 함께 성의 쾌락을 즐긴 여성들에게 '성의 자기 결정'에 따른 책임감을 물은 것 아닐까요? 수십 년이 지난 지금도 법학도나 법조인 사이에서 고인의 판결은 '시대를 앞서간 명판결'로 평가받고 있습니다. 그러한 맥락에서 그는 '보수'가 아닌 '진보적'인 혜안을 지닌 판사였다고 저는 믿고 있습니다."[147]

"왜 여성의 정조만을 문제삼는가"

박인수 사건은 1년 전의 「자유부인」 사건의 연장선상에 놓여 있는 사건이었다. 임헌영은 「자유부인」을 '중공군 50만 명에 해당하는 적敵'으로 간주한 황산덕의 발언에 빗대어 "중공군 50만이라면 1950년대 한국은 우리 땅이 아니라 아예 중공 땅이었대도 할 말이 없을 정도로 전후의 윤리 붕괴는 일반화되어 있었다.……황산덕의 논리대로라면 아마 박인수는 중공군 숫자로는 계산이 안 되는 마오쩌둥(모택동)쯤이고, 권순영 판사는 저우언라이(주은래)격은 될 판이다"고 말했다.[148]

정미경은 「자유부인」이 사회적으로 화제가 되면서 '자유부인류'의 여성 이미지는 '일탈된' 여성들을 판단하는 기준으로 작동하기 시작했다고 말하는데, 여기에 박인수 사건이 가세하면서 특히 여대생들이 도마 위에 오르게 되었다.

"'빠-마담', '계 마담', '다방 마담', '유한마담' 등 '마담'의 유형화를 시도하는 기사도 눈에 띄는가 하면, '여대생 해부', '여대생들은 밤에 나온다', '여대생과 아르바이트' 등 여대생에게 성적 일탈의 이미지를 부착시키는 기사도 끊임없이 사람들의 입에 오르내린다."[149]

여성의 정조 관념에 대한 성토와 논쟁은 월간지 지면을 통해 활발하게 전개되었다. 김석영은 월간 『여성계』 1955년 9월호에 쓴 「세칭 박인수 사건에 대한 종합적 검토」에서 '성도덕의 망발'을 개탄했다.[150] 같은 지면에 「성도덕과 자살」이라는 글을 쓴 이혜복은 이렇게 말했다.

"외국에 다녀온 사람들 중에 소위 성행위의 도덕성에 관하여 저쪽의 경우를 들어 '결혼 이전을 불문에 부친다'는 등 '성행위를 하되 충분히 피임에 대한 고려를 하고 있다'는 등 마치 외국 사람들의 남녀간의 교제가 자유로운 성적인 교제를 의미하고 있다는 듯이 과장하여 말하는 수가 많으나 그것은 우리로서 볼 때 야만적인 것이요, 비도덕적인 것으로 결코 그러한 풍습을 찬양할 수도 또는 그러한 풍조를 애써 본뜨러 할 필요도 없을 줄로 안다.……잠깐 잘못 때문에 그의 몸과 마음까지 타락해버리는 잘못이 없도록 특히 여성들은 세심한 주의와 자제가 있어야 될 것이다."[151]

그러나 안인희는 『여원』 1956년 5월호에 쓴 「남자의 정조」라는 글에서 여성의 정조만을 문제삼는 세태에 이의를 제기했다. 그는 "'정조'라는 이 쑥스러운 말이 이 세상에 생겼다는 사실을 나는 저주하고 싶다. 또한 이와 같은 단어가 생길 수밖에 없었던 인간의 역사를 슬퍼한다"며 다음과 같이 말했다.

"신문지상에서나 다른 책 가운데서 우리는 흔히 '무너진' 정조, '깨어진' 정조, '땅에 떨어진' 정조 등을 본다. 이런 화제의 인물에는 으레 여자가 등장한다. 남자의 정조가 드러나는 일은 거의 없다. 하긴 그것이 일일이 드러나다간 신문을 따로 하나 만들 수밖에 없을 지경이 될지도 모르지만……. 정조니 성도덕이니 하는 신비스런 말은 되도록 쓰지 않는 것이 오히려 건전한 생활을 가져오게 할 것이다."[152]

"서울의 숫처녀는 불과 60%도 못 된다"

『여성계』 1956년 10월호엔 정조의 남녀평등을 주장하는 글과 여성의 정조만을 강조하는 글이 동시에 실렸다. 정충량의 「남성정조론」과

전호덕의 「남성은 순결을 지켜라」는 여성과 마찬가지로 남성도 정조를 지켜야 한다는 정조의 남녀평등을 역설하고 있는 반면, 이건혁의 「여성 정조론」은 여성 정조만을 강조했다.

"세상이 개명해진 탓인지 요사이는 음담패설을 잔뜩 실은 신문소설, 잡지소설에다가 키스, 포옹의 장면을 아무 거리낌 없이 대중에게 보이는 국내 외국 영화가 여성의 정조 관념을 그 얼마나 약하게 만들고 있는지 못내 한심스럽기만 하다."

그러면서 처녀들에게 이렇게 경고했다. "처녀는 임자 없는 사람이니 더욱 정조에 대해서 조심조심해야 한다. 정조를 값없이 알다가는 평생을 그르치게 된다. 서투른 신식 생각을 버리라. 나쁜 서양 풍조에 들떠서 함부로 몸 가지다가 우는 일이 없이 하기를 부탁하고 싶다.……약혼 전에는 키스 같은 것도 삼가겠지만 약혼한 뒤라 할지라도 정식으로 결혼생활에 들어갈 때까지는 절대로 키스까지도 해서는 안 된다."[153]

그런가 하면 김기두는 『여원』 1958년 11월호에 쓴 「여성과 정조」라는 글에서 "못된 양풍이 불어와서 현대 여성은 다 버렸다고 욕하는 과거의 전통에 입각한 태도"와 "정조란 여성을 구속하기 위하여 남성 본위의 봉건사회가 만들어놓은 여성의 굴레에 불과한 것"이라는 양 극단의 태도를 모두 배격했다. "진정한 사랑을 바친 이성이 있는가 없는가로써" 정조를 판별해야 한다는 것이었다.[154]

『야담과 실화』 1959년 1월호는 "서울의 숫처녀는 불과 60%도 못된다"는 제목으로 기사를 써 크게 물의를 빚기도 했다.[155] 사회적으로 활발하게 일어난 정조 논쟁을 이용하려는 선정주의의 발로였겠지만, 이는 역으로 당시 사회가 처녀성에 대한 강한 집착을 갖고 있었다는 것을 말

1950년대 한국 사회는 여성의 처녀성에 대한 강한 집착을 갖고 있었을 정도로 여성의 정조 관념만 문제삼았다. 일제강점기 최초의 여성 화가로 활동한 나혜석과 그의 자화상.

해주는 것과 다름없다.

이상록은 「전쟁의 폐허 위에 다시 세워진 '정조 관념': 1955년 박인수 사건」(2001)이라는 글에서 1950년대엔 "정조는 취미다"고 주장했던 1930년대 나혜석의 주장처럼 시대를 앞서간 혁신적인 것들도 있었지만, 전반적으로 1950년대의 성담론은 1930년대 신여성의 정조 비판론에 비해 보수적인 성격을 지니고 있었다고 말한다.

"비록 '현대'와 '과학'의 이름으로 무장하고는 있었지만, 대다수의 논자들이 정조를 선택적 개념이 아닌 필수적 개념으로 전제하고 있다는 점이 이를 반증한다. 즉 1950년대 성담론의 주요 목표는 더욱 합리적인 논리로 여성의 성을 통제하고 여성을 가정과 사회에 안착시키려는 것이었다."[156]

당시 사회가 '숫처녀'에 지나칠 정도로 민감하게 반응했던 이면엔 전쟁으로 인해 크게 벌어진 청년층의 남녀 비율 격차가 작용했던 것으로 보인다. 1958년 기준으로 볼 때에 25~29세 연령층에서 여성은 174만 명인 반면 남성은 127만 명으로 여성의 4분의 1인 47만 명은 결혼 상대자가 없는 것으로 나타났다. 이와 관련, 이임하는 『여성, 전쟁을 넘어 일어서다: 한국전쟁과 젠더』(2004)에서 "따라서 결혼하지 못한 미혼여성에 대한 사회적 관심은 지대했고 그녀들의 행위는 곧 사회의 감시 대상이 되었다"고 했다.[157]

"전쟁 미망인의 타락을 막아라"

전쟁 미망인을 둘러싼 사회적 논쟁

1957년 10월 말 현재 55만 5,000여 명으로 추산되는 '전쟁 미망인'에 대한 세간의 시선은 곱지 않았다. 그들은 전쟁의 피해자였지만, '미망인'이라는 단어의 부정적인 의미가 시사하듯이 그들의 타락 가능성만을 염려하는 사회적 담론이 무성하게 일었다. 이는 1950년대 내내 계속되었지만, 1955년은 그 정점을 보여주었다.

'과부의 재가 허용'은 1894년 갑오개혁에 의해 제도적으로 보장되었지만 1950년대까지도 이른바 '미풍양속'에 어긋나는 것으로 간주되었다. 그런 '미풍양속'에 이의를 제기하는 목소리가 없진 않았지만, 그마저 가부장적 질서를 지키고자 하는 충정에 근거한 것이 많았다.

이예형은 월간 『신천지』 1953년 10월호에 쓴 「전쟁 미망인의 가는 길」이라는 글에서 이런 주장을 폈다. "확호確乎한 국가정책의 수행과 아울러 민간사회에 절대적인 동정과 협조로써 전쟁 미망인에 대한 대책 수립을 확립하지 않을 것 같으면 전쟁 후에 오는 제반 사회 혼란을 가일층 더하게 할 것이며, 미망인 대책 문제의 소홀함으로 인하여 파생되는 국민생활에 대한 도의적·윤리적 파괴의 위험과 2세 국민교육 문제 등 중대한 사회 죄악을 조장시킬 것을 두려워하는 바이다."[158]

이명온이 월간 『신천지』 1954년 7월호에 쓴 「민주여성의 진로」라는 글에 따르면, "이국인異國人에게 매음賣淫을 하는 여성이 전재戰災 여성의 대부분이라는 것은 민족적인 수치이다.……이들 여성이 민족정신을 저버리고 패륜의 길을 밟지 않으면 아니 되게 된 것은 생산이 없고 국가시설의 노동기관이 없는 것이 첫째 원인이 될 수 있고, 둘째는 전재 여성의 생활 대책에 대하여 사회는 무관심하였고, 정부는 여성의 윤리 문제를 고려하려 들지 않은 것이다".[159]

정충량은 월간 『여성계』 1955년 9월호에 쓴 「전쟁 미망인의 생활고와 성性 문제」라는 글에서 "흔히 이성과의 접촉이 없는 미망인은 같은 족속간의 정통精通 사건이 일어나서 가풍을 문란케 한다"면서 억압된 '미망인' 여성의 성욕이 가부장적 질서를 파괴할 수 있다고 경계했다. 정충량은 "동족 사이의 난륜亂倫은 더 큰 사회 범죄의 온상"이며 "정욕을 참지 못하려면 차라리 개가하는 편이 훨씬 떳떳하고 명랑할 수 있다"고 말하면서 전쟁 미망인의 위험한 성을 재혼을 통해 안정시키자고 주장했다. 그녀는 성공 사례를 거론하면서 자녀가 있더라도 전쟁 미망인의 재혼이 가능함을 역설했다.[160]

영화 〈미망인〉과 가요 〈단장의 미아리 고개〉

1955년 12월 10일 서울 중앙극장에서 개봉된 한국 최초의 여자 감독 박남옥의 〈미망인〉은 어린 딸 하나를 데리고 사는 미망인이 남자들의 유혹을 뿌리치고 수절하며 거센 세파를 헤치고 살아간다는 내용을 담았다. 그러나 역설적으로 그녀가 영화 제작을 위해 겪은 어려움이 미망인이 수절하며 거센 세파를 헤쳐나가는 게 매우 어렵다는 걸 보여주었다.

김화는 『이야기 한국영화사』(2001)에서 "1955년 당시만 해도 여자가 영화감독을 한다는 것은 상상도 못할 때였다.……박남옥은 1954년 6월 딸을 출산했지만 산후 조리도 채 끝나기 전에 촬영에 들어갔다.……갓 태어난 딸을 맡길 데가 없어 등에 업고 촬영 현장에 나가 '레디 고'를 불러야만 했다. 여자의 몸으로 영화 한 편을 제작·감독한다는 일이 결코

박남옥의 〈미망인〉은 미망인이 거센 세파를 헤치고 살아간다는 내용이지만, 역설적으로 미망인이 수절하며 거센 세파를 헤쳐나가는 게 매우 어렵다는 걸 보여주었다. 영화 〈미망인〉의 신문 광고.

쉬운 일이 아니었다"며 다음과 같이 말했다.

"등에서 보채는 돌도 안 지난 아이를 달래면서 현장 정리에서 기자재 챙기기, 더 나아가 스탭진에게 손수 밥을 지어 먹이면서 치마 저고리에 고무신 신고 레디 고를 부르는 것은 박남옥이 아니면 아무나 할 수 없는 일이었다. 촬영은 끝냈지만 녹음 등 후반기 작업도 여자의 몸으로 넘어야 할 산이 많았다. 그 당시만 해도 성차별이 심할 때여서 중앙청에 있는 녹음실에서 녹음 작업을 하면서 심한 차별을 받았다. 또 쌀쌀한 날씨에 아이를 등에 업고 다니며 작업을 하는 바람에 아이는 폐렴에 걸려 곤욕을 치르기도 했다.……홍행 성적은 박 감독이 온몸을 던져 노력한 만큼 따라주지 않았다."[161]

〈미망인〉이라는 영화의 홍행은 실패했지만, 1955년의 히트곡 가운데 하나는 반야월 작사, 이재호 작곡, 이해연 노래의 「단장의 미아리 고개」로 사실상의 미망인이 된 여인의 눈물을 담은 반공 가요였다.

"미아리 눈물 고개/울고 넘던 이별 고개/화약 연기 앞을 가려 눈 못 뜨고 헤매일 때/당신은 철사줄로 두 손 꽁꽁 묶인 채로/뒤돌아보고 또 돌아보고 맨발로 절며 절며/끌려가신 이 고개여, 한 많은 미아리 고개// 아빠를 기다리다/어린 것은 잠이 들고/동지 섣달 기나긴 밤 북풍 한설 몰아칠 때/당신은 감옥살이 그 얼마나 고생을 하오/십 년이 가도 백 년이 가도 살아만 돌아오소/울고 넘던 이 고개여, 한 많은 미아리 고개."[162]

'미망인, 니 죽어라'?

소설가 장덕조는 월간 『여원』 1956년 3월호에 쓴 「미망인의 연애

문제」라는 글에서 '자녀를 가지지 않은 미망인'은 연애를 하거나 재혼을 할 것을 인정하거나 권장하자고 주장하면서도 '자녀가 있는 미망인'은 연애나 재혼을 하지 않는 것이 옳다고 주장했다. 그 이유는 모성의 보호와 모권 확립의 문제, 즉 자녀가 받게 될 심리적 충격과 가정교육 등을 위해서라는 것이었다. 그녀가 '자녀가 없는 미망인'의 연애와 재혼을 적극 권유한 것도 "좋은 연애를 획득하여 결혼에 이르고 우수한 자녀를 생산해야 하는 것은 오히려 당연한 일"이라는 이유 때문이었다. 즉, 그녀는 여성을 '어머니됨'의 문제로만 사고했던 것이다.[163]

『서울신문』 1958년 2월 10일자는 주택가까지 침투해 번창하고 있는 사창에서 일하는 윤락여성의 8.2%가 '전쟁 미망인'이라는 조사 결과를 보도했는데, 이처럼 "사회는 이들 '전쟁 미망인'의 '성적 타락과 방종'을 그 무엇보다도 두려워하며 경계하고 있었다".[164] 정비석의 소설 『유혹의 강』(1958)은 "미망인이란 누구나가 점유할 수 있는 무주공산적 존재"로 모든 남성에게 "가능의 세계요, 희망의 세계요, 환락의 세계"라고 표현했는데,[165] 이런 시각이 미망인들에겐 더 큰 고통이었던 건 아닐까?

1959년도의 『합동연감』은 "부녀 문제가 질적인 전환을 나타낸 것은 전쟁 미망인 수효가 격증한 데 있다. 이들은 30세 전후로서 다방, 미장원, 요리점 등의 영업에 진출했다. 남편이 없다는 점에서 일반 사교계에 자유롭게 진출했다. 여성의 사교계 진출, 양풍洋風 유입은 가정을 경시하고, 허영과 향락에 빠지는 자유부인을 다량으로 산출했다"고 진단했다.[166] 그러나 당시 미망인의 타락을 염려하며 그들을 불길한 시선으로 바라보는 건 현실을 외면한 잔인한 처사였다. 어찌 보자면, '미망인, 너 죽어라'는 소리나 다를 바 없었다.

1955년 2월 10일 현재 완전 실업자 수는 200여 만 명, 그 밖에 반실업자, 유랑농민, 파산한 도시 소시민이 1,000만 명 이상이었다.[167] 먹고살 길이 없어 피를 팔아먹고 사는 사람도 많았다. 『동아일보』 1955년 6월 29일자에 따르면, 국립중앙혈액은행과 사립인 백병원혈액은행이 1954~1955년 1년여 간 취급한 채혈자는 5,288명이었는데, 원래 취지대로 헌혈을 한 사람은 17명이었고 나머지는 먹고살기 위해 피를 판 사람들이었다.[168]

　　피를 파는 사람들은 어디 줄 하나 댈 곳 없는 사람들이었이지만, 줄과 빽이 있는 사람들은 그 줄을 이용해 삶을 도모했고 그 과정에서 온갖 부정부패가 창궐했다. 특히 군의 부정부패가 심해 군내軍內에서도 1955년은 대표적인 '부정부패의 해'라고 말할 정도였다.

　　미망인이 온갖 세파를 이겨내고 성공한 사례들이 미담으로 널리 알려지는 건 불행한 결과를 초래할 수도 있었다. 아무나 다 성공할 수는 없었기 때문이다. 특히 계 파동이 그랬다. 전쟁으로 여성의 경제적 책임이 크게 확대되면서 여성의 사회 진출이 촉진된 건 분명했다. 1955년 봄부터 사회 문제화된 계도 전후 가정생활의 변화에서 비롯되었다. 계는 한국 여성의 경제적 자립의 한 과정이긴 했지만, 계가 깨질 경우의 부작용도 만만치 않았다. 1955년 1월에는 광주에서 계 소동이 일어나 17명이 자살하는 사건까지 벌어졌다. 그 여파로 경찰의 계 해산령과 국회의 조사단 구성까지 있었지만, 그건 그렇게 해서 막아질 수 있는 문제는 아니었다.[169]

사회의 '겉 다르고 속 다른' 대응

그러나 '세파를 이겨낸 미망인'에 대한 찬사도 사실은 이중적인 것이었다. 다른 한편으론 여성의 취업 자체를 불온하게 보는 주장도 난무했기 때문이다. 『국도신문』 주필이었던 이건혁은 『여원』 1956년 9월호에 쓴 「직장 여성론: 여성의 직장 진출은 반드시 찬미할 만한 것인가」라는 글에서 "여자는 여자로서, 남자는 남자로서의 구실"이 있기에 여성이 집 밖을 나서선 안 되며, 굳이 나서야 한다면 학교 졸업 후 결혼 전까지 임시적으로 취업할 수도 있겠으나 이것 역시 "까딱 잘못하면 사람 버리기 쉬운 만큼 어머니에게 살림살이 공부를 착실히 해서 결혼 후에 훌륭한 아내가 될 생각을 할 것"을 권했다.[170]

여성 취업에 대한 부정적 태도가 미혼 여성에게만 국한되는 것도 아니었다. 실직한 남편이 자살하는 사건이 일어나자 그 책임도 취업을 한 아내에게 돌려졌고, 아내의 직장인 미장원을 '허영의 발원지'로 꾸짖는 주장이 버젓이 유명 월간지(『여원』 1956년 4월호)에 실렸다는 건 무엇을 의미하는가?[171]

물론 여성들의 계도 지탄의 대상이 되었다. 「자유부인」의 작가 정비석은 『여원』 1956년 5월호에 기고한 「소설 후일담: 자유부인 가정 탐방기」에서 자신이 그간 받은 사회적 압력에 굴복하는 듯한 주장을 폈다. 오선영은 "가정부인으로서의 침착성만이 엿보일 뿐, 계에 미치고 댄스에 혹해 돌아가던 이태 전의 천박한 티는 추호도 찾아볼 길이 없었다"는 것이다.[172]

여성 취업은 물론 바깥나들이 자체를 불온하게 보면서 '세파를 이

겨낸 미망인'에게는 찬사를 하는 이중성은 사실상 미망인에게 자식을 위한 희생양이 되라는 것과 다름없었다. 미장원 취업 정도도 욕을 먹는 상황에서, 즉 미망인이 할 수 있는 일이란 게 거의 없는 상황에서, 미망인 보고 세파를 이겨내라는 건 모순이었다. 그러나 사회는 그렇게 '겉 다르고 속 다른' 대응을 통해 전통 윤리를 지켜내는 시늉을 하면서 기존 가부장제 체제를 유지하려는 두 마리 토끼를 잡고자 했던 건 아니었을까?

강한 어머니, 약한 여성

전후 사회가 '전쟁 미망인의 타락을 막아라'고 외쳐대는 선전·선동으로 얻고자 했던 건 결국 '강한 어머니'의 탄생이었다. 이는 정부 차원의 정책으로 추진되었다. 1955년 8월 30일 국무회의는 5월 8일을 '어머니날'로 제정했다. 보건사회부가 '어머니날' 행사를 주관했는데, 이 행사가 찬양의 대상으로 삼아 전파시키고자 했던 건 어머니의 끊임없는 인내와 희생이었다.[173]

언론도 이에 화답했다. 조현경은 『경향신문』 1955년 9월 6일자에 기고한 「어머니다운 인격을: 어머니날의 제정을 듣고」라는 글에서 이런 주장을 폈다. "어머니 마음의 본질은 사랑이다. 모든 이해를 초월한 사랑, 모든 수고를 즐겨 참고 받는 사랑, 자기 몸이 부서지는 한이 있을지라도 자녀의 빛나는 생을 위하여는 자기 몸을 초개草芥(지푸라기)처럼 내던질 수 있는 사랑, 얼마나 위대한가!"[174]

그러나 그런 '강한 어머니'는 여성 중심적인 것과는 거리가 멀었다. 윤택림은 『한국의 모성』(2001)에서 이렇게 말한다. "이 모母 중심 가족

1955년 8월 30일, 5월 8일을 '어머니날'로 제정했는데, 이는 어머니의 끊임없는 인내와 희생을 강조하기 위해서였다. (『경향신문』, 1955년 9월 6일)

에서 가장 중요한 가족관계는 모자관계로서 어머니는 남편 가계를 이을 아들, 자신이 시집온 집안의 가문을 일으킬 아들을 살려서 출세시키는 사람이었다. 남편의 부재시 남편은 상징적인 권위로서 자녀교육에 있어서 활용되었고, 어머니의 생활력은 부계 혈통 중심의 남성 우월주의를 재생산하는 데 투자되었다."[175]

그런 재생산과 투자 기제는 딸에 대한 차별에서 적나라하게 드러났다. "이 모母 중심 가족은 아들(장자) 중심적 생활을 하기 때문에, 특히 장자의 교육을 우선시하고, 딸의 희생을 강요하였다. 특히 맏딸은 살림 밑천이라는 말이 생겼듯이, 맏딸의 경우는 가족의 생존 전략의 대표적인 수단이었다. 오빠나 남동생을 위해서 학업을 포기하고 열악한 직장 환경에서 결혼할 때까지 가족을 뒷바라지하는 것은 흔하고 당연하게 여겨졌다."[176]

윤택림은 "이 시대의 강한 어머니들은 조선시대 자궁 가족이 그 모체인 소위 '내 뱃속에서 나온 내 새끼'라는 개념을 강화하면서 '내 새끼'를 잘 먹이고, 잘 교육시키기 위해 모든 것을 희생했다"고 결론내린다. "'내 새끼'의 성공과 행복은 바로 강한 어머니들의 삶의 목표였다. '내 새끼'의 강조는 바로 피를 나눈 '가족'이라는 개념을 강화시키면서, 가족의 이익을 가장 중요시하는 가족 이기주의를 더 발전시켰다. 따라서 강한 어머니들은 가족 이기주의를 근대적으로 변형시킨 장본인들이었고, 여성과 가족은 더욱 동일시되었다. 어머니는 강해졌지만, 여성은 강해지지 않았던 것이다."[177]

'자궁 가족'이란 무엇인가?

'자궁 가족uterine family'이란 무엇인가? 마저리 울프Margery Wolf, 1933~2017가 중국 여성의 삶에 성취적이고 획득적인 성격이 두드러진다는 점을 강조하면서 제시한 개념이다. 조혜정의 해설에 따르면, "남편의 집에 편입된 가장 낮은 지위에 있던 젊은 여성은 점차 자신이 낳은 '핏줄'을 이 집안에 더해감으로써 자신의 세력권을 구축해간다. 자궁 가족 내에는 자신이 낳은 자녀들과 며느리가 포함되며 남편은 별로 중요한 자리를 차지하지 못한다. 이 가족은 먼 조상까지를 포함하여 연속성이 중시되는 남성들의 가문과는 별 관계가 없는 사적인 가족으로 어떤 뚜렷한 이데올로기나 형식적인 구조도 갖고 있지 않다. 가족 유대는 주로 감성과 충성심에 기초한 것이나, 주목할 점은 그것이 구성원에게 공식적 가족 못지않는 구속성을 갖는다는 점이다. 울프는 여성을 철저히 배제시킨 것으로 보이는 유교적 가부장제가 여성을 상당히 성공적으로 흡수할 수 있었던 근거는 바로 자궁 가족과 공식적 가족의 목표가 '다행스럽게도' 잘 맞아떨어졌기 때문이라는 표현을 쓰고 있다. 여성에게는 일정 기간 어려움을 이겨나가기만 하면 자신의 권력의 기반인 '자궁 가족'을 이룰 수 있으며 그를 통하여 응분의 보상을 누릴 수 있는 가능성의 차원이 열려 있었다는 것이다".[178]

조선시대에는 '효孝'까지 가세해 '자궁 가족'의 위세가 더했다.

"조선시대는 '효'를 절대 가치화하였으며 이 조항에 있어서는 여성도 남성과 평등하였다. 실제로 조선조 사회가 중국보다 더욱 '효'의 가치를 절대화시켰던 점에 착안한다면 자궁 가족의 형성을 통한 여성의 사회적 지위 상승의 폭은 중국의 경우보다 더욱 컸을 것으로 짐작된다. 상층에서는 과거 급제자 아들을 길러내는 어머니로서의 명예와 보상이 있었고, 그러한 출세를 기대하지 못하는 대다수의 집에서도 아들이 장성할수록 존장자로서 효도를 받고 며느리를 지배하며 손주를 품 안에 거느리는 여가장으로서의 권위를 확보할 수 있었던 것이다. 즉, 대다수의 여성들은 열심히 일하고 참기만 하면 언젠가는 어머니로서 보상을 받게 되며 남편 집안의 당당한 조상이 된다는 확신을 갖고 있었으며 따라서 가부장적 체계에 자발적으로 충성을 하여온 것이다."[179]

실제로 조선시대에 어머니의 권력은 아들을 '큰 사람'으로 만들 때에 획득될 수 있었다.[180] 그러나 어머니가 그 어떤 권력을 누리건 그건 공식적인 권력은 아니었다. 이른바 "공식적 권위로 이어지지 못하는 여성의 권력 행사"[181] 때문에 조선시대는 말할 것도 없고 지금까지도 한국 여성의 권력이 막강하네 어쩌네 하는 이야기가 나오는 것이다. 공식적 영역에선 여전히 큰 차별을 받고 있지만, 비공식적 영역에선 여성이 막강한 권력을 행사할 수도 있다는 것이다.

비공식 영역에서의 권력 행사라는 건 그 권력이 남성 권력에 의존하는 '기생 권력'이라는 걸 의미하는 것이다. 그래서 한국 여성의 권력이 막강하다는 건 전혀 근거가 없는 건 아니지만 그런 근본적인 한계를 외면한 왜곡일 수 있다. 권력과 금력을 가진 남자의 아내나 어머니의 권력이 막강한 것이지 일반적인 아내나 어머니의 권력이 막강한 건 아니기 때문이다. 한국에서 어머니날의 의미 체계는 이런 '자궁 가족'과 국가·민족주의적 가치가 결합해 구성되었다.

제11장 〈피아골〉·〈아리조나 카우보이〉· 국민 명랑화 운동

〈춘향전〉과 〈피아골〉

1955년 1월 설날에 맞춰 개봉된 이규환의 〈춘향전〉은 2개월 동안 12만 명의 관객을 동원하는 기록을 세웠다. 상영 기간 2개월이나 관객 12만 명은 지금 기준으로선 아무것도 아니지만 그 당시엔 깜짝 놀랄 만한 대기록이었다.[182]

9월 23일에 개봉된 이강천의 〈피아골〉은 빨치산을 다루었다는 점에서 논란과 더불어 화제를 불러일으켰다. 이 영화는 빨치산의 잔인성을 부각시켰다는 점에선 '반공 영화'로 분류될 수 있는 것이었지만, 금기로 여겨져 온 빨치산을 다루었다는 이유로 문교부, 내무부, 국방부 등에 의해 이중 삼중의 치밀한 검열을 거쳐야 했다.

문교부는 〈피아골〉에 대해 몇 가지 수정하도록 조건을 붙여 통과시켰다. 그 가운데 하나는 "공비들이 최후까지 신념을 버리지 않고 고집

한다는 것은 잘못이다"였다.[183] 그래서 마지막 장면엔 배경에 태극기를 삽입해 투항한다는 걸 암시하도록 했다. 공산주의자들에게도 휴머니즘이 있다는 게 암시되었다는 점도 논란의 대상이 되었다. 호현찬에 따르면, "공산 세계에도 휴머니즘이 있는가, 거기에도 인간다운 것이 있는가 하는 문제는 반공 영화에서 자주 논쟁을 일으킨 화두가 되었으나, 한국의 반공 영화에서는 금기사항이었다.……공산주의자는 무조건 흑黑이요 적敵의 개념이었다. 여기에 의문을 갖는 것은 법적으로 용납되지 않았다.……공산주의자들에게 휴머니즘이 있을 수 없다는 것이 검열관들의 논리였다".[184]

문제가 된 장면들을 삭제하고 태극기를 삽입하는 등의 조치를 취해

〈피아골〉은 빨치산의 잔인성을 부각시켰다는 점에서 '반공 영화'로 분류될 수 있었지만, 금기로 여겨져 온 빨치산을 다루었다는 이유로 치밀한 검열을 거쳐야 했다.

검열을 통과한 후에도 『한국일보』기자 한운사가 〈피아골〉을 기사화했더니 불온한 영화를 두둔한다고 아우성치는 등 논란은 끊이지 않았다.[185] 그러나 이 모든 논란은 "역설적으로 당시의 남한 사람들에게 아직은 빨치산 세력에 대한 적대적 이미지가 완전하게 형성되어 있지는 않았음을 반증"하는 것이었다.[186]

당시 영화 관객들은 슬픈 영화를 좋아했다. 그래서 외국 영화도 비극적인 애정 영화가 많이 수입되었다. 외국 영화는 원제原題를 무시하고 슬프게 보이게끔 작명하느라 향수鄕愁, 애수哀愁, 여수旅愁, 이수離愁 등 '수愁의 전성시대'가 열렸다.[187]

대중가요의 미국 지향성

전 사회에 팽배해 있던 미국 지향성은 대중가요에도 반영되어 1950년대 중반엔 1952년에 나온 〈샌프란시스코〉와 같은 노래들이 여러 개 나와 히트를 쳤다. 1955년에 나온 김부해 작사, 전오승 작곡, 명국환 노래의 〈아리조나 카우보이〉도 그런 가요 중 하나였다.

"카우보이 아리조나 카우보이/광야를 달려가는 아리조나 카우보니/말 채찍을 말아 들고 역마차는 달려간다/저 멀리 인디안의 북소리 들려오면/고개 너머 주막집에 아가씨가 그리워/달려라 역마야 아리조나 카우보이."

이 가요에 대해 이영미는 『홍남부두의 금순이는 어디로 갔을까』 (2002)에서 "지금은 아마 이런 노래를 만들려고 발버둥쳐도 못 만들 것" 이라며 이런 평가를 내린다. "한국 땅에 앉아서 아리조나 카우보이에 관한 노래를 만든다? 아, 얼마나 기발한가! '저 멀리 인디안의 북소리' 대목에서는 정말 자지러지겠다. 미국 서부 개척 시대의 술집을 '주막집'이라고 표현한 것도 아주 재미있다.……1950년대는 한편에서는 〈단장의 미아리 고개〉로 통곡을 하고 있는데 다른 한편에서는 미국 서부 활극이나 미제 물건에 눈이 뱅뱅 돌고 있을 때였다. 이렇게 대중예술에서 미국의 영향은 민주주의나 다원주의가 아닌, 놀랄 만큼 풍요로운 물질과 그에 동반한 향락성, 혹은 단순히 외국에 대한 동경으로 기울어져 있었다."[188]

1955년에 나온 유노완 작사, 전오승 작곡, 명국환 노래의 〈내 고향으로 마차는 간다〉에도 엉뚱하게 '밴조banjo'라는 악기가 등장한다. "밴조를 울리며 마차는 간다/저 산골을 돌아서 가면 내 고향이다/이랴 어서 가자 이랴 어서 가자 구름이 둥실대는 고개를/꾸불 꾸불꾸불 넘어간다 말방울 울리며 마차는 간다."

1956년에 나온 유광주 작사, 전오승 작곡, 박재란 노래의 〈럭키 모닝〉엔 영어 단어들이 난무한다. "럭키 모닝 모닝 모닝 럭키 모닝/달콤한 바람 속에 그대와 나/새파란 가슴에 꿈을 안고서/그대와 같이 부르는 스윙 멜로디/랄랄랄 랄랄라라라 단 둘이 불러보는 럭키 모닝."

1957년에 나온 이철수 작사, 이재현 작곡, 안정애 노래의 〈청춘 아베크〉도 왜 하필 '아베크avec'란 단어를 써야 했는지 그 의도가 궁금해진다. "오늘은 선데이 희망의 아베크/산으로 바다로 젊은이 쌍쌍/다같이 노래하는 청춘의 세계란다/오늘은 선데이 그대와 함께/오늘은 선데이 즐거운 아베크/지는 해가 아쉬더라 청춘 아베크."

이영미는 『한국 대중가요사』(1998)에서 "서양말의 과시적 사용이나 서양 풍경의 상상적 묘사는 지금 들으면 좀 우스꽝스러울 정도로 어색하다"며 "도대체 밴조를 울리면서 가는 '내 고향'이란 어디일까? 여기에서 마차는 서부영화에서나 본 포장을 두른 마차임에 분명하다"고 말한다.[189] 이영미는 이런 노래들은 당시 대중의 욕망과 결합되어 있다는 진단을 내린다.

"뭔가 미국과 관련된 것을 빨리 받아들이는 것이 요즈음 세상의 흐름에 뒤처지지 않는 것이다. 미국적인 것을 빨리 받아들이는 것이 바로 그 시대의 삶에 가장 잘 적응하는 것, 동경할 만한 첨단 유행의 삶을 사는 것, 곧 부유하게 잘 사는 것이라는 판단으로 이어진다. 이러한 대중들의 사회심리가 1950년대 대중가요의 미국 지향성의 본질이다."[190]

"명랑한 도시를 만들게끔 노력하겠다"

1950년대 중반의 대중가요들이 유난히 미국 지향성을 드러낸 건 당시 사회적으로 일고 있던 이른바 '국민 명랑화 운동'과도 무관치 않았을 것이다. 한국 이야기를 해봐야 전쟁, 이별, 상처, 한恨 밖엔 없으니, 명랑해지려면 아무래도 미국 쪽을 바라보아야 하지 않았겠는가?

『한국일보』 1955년 7월 3일자에 실린 「노래 부르자! 명랑화 운동, 거리의 음악가에 무대 공개: 노래자랑 시간 첫 공연」이라는 기사는 "국민 명랑화 운동의 첫 시도로서 서울중앙방송국이 기획 신설한 '노래자랑' 시간 첫 공연이 1일 하오 6시 반 시내 동화백화점 4층 영화관에서 공개되었다"며 다음과 같이 말했다.

"노래를 잘 부른다고 자부하는 아주머니나 아까운 목소리를 혼자 듣기 미안한 아저씨나 은근히 꾀꼴새 목소리로 선을 보이고 싶은 아가씨나 원하는 대로 무대에 나설 수 있는 이 '노래자랑' 시간은 '즐거운 인생은 노래로부터'라는 표어 아래 앞으로도 매주 금요일마다 공개될 예정인데 1일의 첫날 공개부터 벌써 대성황을 이루었다.…… '너도 나도 모두들 노래 부르자. 노래하는 인생은 파라다이스!' 전쟁으로 가슴에 상처를 입고 생활고에 허덕이며 허무와 비관과 공리功利에 하루하루를 얽매여 사는 우리에게 조금 더 명랑한 분위기가 조성되어도 좋지 않을까? 정녕 노래는 나와야만 할 것이다. 노래하는 인생 즐거운 생활. 아! 노래여 나오라!"[191]

'명랑'을 범국민운동의 대상으로 삼아야 할 만큼 당시 대중은 아직 전쟁의 상처에서 벗어나지 못하고 있었나 보다. 향수鄕愁, 애수哀愁, 여수旅愁, 이수離愁 등 수愁를 사랑하는 대중을 향해 명랑해질 걸 촉구하는 국민 명랑화 운동은 이후 한동안 지속되어 허정은 1957년 12월 14일 서울시장에 취임하면서 "명랑한 도시를 만들게끔 노력하겠다"고 선언한다.[192]

"향락에 탐닉하는 크리스마스" 비판

"'크리스마스 카아드'에 '크리스마스 프레젠트'도 주고받는 정성으로만 보기에는 너무나 외래적이고 사교적이지마는 이것이 그대로 지나쳐 향락으로 변하는데……. 그 향락은 에덴동산에 나타난 '사탄'조차도 일찍이 경험하지 못한 주지육림酒池肉林의 세기말적 광태에 이르니 아무리 보아도 성聖(?)스럽다고는 말하기 어려운 사태-실로 중대한 사태에 이르렀다.……이마에 피도 안 마른(정말은 말랐는지도 모르지만) 여하튼 어린 학생들까지도 '크리스마스 파아티'를 빙자해서 이리저리 어두운 골목을 쌍쌍이 져서 밤을 새우고 돌아가니……."[193]

『조선일보』1954년 12월 24일자에 실린 「향락에 탐닉하는 성탄날」이라는 기사다. 전쟁의 긴장이 확연히 풀린 1954년의 크리스마스부터는 놀자판이 기승을 부리긴 했지만, 그게 아무려면 "주지육림酒池肉林의 세기말적 광태"였을까 하는 의구심이 든다. 어찌되었건 시간이 흐를수록 크리스마스를 놀자판 축제로 여기는 사회적 분위기는 고조되었다.

전후 복구사업이 진척되어 1955년 크리스마스 때 철야 송전이 가능해지자, 여학생들 대표는 상공부 장관을 찾아가 "이번 크리스마스는 전기 사정이 호전되어 명랑하고 거룩한 밤이 될 것이다"고 말하면서 변전소 직원에게 전해달라고 15개의 크리스마스 카드를 전달했다. 경찰은 "이날만은 '땐스'를 묵인하고 난잡한 행동만 단속하라"고 지시했다.[194] 그런 분위기를 이끌겠다는 듯, 국회에선 성대한 성탄 파티가 열렸다.[195]

『조선일보』1955년 12월 26일자는 "'크리스마스 이브'가 되자……교인들은 교회당에 모여 미사를 올리고 성가대의 노래가 거리거리에서 들려왔으나 이날을 노리는 무도장 또한 번창하여 '크리스마스 이브'는 광란狂亂 속에 밝았다. 더구나 어느 '땐스홀'은 이날 밤 입장료가 남녀 한 쌍에 1만 환을 했다니 놀라운 이야기"라고 했다.[196]

『조선일보』1955년 12월 27일자 사설은 "크리스마스의 밤은 기독교도가 아니라도 축하의 예를 갖추어 무방하다. 반드시 의식의 절차를 밟지 않더라도 기쁘게 한 밤을 맞이해도 좋다. 그러나 크리스마스라고 해서 어떤 울안에서 빠져나온 것처럼 어쩔 줄을 모르고 가는 곳마다 난장판을 만들어놓는다는 일은 용납될 수 없다. 그 귀하다는 전기를 온밤 중 각 가정 각 상점에 무제한으로 보내주고, 밤의 통행금지 시간도 이밤 당시 언론은 크리스마스 파티가 "주지육림의 세기말적 광태"라고 비판하고, 어느 댄스홀의 입장료가 1만 환을 한다고 비판하기도 했다. (『조선일보』, 1955년 12월 26일)

만은 철폐해주었다는 것도 좋다"며 다음과 같이 말했다.

"그렇다고 밤새도록 술 먹고 춤추고 거리를 어지럽히고 돌아다니는 일이 무제한으로 용납될 수 있는 것 같이 생각되었다는 것은 부끄러운 일이 아닐 수 없다. 서울에는 '땐스홀'이란 곳이 많다는 것도 크리스마스 밤에 더 알려지게 된 듯 싶으며 '땐스홀'이란 곳은 어느 곳이나 만원이었다고 한다. 반드시 '땐스'가 나쁘다든지 절대금지해야 할 것이라든지

하는 것까지는 지금 단언할 바 못 되지만 크리스마스를 빙자하여 술과 '땐스로 밤거리가 무색했다'는 것은 이 밤의 뜻을 완전히 깨뜨려버린 것이라 하겠다."

이렇듯 1950년대 중반부터 신문엔 "성탄절이 먹고 마시고 노는 휴일로 타락해간다"는 우려의 목소리가 높아갔다. 소설가 겸 목사 전영택은 남녀가 '난잡한 유흥과 댄스'에 빠지는 '크리스마스 폐풍弊風'을 질타하며 모든 성탄 행사를 없애자고 주장했지만, 크리스마스의 유흥화는 날이 갈수록 심해졌다.[197] 크리스마스를 유흥으로 즐기는 사람들은 내심 그게 무어 그리 잘못된 일이냐는 무언의 항변을 하는 것처럼 보였다.

박태선·문선명·나운몽, 신흥종교 번성

민중의 이상향 갈구

국민 명랑화 운동이 전쟁으로 상처받은 민중의 영혼을 얼마나 어루만져주었는지는 모르겠지만, 그 점에서 훨씬 더 큰 반향을 불러일으킨 건 신흥종교들이었다. 1950년대에 기독교적 성분을 혼합한 이른바 '새 종교'가 번창해 그 수가 250여 개에 이르렀다.[198]

전후 대중은 전쟁으로 인해 고통받고 상처받은 나머지 이상향에 대한 강한 열망을 갖고 있었다. 사실 이런 열망은 대중문화 종사자들에 의해 포착되어 1950년대에 유행한 대중가요들엔 이상향을 추구하는 내용이 많았다. '남쪽나라 십자성은 어머님 얼굴'로 시작되는 〈남쪽나라 십자성〉이나 '찔레꽃 붉게 피는 남쪽나라 내 고향'으로 시작되는 〈찔레꽃〉 등과 같은 노래들이다.[199] 어찌 보자면 미국 지향적인 노래들도 한국 현실과는 너무 동떨어진 것이기에 일종의 이상향 추구로 볼 수도 있었다.

한국 민중의 고난은 일제 36년에 이어 해방정국에서도 계속되었는데, 이때에 기성 종교들은 민중의 고난에 적절히 대응하지 못했다. 해방 이후 가장 성장이 빨랐던 기독교는 '밑으로부터'가 아니라 '위로부터'의 선교 방식을 취함으로써 권력과 유착되는 길을 걷고 말았다.

권력과 유착된 기독교

6·25 전쟁 중 "외국으로부터의 원조가 기독교 교회들로 집중되었고, 전쟁이 낳은 부산물인 수많은 난민과 고아·과부들을 대상으로 한 구호사업이 기독교 집단들의 성장을 촉진하는 가장 효과적인 선교 전략의 하나였음은 분명하"지만,[200] 이는 민심의 깊은 곳에까지 파고드는 데엔 오히려 장애가 되는 결과를 초래하고 말았다. 기독교는 미국 아니면 대통령이라는 강력한 배경과 손을 잡는 데에만 집중적인 관심을 쏟았다. 그래서 선거 때마다 빠지지 않고 '대통령 만들기'에 앞장섰다.

1952년 8월의 정·부통령 선거를 앞두고 기독교계는 '혼연일체'가 되어 이승만을 대통령으로 추대하기로 결의하고 권연호를 위원장으로 하는 기독교선거대책위원회를 결성했다. 그리고 부통령 선거를 위해서는 각 교파 단체의 이름으로 목사인 이윤영을 추대하는 선거후원회를 조직했다.[201]

1954년 개헌 국면에선 교회 지도자들은 선거위원회를 조직해 이를 거드는 전국적인 캠페인을 벌였다. 이 캠페인에 협조하지 않거나 참여하지 않는 기독교인들은 이승만 지지파에 의해 '이단자'로 몰렸다.[202] 김성수는 한국 교회 지도자들과 신자들 대다수는 기독교인들에게 특권을 제공해주는 자유당을 열렬히 지지하는 편에 섰다며 이렇게 말한다.

"이승만이 정권을 유지해가는 동안 대부분의 한국 교회는 가장 친정부적인 조직체로서 자유당의 하수인 노릇을 서슴없이 했다. '기독교인 대통령 아래 전 국민의 기독교인화'라는 순진한 꿈에 젖은 한국 교회는 부패한 이승만 정권의 가장 강력한 정치적 동맹자였다. 그래서 비기독교인들은 한국 교회를 이승만 정권 혹은 자유당과 동일한 집단으로 보는 경우가 많았다. 이승만 정권을 내놓고 비판하는 기독교인은 아주 드물었다."[203]

물론 기독교가 '밑으로부터'의 선교를 하지 않은 건 아니었다. 그러나 그건 앞서 지적했듯이, 기복祈福 신앙으로 흐르는 문제점을 드러냈고, 이는 교단 내부의 분열을 심화시키는 데에도 일조했다. 『기독공보』 1955년 12월 26일자에 따르면, "예배당 사태가 났다. 한 동리 안에도 예배당이 열 개씩은 될 것이다. 장로교회도 고신파·한신파·복구파·재건파 교회가 있고, 장신파에서도 서울 경기 노회 속·이북 노회 속 교회가 아무런 제약이 없이 자리 잡고 세우면 그만이다. 게다가 성결교회, 감리교회까지 끼우면 한 동리에 열 개는 보통 될 수 있다.……신학 졸업생이 해마다 많이 나오니 이들이 다 한 교회씩을 가져야 하며 서울로 교역자가 진출하니 교회당이 늘 수밖에 없다".[204]

신흥종교의 성장

1950년대 중반 신흥종교의 성장은 바로 그런 배경을 살펴볼 때에 제대로 이해될 수 있을 것이다. 달리 말하자면, 기성 교회의 '직무 유기'

가 신흥종교의 성장을 촉진했다는 것이다. 대표적인 신흥종교는 박태선의 전도관, 문선명의 통일교, 나운몽의 용문산 기도원 운동 등이었다. 노치준은 이런 신흥종파 운동이 신도들을 끌어들인 4대 요인으로 신흥종파 지도자의 카리스마적 성격, 신도들이 경험한 신비스러운 특수 체험, 신흥종파가 제공한 공동체적 분위기, 한국 민족의 자부심 혹은 사명의 강조 등을 지적했다.[205]

노치준은 "한국전쟁 후의 위기 상황에 처한 한국 사회의 많은 사람들이 종교적인 카리스마를 요구하였고, 그러한 요구에 성공적으로 응한 신흥종파 지도자들은 수많은 사람들을 자신의 영역으로 흡수할 수 있었"다고 말한다.[206]

박태선은 1955년 1월부터 전국 각지를 돌아다니면서 부흥 집회를 인도했다. 박태선은 안수를 통해 병 고치는 능력이 있다고 소문이 났는데, 윤치영과 임영신 등 저명인사들이 그러한 체험에 대한 간증을 하기도 했다. 1955년 한 신도는 박태선의 설교하는 외모에 대해 이렇게 말했다.

"얼굴은 희고 맑고 키는 커다랗고, 정열에 빛난 눈으로 수만 군중을 노려보며 강단에 우뚝 서 있을 때에는 마치 하늘 천사 미카엘이 거기 서 있는 듯, 마귀도 당장 물리칠 듯하다. 그래서 우리에게는 안심과 흥분을 준다. 주먹을 불끈 쥐게 하는 때도 많다. 입을 열면 그의 입에서 불이 나온다. 인간의 입에서 불이 나오는 놀라운 광경을 나는 눈으로 보았다."[207]

문선명은 1951년 1·4 후퇴 때 남하해 부산에서부터 집회를 시작했는데, 1954년 5월에 서울에서 '세계기독교통일신령협회'를 창설해 교세를 확장했다. 문선명의 한 신도에 따르면, "이 자리에서 선생님을 만

박태선의 전도관, 문선명의 통일교, 나운몽의 용문산 기도원 운동 등이 대표적인 신흥종교였다. 이 신흥종교는 신비스러운 특수 체험과 이상한 교리가 공통적인 특성이었다. (『경향신문』, 1955년 7월 7일)

났습니다. 하나님이 증거해주신 그분이었습니다. 너무너무 감격스러워 자력에 끌리는 듯 끌리는 마음을 어찌할 수 없었습니다. 그분의 발등을 문질러주고 싶고 그분의 옷자락을 만져주고 싶은 충동을 겨우 참았습니다."[208]

나운몽은 6·25 전쟁 시기에 전도 운동을 시작해 교세를 확장했는데, 그는 자신이 집회를 이끈 어느 교회의 뜨거운 분위기를 이렇게 묘사했다.

"설교를 마치면서 통성기도 시간에는 온 장내가 뒤덮이는 정도가 아니었다. 모두 꿇어앉아 드리는 기도이면서 엉덩방아를 안 찧는 사람이 없을 정도로 꾸두둥거리는 소리와 아울러 우는 소리, 가슴을 치는 소리,

이 모든 소리는 아집과 죄악성이 무너지는 소리라고나 해야 마땅할 것이다."209

이 신흥종교 지도자들의 카리스마도 신비스러운 특수 체험과 관련되어 만들어진 것이지만, 그것과는 별개로 여러 종류의 특수 체험이 주장되는 게 이 신흥종교들의 공통적인 특성이었다. 1955년 3월에 열린 남산 부흥집회를 박태선이 인도할 때 썩은 뼈 타는 냄새가 나다가 백합화 향기가 가득하고 이슬이 내리는 신비스러운 일이 일어났다는 이야기, 아버지가 통일교회에 나간다는 이유로 박해해 소나무에다 한 처녀를 철사줄로 꼭꼭 묶어 놓았는데 한밤중에 사도 바울이 홀연히 나타나더니 철사줄이 흐느적거리면서 풀어져버렸다는 이야기, 용문산 집회에서는 하늘을 향해 올라간 사다리가 나타났는데 그것이 사진에 찍혔다는 이야기 등등.210

전도관 신도의 89%가 개신교인

신흥종파 운동이 기성 교회에서는 찾을 수 없는 공동체적 분위기를 제공한 것도 신도들을 끌어들인 주요 이유였다. 신흥종파 운동에 참여한 사람들의 절대 다수는 기성 교회의 개신교인들이었다. 예컨대, 전도관에 온 신도의 89%가 개신교인이었다. 이들은 한결같이 기성 교회의 냉랭함과 부패를 비판했다.211

신흥종파 운동이 한국 민족의 자부심 혹은 사명을 강조한 것도 전쟁 중 구겨질 대로 구겨진 민족적 자존심을 염두에 두었을 것이다. 박태선은 하나님께서 옛 이스라엘 나라를 버리시고 새 이스라엘 나라를 세우

셨는데 그것이 바로 한국이며 신앙촌은 지상천국을 이루는 하나님의 역사의 시원지始原地라고 주장했으며, 통일교에선 예수님이 재림하시는 동방의 나라가 한국이라고 주장했다.[212]

그런 맥락에서 신흥종파 운동에선 일제 36년과 6·25 전쟁도 더 큰 복을 주기 위한 시련으로 설명되었다. 노치준은 "전쟁, 가난, 원조, 억압 등의 분위기 속에서 민족적 자존심을 상실한 사람들에게 우리 민족이 당하는 고난의 의미와 사명을 가르쳐주는 교리는 확실히 그 종파로 끌어당기는 요인이 되었"을 것이라고 말한다.[213]

기독교 신자인 함석헌이 『사상계』 1956년 1월호에 쓴 「한국의 기독교는 무엇을 하고 있는가」라는 글에서 한국의 기독교를 매섭게 비판한 것도 바로 이와 같은 배경에서 연유된 것이었다. 함석헌의 글은 큰 반향을 불러일으켰지만, 보수적인 교인들은 함석헌에게 '빨갱이'라는 딱지를 붙였다.[214] 이런 행태는 이승만의 매카시즘과 너무도 비슷하지 않은가? 이게 바로 한국의 1950년대 중반의 풍경이었다.

도시화·베이비붐·결혼식장·박인환·노동귀족

도시화와 서울 집중

'도시화' 통계는 '도시'의 기준을 어떻게 삼느냐에 따라 다르다. 인구 2만 명 이상을 기준으로 잡으면, 1949년 인구 2만 명 이상의 도시에 사는 사람은 27.5%였으나, 1955년엔 43.2%로 늘었다. 5만 명 이상의 도시에 사는 인구 비율은 18.3%에서 34.5%로 늘었고, 인구 10만 명 이상의 도시에 사는 인구 비율은 14.7%에서 28.8%로 늘었다.[215]

3대 도시의 1949년과 1955년 인구 비교를 해보면, 서울은 144만여 명이 156만여 명으로 12만 명밖에 늘지 않았지만, 부산은 47만여 명이 104만여 명으로 2배 이상, 대구는 31만여 명이 45만여 명으로 50% 가까운 인구 증가세를 보였다.[216]

그러나 이후 서울 인구는 가장 빠른 속도로 늘어나게 되며 권력과 부의 집중도 가속화된다. 이미 1952년 말 전체 법조인 858명 가운데 서울에만 440명(51.3%)이 몰려 있었고, 모두가 6대 도시에서 활동하는 것으로 나타났다. 1952년 말 의사의 43.9%, 약사의 65.9%가 서울에 몰려 있었으며, 1954년 말 읍·면 인구는 전체의 79.3%나 되었지만, 읍·면 전체의 52.6%에는 의사가 전혀 없었다. 1955년 9만 명 수준의 대학생 중 50%에 해당하는 4만 2,666명이 서울에 집중되었다.[217]

1950년대에 도시화와 서울 집중이 가속화되는 데엔 정치·경제적인 이유가 컸지만, 심리적인 이유도 있었다. 손정목은 『한국현대도시의 발자취』(1988)에서 다음과 같이 말했다. "50년대 전반기가 이 땅의 도시 인구 집중에 미친 영향 중의 최대의 요인은 시골에서도 많은 사람이 대구·부산 등지로 피난을 감으로써 자기 고장 이외의 터전에서도 살 수 있다는 체험, 도시에서는 보다 더 잘 살 수도 있다는 가능성을 체험했다는 사실이고, 동시에 많은 시골 사람들이 서울을 비롯한 도시로부터의 피난민을 맞아 서울 사람도 별 수 없다, 자기도 서울만 가면 서울 사람이 될 수 있다는 자신을 체득했다는 점이며 이러한 체험이 그 후의 급격한 도시화를 초래한 심리적인 면의 원동력이 된 것이다."[218]

전후 서울에 대한 동경은 김승옥의 단편소설 「무진기행」에 잘 표현되어 있다. 머리를 식히려고 고향에 내려간 남자 주인공과 우연히 만난 시골학교의 음악 선생이 은밀한 관계를 가진 후 나눈 대화를 보자.

"미칠 것 같아요. 금방 미칠 것 같아요. 서울엔 제 대학 동창들도 많고…… 아이 서울로 가고 싶어 죽겠어요."
"그렇지만 내 경험으로는 서울에서의 생활이 반드시 좋지도 않더군요. 책임, 책임뿐입니다."

"그렇지만 여긴 책임도 무책임도 없는 곳인 걸요. 하여튼 서울에 가고 싶어요. 절 데려가 주시겠어요?"[219]

'씨받이 면회'와 '베이비붐'

한국인의 '씨'에 대한 집념은 매우 강했다. 이를 잘 보여준 게 전쟁 중에 나타난 이른바 '씨받이 면회'일 것이다. 1951년 1·4 후퇴 후 제주도의 모슬포에 제1훈련소가 창설되고 이어 논산에 제2훈련소가 세워졌다. 논산에서의 씨받이 면회에 대해 백선엽은 이렇게 말한다.

"비전시에 아들을 입대시킨 부모의 심정도 안타까운 법인데 하물며 전시에 아들을 군에 보낸 부모의 심정은 이에 비할 바가 아니다. 때문에 훈련소마다 면회온 가족들이 줄을 이었다. 이 중에는 특히 만약의 사태에 대비해 손을 끊기지 않겠다는 일념으로 며느리를 대동하고 씨받이 면회를 간청하는 사례도 적지 않았다. 물론 공식적으로 씨받이 면회를 허용할 수 없었으나 요령껏 성사를 하는 경우도 있음을 보고를 통해 알고 있었다. 나는 이를 탓하기에 앞서 우리 민족의 위대함을 역설적으로 느끼게 됐다. 외침 속에서도 반만년의 혈통을 유지해온 근원의 한 단면을 이를 통해 깨달을 수 있었다."[220]

그러나 '씨'에 대한 집착이 늘 위대하게 느낄 만한 일은 아니었다. 그건 축첩畜妾 문제를 불러일으켰기 때문이다. 1953년 10월 3일 남녀쌍벌제를 채택한 간통죄가 공포되었지만, 1950년대 중반 여성문제상담소의 상담 건수 중 4할이 축첩 문제였다. 1956년 11월 12명의 경찰총경이 파면되었는데, 이 중 8명은 첩을 둔 것으로 보도되었다. 1957년 민법안을 심의할 때 일부 의원들은 서자庶子를 입적시키는 데 부인의 동의를 받는 것을 풍습과 어긋난다고 반대했다.²²¹

전후에 나타난 '베이비붐'은 전쟁으로 인해 억눌렸던 '씨 생산'의 출구가 활짝 열리면서 자연스럽게 나타난 현상이었다. 그간 헤어졌던 가족들이 재결합하고 전쟁으로 연기되었던 결혼과 출산이 집중적으로 이루어져, 1955년부터 1960년까지의 남한의 인구는 연평균 2.98%의 성장률을 보였다. 1960년 인구는 약 2,500만 명으로 15년 전인 1944년의 남북한 인구를 모두 합한 규모였다(1955년의 인구는 2,150만 명이었다). 인구 증가율이 너무 높아 1962년부터는 가족계획 사업이 실시되었다.²²²

1955~1960년 기간 동안엔 인구 1,000명당 45명이 태어났으며, 부부의 평균 자녀 수를 나타내는 합계 출산율은 6.3명에 도달했다. 1957년 농촌도 아닌 서울의 가족조사에서 절반에 가까운 어머니들이 이상적이라고 생각하는 자녀수는 아들 셋, 딸 둘의 다섯이라고 응답했다.²²³(정부의 자료에 따르면 1956년 혼인 외 출생, 즉 정식결혼을 하지 않은 여성에게서 태어난 서자의 수는 5,898명이었고 1957년에는 4,551명이었다.)²²⁴

1955년에 출산력이 첫 번째로 절정을 이루었는데, 이는 주로 전후 부부의 재결합에 의한 것이었다. 반면, 1959년의 제2의 절정기는 전쟁이 끝날 때까지 늦춰진 결혼이 많아지며 나타난 결과였다.²²⁵ 훗날 전쟁 중에 태어난 1950~1953년생들의 중고교 진학시 경쟁률은 기껏 2대 1이었지만 1954년생부터는 평균 3~4대 1을 기록하게 된다.²²⁶

깡통을 매달고 달린 결혼식 카퍼레이드

교회·절·공공장소 등에서 하는 이른바 '신식 결혼' 또는 '사회 결혼'은 1920년대 초기부터 큰 인기를 누려 이때부터 예식장이 등장했다.[227] 그렇지만 해방 당시만 해도 일제시대 서양 교육을 받은 몇몇 인테리계층이 간간이 교회·성당 등에서 신식 결혼식을 올렸을 뿐 대부분은 신붓집 안마당을 이용한 전통혼례를 애용했다. 6·25 전쟁을 전후해 피난 내려와 결혼식을 올릴 마땅한 곳이 없는 사람들을 대상으로 '결혼식장'이라는 신종사업이 본격적으로 시작되었다.

한국예식장연합회 회장을 지낸 목화예식장 회장 이호준의 회고에 따르면, "6·25 뒤 서울에서 처음 생긴 결혼식장이라면 종로구 관훈동의 종로예식장을 꼽을 수 있지요. 그냥 공회당 같은 공간에 의자만 쭉 늘어놓았었지만 면사포를 쓰고 '펑' 하는 결혼식 사진을 찍어 남길 수 있었다는 점 때문에 큰 인기를 얻기 시작했"다. 그 후 1950년대 서울에서 잇따라 생겨난 예식장으로는 종로구 관훈동의 서울예식장, 종로구 와룡동 신혼예식장, 종로구 인의동 동원예식장, 퇴계로 엘시아이 예식장 등이 있었다. 예식장 문화가 퍼지면서 결혼식은 동네 축제의 범주를 벗어났고, 각자 형편에 맞춰 술 한 단지, 달걀 10줄, 떡 한 시루씩 준비해가던 부조도 훗날 '세금고지서'로 불리게 되는 흰 봉투로 바뀌었다.[228]

1950년대는 자동차가 귀하던 시절인지라 결혼식이 끝나면 카퍼레이드를 벌이기도 했다. 자동차는 오색 테이프로 치장되었고, 깡통이 매달렸다. 잘 사는 사람일수록 퍼레이드에 참여한 자동차 수가 많았는데, 웬만큼 산다 싶으면 10여 대의 긴 자동차 행렬로 서울 시내를 일주하는

결혼식이 끝나면 카퍼레이드를 벌이기도 했는데, 당시 신문은 일부 부유층에서 하는 일이라며 비판했다. (『조선일보』, 1955년 5월 27일)

게 보통이었다. 『조선일보』 1955년 5월 27일자는 "이런 행렬을 하는 것은 일부 부유층에서 하는 일이지 일반은 엄두도 못 내는 일이라고 할는지 모른다. 그렇다. 그렇기 때문에 더욱 문제가 되는 것이다"고 비판했다.

이 칼럼은 "일반이 다 못하는 일이니 한 번 호화豪華를 부려보자는 그 심리가 벌써 부허경박浮虛輕薄한 것이라 할 것으로서 이런 심리는 결국 전파되어 실속은 없으면서도 이런 흉내를 내는 추종자를 만들어낸다.

그러므로 어떤 신랑, 신부는 자동차 시내 일주에 행복감을 느끼기보다도 도리어 차삯 걱정을 하게 될지도 모를 일이다. 무엇 때문에 이런 꼭두각시 놀음을 하여야 한단 말인가?"라면서 다음과 같이 주장했다.

"그런 여유가 있거든 그것을 가지고 신혼여행을 보내도 될 것이요 또는 고아원이나 양로원 등에 결혼기념으로 희사喜捨를 하여도 좋을 일이다. 시간을 낭비하고 '까솔린' 소모시키고 피로를 사며 걸어다니는 시민을 괴롭히어 구설까지 듣는 자동차 시내 일주는 당연 폐지하는 것이 어떨까? 허례와 허영은 버리고 간단하고 근실勤實한 생활을 하여야 할 우리가 왜 경박한 외래풍만 따르려 하는 것인지? 새 풍조가 반드시 다 좋은 것도 아니다. 잘못 흉내내다가는 다리가 찢어지고 말 것을 왜 못 깨닫느냐 말이다."229

박인환의 「목마와 숙녀」

1955년 10월 '전후 문단의 모더니스트 그룹을 이끌며 도시풍의 시를 내놓은' 박인환의 첫 단독 시집인 『박인환 선시집』이 출간되었다. 이 시집엔 그의 시 중에서 가장 널리 알려진 「목마와 숙녀」가 실렸다.

"한잔의 술을 마시고/우리는 버지니아 울프의 생애와/목마를 타고 떠난 숙녀의 옷자락을 이야기한다/목마는 주인을 버리고 그저 방울소리만 울리며/가을 속으로 떠났다 술병에서 별이 떨어진다/상심한 별은 내 가슴에 가볍게 부서진다/그러한 잠시 내가 알던 소녀는/정원의 초목 옆에서 자라고/문학이 죽고 인생이 죽고/사랑의 진리마저 애증의 그림자를 버릴 때/목마를 탄 사랑의 사람은 보이지 않는다/세월은 가고 오는 것/한때는 고립을 피하여 시들어가고/이제 우리는 작별하여야 한다/술병이 바람에 쓰러지는 소리를 들으며/늙은 여류 작가의 눈을 바라다보아야 한다."230

시가 어려운 것 같지만, 중요한 건 분위기라고 한다. 정재찬에 따르면, "분위기 시의 대표격이라 할 이 작품은 부분적으로는 난해할지언정, 전체적으로는 대략의 이해가 가는 경우라 할 수 있다. 그때 이해란 물론 분위기의 이해를 가리키며, 그 분위기란 한마디로 우울함 그 자체이다."231

박인환은 훤칠한 키에 얼굴도 잘생긴 '댄디 보이'였다. 그는 당대의 문인 가운데 최고의 멋쟁이였는지라 한여름에도 정장 차림을 고수했다. "여름은 통속이고 거지야. 겨울이 와야 두툼한 홈스펀 양복도 입고 바바리도 걸치고 머플러도 날리고 모자도 쓸 게 아냐?" 그는 러시아의 시인 세르게이 알렉산드로비치 예세닌Sergei Aleksandrovich Esenin, 1895~1925이

박인환은 '댄디 보이'였는데, 러시아의 시인 세르게이 예세닌이 입었다는 외투를 보고 미군용 담요로 만들어 입고 다니기도 했다.

자살하기 직전에 입었다는 외투를 사진에서 보고 미군용 담요로 본떠 만들었다. 그는 땅바닥에 끌릴 듯이 긴 외투를 입고 나타나 사람들에게 "이게 바로 예세닌이 입었던 외투란 말이야"라고 자랑했다고 한다.[232]

1956년 이른 봄, 서울 명동 한 모퉁이에 자리 잡은 '경상도집'에 문인 몇몇이 모여 술을 마시고 있었다. 마침 그 자리엔 가수 나애심도 있었다. 일행이 나애심에게 노래를 청했으나 나애심은 노래를 하려고 하지 않았다. 그러자 박인환이 호주머니에서 종이를 꺼내 즉석에서 거기에 시를 써내려갔다. 그걸 넘겨다보고 있던 이진섭은 그의 시를 받아 단숨에 악보를 그려냈다. 그래서 탄생된 것이 〈세월이 가면〉이라고 한다.

"지금 그 사람 이름은 잊었지만/그의 눈동자 입술은/내 가슴에 있어//바람이 불고/비가 올 때도/나는 저 유리창 밖/가로등 그늘의 밤을 잊지 못하지//사랑은 가고/과거는 남는 것/여름날의 호숫가/가을의 공원/그 벤치 위에/나뭇잎은 떨어지고/나뭇잎은 흙이 되고/나뭇잎에 덮여서/우리들 사랑이 사라진다 해도/지금 그 사람 이름은 잊었지만/그의 눈동자 입술은/내 가슴에 있어/내 서늘한 가슴에 있건만."[233]

박인환과 친하게 지내면서도 갈등을 빚었던 김수영은 박인환을 '유행 숭배자'로 단정했다지만, 박인환의 '유행 숭배'는 자신의 우울을 달래기 위한 몸부림이었는지도 모르겠다. 그는 스스로 자신의 명을 재촉했고, 1956년 3월 20일 30세의 나이로 세상을 떠났다. 그가 시인장으로 망우리에 묻힐 때 친구들은 그가 좋아하던 조니워커와 카멜 담배를 함께 묻어주었다고 한다.[234] 고은의 「명동의 밤」에도 박인환이 등장한다.

"수복 후/명동은 풀밭이 되어 있었다 벌레가 울었다/전쟁이 지나간 곳/그런 명동 시공관에서/계정식의 바이올린 독주회가 열렸다/아 집시의 탄식/사라사테 '찌고이네르바이젠'이었다/독주회 뒤/폐허 명동의 풀밭에 달빛이 쏟아졌다/'찌고이네르바이젠'/만취한 박인환이 엉엉 울었다/'찌고이네르바이젠'/그러나 전쟁과 자유당 정권은 울지 않았다."[235]

'노동귀족' 비판

1953년 2월 화폐개혁 직후, 대한노총 감찰국장이었던 김두한은 부산 부두노조 간부들의 타락을 응징하면서 이렇게 말했다. "이 죽일 놈들아. 너희들은 간부라고 잘 처먹지만 너희들의 부하들은 지금 굶고 일하고 있다. 너희들은 기업주에게 매수되어 돈도 얻어 쓰고, 배때기에 기름기가 돌지만 네 부하들은 죽지 못해서 일하고 있다. 그러니 너희들을 다 죽이겠다."[236]

김두한은 그렇게 해서 파업을 성공시켜 노동자들의 임금을 인상했다고 말하면서 '노동귀족'을 이렇게 비판했다. "한국노조가 발전을 못하고 있는 근본 원인은 소위 노조 간부라는 어용 '노동귀족'의 노동자 착취 때문이다. 소위 노동귀족은 기업주에게서 특혜를 받고 있고, 악질적인 기업주는 경찰의 형사를 매수해 노조 간부들의 수뢰 사실을 추궁케 함으로써 노조 간부가 기업주와 대등한 입장에 서지 못하도록 항상 신분적 예속관계를 조장해 한국의 노동운동이 본 기능을 발휘 못하게 했다."[237]

이승만 정권와 유착한 '노동귀족'에 대한 비판은 1950년대 중반에도 제기되었지만 결코 쉽지 않은 일이었다. 『동아일보』1955년 9월 7일자 '횡설수설'은 대한노총 간부들에 대해 다음과 같이 비판했다가 혼이 났다. "우리나라 근로자들의 처참한 생활상과는 달리 마카오 양복 입고 다방에 드나들고 고급 요정에서 태평세월을 노래하는 신사 양반들이 노동자와 무슨 관련이 있다고 노동자 이름을 팔아다니며 노동운동을 합네 하고 돌아다닐까."[238]

이 글은 필화를 불러일으켰다. 대한노총에서 동아일보사에 대한 송전과 신문 수송을 거부하고 불매동맹을 일으키겠다고 위협한 것이다. 지방 발송이 중단되고 단전되는 등 『동아일보』는 홍역을 치렀다. 그러나 『동아일보』만 그렇게 생각한 건 아니었다. 정치인 김대중은 『사상계』 1955년 10월호에 기고한 「한국 노동운동의 진로」라는 글에서 노동운동 지도자들 가운데 "적극적으로 해독마저 끼치고 있는 사람이 한둘이 아닌 불행한 형편"을 다음과 같이 지적했다.

"그들 중에는 노동운동의 본질이나 노동 지도자의 조건에 대해서는 아무런 지식도 구비도 없이 노동운동을 하나의 애국운동으로만 착각하고 덤벼든 자, 또는 정당의 권위를 빌려서 노동운동에 군림하려는 자, 노동운동을 위한 정열이나 희생의 각오도 없이 이를 하나의 생활과 영달榮達의 방편으로 생각해서 덤벼든 자 등이 결코 소수가 아닌 것이며, 그리하여 이들의 오직 자기 일신만의 헤게모니 독점과 영화를 가진 악랄한 공작과 추태는, 이 나라 노동을 취기臭氣 등등 하는 구렁창으로 몰아넣고 있는 형편인 것이다."[239]

주

제1부　1953년

1　김석종 외,『잃어버린 시절을 찾아서』(마당넓은집, 2001), 27쪽.
2　이대근,『해방후·1950년대의 경제: 공업화의 사적 배경 연구』(삼성경제연구소, 2002), 220쪽.
3　이대근,『해방후·1950년대의 경제: 공업화의 사적 배경 연구』(삼성경제연구소, 2002), 220~221쪽.
4　서중석,『조봉암과 1950년대 (하): 피해 대중과 학살의 정치학』(역사비평사, 1999), 546쪽.
5　「근 천 명이 결석, 굶주린 국민교 어린이들: 학창에 반영된 보릿고개」,『조선일보』, 1959년 5월 23일, 조간 4면.
6　김경순,「관료기구의 형성과 정치적 역할」, 한배호 편,『한국현대정치론 I: 제1공화국의 국가 형성, 정치 과정, 정책』(나남, 1990), 233쪽.
7　조선일보사,『조선일보 칠십년사 제1권』(조선일보사, 1990), 564쪽.
8　이대근,『해방후·1950년대의 경제: 공업화의 사적 배경 연구』(삼성경제연구소, 2002), 228쪽.
9　이대근,『해방후·1950년대의 경제: 공업화의 사적 배경 연구』(삼성경제연구소, 2002), 230쪽.
10　이대근,『해방후·1950년대의 경제: 공업화의 사적 배경 연구』(삼성경제연구소, 2002), 230쪽.

11 「화폐개혁: 빈부의 차가 없었던 며칠」, 『조선일보』, 1953년 12월 14일, 조간 2면.
12 홍성원, 『남과 북 6』(문학과지성사, 2000), 52~53쪽.
13 박완서, 『그 산이 정말 거기 있었을까』(웅진닷컴, 2003), 297~298쪽.
14 브루스 커밍스(Bruce Cumings)·존 할리데이(Jon Halliday), 차성수·양동주 옮김, 『한국전쟁의 전개 과정』(태암, 1989), 193쪽.
15 전쟁기념사업회, 『한국전쟁사: 제1권』(행림출판, 1992), 436쪽.
16 오재완, 「국제적 냉전체제와 분단정권의 수립」, 한배호 편, 『한국현대정치론 I: 제1공화국의 국가 형성, 정치 과정, 정책』(나남, 1990), 48쪽.
17 이동현, 「정전협정 50년: 52년 수풍댐 폭격 맞자 북 지도부 '공황'」, 『중앙일보』, 2003년 7월 25일, 19면.
18 온창일, 「한국전쟁과 한미상호방위조약」, 한국전쟁연구회 편, 『탈냉전시대 한국전쟁의 재조명』(백산서당, 2000), 389쪽.
19 전쟁기념사업회, 『한국전쟁사: 제1권』(행림출판, 1992), 470쪽.
20 이호재, 『한국외교정책의 이상과 현실: 이승만 외교와 미국 정책의 반성』(법문사, 2000), 449쪽.
21 김창훈, 『한국외교 어제와 오늘』(다락원, 2002), 59쪽; 한홍구, 『대한민국사 1: 단군에서 김두한까지』(한겨레신문사, 2003), 217쪽.
22 강정구, 「미국과 한국전쟁」, 『역사비평』, 제21호(1993년 여름), 209쪽.
23 이희진·오일환, 『한국전쟁의 수수께끼』(가람기획, 2000), 262~264쪽.
24 브루스 커밍스(Bruce Cumings)·존 할리데이(Jon Halliday), 차성수·양동주 옮김, 『한국전쟁의 전개 과정』(태암, 1989), 197쪽.
25 브루스 커밍스(Bruce Cumings)·존 할리데이(Jon Halliday), 차성수·양동주 옮김, 『한국전쟁의 전개 과정』(태암, 1989), 198쪽.
26 스티븐 엔디콧(Stephen Endicott)·에드워드 해거먼(Edward Hagerman), 안치용·박성휴 옮김, 『한국전쟁과 미국의 세균전』(중심, 2003), 159쪽.
27 김종권, 「"6·25 당시 한반도에 원자탄 40개 배치했다": 필립 코르소 한국전 당시 맥아더 사령부 정보처 특수계획과장의 충격 증언」, 『월간조선』, 1996년 11월, 371쪽.
28 브루스 커밍스(Bruce Cumings), 김동노 외 옮김, 『브루스 커밍스의 한국현대사』(창작과비평사, 1997/2001), 405쪽.
29 김창수, 「한미상호방위조약과 한미행정협정」, 『역사비평』, 제54호(2001년 봄), 427쪽.
30 홍용표, 「전쟁 전개 과정에서의 한·미간의 갈등: 이승만의 북진통일론과 미국의 대응을 중심으로」, 한국전쟁연구회 편, 『탈냉전시대 한국전쟁의 재조명』(백산서당, 2000), 217쪽.

31 홍용표,「전쟁 전개 과정에서의 한·미간의 갈등: 이승만의 북진통일론과 미국의 대응을 중심으로」, 한국전쟁연구회 편,『탈냉전시대 한국전쟁의 재조명』(백산서당, 2000), 217~218쪽.
32 홍용표,「전쟁 전개 과정에서의 한·미간의 갈등: 이승만의 북진통일론과 미국의 대응을 중심으로」, 한국전쟁연구회 편,『탈냉전시대 한국전쟁의 재조명』(백산서당, 2000), 217~218쪽.
33 홍용표,「전쟁 전개 과정에서의 한·미간의 갈등: 이승만의 북진통일론과 미국의 대응을 중심으로」, 한국전쟁연구회 편,『탈냉전시대 한국전쟁의 재조명』(백산서당, 2000), 218~219쪽.
34 홍성원,『남과 북 6』(문학과지성사, 2000), 121쪽.
35 서중석,「이승만과 북진통일: 1950년대 극우 반공독재의 해부」,『역사비평』, 제29호(1995년 여름), 117쪽.
36 이호재,『한국 외교정책의 이상과 현실: 이승만 외교와 미국 정책의 반성』(법문사, 2000), 450쪽.
37 안용현,『한국전쟁 비사 4: 혈전과 휴전』(경인문화사, 1992), 345쪽.
38 이호재,『한국 외교정책의 이상과 현실: 이승만 외교와 미국 정책의 반성』(법문사, 2000), 449~451쪽.
39 이호재,『한국 외교정책의 이상과 현실: 이승만 외교와 미국 정책의 반성』(법문사, 2000), 451쪽.
40 최진섭,『한국언론의 미국관』(살림터, 2000), 230쪽.
41 이호철,『문단골 사람들: 이호철의 문단일기』(프리미엄북스, 1997), 135~136쪽.
42 Bernard Gwertzman,「Papers Show U.S. Considered Ousting Rhee in Korean War」,『New York Times』, August 4, 1975, p.1; 한용원,「군부의 제도적 성장과 정치적 행동주의」, 한배호 편,『한국현대정치론 I: 제1공화국의 국가 형성, 정치 과정, 정책』(나남, 1990), 272쪽; 온창일,「한국전쟁과 한미상호방위조약」, 한국전쟁연구회 편,『탈냉전시대 한국전쟁의 재조명』(백산서당, 2000), 392~393쪽; 김창수,「한미상호방위조약과 한미행정협정」,『역사비평』, 제54호(2001년 봄), 420~423쪽.
43 홍용표,「전쟁 전개 과정에서의 한·미간의 갈등: 이승만의 북진통일론과 미국의 대응을 중심으로」, 한국전쟁연구회 편,『탈냉전시대 한국전쟁의 재조명』(백산서당, 2000), 220~221쪽.
44 온창일,「한국전쟁과 한미상호방위조약」, 한국전쟁연구회 편,『탈냉전시대 한국전쟁의 재조명』(백산서당, 2000), 395~396쪽.

45 홍용표,「전쟁 전개 과정에서의 한·미간의 갈등: 이승만의 북진통일론과 미국의 대응을 중심으로」, 한국전쟁연구회 편,『탈냉전시대 한국전쟁의 재조명』(백산서당, 2000), 221쪽.
46 임대식,「원용덕: 이승만의 오른팔이 된 일제 만주국 군의」, 반민족문제연구소,『청산하지 못한 역사 1: 한국현대사를 움직인 친일파 60』(청년사, 1994), 211~219쪽.
47 안용현,『한국전쟁 비사 4: 혈전과 휴전』(경인문화사, 1992), 354쪽.
48 김성진,『한국정치 100년을 말한다』(두산동아, 1999), 153~154쪽.
49 조선일보사,『조선일보 칠십년사 제1권』(조선일보사, 1990), 565쪽.
50 김창수,「한미상호방위조약과 한미행정협정」,『역사비평』, 제54호(2001년 봄), 423쪽.
51 브루스 커밍스(Bruce Cumings)·존 할리데이(Jon Halliday), 차성수·양동주 옮김,『한국전쟁의 전개 과정』(태암, 1989), 199~200쪽.
52 김창훈,『한국외교 어제와 오늘』(다락원, 2002), 60쪽.
53 「Rhee Emphasized Strong Executive」,『New York Times』, April 23, 1960, p.2.
54 『New York Times』, June 26, 1953, p.1.
55 윌리엄 스툭(William Stueck), 김형인 외 옮김,『한국전쟁의 국제사』(푸른역사, 2001), 650쪽.
56 「Editorial: The Korean Prisoners」,『New York Times』, June 19, 1953, p.20.
57 조선일보사,『조선일보 칠십년사 제1권』(조선일보사, 1990), 565쪽.
58 백선엽,『군과 나: 백선엽 회고록』(대륙연구소출판부, 1989), 277쪽.
59 리영희,『새는 '좌·우'의 날개로 난다: '전환시대의 논리' 그후』(두레, 1994), 131쪽.
60 『Los Angeles Times』, June 24, 1953.
61 안용현,『한국전쟁 비사 4: 혈전과 휴전』(경인문화사, 1992), 355쪽.
62 조지프 굴든(Joseph C. Goulden), 김쾌상 옮김,『한국전쟁: 알려지지 않은 이야기』(일월서각, 1982), 654쪽.
63 한승동,「중국이 본 6·25는 '미국의 패전'」,『한겨레』, 2013년 6월 24일.
64 한용섭,「북·중이 6·25 때 유엔군과 싸운 사실 숨기는 까닭」,『중앙일보』, 2022년 7월 26일.
65 브루스 커밍스(Bruce Cumings)·존 할리데이(Jon Halliday), 차성수·양동주 옮김,『한국전쟁의 전개 과정』(태암, 1989), 200쪽; 한홍구,『대한민국사 1: 단군에서 김두한까지』(한겨레신문사, 2003), 215쪽.
66 김창수,「한미상호방위조약과 한미행정협정」,『역사비평』, 제54호(2001년 봄), 423쪽;

백선엽, 『군과 나: 백선엽 회고록』(대륙연구소출판부, 1989), 277~278쪽; 김성진, 『한국정치 100년을 말한다』(두산동아, 1999), 155쪽.

67 한홍구, 『대한민국사 1: 단군에서 김두한까지』(한겨레신문사, 2003), 218~220쪽.
68 홍용표, 「전쟁 전개 과정에서의 한·미간의 갈등: 이승만의 북진통일론과 미국의 대응을 중심으로」, 한국전쟁연구회 편, 『탈냉전시대 한국전쟁의 재조명』(백산서당, 2000), 228쪽.
69 김형수, 「문익환 평전 29: 1950년 여름, 서울」, 『뉴스메이커』, 2003년 7월 3일, 72면.
70 이영석, 『야당 40년사』(인간사, 1987), 82쪽; 백선엽, 『군과 나: 백선엽 회고록』(대륙연구소출판부, 1989), 278쪽.
71 서중석, 『조봉암과 1950년대 (상): 조봉암의 사회민주주의와 평화통일론』(역사비평사, 1999), 77쪽.
72 선우종원, 『격랑 80년: 선우종원 회고록』(인물연구소, 1998).
73 Barnet Baskerville, 「Joe McCarthy, Brief-Case Demagogue」, 『Today's Speech』, 2(September 1954), p.14.
74 Peter Collier and David Horowitz, 「McCarthyism: The Last Refuge of the Left」, 『Commentary』, 85:1 (January 1988), p.39.
75 서중석, 「이승만과 북진통일: 1950년대 극우 반공독재의 해부」, 『역사비평』, 제29호 (1995년 여름), 119쪽.
76 유석재, 「"이승만의 북진통일론, 당시 국회도 만장일치 지지"」, 『조선일보』, 2024년 9월 6일.
77 한홍구, 『대한민국사 1: 단군에서 김두한까지』(한겨레신문사, 2003), 221쪽.
78 한홍구, 『대한민국사 1: 단군에서 김두한까지』(한겨레신문사, 2003), 220쪽.
79 한홍구, 『대한민국사 1: 단군에서 김두한까지』(한겨레신문사, 2003), 215쪽.
80 강정구, 「미국과 한국전쟁」, 『역사비평』, 제21호(1993년 여름), 223쪽.
81 한홍구, 『대한민국사 1: 단군에서 김두한까지』(한겨레신문사, 2003), 123~124쪽.
82 김동춘, 『전쟁과 사회: 우리에게 한국전쟁은 무엇이었나?』(돌베개, 2000), 294~295쪽.
83 윌리엄 스툭(William Stueck), 김형인 외 옮김, 『한국전쟁의 국제사』(푸른역사, 2001), 709쪽.
84 김동춘, 『전쟁과 사회: 우리에게 한국전쟁은 무엇이었나?』(돌베개, 2000), 292쪽.
85 브루스 커밍스(Bruce Cumings)·존 할리데이(Jon Halliday), 차성수·양동주 옮김, 『한국전쟁의 전개 과정』(태암, 1989), 202~203쪽.
86 안문석, 『북한 현대사 산책 2: 전쟁과 사회주의 건설』(인물과사상사, 2016), 131쪽.
87 박수찬, 「[특파원 리포트] 중국군의 '금의환향'」, 『조선일보』, 2022년 9월 21일.

88 「[사설] 워싱턴에 영원히 남을 한미 젊은이들의 숭고한 희생」, 『조선일보』, 2022년 7월 27일.

89 백선엽, 『군과 나: 백선엽 회고록』(대륙연구소출판부, 1989), 197쪽.

90 서주석, 「한국전쟁과 남한의 국가 형성: 재정 분석을 통한 역사사회학적 이해」, 한국전쟁연구회 편, 『탈냉전시대 한국전쟁의 재조명』(백산서당, 2000), 252쪽.

91 권영진, 「'6·25 살상' 다시 본다」, 『역사비평』, 제8호(1990년 봄), 302쪽.

92 브루스 커밍스(Bruce Cumings), 김동노 외 옮김, 『브루스 커밍스의 한국현대사』(창작과비평사, 1997/2001), 413쪽.

93 브루스 커밍스(Bruce Cumings)·존 할리데이(Jon Halliday), 차성수·양동주 옮김, 『한국전쟁의 전개 과정』(태암, 1989), 174쪽.

94 브루스 커밍스(Bruce Cumings)·존 할리데이(Jon Halliday), 차성수·양동주 옮김, 『한국전쟁의 전개 과정』(태암, 1989), 158쪽.

95 브루스 커밍스(Bruce Cumings)·존 할리데이(Jon Halliday), 차성수·양동주 옮김, 『한국전쟁의 전개 과정』(태암, 1989), 158~159쪽.

96 김진국·정창현, 『www.한국현대사.com』(민연, 2000), 79쪽.

97 정해구, 「한국전쟁과 북한 사회주의」, 최장집 편, 『한국전쟁 연구: 한국현대사의 이해 I』(태암, 1990), 245쪽.

98 홍용표, 「한국전쟁이 남북한 관계에 미친 영향: 김일성의 반미의식과 이승만의 반공의식 변화를 중심으로」, 한국전쟁연구회 편, 『탈냉전시대 한국전쟁의 재조명』(백산서당, 2000), 321쪽.

99 리영희, 『반세기의 신화: 휴전선 남·북에는 천사도 악마도 없다』(삼인, 1999), 34쪽.

100 박은봉, 『한국사 100장면』(실천문학사, 1997), 488~489쪽.

101 Jon Holliday, 「Anti-Communism and the Korean War(1950-1953)」, 『The Socialist Register』, Ralph Miliband et al eds. (London: Merlin, 1984), p.130.

102 안수찬, 「"한국전쟁 본질은 인종말살정책": '코리아 국제전범재판' 램지 클라크 수석검사」, 『한겨레』, 2001년 6월 26일, 35면.

103 Jon Holliday, 「Anti-Communism and the Korean War(1950-1953)」, 『The Socialist Register』, Ralph Miliband et al eds.(London: Merlin, 1984), p.155.

104 김동춘, 『전쟁과 사회: 우리에게 한국전쟁은 무엇이었나?』(돌베개, 2000), 21쪽.

105 브루스 커밍스(Bruce Cumings)·존 할리데이(Jon Halliday), 차성수·양동주 옮김, 『한국전쟁의 전개 과정』(태암, 1989), 206쪽.

106　김학준,『한국전쟁: 원인·과정·휴전·영향』(박영사, 2003), 387쪽.
107　김동춘,『전쟁과 사회: 우리에게 한국전쟁은 무엇이었나?』(돌베개, 2000), 292쪽.
108　신복룡,『해방정국의 풍경: 인물로 돌아보는 대한민국 현대사』(중앙북스, 2024), 377쪽.
109　김동춘,『전쟁과 사회: 우리에게 한국전쟁은 무엇이었나?』(돌베개, 2000), 292쪽.
110　송재윤,「6·25가 세계사에 끼친 일곱 가지 영향」,『조선일보』, 2024년 12월 21일.
111　김동춘,『전쟁과 사회: 우리에게 한국전쟁은 무엇이었나?』(돌베개, 2000), 292쪽.
112　A.V. 토르쿠노프(A. V. Torkunov), 구종서 옮김,『한국전쟁의 진실과 수수께끼』(에디터, 2003), 420쪽.
113　도진순,『분단의 내일 통일의 역사』(당대, 2001), 225쪽.
114　와다 하루키(和田春樹), 서동만 옮김,『한국전쟁』(창작과비평사, 1995/1999), 241쪽.
115　박세길,『다시 쓰는 한국현대사 1』(돌베개, 1988), 284쪽.
116　이한구,『한국 재벌 형성사』(비봉출판사, 1999), 67쪽.
117　백선엽,『군과 나: 백선엽 회고록』(대륙연구소출판부, 1989), 221쪽.
118　Callum A. MacDonald,『Korea: The War before Vietnam』(New York: Free Press, 1986), p.259.
119　김성진,『한국정치 100년을 말한다』(두산동아, 1999), 163~164쪽; 와다 하루키(和田春樹), 서동만 옮김,『한국전쟁』(창작과비평사, 1995/1999), 243쪽.
120　이대근,『해방후·1950년대의 경제: 공업화의 사적 배경 연구』(삼성경제연구소, 2002), 240쪽.
121　와다 하루키(和田春樹), 서동만 옮김,『한국전쟁』(창작과비평사, 1995/1999), 243쪽.
122　김성진,『한국정치 100년을 말한다』(두산동아, 1999), 164쪽.
123　이완범,『한국전쟁: 국제전적 조망』(백산서당, 2000), 159쪽.
124　브루스 커밍스(Bruce Cumings)·존 할리데이(Jon Halliday), 차성수·양동주 옮김,『한국전쟁의 전개 과정』(태암, 1989), 205쪽.
125　최재호,「文 정부 때 육사 필수과목서 '6·25 전쟁사' 뺐다」,『동아일보』, 2022년 10월 21일.
126　하채림,「육사 '6·25 전쟁사' 필수과목 복원…4학년엔 임관 전 보충수업」,『연합뉴스』, 2023년 2월 13일.
127　노석조,「[기자의 시각] 6·25, 기억의 고지 사수해야」,『조선일보』, 2023년 7월 7일.
128　허고운,「박민식, '1950 미중전쟁' 추천한 문재인 전 대통령에 "왜곡된 인식"」,『뉴스1』, 2023년 6월 26일.
129　박명림,「한국전쟁, 내전도 국제전도 아닌 '세계내전'이었다: 정전 70년 한반도 영구 평화를 향해」,『경향신문』, 2023년 7월 11일.

130　김삼웅,『한국 현대사 뒷얘기』(가람기획, 1995), 335쪽.
131　김동춘,『전쟁과 사회: 우리에게 한국전쟁은 무엇이었나?』(돌베개, 2000), 277쪽.
132　김동춘,『전쟁과 사회: 우리에게 한국전쟁은 무엇이었나?』(돌베개, 2000), 306~307쪽.
133　노민연,『다시 보는 한국전쟁: 끝나지 않은 전쟁』(한울, 1991), 209쪽.
134　김동춘,『전쟁과 사회: 우리에게 한국전쟁은 무엇이었나?』(돌베개, 2000), 280쪽.
135　안수찬,「"한국전쟁 본질은 인종말살정책": '코리아 국제전범재판' 램지 클라크 수석 검사」,『한겨레』, 2001년 6월 26일, 35면.
136　한홍구,『대한민국사 1: 단군에서 김두한까지』(한겨레신문사, 2003), 124~125쪽.
137　한홍구,『대한민국사 1: 단군에서 김두한까지』(한겨레신문사, 2003), 128~129쪽.
138　서중석,「총론: 친일파의 역사적 존재 양태와 극우 반공독재」, 역사문제연구소 편,『인물로 보는 친일파 역사』(역사비평사, 1993), 41쪽.
139　김헌식,『색깔논쟁』(새로운사람들, 2003), 191쪽.
140　정인환,「3중 학살 사슬을 끊으마!」,『한겨레21』, 2003년 3월 20일, 63면.
141　김혜숙,「"제네바는 '그들을 용서치 않는다' 했네": 민간인 학살, 국제연대 호소」,『월간말』, 2003년 9월, 108~111쪽.
142　한홍구,『대한민국사 1: 단군에서 김두한까지』(한겨레신문사, 2003), 216~217쪽.
143　브루스 커밍스(Bruce Cumings)·존 할리데이(Jon Halliday), 차성수·양동주 옮김,『한국전쟁의 전개 과정』(태암, 1989), 208쪽.
144　브루스 커밍스(Bruce Cumings)·존 할리데이(Jon Halliday), 차성수·양동주 옮김,『한국전쟁의 전개 과정』(태암, 1989), 210쪽.
145　백선엽,『군과 나: 백선엽 회고록』(대륙연구소출판부, 1989), 278쪽.
146　전쟁기념사업회,『한국전쟁사: 제1권』(행림출판, 1992), 475쪽.
147　이제훈,「제3국행 포로의 어제와 오늘」,『한겨레』, 2003년 7월 10일, 8면.
148　문명철,「어느 3국행 포로의 사모곡: 인민군에 끌려갈 때 '명철아 명철아' 절규하던 어머니 어머니!」,『한겨레』, 2003년 7월 10일, 9면.
149　최인훈,「1961년판 서문」,『광장/구운몽』(문학과지성사, 2001), 17~18쪽.
150　장석주,『20세기 한국 문학의 탐험 3: 1957-1972』(시공사, 2000), 127~128쪽.
151　최인훈,「광장」,『광장/구운몽』(문학과지성사, 2001), 115~116쪽.
152　최인훈,「광장」,『광장/구운몽』(문학과지성사, 2001), 55~56쪽.
153　최인훈,「광장」,『광장/구운몽』(문학과지성사, 2001), 56~57쪽.
154　최인훈,「광장」,『광장/구운몽』(문학과지성사, 2001), 113쪽.
155　최인훈,「광장」,『광장/구운몽』(문학과지성사, 2001), 116~117쪽.
156　조창호,『돌아온 사자(死者): 조창호의 북한 생활 사십삼년』(지호, 1995), 165쪽.

157　김정호,「국군 포로 실태: 북에 아직 500명 정도 살아 있는 듯」,『한국일보』, 2004년 1월 6일, A18면.
158　김동춘,『전쟁과 사회: 우리에게 한국전쟁은 무엇이었나?』(돌베개, 2000), 292쪽.
159　안문석,『북한 현대사 산책 2: 전쟁과 사회주의 건설』(인물과사상사, 2016), 85~86쪽; 서동만,「한국전쟁과 김일성」,『역사비평』, 제51호(2000년 여름), 41쪽.
160　김학준,『북한 50년사: 우리가 떠안아야 할 반쪽의 우리 역사』(동아출판사, 1995), 175쪽.
161　정창현,『인물로 본 북한현대사』(민연, 2002), 137쪽.
162　김학준,『북한 50년사: 우리가 떠안아야 할 반쪽의 우리 역사』(동아출판사, 1995), 167쪽; 정창현,『인물로 본 북한현대사』(민연, 2002), 139~140쪽.
163　서동만,「한국전쟁과 김일성」,『역사비평』, 제51호(2000년 여름), 36~38쪽; 정창현, 『인물로 본 북한현대사』(민연, 2002), 139~140쪽; 김학준,『북한 50년사: 우리가 떠안아야 할 반쪽의 우리 역사』(동아출판사, 1995), 167쪽.
164　서동만,「한국전쟁과 김일성」,『역사비평』, 제51호(2000년 여름), 36~38쪽; 임경석, 『이정 박헌영 일대기』(역사비평사, 2004), 466쪽.
165　서동만,「한국전쟁과 김일성」,『역사비평』, 제51호(2000년 여름), 32쪽; 와다 하루키 (和田春樹), 서동만 옮김,『한국전쟁』(창작과비평사, 1995/1999), 319쪽; 김성진, 『한국정치 100년을 말한다』(두산동아, 1999), 164~165쪽.
166　서동만,「한국전쟁과 김일성」,『역사비평』, 제51호(2000년 여름), 36~38쪽.
167　서동만,「한국전쟁과 김일성」,『역사비평』, 제51호(2000년 여름), 39쪽.
168　한표욱,『이승만과 한미외교』(중앙일보사, 1996), 174~175쪽.
169　김창수,「한미상호방위조약과 한미행정협정」,『역사비평』, 제54호(2001년 봄), 430쪽; 한표욱,『이승만과 한미외교』(중앙일보사, 1996), 175쪽.
170　김홍수,「갈홍기: 이승만 정부의 충실한 이념적 대변인」, 반민족문제연구소,『청산하지 못한 역사 2: 한국현대사를 움직인 친일파 60』(청년사, 1994), 335쪽.
171　온창일,「한국전쟁과 한미상호방위조약」, 한국전쟁연구회 편,『탈냉전시대 한국전쟁의 재조명』(백산서당, 2000), 400~401쪽.
172　브루스 커밍스(Bruce Cumings), 김동노 외 옮김,『브루스 커밍스의 한국현대사』 (창작과비평사, 1997/2001), 430쪽.
173　Richard M. Nixon,『The Memoirs of Richard Nixon』(New York: Grosset & Dunlap, 1978), pp.128~129.
174　브루스 커밍스(Bruce Cumings), 김동노 외 옮김,『브루스 커밍스의 한국현대사』 (창작과비평사, 1997/2001), 430쪽.

175 브루스 커밍스(Bruce Cumings), 김동노 외 옮김, 『브루스 커밍스의 한국현대사』 (창작과비평사, 1997/2001), 430쪽.
176 김창수, 「한미상호방위조약과 한미행정협정」, 『역사비평』, 제54호(2001년 봄), 425~426쪽.
177 강인철, 「한국전쟁과 사회의식 및 문화의 변화」, 한국정신문화연구원 편, 『한국전쟁과 사회구조의 변화』(백산서당, 1999), 241~242쪽.
178 Richard J. H. Johnston, 「Rhee Views Korea as in Front Lines」, 『New York Times』, August 15, 1949, p.9.
179 강인철, 「한국전쟁과 사회의식 및 문화의 변화」, 한국정신문화연구원 편, 『한국전쟁과 사회구조의 변화』(백산서당, 1999), 235~236쪽.
180 강인철, 「한국전쟁과 사회의식 및 문화의 변화」, 한국정신문화연구원 편, 『한국전쟁과 사회구조의 변화』(백산서당, 1999), 236~237쪽.
181 강인철, 「한국전쟁과 사회의식 및 문화의 변화」, 한국정신문화연구원 편, 『한국전쟁과 사회구조의 변화』(백산서당, 1999), 216쪽.
182 정정길·김행범, 「지방행정의 내용」, 김병찬·정정길 공편, 『50년대 지방자치: 지방행정과 의회활동의 실태와 의미』(서울대학교출판부, 1995), 135~136쪽.
183 강인철, 「한국전쟁과 사회의식 및 문화의 변화」, 한국정신문화연구원 편, 『한국전쟁과 사회구조의 변화』(백산서당, 1999), 216쪽.
184 이상록, 「위험한 여성, '전쟁 미망인'의 타락을 막아라: 1950년대 전쟁 미망인의 출현」, 여성사 연구모임 길밖세상, 『20세기 여성 사건사: 근대 여성교육의 시작에서 사이버 페미니즘까지』(여성신문사, 2001), 123쪽.
185 이상록, 「위험한 여성, '전쟁 미망인'의 타락을 막아라: 1950년대 전쟁 미망인의 출현」, 여성사 연구모임 길밖세상, 『20세기 여성 사건사: 근대 여성교육의 시작에서 사이버 페미니즘까지』(여성신문사, 2001), 124쪽; 이하나, 「전쟁 미망인 그리고 자유부인」, 김학재 외, 『한국현대생활문화사 1950년대: 삐라 줍고 댄스홀 가고』(창비, 2016), 69쪽.
186 동아일보사, 「특집 해방 30년」, 『동아연감』, 1975년, 40쪽; 정성호, 「한국전쟁과 인구사회학적 변화」, 한국정신문화연구원 편, 『한국전쟁과 사회구조의 변화』(백산서당, 1999), 41쪽.
187 장경학, 「혼혈아의 의적 견해」, 『여성계』, 1955년 12월호; 이임하, 『계집은 어떻게 여성이 되었나: 한국 근현대사 속의 여성 이야기』(서해문집, 2004), 99쪽에서 재인용.
188 김정자, 「한국 기지촌 소설의 기법적 연구」, 김정자 외, 『한국현대문학의 성과 매춘 연구』(태학사, 1996), 130쪽.

189　현길언,「헬로우, 아이 러브 유」,『우리시대 우리작가: 현길언』(동아출판사, 1995), 381~382쪽.
190　홍성원,『남과 북 3』(문학과지성사, 2000), 326~327쪽.
191　브루스 커밍스(Bruce Cumings), 김동노 외 옮김,『브루스 커밍스의 한국현대사』(창작과비평사, 1997/2001), 425쪽.
192　브루스 커밍스(Bruce Cumings), 김동노 외 옮김,『브루스 커밍스의 한국현대사』(창작과비평사, 1997/2001), 425~426쪽.
193　장석주,『20세기 한국 문학의 탐험 3: 1957-1972』(시공사, 2000), 50쪽.
194　장석주,『20세기 한국 문학의 탐험 3: 1957-1972』(시공사, 2000), 50~51쪽.
195　장석주,『20세기 한국 문학의 탐험 3: 1957-1972』(시공사, 2000), 55쪽.
196　동아일보사,「특집 해방 30년」,『동아연감』, 1975년, 40쪽; 정성호,「한국전쟁과 인구사회학적 변화」, 한국정신문화연구원 편,『한국전쟁과 사회구조의 변화』(백산서당, 1999), 34쪽.
197　박완서,「1950년대-'미제문화'와 '비로도'가 판치던 거리」,『역사비평』, 제13호(1991년 여름), 108쪽.
198　박완서,「1950년대-'미제문화'와 '비로도'가 판치던 거리」,『역사비평』, 제13호(1991년 여름), 109쪽.
199　박완서,「1950년대-'미제문화'와 '비로도'가 판치던 거리」,『역사비평』, 제13호(1991년 여름), 108쪽.
200　권정생,「영원히 부끄러울 전쟁」,『역사비평』, 제29호(1995년 여름), 19~20쪽.
201　크리스타 메르커(Christa Maerker), 이은희 옮김,『섹스와 지성』(한길사, 1999), 14쪽.
202　박완서,「1950년대-'미제문화'와 '비로도'가 판치던 거리」,『역사비평』, 제13호(1991년 여름), 111쪽.
203　김도훈,「의관에서 패션으로」, 한국역사연구회,『우리는 지난 100년 동안 어떻게 살았을까 1: 삶과 문화 이야기』(역사비평사, 1998), 164~165쪽.
204　전완길 외,『한국생활문화 100년: 1894~1994』(장원, 1995), 99쪽.
205　정성호,「한국전쟁과 인구사회학적 변화」, 한국정신문화연구원 편,『한국전쟁과 사회구조의 변화』(백산서당, 1999), 53~54쪽.
206　노정팔,『한국방송과 50년』(나남, 1995), 183쪽.
207　서중석,「조봉암과 1950년대 (상): 조봉암의 사회민주주의와 평화통일론』(역사비평사, 1999), 470쪽.
208　노정팔,『한국방송과 50년』(나남, 1995), 183쪽.

209 이성교, 「1950년대 '현대문학' 출신들과 명동 풍경」, 한국문인협회 편, 『문단유사』(월간문학 편집부, 2002), 74~75쪽.
210 김화, 『이야기 한국영화사』(하서, 2001), 190~191쪽.
211 손정목, 『서울 도시계획 이야기: 서울 격동의 50년과 나의 증언 ①』(한울, 2003), 130~131쪽.
212 이영미, 『흥남부두의 금순이는 어디로 갔을까』(황금가지, 2002), 64쪽.
213 이영미, 『흥남부두의 금순이는 어디로 갔을까』(황금가지, 2002), 66~68쪽.
214 박경호·김덕기, 『한국축구 100년 비사』(책읽는사람들, 2000), 157~159쪽.
215 이연철, 「김화집: 수많은 거목을 키운 축구 살림꾼」, 대한축구협회 엮음, 『한국축구의 영웅들: 축구 명예의전당 헌액 7인 열전』(랜덤하우스중앙, 2005), 235~236쪽.
216 신덕상·김덕기, 『국기(國技) 축구 그 화려한 발자취: 이야기 한국체육사 10』(국민체육진흥공단, 1999), 179쪽.
217 윤경헌·최창신, 『국기(國技) 축구 그 찬란한 아침: 이야기 한국체육사 3』(국민체육진흥공단, 1997), 298~299쪽.
218 김성원, 『한국 축구 발전사』(살림, 2006), 20쪽.
219 장원재, 「내가 만난 김화집: 뿌리가 되고, 거름이 되어」, 대한축구협회 엮음, 『한국축구의 영웅들: 축구 명예의전당 헌액 7인 열전』(랜덤하우스중앙, 2005), 248~249쪽.
220 진방식, 『분단한국의 매카시즘』(형성사, 2004), 40쪽.
221 이영미, 『흥남부두의 금순이는 어디로 갔을까』(황금가지, 2002), 82~84쪽.
222 김원일, 『불의 제전 4』(문학과지성사, 1997), 10~11쪽.
223 백기완, 「내가 겪은 50년대의 서울」, 『문화과학』, 5호(1994년 봄), 128~129쪽.
224 박완서, 『그 산이 정말 거기 있었을까』(웅진닷컴, 2003), 191~192쪽.
225 최현식, 「샐비어」, 『정통한국문학대계 53: 이채우·정구창·최현식·현재훈』(어문각, 1994), 274쪽.
226 이하나, 「미국화와 욕망하는 사회」, 김학재 외, 『한국현대생활문화사 1950년대: 삐라 줍고 댄스홀 가고』(창비, 2016), 149쪽.
227 진덕규, 『한국 현대정치사 사설』(지식산업사, 2000), 42쪽.
228 하근찬의 1963년 소설 「왕릉과 주둔군」; 김정자, 「한국 기지촌 소설의 기법적 연구」, 김정자 외, 『한국현대문학의 성과 매춘 연구』(태학사, 1996), 138쪽.
229 권정생, 「영원히 부끄러울 전쟁」, 『역사비평』, 제29호(1995년 여름), 18~19쪽.
230 이진구, 「한국 개신교와 친미 반공이데올로기」, 『아웃사이더: 한국 개신교 다시 보기』, 제12권(2003년 4월), 29쪽.
231 김흥수, 『한국전쟁과 기복신앙확산 연구』(한국기독교역사연구소, 1999), 92~93쪽.

232 강인철,『한국기독교회와 국가·시민사회 1945~1960』(한국기독교역사연구소, 1996), 198~199쪽.

233 한영선,「농촌교회의 전도문제」,『기독교사상』1959년 6월호; 강인철,『한국기독교회와 국가·시민사회 1945~1960』(한국기독교역사연구소, 1996), 274쪽에서 재인용.

234 강인철,『한국기독교회와 국가·시민사회 1945~1960』(한국기독교역사연구소, 1996), 273~274쪽.

235 김흥수,『한국전쟁과 기복신앙확산 연구』(한국기독교역사연구소, 1999), 92~93쪽.

236 전상인,『고개 숙인 수정주의: 한국현대사의 역사사회학』(전통과현대, 2001), 172쪽.

237 강원용,『빈들에서: 나의 삶, 한국 현대사의 소용돌이 1-선구자의 땅에서 해방의 혼돈까지』(열린문화, 1993), 332쪽.

238 강원용,『빈들에서: 나의 삶, 한국 현대사의 소용돌이 1-선구자의 땅에서 해방의 혼돈까지』(열린문화, 1993), 327쪽.

239 강인철,『한국기독교회와 국가·시민사회 1945~1960』(한국기독교역사연구소, 1996), 272쪽.

240 강인철,「남한 사회와 월남 기독교인: 극우 반공체제하의 교회활동과 반공투쟁」,『역사비평』1993년 여름호, 97쪽; 조성기,『한경직 평전』(김영사, 2003), 146쪽.

241 조성기,『한경직 평전』(김영사, 2003), 149쪽.

242 강인철,「남한 사회와 월남 기독교인: 극우 반공체제하의 교회활동과 반공투쟁」,『역사비평』1993년 여름호, 97쪽.

243 이진구,「한국 개신교와 친미 반공이데올로기」,『아웃사이더: 한국 개신교 다시 보기』, 제12권(2003년 4월), 29쪽.

244 강인철,「한국전쟁과 사회의식 및 문화의 변화」, 한국정신문화연구원 편,『한국전쟁과 사회구조의 변화』(백산서당, 1999), 236~237쪽.

245 김흥수,『한국전쟁과 기복신앙확산 연구』(한국기독교역사연구소, 1999), 71~72쪽.

246 김흥수,『한국전쟁과 기복신앙확산 연구』(한국기독교역사연구소, 1999), 72~76쪽; 이진구,「한국 개신교와 친미 반공이데올로기」,『아웃사이더: 한국 개신교 다시 보기』, 제12권(2003년 4월), 27~28쪽.

247 김흥수,『한국전쟁과 기복신앙확산 연구』(한국기독교역사연구소, 1999), 74쪽.

248 이용기,「마을에서의 한국전쟁 경험과 그 기억: 경기도의 한 '모스크바' 마을 사례를 중심으로」, 역사문제연구소,『역사문제연구 6호』(역사비평사, 2001), 45~46쪽.

249 이용기,「마을에서의 한국전쟁 경험과 그 기억: 경기도의 한 '모스크바' 마을 사례를 중심으로」, 역사문제연구소,『역사문제연구 6호』(역사비평사, 2001), 45쪽.

250 이용기,「마을에서의 한국전쟁 경험과 그 기억: 경기도의 한 '모스크바' 마을 사례를

중심으로」, 역사문제연구소, 『역사문제연구 6호』(역사비평사, 2001), 45쪽.
251 김용옥, 『나는 불교를 이렇게 본다』(통나무, 1989, 2판, 1997), 281~284쪽.
252 김흥수, 『한국전쟁과 기복신앙확산 연구』(한국기독교역사연구소, 1999), 137쪽.
253 김흥수, 『한국전쟁과 기복신앙확산 연구』(한국기독교역사연구소, 1999), 82~83쪽.
254 김흥수, 『한국전쟁과 기복신앙확산 연구』(한국기독교역사연구소, 1999), 46쪽.
255 김흥수, 『한국전쟁과 기복신앙확산 연구』(한국기독교역사연구소, 1999), 83쪽.
256 전상인, 『고개 숙인 수정주의: 한국현대사의 역사사회학』(전통과현대, 2001), 178~179쪽.
257 최봉영, 『한국 문화의 성격』(사계절, 1997), 238~239쪽.
258 한원영, 『한국현대 신문연재소설연구 하』(국학자료원, 1999), 720~721쪽.
259 노다 마사아키(野田正彰), 서혜영 옮김, 『전쟁과 인간: 군국주의 일본의 정신분석』(길, 2000), 18쪽.
260 노다 마사아키(野田正彰), 서혜영 옮김, 『전쟁과 인간: 군국주의 일본의 정신분석』(길, 2000), 355~356쪽.
261 브루스 커밍스(Bruce Cumings)·존 할리데이(Jon Halliday), 차성수·양동주 옮김, 『한국전쟁의 전개 과정』(태암, 1989), 220~222쪽.
262 브루스 커밍스(Bruce Cumings), 김동노 외 옮김, 『브루스 커밍스의 한국현대사』 (창작과비평사, 1997/2001), 423쪽.
263 장상환, 「한국전쟁과 경제구조의 변화」, 한국정신문화연구원 편, 『한국전쟁과 사회구조의 변화』(백산서당, 1999), 153쪽.
264 김원일, 『불의 제전 5』(문학과지성사, 1997), 162~165쪽.
265 김성칠, 『역사 앞에서: 한 사학자의 6·25 일기』(창작과비평사, 1993), 252쪽.
266 스티븐 룩스(Steven Lukes), 황경식·강대진 옮김, 『마르크스주의와 도덕』(서광사, 1985/1994), 24~25쪽.
267 김동춘, 『근대의 그늘: 한국의 근대성과 민족주의』(당대, 2000), 266쪽.
268 그레고리 헨더슨(Gregory Henderson), 박행웅·이종삼 옮김, 『소용돌이의 한국정치』(한울아카데미, 1968/2000), 496~497쪽.
269 강인철, 「한국전쟁과 사회의식 및 문화의 변화」, 한국정신문화연구원 편, 『한국전쟁과 사회구조의 변화』(백산서당, 1999), 257~258쪽.
270 최정호, 『우리가 살아온 20세기 1: 최정호 교수의 현대사 산책』(미래M&B, 1999), 321~322쪽.
271 고은, 「타인의 눈」, 『만인보 16』(창비, 2004), 35쪽.
272 권정생, 「영원히 부끄러울 전쟁」, 『역사비평』, 제29호(1995년 여름), 17쪽.

273 권정생,「영원히 부끄러울 전쟁」,『역사비평』, 제29호(1995년 여름), 17~18쪽.
274 고은,「중학 동기」,『만인보 17』(창비, 2004), 172~173쪽.
275 권정생,「영원히 부끄러울 전쟁」,『역사비평』, 제29호(1995년 여름), 17쪽.
276 김흥수,『한국전쟁과 기복신앙확산 연구』(한국기독교역사연구소, 1999), 54~55쪽.
277 김귀옥,「왜 월남 실향민은 반공수구 세력이 되었을까?: 월남 실향민과 반공·반북의 역사적 만남」,『인물과사상』, 제30권(2004년 3월), 295~296쪽; 이효재,『분단시대의 사회학』(한길사, 1985), 235~237쪽.
278 김귀옥,『이산가족 문제를 보는 새로운 시각: 이산가족, '반공 전사'도 '빨갱이'도 아닌…』(역사비평사, 2004), 142쪽.
279 김귀옥,「왜 월남 실향민은 반공수구 세력이 되었을까?: 월남 실향민과 반공·반북의 역사적 만남」,『인물과사상』, 제30권(2004년 3월), 297~298쪽.
280 강정구,「미국과 한국전쟁」,『역사비평』, 제21호(1993년 여름), 207쪽.
281 안용현,『한국전쟁 비사 3: 북진과 1·4 후퇴』(경인문화사, 1992), 332쪽.
282 안용현,『한국전쟁 비사 3: 북진과 1·4 후퇴』(경인문화사, 1992), 326쪽.
283 김귀옥,『월남인의 생활 경험과 정체성: 밑으로부터의 월남인 연구』(서울대학교출판부, 1999), 96쪽.
284 김귀옥,『월남인의 생활 경험과 정체성: 밑으로부터의 월남인 연구』(서울대학교출판부, 1999), 276쪽.
285 김귀옥,「왜 월남 실향민은 반공수구 세력이 되었을까?: 월남 실향민과 반공·반북의 역사적 만남」,『인물과사상』, 제30권(2004년 3월), 314~315쪽.
286 김귀옥,『월남인의 생활 경험과 정체성: 밑으로부터의 월남인 연구』(서울대학교출판부, 1999), 294쪽.
287 김귀옥,『이산가족 문제를 보는 새로운 시각: 이산가족, '반공 전사'도 '빨갱이'도 아닌…』(역사비평사, 2004), 203쪽.
288 현길언,「우리들의 어머님」,『우리시대 우리작가 29: 현길언』(동아출판사, 1995년 중판), 361쪽.
289 김귀옥,『이산가족 문제를 보는 새로운 시각: 이산가족, '반공 전사'도 '빨갱이'도 아닌…』(역사비평사, 2004), 210쪽.
290 김귀옥,『이산가족 문제를 보는 새로운 시각: 이산가족, '반공 전사'도 '빨갱이'도 아닌…』(역사비평사, 2004), 178~179쪽.
291 한수영,「분단과 전쟁이 낳은 비극적 역사의 아들들: 이문구·김원일 이문열·김성동 등을 통해 본 '좌익' 2세의 삶과 의식」,『역사비평』, 제46호(1999년 봄), 23~24쪽.
292 김헌식,『색깔논쟁』(새로운사람들, 2003), 190쪽.

293 한수영, 「분단과 전쟁이 낳은 비극적 역사의 아들들: 이문구·김원일·이문열·김성동 등을 통해 본 '좌익' 2세의 삶과 의식」, 『역사비평』, 제46호(1999년 봄), 33쪽.
294 한수영, 「분단과 전쟁이 낳은 비극적 역사의 아들들: 이문구·김원일·이문열·김성동 등을 통해 본 '좌익' 2세의 삶과 의식」, 『역사비평』, 제46호(1999년 봄), 29~30쪽.
295 한수영, 「분단과 전쟁이 낳은 비극적 역사의 아들들: 이문구·김원일·이문열·김성동 등을 통해 본 '좌익' 2세의 삶과 의식」, 『역사비평』, 제46호(1999년 봄), 36쪽.

제2부 1954년

1 안희수, 「서론: 정당의 형성 이론과 한국정당의 발전 과정」, 안희수 편저, 『한국정당정치론』(나남, 1995), 59쪽; 연시중, 『한국정당정치실록 2: 6·25 전쟁부터 장면 정권까지』(지와사랑, 2001), 71쪽.
2 김학준, 『해방공간의 주역들』(동아일보사, 1996), 200쪽.
3 안호상, 「안호상 박사 회고록: 원외 자유당 창당」, 『문화일보』, 1995년 4월 1일, 19면.
4 양병기, 「한국 군부의 역할과 공과」, 이우진·김성주 공편, 『현대한국정치론』(사회비평사, 1996), 426쪽.
5 윤용희, 「자유당의 기구와 역할」, 한배호 편, 『한국현대정치론 I: 제1공화국의 국가 형성, 정치 과정, 정책』(나남, 1990), 290~291쪽.
6 김경순, 「관료기구의 형성과 정치적 역할」, 한배호 편, 『한국현대정치론 I: 제1공화국의 국가 형성, 정치 과정, 정책』(나남, 1990), 246쪽.
7 안호상, 「안호상 박사 회고록: 원외 자유당 창당」, 『문화일보』, 1995년 4월 1일, 19면.
8 안호상, 「안호상 박사 회고록: '족청'의 몰락」, 『문화일보』, 1995년 4월 6일, 19면.
9 안호상, 「안호상 박사 회고록: 3년간의 재판」, 『문화일보』, 1995년 4월 11일, 19면.
10 임대식, 「원용덕: 이승만의 오른팔이 된 일제 만주국 군의」, 반민족문제연구소, 『청산하지 못한 역사 1: 한국현대사를 움직인 친일파 60』(청년사, 1994), 223~224쪽.
11 임대식, 「원용덕: 이승만의 오른팔이 된 일제 만주국 군의」, 반민족문제연구소, 『청산하지 못한 역사 1: 한국현대사를 움직인 친일파 60』(청년사, 1994), 224쪽.
12 정지환, 『대한민국 다큐멘터리: 독립기자 정지환의 역사추적기』(인물과사상사, 2004), 115쪽.
13 이경남, 「나라 세우기, 해방공간의 거인들」, 『신동아』, 1995년 4월, 484쪽.
14 이경남, 「나라 세우기, 해방공간의 거인들」, 『신동아』, 1995년 4월, 484쪽.
15 조갑제, 『고문과 조작의 기술자들: 고문에 의한 인간 파멸 과정의 실증적 연구』(한길사, 1987), 81쪽.

16 민족문제연구소,「황국의 영웅, 조국의 배신자: 원용덕」,『노동일보』, 2002년 10월 25일, 6면.
17 서중석,「이승만과 북진통일: 1950년대 극우 반공독재의 해부」,『역사비평』, 제29호 (1995년 여름), 123쪽.
18 서중석,「이승만과 북진통일: 1950년대 극우 반공독재의 해부」,『역사비평』, 제29호 (1995년 여름), 123쪽.
19 서중석,『조봉암과 1950년대 (상): 조봉암의 사회민주주의와 평화통일론』(역사비평사, 1999), 76쪽.
20 서중석,『조봉암과 1950년대 (하): 피해 대중과 학살의 정치학』(역사비평사, 1999), 795~796쪽.
21 서중석,『조봉암과 1950년대 (상): 조봉암의 사회민주주의와 평화통일론』(역사비평사, 1999), 75~76쪽.
22 조용중,『미군정하의 한국정치 현장』(나남, 1990), 241쪽.
23 연시중,『한국정당정치실록 2: 6·25 전쟁부터 장면 정권까지』(지와사랑, 2001), 76~77쪽.
24 유숙란,「선거의 권위주의적 운용과 역기능」, 한배호 편,『한국현대정치론 I: 제1공화국의 국가 형성, 정치 과정, 정책』(나남, 1990), 383쪽.
25 임광순,「이야기로 풀어가는 정치 야사: 유석 조병옥」,『전북중앙』, 2003년 4월 24일, 7면.
26 김두한,『김두한 자서전 2』(메트로신문사, 2002), 111~115쪽.
27 김영삼,『김영삼 회고록: 민주주의를 위한 나의 투쟁 1』(백산서당, 2000), 72쪽.
28 김재명,「해방정국과 중도파의 비극」,『역사비평』, 제3호(1988년 겨울), 147쪽.
29 김영삼,『김영삼 회고록: 민주주의를 위한 나의 투쟁 1』(백산서당, 2000), 84쪽.
30 김대중·일본 NHK 취재반 구성, 김용운 편역,『역사와 함께 시대와 함께: 김대중 자서전 1』(인동, 1999), 97쪽.
31 김창훈,『한국외교 어제와 오늘』(다락원, 2002), 63쪽.
32 김창훈,『한국외교 어제와 오늘』(다락원, 2002), 64쪽.
33 김창훈,『한국외교 어제와 오늘』(다락원, 2002), 64~65쪽.
34 김흥수,「갈홍기: 이승만 정부의 충실한 이념적 대변인」, 반민족문제연구소,『청산하지 못한 역사 2: 한국현대사를 움직인 친일파 60』(청년사, 1994), 337쪽.
35 이성춘,「그때 그 시절: 이승만 대통령, 기자들 기습 질문에 노련한 받아치기」,『기자협회보』, 2001년 2월 17일, 7면.
36 서중석,「이승만과 북진통일: 1950년대 극우 반공독재의 해부」,『역사비평』, 제29호

(1995년 여름), 122쪽.
37 한표욱, 『이승만과 한미외교』(중앙일보사, 1996), 226쪽.
38 Syngman Rhee, 「Rhee Warns U.S. Red Peril Grows」, 『New York Times』, May 9, 1954, p.12.
39 서중석, 「이승만과 북진통일: 1950년대 극우 반공독재의 해부」, 『역사비평』, 제29호(1995년 여름), 144쪽.
40 「Editorial: President Rhee's Speech」, 『New York Times』, July 29, 1954, p.22.
41 서중석, 「이승만과 북진통일: 1950년대 극우 반공독재의 해부」, 『역사비평』, 제29호(1995년 여름), 125쪽.
42 이희진·오일환, 『한국전쟁의 수수께끼』(가람기획, 2000), 243쪽.
43 서중석, 「이승만과 북진통일: 1950년대 극우 반공독재의 해부」, 『역사비평』, 제29호(1995년 여름), 125쪽.
44 서중석, 「이승만과 북진통일: 1950년대 극우 반공독재의 해부」, 『역사비평』, 제29호(1995년 여름), 137쪽.
45 최진섭, 『한국언론의 미국관』(살림터, 2000), 231쪽에서 재인용.
46 한승원, 「안개바다」, 『정통한국문학대계 50: 한승원·문순태·한수산』(어문각, 1994), 77쪽.
47 김헌식, 『색깔논쟁』(새로운사람들, 2003), 258쪽.
48 홍세화, 『나는 빠리의 택시운전사』(창작과비평사, 1995), 164~165쪽.
49 고은, 『만인보 18』(창비, 2004), 262~263쪽.
50 윤용희, 「자유당의 기구와 역할」, 한배호 편, 『한국현대정치론 I: 제1공화국의 국가 형성, 정치 과정, 정책』(나남, 1990), 304~305쪽.
51 서주석, 「한국전쟁과 이승만 정권의 권력 강화」, 『역사비평』, 제9호(1990년 여름), 145쪽.
52 윤용희, 「자유당의 기구와 역할」, 한배호 편, 『한국현대정치론 I: 제1공화국의 국가 형성, 정치 과정, 정책』(나남, 1990), 305쪽.
53 서중석, 「이승만과 북진통일: 1950년대 극우 반공독재의 해부」, 『역사비평』, 제29호(1995년 여름), 126쪽.
54 연시중, 『한국정당정치실록 2: 6·25 전쟁부터 장면 정권까지』(지와사랑, 2001), 80쪽.
55 연시중, 『한국정당정치실록 2: 6·25 전쟁부터 장면 정권까지』(지와사랑, 2001), 83쪽.
56 서중석, 「이승만과 북진통일: 1950년대 극우 반공독재의 해부」, 『역사비평』, 제29호(1995년 여름), 128쪽.

57　서중석,「이승만과 북진통일: 1950년대 극우 반공독재의 해부」,『역사비평』, 제29호 (1995년 여름), 128~129쪽.
58　연시중,『한국정당정치실록 2: 6·25 전쟁부터 장면 정권까지』(지와사랑, 2001), 87쪽.
59　김삼웅,『곡필로 본 해방 50년』(한울, 1995), 83쪽.
60　박태순·김동춘,『1960년대의 사회운동』(까치, 1991), 21~22쪽.
61　연시중,『한국정당정치실록 2: 6·25 전쟁부터 장면 정권까지』(지와사랑, 2001), 84쪽.
62　서중석,『조봉암과 1950년대 (상): 조봉암의 사회민주주의와 평화통일론』(역사비평사, 1999), 81쪽.
63　서중석,「이승만과 북진통일: 1950년대 극우 반공독재의 해부」,『역사비평』, 제29호 (1995년 여름), 130쪽.
64　연시중,『한국정당정치실록 2: 6·25 전쟁부터 장면 정권까지』(지와사랑, 2001), 87쪽.
65　임대식,「원용덕: 이승만의 오른팔이 된 일제 만주국 군의」, 반민족문제연구소,『청산하지 못한 역사 1: 한국현대사를 움직인 친일파 60』(청년사, 1994), 222쪽.
66　임대식,「원용덕: 이승만의 오른팔이 된 일제 만주국 군의」, 반민족문제연구소,『청산하지 못한 역사 1: 한국현대사를 움직인 친일파 60』(청년사, 1994), 222쪽.
67　임대식,「원용덕: 이승만의 오른팔이 된 일제 만주국 군의」, 반민족문제연구소,『청산하지 못한 역사 1: 한국현대사를 움직인 친일파 60』(청년사, 1994), 222~223쪽.
68　임헌영,「'자유부인'의 정치사회적 접근 ①: 매카시즘 수사법으로 작가 매도」,『대한매일』, 1999년 2월 4일, 15면.
69　한원영,『한국현대 신문연재소설연구 상』(국학자료원, 1999), 163쪽.
70　임헌영,「'자유부인'의 정치사회적 접근 ①: 매카시즘 수사법으로 작가 매도」,『대한매일』, 1999년 2월 4일, 15면.
71　한원영,『한국현대 신문연재소설연구 상』(국학자료원, 1999), 168쪽.
72　이임자,『한국 출판과 베스트셀러 1883~1996』(경인문화사, 1998), 256쪽.
73　임헌영,「'자유부인'의 정치사회적 접근 ①: 매카시즘 수사법으로 작가 매도」,『대한매일』, 1999년 2월 4일, 15면.
74　이임자,『한국 출판과 베스트셀러 1883~1996』(경인문화사, 1998), 257쪽.
75　허수,「베스트셀러와 금서의 변주곡」, 한국역사연구회,『우리는 지난 100년 동안 어떻게 살았을까 1』(역사비평사, 1998), 141쪽.
76　이임자,『한국 출판과 베스트셀러 1883~1996』(경인문화사, 1998), 258쪽.
77　이호철,『문단골 사람들: 이호철의 문단일기』(프리미엄북스, 1997), 261~262쪽.
78　한원영,『한국현대 신문연재소설연구 상』(국학자료원, 1999), 166~167쪽.
79　이우영,「남북한 문화 정책 비교」, 조한혜정·이우영 엮음,『탈분단 시대를 열며』(삼인,

2000), 194쪽.
80 한원영, 『한국현대 신문연재소설연구 상』(국학자료원, 1999), 166~167쪽.
81 임헌영, 「'자유부인'의 정치사회적 접근 ②: '공무원 뇌물' 묘사로 연재 중단 압력」, 『대한매일』, 1999년 2월 11일, 15면.
82 「남한산성 관광 뻐스 1왕복을 증가」, 『조선일보』, 1954년 5월 26일, 조간 2면.
83 이영미, 『흥남부두의 금순이는 어디로 갔을까』(황금가지, 2002), 89쪽.
84 이임하, 『계집은 어떻게 여성이 되었나: 한국 근현대사 속의 여성 이야기』(서해문집, 2004), 43쪽.
85 임대식, 「이승만과 한글 간소화 파동」, 『역사비평』 편집위원회, 『논쟁으로 본 한국사회 100년: 『역사비평』 통권 50호 기념 별책』(역사비평사, 2000), 231~232쪽.
86 임대식, 「이승만과 한글 간소화 파동」, 『역사비평』 편집위원회, 『논쟁으로 본 한국사회 100년: 『역사비평』 통권 50호 기념 별책』(역사비평사, 2000), 232~234쪽.
87 임대식, 「이승만과 한글 간소화 파동」, 『역사비평』 편집위원회, 『논쟁으로 본 한국사회 100년: 『역사비평』 통권 50호 기념 별책』(역사비평사, 2000), 232~234쪽.
88 방우영, 『조선일보와 45년: 권력과 언론 사이에서』(조선일보사, 1998), 65쪽; 조선일보사, 『조선일보 칠십년사 제1권』(조선일보사, 1990), 592쪽.
89 고길섶, 『우리 시대의 언어게임: 언어로 보는 한국현대사』(토담, 1995), 161쪽.
90 김성칠, 『역사 앞에서: 한 사학자의 6·25 일기』(창작과비평사, 1993), 244~245쪽.
91 경향신문사, 『경향신문 50년사』(경향신문사, 1996), 118쪽.
92 한원영, 『한국현대 신문연재소설연구 상』(국학자료원, 1999), 167~168쪽.
93 고길섶, 『우리 시대의 언어게임: 언어로 보는 한국현대사』(토담, 1995), 164쪽.
94 「간판은 한글/각교에 사용 지시」, 『조선일보』, 1956년 4월 24일, 조간 2면.
95 고길섶, 『우리 시대의 언어게임: 언어로 보는 한국현대사』(토담, 1995), 167~168쪽.
96 고길섶, 「괴짜 '그녀'의 탄생 설화」, 『우리 시대의 언어게임: 언어로 보는 한국현대사』(토담, 1995), 169~177쪽.
97 신인섭·서범석, 『한국광고사』(나남, 1988), 205쪽.
98 김을한, 『한국신문사화』(탐구당, 1975), 297~298쪽.
99 한원영, 『한국현대 신문연재소설연구 상』(국학자료원, 1999), 61~62쪽.
100 이병국, 『대통령과 언론』(나남, 1987), 39쪽.
101 김민환, 『한국언론사』(사회비평사, 1996), 397, 454쪽.
102 이해창, 『한국신문사연구: 자료 중심』(성문각, 1983), 108쪽.
103 정진석, 『한국 현대언론사론』(전예원, 1985), 438쪽.
104 신문자본연구팀, 「이승만 시대편 3: 한국일보 창간과 상업주의 대두」, 1995년 9월 27일,

9면.

105 정진석,『한국 현대언론사론』(전예원, 1985), 437쪽.
106 방우영,『조선일보와 45년』(조선일보사, 1998), 189쪽.
107 김홍구,「나의 이력서: 서울신문 필화사건」,『한국일보』, 2003년 7월 25일, A26면.
108 김해식,『한국언론의 사회학』(나남, 1994), 73쪽.
109 정순일,『한국방송의 어제와 오늘』(나남, 1991), 26~27쪽.
110 김민환,『한국언론사』(사회비평사, 1996), 426, 545쪽.
111 김훈,「50년대 첫 휴대용 녹음기 도입」,『TV저널』, 1992년 4월 17일, 76면.
112 김화,『이야기 한국영화사』(하서, 2001), 198쪽.
113 김화,『이야기 한국영화사』(하서, 2001), 198~199쪽; 배장수,「'최초 키스신' 테러 협박 소동도」,『경향신문』, 2001년 7월 13일, 26면.
114 김화,『이야기 한국영화사』(하서, 2001), 199~200쪽.
115 강인철,「한국전쟁과 사회의식 및 문화의 변화」, 한국정신문화연구원 편,『한국전쟁과 사회구조의 변화』(백산서당, 1999), 298쪽.
116 김홍수,『한국전쟁과 기복신앙확산 연구』(한국기독교역사연구소, 1999), 36쪽.
117 장석주,『20세기 한국 문학의 탐험 2: 1935~1956』(시공사, 2000), 423쪽.
118 장석주,『20세기 한국 문학의 탐험 2: 1935~1956』(시공사, 2000), 424쪽.
119 서정주,『미당 자서전 2: 서정주 전집 5』(민음사, 1994), 349쪽.
120 김병익,『한국문단사 1908~1970』(문학과지성사, 2001), 282~283쪽.
121 이호철,『문단골 사람들: 이호철의 문단일기』(프리미엄북스, 1997), 156~158쪽.
122 김병익,『한국문단사 1908~1970』(문학과지성사, 2001), 281~282쪽.
123 한수영,『문학과 현실의 변증법: 한수영 문학평론집』(새미, 1997), 359쪽.
124 김건우,『사상계와 1950년대 문학』(소명출판, 2003), 106~107쪽.
125 신형기,「비평의 열림과 민족 모순의 심화: 해방기와 한국전쟁 이후 비평의 흐름」, 권영민 편저,『한국문학 50년』(문학사상사, 1995), 268쪽.
126 한수영,『문학과 현실의 변증법: 한수영 문학평론집』(새미, 1997), 397~398쪽.
127 고은,「청계천」,『만인보 17』(창비, 2004), 198~199쪽.
128 우사연구회 엮음, 심지연 지음,『송남헌 회고록: 김규식과 함께 한 길』(한울, 2000), 89쪽.
129 송광성,「윤치영: 이세와 독재권력에 아부하여 '잘 먹고 잘 산' 자의 표본」, 반민족문제연구소,『청산하지 못한 역사 1: 한국현대사를 움직인 친일파 60』(청년사, 1994), 76쪽.
130 유병은,『방송야사』(KBS문화사업단, 1998), 198쪽.

131 「반세기 전엔…: 동아일보로 본 이번주」, 『동아일보』, 2004년 2월 16일, A23면에서 재인용.
132 서영아, 「"군복 입으면 단속 못해"…강~절도 악용 봇물」, 『동아일보』, 2004년 2월 16일, A23면.
133 「반세기 전엔…: 동아일보로 본 이번주」, 『동아일보』, 2004년 3월 1일, 19면에서 재인용.
134 윤승모, 「'쌀 한 가마' 값 넘는 졸업식 꽃다발 대유행」, 『동아일보』, 2004년 3월 1일, 19면.
135 그레고리 헨더슨(Gregory Henderson), 박행웅·이종삼 옮김, 『소용돌이의 한국정치』(한울아카데미, 1968/2000), 343~344쪽.
136 서중석, 『조봉암과 1950년대 (상): 조봉암의 사회민주주의와 평화통일론』(역사비평사, 1999), 471쪽.
137 고제규, 「헌법 위에 '카투사' 있는가」, 『시사저널』, 2003년 3월 5일, 48~49면.
138 안용현, 『한국전쟁 비사 3: 북진과 1·4 후퇴』(경인문화사, 1992), 199~200쪽.
139 김정자, 「한국 기지촌 소설의 기법적 연구」, 김정자 외, 『한국현대문학의 성과 매춘 연구』(태학사, 1996), 132쪽.
140 「카투사, 토익 6백점 이상 지원자 중 추첨」, 『연합뉴스』, 1998년 4월 27일.
141 김승현, 「꿀벌 150만 마리 보내온…1954년 '노아의 방주' 아세요」, 『조선일보』, 2022년 7월 20일.
142 김명환, 「[김명환의 시간여행] 84: 이·벼룩 잡으려고 온몸 "DDT 목욕"…맹독 물질인 줄 모르고 부엌까지 뿌려」, 『조선일보』, 2017년 8월 23일.
143 신덕상·김덕기, 『국기(國技) 축구 그 화려한 발자취: 이야기 한국체육사 10』(국민체육진흥공단, 1999), 410쪽.
144 「꽃다발에 빛나는 기념장: 축구단 개선에 시민들 열광」, 『조선일보』, 1954년 3월 25일, 2면.
145 김성원, 『한국 축구 발전사』(살림, 2006), 24쪽.
146 박경호·김덕기, 『한국 축구 100년 비사』(책읽는사람들, 2000), 17쪽.
147 안성암, 「금석한담/말씀한 분 김윤기씨/10년대엔 속공이 최고 테크닉: '뮌헨행' 길목에서 살펴본 초기의 '한국 축구'」, 『조선일보』, 1973년 5월 27일, 조간 4면.

제3부 1955년

1 이재선, 『현대한국소설사 1945~1990』(민음사, 1991), 122쪽.

2   김삼웅,『곡필로 본 해방 50년』(한울, 1995), 84쪽.
3   『한국일보』, 1955년 3월 27일자; 서중석,「이승만 정권 초기의 일민주의와 파시즘」, 역사문제연구소 편,『1950년대 남북한의 선택과 굴절』(역사비평사, 1998), 39쪽에서 재인용.
4   김삼웅,『곡필로 본 해방 50년』(한울, 1995), 85쪽.
5   김삼웅,『곡필로 본 해방 50년』(한울, 1995), 85쪽.
6   김삼웅,『곡필로 본 해방 50년』(한울, 1995), 84~85쪽.
7   서중석,「이승만 정권 초기의 일민주의와 파시즘」, 역사문제연구소 편,『1950년대 남북한의 선택과 굴절』(역사비평사, 1998), 36~37쪽.
8   김홍수,「갈홍기: 이승만 정부의 충실한 이념적 대변인」, 반민족문제연구소,『청산하지 못한 역사 2: 한국현대사를 움직인 친일파 60』(청년사, 1994), 341~342쪽.
9   이영미,『흥남부두의 금순이는 어디로 갔을까』(황금가지, 2002), 79쪽.
10 고은,「남산 이승만」,『만인보 17』(창비, 2004), 147~148쪽.
11 김삼웅,『곡필로 본 해방 50년』(한울, 1995), 84쪽.
12 김삼웅,『곡필로 본 해방 50년』(한울, 1995), 85~86쪽.
13 서중석,「이승만과 북진통일: 1950년대 극우 반공독재의 해부」,『역사비평』, 제29호(1995년 여름), 151쪽.
14 서중석,「이승만 정권 초기의 일민주의와 파시즘」, 역사문제연구소 편,『1950년대 남북한의 선택과 굴절』(역사비평사, 1998), 38쪽.
15 서중석,「이승만 정권 초기의 일민주의와 파시즘」, 역사문제연구소 편,『1950년대 남북한의 선택과 굴절』(역사비평사, 1998), 37쪽.
16 김경순,「관료기구의 형성과 정치적 역할」, 한배호 편,『한국현대정치론 I: 제1공화국의 국가 형성, 정치 과정, 정책』(나남, 1990), 232~233쪽.
17 김경순,「관료기구의 형성과 정치적 역할」, 한배호 편,『한국현대정치론 I: 제1공화국의 국가 형성, 정치 과정, 정책』(나남, 1990), 234~235쪽.
18 오명호,『한국현대정치사의 이해』(오름, 1999), 161쪽.
19 베른하르트 A. 그림(Bernhard A. Grimm), 박규호 옮김,『권력과 책임: 최고 리더십을 위한 반(反)마키아벨리즘』(청년정신, 2002), 223쪽.
20 Philippe Braillard and Mohammad-Reza Djalili,『The Third World and International Relations』(Boulder, Colo. : Lynne Rienner, 1984), p.14.
21 Saunders Redding,「The Meaning of Bandung」,『American Scholar』, 25:4(Autumn 1956), p.415.
22 이대근,「한국전쟁과 세계 자본주의의 부흥」,『역사비평』, 제9호(1990년 여름), 156쪽.

23 Saunders Redding, 「The Meaning of Bandung」, 『American Scholar』, 25:4(Autumn 1956), p.414.
24 A. C. Powell, 「My Mission to Bandung: How Washington Blundered」, 『Nation』, no.22(28 May 1955), pp.455~456.
25 이삼성, 『세계와 미국: 20세기의 반성과 21세기의 전망』(한길사, 2001), 398~399쪽.
26 Richard L. Jackson, 『The Non-Aligned the UN and the Superpowers』 (New York : Praeger, 1983), p.211.
27 윤근식·김운태, 「제4장 한국현대정치의 전개 과정」, 김운태 외, 『한국정치론』(박영사, 2004), 386쪽.
28 서중석, 「이승만과 북진통일: 1950년대 극우 반공독재의 해부」, 『역사비평』, 제29호 (1995년 여름), 141쪽.
29 김흥수, 「갈홍기: 이승만 정부의 충실한 이념적 대변인」, 반민족문제연구소, 『청산하지 못한 역사 2: 한국현대사를 움직인 친일파 60』(청년사, 1994), 339쪽.
30 김흥수, 「갈홍기: 이승만 정부의 충실한 이념적 대변인」, 반민족문제연구소, 『청산하지 못한 역사 2: 한국현대사를 움직인 친일파 60』(청년사, 1994), 339~340쪽.
31 김흥수, 「갈홍기: 이승만 정부의 충실한 이념적 대변인」, 반민족문제연구소, 『청산하지 못한 역사 2: 한국현대사를 움직인 친일파 60』(청년사, 1994), 340쪽.
32 한수영, 『문학과 현실의 변증법: 한수영 문학평론집』(새미, 1997), 369쪽.
33 서중석, 『비극의 현대 지도자: 그들은 민족주의자인가 반민족주의자인가』(성균관대학교출판부, 2002), 196~197쪽.
34 김진웅, 『냉전의 역사, 1945~1991』(비봉출판사, 1999), 100~101쪽.
35 한표욱, 『이승만과 한미외교』(중앙일보사, 1996), 271~272쪽.
36 김창훈, 『한국외교 어제와 오늘』(다락원, 2002), 70~71쪽.
37 김동조, 「평화선 선포: 일본, 평화선을 '반일선(反日線)'으로 해석」, 월간조선 엮음, 『한국현대사 119대 사건: 체험기와 특종 사진』(조선일보사, 1993), 109쪽.
38 김동조, 「평화선 선포: 일본, 평화선을 '반일선(反日線)'으로 해석」, 월간조선 엮음, 『한국현대사 119대 사건: 체험기와 특종 사진』(조선일보사, 1993), 109쪽; 김창훈, 『한국외교 어제와 오늘』(다락원, 2002), 70~71쪽.
39 Seymour M. Vinocour, 「Syngman Rhee: Spokesman for Korea (June 23, 1951-October 8, 1952) A Case Study in International Speaking」, Ph.D. Dissertation, Pennsylvania State University, 1953, p.274.
40 「Rhee Is Now Hopeful on Amity with Japan」, 『New York Times』, January 20, 1953, p.2.

41 이현희,『우리나라 현대사의 인식 방법: 도전과 선택』(삼광출판사, 1998), 303~305쪽.
42 김창훈,『한국외교 어제와 오늘』(다락원, 2002), 71쪽.
43 「Rhee Sees Korea 'Free' April 23 to Act against the Communists」,『New York Times』, January 16, 1954, p.7.
44 손호철,『현대 한국정치: 이론과 역사 1945~2003』(사회평론, 2003), 165~166쪽.
45 서중석,「이승만과 북진통일: 1950년대 극우 반공독재의 해부」,『역사비평』, 제29호 (1995년 여름), 151쪽.
46 서중석,「이승만과 북진통일: 1950년대 극우 반공독재의 해부」,『역사비평』, 제29호 (1995년 여름), 152쪽.
47 서중석,「이승만과 북진통일: 1950년대 극우 반공독재의 해부」,『역사비평』, 제29호 (1995년 여름), 131쪽.
48 윤근식·김운태,「제4장 한국현대정치의 전개 과정」, 김운태 외,『한국정치론』(박영사, 2004), 386쪽.
49 서중석,「이승만과 북진통일: 1950년대 극우 반공독재의 해부」,『역사비평』, 제29호 (1995년 여름), 148쪽.
50 서중석,「이승만과 북진통일: 1950년대 극우 반공독재의 해부」,『역사비평』, 제29호 (1995년 여름), 141쪽.
51 서중석,「이승만과 북진통일: 1950년대 극우 반공독재의 해부」,『역사비평』, 제29호 (1995년 여름), 131쪽.
52 서중석,「이승만과 북진통일: 1950년대 극우 반공독재의 해부」,『역사비평』, 제29호 (1995년 여름), 131, 149쪽.
53 서중석,「이승만과 북진통일: 1950년대 극우 반공독재의 해부」,『역사비평』, 제29호 (1995년 여름), 131쪽.
54 서중석,「이승만과 북진통일: 1950년대 극우 반공독재의 해부」,『역사비평』, 제29호 (1995년 여름), 132쪽.
55 손호철,『현대 한국정치: 이론과 역사 1945~2003』(사회평론, 2003), 165쪽.
56 이한우,『거대한 생애 이승만 90년 하(下)』(조선일보사, 1996), 132쪽.
57 「'Some' U.S. Aides Accused by Rhee」,『New York Times』, December 13, 1955, p.18.
58 Richard C. Allen,『Korea's Syngman Rhee』(Rutland, Vt.: Charles E. Tuttle, 1960), p.189.
59 백인빈,「조국 회상」,『정통한국문학대계 52: 오영석·백인빈·오인문·한문영』(어문각, 1994), 168~169쪽.

60   한길사 편집실,「사료: 1950년대의 정치적 중요사건」, 진덕규 외,『1950년대의 인식』 (한길사, 1990), 433쪽.
61   이재오,『해방후 한국학생운동사』(형성사, 1984), 147쪽.
62   서중석,「이승만과 북진통일: 1950년대 극우 반공독재의 해부」,『역사비평』, 제29호 (1995년 여름), 135쪽.
63   한길사 편집실,「사료: 1950년대의 정치적 중요사건」, 진덕규 외,『1950년대의 인식』 (한길사, 1990), 435쪽.
64   이재오,『해방후 한국학생운동사』(형성사, 1984), 147쪽.
65   서중석,「이승만과 북진통일: 1950년대 극우 반공독재의 해부」,『역사비평』, 제29호 (1995년 여름), 136쪽.
66   한길사 편집실,「사료: 1950년대의 정치적 중요사건」, 진덕규 외,『1950년대의 인식』 (한길사, 1990), 435~436쪽.
67   서중석,「이승만과 북진통일: 1950년대 극우 반공독재의 해부」,『역사비평』, 제29호 (1995년 여름), 135쪽.
68   김태일,「민주당의 성격과 역할」, 한배호 편,『한국현대정치론 I: 제1공화국의 국가 형성, 정치 과정, 정책』(나남, 1990), 319~320쪽.
69   연시중,『한국정당정치실록 2: 6·25 전쟁부터 장면 정권까지』(지와사랑, 2001), 93쪽.
70   서중석,『조봉암과 1950년대 (상): 조봉암의 사회민주주의와 평화통일론』(역사비평사, 1999), 92~93쪽; 안출현,「제1~2공화국 정당정치의 전개 과정과 특성」, 안희수 편저,『한국정당정치론』(나남, 1995), 267쪽.
71   신창균,『가시밭길에서도 느끼는 행복: 조국통일범민족연합 남측본부 의장 송암 신창균 회고록』(해냄, 1997), 193~194쪽.
72   서중석,『조봉암과 1950년대 (상): 조봉암의 사회민주주의와 평화통일론』(역사비평사, 1999), 92~93쪽; 안출현,「제1~2공화국 정당정치의 전개 과정과 특성」, 안희수 편저,『한국정당정치론』(나남, 1995), 267쪽.
73   서중석,「조봉암의 사회민주주의와 '제3의 길'」,『역사비평』, 제47호(1999년 여름), 85쪽.
74   신창균,『가시밭길에서도 느끼는 행복: 조국통일범민족연합 남측본부 의장 송암 신창균 회고록』(해냄, 1997), 194쪽.
75   박태균,『조봉암 연구』(창작과비평사, 1995), 225쪽.
76   박태균,『조봉암 연구』(창작과비평사, 1995), 225~226쪽.
77   박태균,『조봉암 연구』(창작과비평사, 1995), 229~230쪽.
78   김태일,「민주당의 성격과 역할」, 한배호 편,『한국현대정치론 I: 제1공화국의 국가 형

성, 정치 과정, 정책』(나남, 1990), 322쪽; 반민족문제연구소, 「김성수: 민족 지도자로 둔갑한 친일자본가」, 반민족문제연구소, 『청산하지 못한 역사 2: 한국현대사를 움직인 친일파 60』(청년사, 1994), 54쪽.
79 연시중, 『한국정당정치실록 2: 6·25 전쟁부터 장면 정권까지』(지와사랑, 2001), 101쪽.
80 이영석, 『야당 40년사』(인간사, 1987), 40쪽.
81 오유석, 「이승만 대 조봉암·신익희」, 『역사비평』, 제17호(1992년 여름), 149쪽.
82 임광순, 「이야기로 풀어가는 정치 야사: 유석 조병옥」, 『전북중앙』, 2003년 5월 22일, 7면.
83 동아일보사, 『민족과 더불어 80년: 동아일보 1920~2000』(동아일보사, 2000), 326쪽; 김태일, 「민주당의 성격과 역할」, 한배호 편, 『한국현대정치론 I: 제1공화국의 국가 형성, 정치 과정, 정책』(나남, 1990), 333쪽.
84 김민환, 『한국언론사』(사회비평사, 1996), 458~459쪽.
85 동아일보사, 『민족과 더불어 80년: 동아일보 1920~2000』(동아일보사, 2000), 325쪽.
86 김민환, 『한국언론사』(사회비평사, 1996), 457쪽.
87 「1953년 11월 28일 국민일보(청주) 폐간사건」, 『미디어오늘』, 1997년 11월 26일, 8면.
88 조상호, 『한국언론과 출판저널리즘』(나남, 1999), 86~87쪽.
89 김종원, 「'학원'과 학생 문인들」, 한국문인협회 편, 『문단유사』(월간문학 편집부, 2002), 229쪽.
90 김종원, 「'학원'과 학생 문인들」, 한국문인협회 편, 『문단유사』(월간문학 편집부, 2002), 230~233쪽.
91 조상호, 『한국언론과 출판저널리즘』(나남, 1999), 86쪽.
92 이성교, 「1950년대 '현대문학' 출신들과 명동 풍경」, 한국문인협회 편, 『문단유사』(월간문학 편집부, 2002), 71쪽.
93 서영훈, 「나의 이력서: 장준하 선배」, 『한국일보』, 2004년 3월 29일, A23면.
94 김영철, 「장준하」, 『한겨레신문』, 1990년 8월 17일, 7면.
95 이용성, 「1950년대 『사상계』의 잡지 이념에 대한 연구」, 『언론학보』(한양대학교 언론문화연구소), 제15집(1995), 286쪽.
96 이용성, 「1950년대 『사상계』의 잡지 이념에 대한 연구」, 『언론학보』(한양대학교 언론문화연구소), 제15집(1995), 288쪽.
97 이용성, 「1950년대 『사상계』의 잡지 이념에 대한 연구」, 『언론학보』(한양대학교 언론문화연구소), 제15집(1995), 286쪽.

98   이용성, 「1950년대 『사상계』의 잡지 이념에 대한 연구」, 『언론학보』(한양대학교 언론문화연구소), 제15집(1995), 288쪽.
99   김건우, 『사상계와 1950년대 문학』(소명출판, 2003), 66쪽.
100 서영아, 「반세기 전엔…: 외제 밀수 극성…한국 법정 첫 미국인 피고」, 『동아일보』, 2004년 3월 22일, A 23면.
101 리영희, 『분단을 넘어서』(한길사, 1984), 311쪽.
102 홍성원, 『남과 북 6』(문학과지성사, 2000), 384~385쪽.
103 백선엽, 『군과 나: 백선엽 회고록』(대륙연구소출판부, 1989), 310쪽.
104 전상국, 「외등」, 『제3세대 한국문학: 전상국』(삼성출판사, 1983), 282~283쪽.
105 문순태, 「철쭉제」, 『제3세대 한국문학: 문순태』(삼성출판사, 1984), 189쪽.
106 한용원, 「군부의 제도적 성장과 정치적 행동주의」, 한배호 편, 『한국현대정치론 I: 제1공화국의 국가 형성, 정치 과정, 정책』(나남, 1990), 273쪽.
107 김경재, 『혁명과 우상: 김형욱 회고록 1』(전예원, 1991), 15~16쪽.
108 채명신, 『사선을 넘고 넘어: 채명신 회고록』(매일경제신문사, 1994), 352쪽.
109 채명신, 『사선을 넘고 넘어: 채명신 회고록』(매일경제신문사, 1994), 353쪽.
110 한국정신문화연구원 현대사연구소 편, 『격동기 지식인의 세 가지 삶의 모습』(한국정신문화연구원 현대사연구소, 1999), 76쪽.
111 한용원, 『한국의 군부정치』(대왕사, 1993), 175쪽.
112 이형근, 「이승만의 용인술: 군번 1번 이형근 대장의 증언」, 『월간중앙』, 1992년 11월, 445쪽.
113 이형근, 「이승만의 용인술: 군번 1번 이형근 대장의 증언」, 『월간중앙』, 1992년 11월, 446쪽.
114 박태순·김동춘, 『1960년대의 사회운동』(까치, 1991), 32쪽.
115 양병기, 「한국 군부의 역할과 공과」, 이우진·김성주 공편, 『현대한국정치론』(사회비평사, 1996), 427쪽.
116 양병기, 「한국 군부의 역할과 공과」, 이우진·김성주 공편, 『현대한국정치론』(사회비평사, 1996), 428쪽.
117 「군인의 사치 엄금: 선물 보내는 폐습도 광정」, 『조선일보』, 1954년 11월 10일, 조간 2면.
118 「부산시 처사 물의: 전 시의원에 고급시계를 선물」, 『조선일보』, 1955년 5월 10일, 조간 4면.
119 「시계로 협잡까지: 부산시의 선물사건 경찰서 규명」, 『조선일보』, 1955년 5월 13일, 조간 4면.

120 「고아들 선물을 농락: 전쟁아동양친회 지부에 물의」, 『조선일보』, 1955년 12월 23일, 조간 3면.
121 이한우, 『거대한 생애 이승만 90년 하(下)』(조선일보사, 1996), 165쪽.
122 동국대학교 석림동문회 기획·편찬, 『한국불교현대사』(시공사, 1997), 23쪽; 강인철, 「해방 후 불교와 국가 1945~1960: 비구-대처 갈등을 중심으로」, 한국사회사학회, 『사회와역사 57』(문학과지성사, 2000), 99~100쪽.
123 동국대학교 석림동문회 기획·편찬, 『한국불교현대사』(시공사, 1997), 22쪽.
124 이한우, 『거대한 생애 이승만 90년 하(下)』(조선일보사, 1996), 162쪽.
125 임혜봉, 『불교사 100장면』(가람기획, 1994), 400쪽.
126 동국대학교 석림동문회 기획·편찬, 『한국불교현대사』(시공사, 1997), 22~23쪽.
127 동국대학교 석림동문회 기획·편찬, 『한국불교현대사』(시공사, 1997), 23~24쪽.
128 동국대학교 석림동문회 기획·편찬, 『한국불교현대사』(시공사, 1997), 24~25쪽.
129 동국대학교 석림동문회 기획·편찬, 『한국불교현대사』(시공사, 1997), 25~33쪽.
130 강인철, 『한국기독교회와 국가·시민사회 1945~1960』(한국기독교역사연구소, 1996), 246쪽.
131 강인철, 「해방 후 불교와 국가 1945~1960: 비구-대처 갈등을 중심으로」, 한국사회사학회, 『사회와역사 57』(문학과지성사, 2000), 99~100쪽.
132 김삼웅, 『곡필로 본 해방 50년』(한울, 1995), 88쪽.
133 강인철, 『한국기독교회와 국가·시민사회 1945~1960』(한국기독교역사연구소, 1996), 247쪽.
134 강인철, 『한국기독교회와 국가·시민사회 1945~1960』(한국기독교역사연구소, 1996), 246쪽.
135 강인철, 「해방 후 불교와 국가 1945~1960: 비구-대처 갈등을 중심으로」, 한국사회사학회, 『사회와역사 57』(문학과지성사, 2000), 87~88쪽.
136 강인철, 「해방 후 불교와 국가 1945~1960: 비구-대처 갈등을 중심으로」, 한국사회사학회, 『사회와역사 57』(문학과지성사, 2000), 83쪽.
137 강인철, 『한국기독교회와 국가·시민사회 1945~1960』(한국기독교역사연구소, 1996), 223쪽.
138 강인철, 「한국전쟁과 사회의식 및 문화의 변화」, 한국정신문화연구원 편, 『한국전쟁과 사회구조의 변화』(백산서당, 1999), 230쪽.
139 김재명, 『한국현대사의 비극: 중간파의 이상과 좌절』(선인, 2003), 165쪽.
140 강인철, 『한국기독교회와 국가·시민사회 1945~1960』(한국기독교역사연구소, 1996), 247쪽.

141 김재명,『한국현대사의 비극: 중간파의 이상과 좌절』(선인, 2003), 165쪽.
142 서중석,『배반당한 한국민족주의』(성균관대학교출판부, 2004), 203쪽.
143 김명환,「[김명환의 시간여행] 91: 누드모델 구인難…기생·식모까지 섭외…여탕 훔쳐본 기억 되살려 그린 화가도」,『조선일보』, 2017년 10월 18일.
144 이상록,「전쟁의 폐허 위에 다시 세워진 '정조 관념': 1955년 박인수 사건」, 여성사 연구모임 길밖세상,『20세기 여성 사건사: 근대 여성교육의 시작에서 사이버 페미니즘까지』(여성신문사, 2001), 149쪽.
145 이상록,「전쟁의 폐허 위에 다시 세워진 '정조 관념': 1955년 박인수 사건」, 여성사 연구모임 길밖세상,『20세기 여성 사건사: 근대 여성교육의 시작에서 사이버 페미니즘까지』(여성신문사, 2001), 148쪽.
146 윤재걸,「광복 50년의 말, 말, 말」,『월간중앙』, 1995년 1월, 167~168쪽.
147 권용갑,「"55년 '한국판 돈후안-박인수' 사건…아버지의 판결은 옳았습니다": 칼럼 '광고 속의 에로티시즘' 내용 관련 당시 판사의 아들 권용갑 씨 본지 투고」,『동아일보』, 2002년 7월 26일, 9면.
148 임헌영,「정비석의 자유부인을 둘러싼 공방」,『역사비평』 편집위원회,『논쟁으로 본 한국사회 100년:『역사비평』 통권 50호 기념 별책』(역사비평사, 2000), 225~226쪽.
149 정미경,「남성 팬터지의 산물,『자유부인』의 성 정치학: 1950년대『자유부인』 논쟁」, 여성사 연구모임 길밖세상,『20세기 여성 사건사: 근대 여성교육의 시작에서 사이버 페미니즘까지』(여성신문사, 2001), 142쪽.
150 이상록,「전쟁의 폐허 위에 다시 세워진 '정조 관념': 1955년 박인수 사건」, 여성사 연구모임 길밖세상,『20세기 여성 사건사: 근대 여성교육의 시작에서 사이버 페미니즘까지』(여성신문사, 2001), 148쪽.
151 이상록,「전쟁의 폐허 위에 다시 세워진 '정조 관념': 1955년 박인수 사건」, 여성사 연구모임 길밖세상,『20세기 여성 사건사: 근대 여성교육의 시작에서 사이버 페미니즘까지』(여성신문사, 2001), 151~152쪽.
152 이상록,「전쟁의 폐허 위에 다시 세워진 '정조 관념': 1955년 박인수 사건」, 여성사 연구모임 길밖세상,『20세기 여성 사건사: 근대 여성교육의 시작에서 사이버 페미니즘까지』(여성신문사, 2001), 156~157쪽.
153 이상록,「전쟁의 폐허 위에 다시 세워진 '정조 관념': 1955년 박인수 사건」, 여성사 연구모임 길밖세상,『20세기 여성 사건사: 근대 여성교육의 시작에서 사이버 페미니즘까지』(여성신문사, 2001), 150~155쪽.
154 이상록,「전쟁의 폐허 위에 다시 세워진 '정조 관념': 1955년 박인수 사건」, 여성사 연구모임 길밖세상,『20세기 여성 사건사: 근대 여성교육의 시작에서 사이버 페미니즘

까지』(여성신문사, 2001), 152~153쪽.
155 고길섶, 『우리 시대의 언어게임: 언어로 보는 한국현대사』(토담, 1995), 345쪽.
156 이상록, 「전쟁의 폐허 위에 다시 세워진 '정조 관념': 1955년 박인수 사건」, 여성사 연구모임 길밖세상, 『20세기 여성 사건사: 근대 여성교육의 시작에서 사이버 페미니즘까지』(여성신문사, 2001), 157쪽.
157 이임하, 『여성, 전쟁을 넘어 일어서다: 한국전쟁과 젠더』(서해문집, 2004), 284쪽.
158 이상록, 「위험한 여성, '전쟁 미망인'의 타락을 막아라: 1950년대 전쟁 미망인의 출현」, 여성사 연구모임 길밖세상, 『20세기 여성 사건사: 근대 여성교육의 시작에서 사이버 페미니즘까지』(여성신문사, 2001), 131쪽.
159 이상록, 「위험한 여성, '전쟁 미망인'의 타락을 막아라: 1950년대 전쟁 미망인의 출현」, 여성사 연구모임 길밖세상, 『20세기 여성 사건사: 근대 여성교육의 시작에서 사이버 페미니즘까지』(여성신문사, 2001), 131쪽.
160 이상록, 「위험한 여성, '전쟁 미망인'의 타락을 막아라: 1950년대 전쟁 미망인의 출현」, 여성사 연구모임 길밖세상, 『20세기 여성 사건사: 근대 여성교육의 시작에서 사이버 페미니즘까지』(여성신문사, 2001), 127쪽.
161 김화, 『이야기 한국영화사』(하서, 2001), 208~210쪽.
162 이영미, 『흥남부두의 금순이는 어디로 갔을까』(황금가지, 2002), 65쪽.
163 이상록, 「위험한 여성, '전쟁 미망인'의 타락을 막아라: 1950년대 전쟁 미망인의 출현」, 여성사 연구모임 길밖세상, 『20세기 여성 사건사: 근대 여성교육의 시작에서 사이버 페미니즘까지』(여성신문사, 2001), 127~128쪽.
164 이상록, 「위험한 여성, '전쟁 미망인'의 타락을 막아라: 1950년대 전쟁 미망인의 출현」, 여성사 연구모임 길밖세상, 『20세기 여성 사건사: 근대 여성교육의 시작에서 사이버 페미니즘까지』(여성신문사, 2001), 131쪽.
165 권보드래 외, 『아프레걸 사상계를 읽다: 1950년대 문화의 자유와 통제』(동국대학교출판부, 2009), 241쪽.
166 이상록, 「위험한 여성, '전쟁 미망인'의 타락을 막아라: 1950년대 전쟁 미망인의 출현」, 여성사 연구모임 길밖세상, 『20세기 여성 사건사: 근대 여성교육의 시작에서 사이버 페미니즘까지』(여성신문사, 2001), 130~131쪽.
167 장상환, 「한국전쟁과 경제구조의 변화」, 한국정신문화연구원 편, 『한국전쟁과 사회구조의 변화』(백산서당, 1999), 176쪽.
168 장상환, 「한국전쟁과 경제구조의 변화」, 한국정신문화연구원 편, 『한국전쟁과 사회구조의 변화』(백산서당, 1999), 177쪽.
169 정성호, 「한국전쟁과 인구사회학적 변화」, 한국정신문화연구원 편, 『한국전쟁과 사회

구조의 변화』(백산서당, 1999), 52쪽.

170 이상록,「위험한 여성, '전쟁 미망인'의 타락을 막아라: 1950년대 전쟁 미망인의 출현」, 여성사 연구모임 길밖세상,『20세기 여성 사건사: 근대 여성교육의 시작에서 사이버 페미니즘까지』(여성신문사, 2001), 129쪽.

171 이임하,『계집은 어떻게 여성이 되었나: 한국 근현대사 속의 여성 이야기』(서해문집, 2004), 86~87쪽.

172 이임하,『계집은 어떻게 여성이 되었나: 한국 근현대사 속의 여성 이야기』(서해문집, 2004), 88~89쪽.

173 이임하,『계집은 어떻게 여성이 되었나: 한국 근현대사 속의 여성 이야기』(서해문집, 2004), 38~39쪽.

174 이임하,『계집은 어떻게 여성이 되었나: 한국 근현대사 속의 여성 이야기』(서해문집, 2004), 39쪽.

175 윤택림,『한국의 모성』(지식마당, 2001), 50쪽.

176 윤택림,『한국의 모성』(지식마당, 2001), 50~51쪽.

177 윤택림,『한국의 모성』(지식마당, 2001), 51쪽.

178 조혜정,『한국의 여성과 남성』(문학과지성사, 1988), 79쪽.

179 조혜정,『한국의 여성과 남성』(문학과지성사, 1988), 79~80쪽.

180 오욱환,『한국사회의 교육열: 기원과 심화』(교육과학사, 2000), 59쪽.

181 조혜정,『한국의 여성과 남성』(문학과지성사, 1988), 62쪽.

182 안병섭,「의욕적 소수가 분발한 혼돈과 정체의 파노라마」,『함께사는사회』, 1993년 4월호, 36쪽.

183 강인철,「한국전쟁과 사회의식 및 문화의 변화」, 한국정신문화연구원 편,『한국전쟁과 사회구조의 변화』(백산서당, 1999), 298쪽.

184 호현찬,『한국 영화 100년』(문학사상사, 2000), 142쪽.

185 한운사,「남기고 싶은 이야기들: 구름의 역사」,『중앙일보』, 2004년 4월 13일, 27면.

186 김소연,「전후 한국의 영화 담론에서 '리얼리즘'의 의미에 관하여: '피아골'의 메타비평을 통한 접근」, 김소연 외,『매혹과 혼돈의 시대: 50년대의 한국영화』(소도, 2003), 45쪽.

187 강인철,「한국전쟁과 사회의식 및 문화의 변화」, 한국정신문화연구원 편,『한국전쟁과 사회구조의 변화』(백산서당, 1999), 272쪽.

188 이영미,『흥남부두의 금순이는 어디로 갔을까』(황금가지, 2002), 84~85쪽.

189 이영미,『한국 대중가요사』(시공사, 1998), 126쪽.

190 이영미,『한국 대중가요사』(시공사, 1998), 134쪽.

191 이승호, 『옛날 신문을 읽었다 1950~2002』(다우, 2002), 135~137쪽.
192 이승호, 『옛날 신문을 읽었다 1950~2002』(다우, 2002), 134쪽.
193 「향락에 탐닉하는 성탄날: 무색해진 '고요한 밤 거룩한 밤'」, 『조선일보』, 1954년 12월 24일, 조간 2면.
194 「한국의 X마스: 지난 10년을 돌이켜 본다」, 『조선일보』, 1961년 12월 24일, 조간 2면.
195 강인철, 『한국기독교회와 국가·시민사회 1945~1960』(한국기독교역사연구소, 1996), 186쪽.
196 「불티난 댄스홀 입장권」, 『조선일보』, 1955년 12월 26일, 조간 1면.
197 김명환, 「[김명환의 시간여행] 140: 성탄 전야 하룻밤 단속에 8000여 건 적발… '10대들 집단 全裸 파티'도」, 『조선일보』, 2018년 12월 19일.
198 김성수, 『함석헌 평전: 신의 도시와 세속 도시 사이에서』(삼인, 2001), 99쪽.
199 정성호, 「한국전쟁과 인구사회학적 변화」, 한국정신문화연구원 편, 『한국전쟁과 사회구조의 변화』(백산서당, 1999), 38쪽.
200 강인철, 『한국기독교회와 국가·시민사회 1945~1960』(한국기독교역사연구소, 1996), 248쪽.
201 김영재, 『한국교회사』(개혁주의신행협회, 1992), 274쪽.
202 김성수, 『함석헌 평전: 신의 도시와 세속 도시 사이에서』(삼인, 2001), 98쪽.
203 김성수, 『함석헌 평전: 신의 도시와 세속 도시 사이에서』(삼인, 2001), 97쪽.
204 김영재, 『한국교회사』(개혁주의신행협회, 1992), 271쪽.
205 노치준, 「한국전쟁이 한국 종교에 미친 영향: 한국의 개신교회를 중심으로」, 한국사회학회 편, 『한국전쟁과 한국사회변동』(풀빛, 1992), 248~253쪽.
206 노치준, 「한국전쟁이 한국 종교에 미친 영향: 한국의 개신교회를 중심으로」, 한국사회학회 편, 『한국전쟁과 한국사회 변동』(풀빛, 1992), 249~250쪽.
207 노치준, 「한국전쟁이 한국 종교에 미친 영향: 한국의 개신교회를 중심으로」, 한국사회학회 편, 『한국전쟁과 한국사회 변동』(풀빛, 1992), 249쪽.
208 노치준, 「한국전쟁이 한국 종교에 미친 영향: 한국의 개신교회를 중심으로」, 한국사회학회 편, 『한국전쟁과 한국사회 변동』(풀빛, 1992), 249쪽.
209 노치준, 「한국전쟁이 한국 종교에 미친 영향: 한국의 개신교회를 중심으로」, 한국사회학회 편, 『한국전쟁과 한국사회 변동』(풀빛, 1992), 250쪽.
210 노치준, 「한국전쟁이 한국 종교에 미친 영향: 한국의 개신교회를 중심으로」, 한국사회학회 편, 『한국전쟁과 한국사회 변동』(풀빛, 1992), 250쪽.
211 노치준, 「한국전쟁이 한국 종교에 미친 영향: 한국의 개신교회를 중심으로」, 한국사회학회 편, 『한국전쟁과 한국사회 변동』(풀빛, 1992), 252쪽.

212 노치준,「한국전쟁이 한국 종교에 미친 영향: 한국의 개신교회를 중심으로」, 한국사회학회 편,『한국전쟁과 한국사회 변동』(풀빛, 1992), 253쪽.
213 노치준,「한국전쟁이 한국 종교에 미친 영향: 한국의 개신교회를 중심으로」, 한국사회학회 편,『한국전쟁과 한국사회 변동』(풀빛, 1992), 254쪽.
214 김성수,『함석헌 평전: 신의 도시와 세속 도시 사이에서』(삼인, 2001), 108쪽.
215 김태일,「민주당의 성격과 역할」, 한배호 편,『한국현대정치론 I: 제1공화국의 국가 형성, 정치 과정, 정책』(나남, 1990), 333쪽.
216 손정목,『한국현대도시의 발자취』(일지사, 1988), 167쪽.
217 강인철,「한국전쟁과 사회의식 및 문화의 변화」, 한국정신문화연구원 편,『한국전쟁과 사회구조의 변화』(백산서당, 1999), 265~266쪽.
218 손정목,『한국현대도시의 발자취』(일지사, 1988), 167쪽.
219 오유석,「한국의 근대성과 50년대: 전쟁, 투지 개혁, 도시화…'한국적 근대' 기틀 형성」,『교수신문』, 2000년 6월 5일, 15면.
220 백선엽,『군과 나: 백선엽 회고록』(대륙연구소출판부, 1989), 252쪽.
221 서중석,『조봉암과 1950년대 (상): 조봉암의 사회민주주의와 평화통일론』(역사비평사, 1999), 470쪽.
222 은기수,「한국 인구의 변동」, 한국사회사학회 엮음,『한국 현대사와 사회변동』(문학과지성사, 1997), 85쪽.
223 김경일,「1950년대 후반의 사회 이념: 민주주의와 민족주의」, 한국정신문화연구원 현대사연구소 편,『한국현대사의 재인식 4: 1950년대 후반기의 한국 사회와 이승만 정부의 붕괴』(오름, 1998), 26쪽.
224 이임하,『여성, 전쟁을 넘어 일어서다: 한국전쟁과 젠더』(서해문집, 2004), 181쪽.
225 전광희,「출산력 변화의 메커니즘」, 권태환 외,『한국 출산력 변천의 이해』(일신사, 1997), 68쪽.
226 「1954~2003 한국일보 창간 49주년」,『한국일보』, 2003년 6월 9일, D1면.
227 신영숙,「신식 결혼식과 변화하는 결혼 양상」, 국사편찬위원회 편,『혼인과 연애의 풍속도』(두산동아, 2005), 200쪽.
228 김미경,「해방 50년, 삶의 발자취를 찾아서: 10 결혼식」,『한겨레』, 1995년 2월 12일, 10면.
229 「일사일언(一事一言): 결혼축하와 시내일주」,『조선일보』, 1955년 5월 27일, 조간 1면.
230 장석주,『20세기 한국 문학의 탐험 2: 1935~1956』(시공사, 2000), 387~388쪽.
231 정재찬,「예술가의 초상에 관하여: 박인환론」, 구인환 외,『한국 전후문학연구』(삼지원, 1995), 214쪽.

232 장석주,『20세기 한국 문학의 탐험 2: 1935~1956』(시공사, 2000), 385쪽.
233 장석주,『20세기 한국 문학의 탐험 2: 1935~1956』(시공사, 2000), 383쪽.
234 장석주,『20세기 한국 문학의 탐험 2: 1935~1956』(시공사, 2000), 386, 389쪽.
235 고은,「명동의 밤」,『만인보 17』(창비, 2004), 132쪽.
236 김두한,『김두한 자서전 2』(메트로신문사, 2002), 101쪽.
237 김두한,『김두한 자서전 2』(메트로신문사, 2002), 107~108쪽.
238 서중석,『조봉암과 1950년대 (상): 조봉암의 사회민주주의와 평화통일론』(역사비평사, 1999), 523쪽.
239 김삼웅 엮음,『인동초가 피기까지: 대통령 김대중의 정치철학(논문·연설문·강연록)』(한울, 1998), 26쪽.

한국 현대사 산책
1950년대편 2권(개정증보판)

ⓒ 강준만, 2025

초판 1쇄   2004년 7월 9일 펴냄
개정증보판 1쇄   2025년 10월 10일 찍음
개정증보판 1쇄   2025년 10월 17일 펴냄

지은이 | 강준만
펴낸이 | 강준우
인쇄·제본 | 지경사문화

펴낸곳 | 인물과사상사
출판등록 | 제17-204호 1998년 3월 11일

주소 | (04031) 서울시 마포구 동교로22길 29 성지빌딩 301호
전화 | 02-325-6364
팩스 | 02-474-1413

www.inmul.co.kr | insa@inmul.co.kr

ISBN 978-89-5906-813-5 04900
        978-89-5906-811-1 (세트)

값 22,000원

이 저작물의 내용을 쓰고자 할 때는 저작자와 인물과사상사의 허락을 받아야 합니다.
파손된 책은 바꾸어 드립니다.